CUESTIONES PENALES
A propósito de la Reforma penal de 2015

CUESTIONES PENALES

A propósito de la Reforma penal de 2015

Mª ÁNGELES CUADRADO RUIZ
(Dir./ Ed.)

ABDESLAM JESÚS AOULAD BEN SALEM LUCENA
VÍCTOR ESPAÑA ALBA
(Coordinadores)

Francisco Muñoz Conde
Ana Silva Cuesta
María del Carmen Peral López
Violeta García Arenas
Miguel Abel Souto
Víctor Manuel España Alba
Antoni Pelegrín López
Encarnación Martínez Rodríguez
Abdeslam Jesús Aoulad Ben Salem Lucena
Mª Ángeles Cuadrado Ruiz

Dykinson, S.L.

Este libro ha sido sometido a evaluación por parte de nuestro Consejo Editorial
Para mayor información, véase *www.dykinson.com/quienes_somos*

Editorial DYKINSON, S.L. Meléndez Valdés, 61 – 28015 Madrid
Teléfono (+34) 91544 28 46 – (+34) 91544 28 69
e-mail: info@dykinson.com
http://www.dykinson.es
http://www.dykinson.com

ISBN: 978-84-9148-029-7
Depósito Legal: M-43734-2016

Preimpresión:
Besing Servicios Gráficos, S.L.
besingsg@gmail.com

Índice

Relación de autores

ABEL SOUTO, MIGUEL

Prof. Dr., Catedrático acred. de Derecho penal. Universidad de Santiago de Compostela

AOULAD BEN SALEM LUCENA, ABDESLAM JESÚS

Abogado, Dr. en Derecho. Prof. de Derecho Procesal. Universidad de Málaga

CUADRADO RUIZ, Mª ÁNGELES

Prof. Dra., Profesora Titular de Derecho penal. Universidad de Granada

ESPAÑA ALBA, VÍCTOR MANUEL

Letrado de la Administración Local. Juez Sust. Dr. en Derecho.

GARCÍA ARENAS, VIOLETA

Abogada

MARTÍNEZ RODRÍGUEZ, ENCARNACIÓN

Fiscal. Dra. en Derecho

MUÑOZ CONDE, FRANCISCO

Prof. Dr., D. h. c. mult., Catedrático de Derecho penal

PELEGRÍN LÓPEZ, ANTONI

Fiscal Delegado de Medio Ambiente y Urbanismo. Fiscalía Provincial de Barcelona

PERAL LÓPEZ, Mª CARMEN

Abogada

SILVA CUESTA, ANA

Dra. en Derecho. Secretaria de la Administración Local

Prólogo

Las Jornadas sobre la Justicia dirigidas por la Profesora Cuadrado Ruiz vienen desarrollándose desde 2009 en la Facultad de Derecho de la Universidad de Granada. Las ediciones de 2014 y 2015 se dedicaron a la Reforma penal que pronto vería la luz. En ellas intervinieron, entre otros, los Profesores Muñoz Conde, Abel Souto, Cuadrado Ruiz, y prestigiosos juristas y abogados como Encarnación Martínez Rodríguez, Víctor Manuel España Alba, Abdeslam Jesús Aoulad Ben Salem Lucena, Ana Silva Cuesta o Violeta García Arenas cuyas valiosas aportaciones se recogen en este volumen. En concreto la V edición de dichas Jornadas tuvo lugar los días 6, 7 y 8 de marzo de 2015. Algunos días después se aprobarían las leyes orgánicas 1/2015 y 2/ 2015, de 30 de marzo de 2015, por las que se reforma una vez más -y ya van una treintena de reformas- el Código penal de 1995 (si queda aún algo de aquél).

El libro que ahora presentamos es el fruto de aquellos trabajos que se han elaborado y actualizado teniendo en cuenta la Reforma y acompañados de otros artículos de competentes profesionales juristas como el Fiscal de la Audiencia Provincial de Barcelona, D. Antoni Pelegrín López o la abogada Mª Carmen Peral López, a los que agradecemos que se hayan sumado a esta edición.

La Reforma penal de 2015, al igual que otras anteriores ha introducido nuevos tipos penales y lo que viene siendo habitual, una agravación de las penas, incluyéndose en esta ocasión la prisión perpetua revisable. Además ha suprimido el Libro III *De las faltas* aunque convirtiendo algunas de ellas en delitos leves. La sorpresa de una cortísima *vacatio legis* que hizo que dicha Reforma entrara en vigor el 1 de julio de ese mismo año motivó que los estudiantes de Derecho de aquel curso 2015-2016 estudiaran y muchos de ellos se examinaran de un Código penal que cuando terminaron el curso ya no estaba en vigor.

En enero de aquel 2015 un grupo de Profesores hacía público un manifiesto en el que se oponían a cómo el Proyecto de Reforma, -ya en tramitación parlamentaria- avanzaba hacia su aprobación y pedían al Gobierno que saliera de las siguientes elecciones -las de diciembre de 2015- que derogase la reforma que entonces se estaba tramitando y que pronto se aprobaría.

El 20 de diciembre de 2015 se celebraron Elecciones Generales, que volvieron a repetirse en junio de 2016 al no poder investirse Presidente de Gobierno por falta de la mayoría absoluta de los diputados del Congreso. No fue hasta finales de octubre de 2016 cuando se obtuvo la mayoría necesaria para una investidura y la conformación de Gobierno, en tal ocasión del mismo signo político del Parlamento mayoritario que aprobó la Reforma de 2015.

La paralización parlamentaria y la falta de un Gobierno por más de diez meses han provocado que una Reforma penal criticada por la mayoría de la doctrina y de los operadores jurídicos se encamine hacia los dos años de vigencia. El deseo de una pronta derogación de un texto que nació con un total rechazo y que ha visto dificultades en su aplicación se ha diluido en estos meses, aunque no perdemos la esperanza de iniciativas parlamentarias para enmendar alguna de las nuevas tipificaciones y penas.

Destacan, entre ellas, las que en este volumen presentamos.

En el delito de asesinato se introducen supuestos a los que todos podemos poner nombre y apellido, propiciados por casos mediáticos de menores o adolescentes asesinadas tras sufrir delitos sexuales o por la influencia de las asociaciones de víctimas del terrorismo. Invocando criterios de utilidad se podría decir que la norma llega tarde y mal. En los nuevos supuestos además se introduce la pena de prisión permanente revisable, que aunque tiene cabida en el marco constitucional español ha sido enormemente criticada.

El Profesor Muñoz Conde aborda magistralmente un estudio pormenorizado e incisivo del actual delito de asesinato, analizando los elementos del tipo, pero también los actos preparativos y la tentativa así como la libertad vigilada.

El creciente número de casos relacionados con la violencia de género ha sido también excusa para abordar en esta reforma las modificaciones relacionadas con varios delitos. La Dra. Silva Cuesta analiza tanto las líneas generales cuanto las modificaciones concretas del Código penal en esta materia, que van desde la supresión de la falta de injurias hasta las modificaciones de pena y la introducción de nuevas modalidades delictivas relacionadas con la violencia de género.

La situación de niños y adolescentes como víctimas expuestas a la violencia de género que ha sufrido alguno de sus progenitores o incluso ellos mismos es abordada por la letrada Peral López, quien subraya la situación de desamparo a la que en gran mayoría de situaciones se ven sometidos estos menores. Velar por el interés superior del menor ha de ser el principio inspirador de las actuaciones con menores expuestos a este tipo de violencia.

En cuanto a los delitos económicos, la abogada Violeta García Arenas analiza el tratamiento jurídico penal de las insolvencias punibles y más concretamente del delito de alzamiento de bienes, que la Reforma de 2015 también modifica, introduciendo nuevas modalidades delictivas.

Un brillante estudio pormenorizado del delito de blanqueo de dinero, tras la reforma, con anotaciones comparativas con el derecho americano es el que nos propone el Profesor Miguel Abel Souto.

Los denominados Papeles de Panamá saltaron a la opinión pública meses más tarde, pero en las V Jornadas sobre las Justicia el Dr. Víctor Manuel España Alba ya había presentado una comunicación en la que alertaba de "La riqueza oculta de las Naciones y los paraísos fiscales".

El tratamiento de las modificaciones que se han llevado a cabo en los delitos relativos a la ordenación del territorio, patrimonio histórico, medio ambiente y flora y fauna ha sido acertadamente analizado por el Fiscal de Urbanismo y Medio Ambiente de la Fiscalía Provincial de Barcelona, D. Antoni Pelegrín López y, concretamente, la protección que el Código penal dispensa a los museos en relación con la nueva tipificación del art. 323 Cp ha sido puesta de manifiesto por la Dra. Martínez Rodríguez, también Fiscal.

La lucha contra la corrupción ha llevado al legislador de 2015 a una la agravación de penas en la mayoría de los delitos contra la Administración pública. El Dr. Auolad Ben Salem Lucena analiza las modificaciones en el delito de cohecho, en sus distintas modalidades, en relación no sólo con la pena sino también en cuanto a los nuevos sujetos activos que introduce la Reforma de 2015.

En relación con los delitos de terrorismo, la Reforma de 2010 llevó a cabo una sustancial modificación. Ahora la Reforma de 2015 establece un concepto de terrorismo en el art. 573 y se introducen modalidades específicas. Entre ellas la Profesora Cuadrado Ruiz analiza en concreto el terrorismo biológico -el bioterrorismo-, en alusión a las armas biológicas, cuya mención ha sido introducida específicamente en los delitos de terrorismo.

Es seguro que a esta Reforma seguirán otras. Quizás tarden más de lo esperado -o no- por la configuración de las actuales mayorías y minorías parlamentarias y, quizás, para la próxima reforma penal -ojalá- los políticos atiendan más las sugerencias de los Profesores y técnicos en Derecho penal. Porque los graves problemas sociales no se resuelven con más y más Derecho penal y penas más graves. El Derecho penal es y debe seguir siendo la última instancia, *la ultima ratio* para resolver tales conflictos.

Parafraseando a Delmas Marty, el Parlamento debe, obviamente, conservar el poder de decisión. Incluso el poder de incriminar a pesar de que los indicadores de proporcionalidad y eficacia sean desfavorables, o de no incriminar a pesar de que sean favorables. Con la única condición de que la opción sea clara y a la vez explícita y deliberada atendiendo a los principios de proporcionalidad y de justicia Y de esta manera los principios orientadores, nacionales o europeos, ofrecerán trasparencia, verdadero fundamento de toda democracia.

Mª Ángeles Cuadrado Ruiz

Otoño de 2016

El delito de asesinato tras la reforma penal del 2015

Francisco Muñoz Conde

Catedrático de Derecho penal

Sumario: *I. Tipo básico: 1.Tipo objetivo. 2.Tipo subjetivo.- II.Tipos cualificados.- III.Tentativa y actos preparatorios punibles.- IV.Participación.- V.Libertad vigilada*

Tradicionalmente en Derecho penal la muerte de una persona a consecuencia de la acción realizada por otra, valiéndose de medios especialmente peligrosos o revelando una especial maldad o peligrosidad, ha sido siempre castigada más severamente que el simple homicidio, calificándose como asesinato. Desde su tipificación en el Código penal de 1822, este delito ha tenido diversas redacciones. En el actual Código penal se tipifica el asesinato, tras la reforma operada por la LO 1/2015, primero como un tipo básico que se define en el apartado 1 del art. 139, que también ha sido modificado en la reforma de 2015, añadiendo una nueva circunstancia agravante (la 4ª); y luego a través de varios tipos cualificados que se contienen en el apartado 2 del art. 139 y en el art. 140.

I. TIPO BÁSICO

Es el contenido en el art. 139,1. Dice así este precepto:

> «1.Será castigado con la pena de prisión de quince a veinticinco años, como reo de asesinato, el que matare a otro concurriendo alguna de las circunstancias siguientes:
>
> 1. ª Con alevosía.
>
> 2. ª Por precio, recompensa o promesa.
>
> 3. ª Con ensañamiento, aumentando deliberada e inhumanamente el dolor del ofendido
>
> 4. ª Para facilitar la comisión de otro delito o para evitar que se descubra.»

El asesinato no es, por consiguiente, más que la muerte de otra persona ejecutada con las circunstancias mencionadas en el art. 139,1. Del tenor literal se desprende que basta la concurrencia de una de ellas para elevar la muerte de una persona a la categoría de asesinato. Pero esto no quiere decir que el asesinato sea un mero *homicidio cualificado.* En realidad, el asesinato es un delito diferente, independiente y autónomo del homicidio. Históricamente el asesinato ha tenido siempre un carácter autónomo frente a los demás delitos contra la vida, lo que se demuestra en que era uno de los delitos en los que se aplicaba la pena de muerte, e igualmente hoy, sobre todo desde la reforma operada por la LO 1/2015, cuando en algunos casos se aplica la pena de prisión permanente revisable. También sociológicamente e incluso desde el punto de vista lingüístico el asesinato tiene un significado autónomo distinto del homicidio.

Sin embargo, un sector de la doctrina penal considera que no es más que un homicidio cualificado, confirmado por el empleo en la rúbrica del Título I de la expresión «Del homicidio y sus formas». Esto, a mi juicio, no es un argumento decisivo a la hora de desentrañar la verdadera naturaleza del asesinato; también la cooperación e inducción al suicidio está tipificada bajo la misma rúbrica en el mismo Título y no por eso se discute su carácter autónomo frente al homicidio. En realidad, son otras las razones, dogmáticas y político-criminales, que deben emplearse para resolver este problema.

Una concepción del asesinato como mero homicidio cualificado puede chocar con el convencimiento social, bastante extendido, de que dentro de los delitos contra la vida debe individualizarse algún tipo específico que recoja los atentados más graves y repugnantes a este importante bien jurídico. El problema se plantea al traducir en términos técnico-legislativos este sentimiento. Pues las exigencias de garantía y seguridad jurídica obligan a configurar con claridad un tipo autónomo sobre la base de unas circunstancias agravantes, cuya elección es siempre arbitraria y producto de valoraciones históricamente condicionadas (cfr. *infra*). En realidad, el mismo efecto agravatorio podría conseguirse con la técnica de los tipos cualificados, sin necesidad de restringir el asesinato a las circunstancias previstas en el art. 139,1, pero el legislador ha reservado la calificación de asesinato para aquellos casos en los que la muerte se produce con empleo de determinadas circunstancias (las citadas en el art. 139,1 y no otras), manteniendo además el nombre de «asesinato», al que asigna un régimen punitivo agravatorio especial para el caso en el que concurra más de una de las circunstancias previstas en el art. 139,1 (art. 139,2) o alguna de las mencionadas en el art. 140 (cfr. *infra*: Tipos cualificados). Por otra parte, la función preventiva y, en definitiva, motivadora del Derecho penal exige la creación de un tipo específico que traduzca, en términos agravatorios, la mayor desaprobación de esta clase de hechos. Esta tesis es, a mi juicio, reforzada por el art. 140, que para el caso en que concurra alguna de las circunstancias allí previstas, determina, nada más y nada menos, que se aplique la prisión permanente revisable En estos casos se puede hablar incluso de *asesinatos cualificados.*

1. Tipo objetivo

Homicidio y asesinato tienen algunas características comunes. Así, aparte de la igualdad en el bien jurídico protegido, coinciden los sujetos, activo y pasivo, el objeto material y los problemas de la relación de causalidad e imputación objetiva. Pero, como ya se ha dicho, es la concurrencia de alguna de las circunstancias del art. 139,1 lo que diferencia el homicidio del asesinato, y es por tanto en estas circunstancias donde incidiremos ahora.

Las tres primeras circunstancias citadas en el art. 139,1 coinciden casi literalmente con las agravantes 1ª, 3ª y 5ª del art. 22, pero la LO 1/2015, de 30 de marzo, ha añadido una nueva circunstancia, la 4ª, que no está prevista en el catálogo de agravantes genéricas contenidas en el art. 22.

– La *alevosía* viene definida en el número primero del art. 22, definición que también es válida para el art. 139,1. Según el art. 22,1ª: «Hay alevosía cuando el culpable comete cualquiera de los delitos contra las personas empleando en la ejecución medios, modos o formas que tiendan directa o especialmente a asegurarla, sin el riesgo que para su persona pudiera proceder de la defensa por parte del ofendido».

Respecto al asesinato, el principal problema que plantea esta circunstancia es el de si puede estimarse en la muerte de seres indefensos.

Según una reiterada jurisprudencia, la muerte de niños, ancianos, impedidos, etc., debe estimarse siempre como alevosa y, por tanto, como asesinato. Este criterio es incompatible con el sentido literal de la definición legal antes transcrita, porque en estos casos el sujeto activo no emplea «en la ejecución medios, modos o formas que tiendan directa o especialmente a asegurarla», sino que se encuentra con una situación no provocada ni buscada por él. Por otra parte, tampoco hay en estos casos posible reacción defensiva por parte del ofendido, faltando con ello el segundo requisito objetivo de la alevosía. De acuerdo con esta interpretación, los casos de muerte de un recién nacido no tienen que ser necesariamente calificados de asesinato, sino como homicidio, valorándose dentro de este tipo las circunstancias emocionales o los trastornos mentales que puedan darse en esta clase de hechos. La reforma introducida por la LO 1/2015, de 30 de marzo, que prevé un tipo cualificado en el homicidio cuando la víctima sea menor de 16 años o persona especialmente vulnerable (art. 138,2,a), parece avalar esta interpretación, en la medida en que está reconociendo que la muerte de estas personas no constituye automáticamente asesinato alevoso.

La cuestión de la alevosía es menos discutible en el caso de durmientes, sobre todo cuando esta situación de sueño ha sido provocada por el sujeto activo, suministrando, por ejemplo, un narcótico a la víctima o esperando a que ésta se duerma para matarla. No cabe duda de que aquí sí se busca y se crea el aseguramiento de la ejecución y se evita toda posibilidad de defensa. Lo decisivo en la alevosía es, por tanto, el aseguramiento de la ejecución del hecho y la ausencia de riesgo ante la defensa que pueda hacer el ofendido, de ahí que se estime siempre alevosa la muerte a traición o por sorpresa, aunque algunas corrientes feministas nieguen que esta calificación sea aplicable cuando la mujer mata al marido mientras duerme, ya que por su mayor debilidad física no puede hacerlo cara a cara, y algún sector doctrinal y jurisprudencial, influido por la dogmática alemana, cuyo Código penal, por cierto, carece de una definición de la alevosía, entienda que es necesario un ánimo especial alevoso. La definición que da el art. 22,1ª de la alevosía no requiere, desde luego, ninguna motivación especial, basta con que el sujeto busque la situación favorable, la conozca y la aproveche o quiera aprovecharla.

Un supuesto problemático puede darse si, por ejemplo, se dispara contra la víctima a traición, sin alcanzarla y cuando ésta, apercibida, se encuentra frente al agresor, vuelve éste a disparar, matándola. En este caso, admitir el concurso entre una tentativa de asesinato y un homicidio doloso consumado supondría descomponer la acción de matar en una serie de secuencias aisladas desconectadas entre sí e ignorar que una vez iniciados los disparos, y reiterados éstos sin solución de continuidad, la modificación de la situación de la víctima sólo puede influir en la calificación de alevosía en el caso en el que la situación alevosa originaria haya cambiado sustancialmente, no cuando sigue existiendo la misma situación de indefensión (el que una persona desarmada a la que se va a matar por la espalda se vuelva, carece de trascendencia a los efectos de seguir considerando que existe alevosía). Por las mismas razones, tampoco se convierte automáticamente en alevosa la muerte producida por una puñalada en la espalda, o al rematar al contendiente caído en el suelo, en el transcurso de una pelea en la que ambos contendientes actúan en igualdad de condiciones.

La alevosía no exige ningún tipo de premeditación o preparación y puede surgir en el mismo momento en que se ejecuta el hecho (el sujeto aprovecha que su enemigo le da la espalda para atacarle por sorpresa). En algunos casos, el medio empleado para ejecutar la muerte puede ya de por sí constituir alevosía (por ej., la inundación, el incendio, el veneno o el explosivo). La alevosía absorbe las agravantes de disfraz y abuso de confianza y superioridad, lo que no quiere decir que siempre que se den estas agravantes se dé también la alevosía, sino, al contrario, que siempre que se aprecie la alevosía no podrán apreciarse coetáneamente otras agravantes similares.

– La segunda circunstancia del art. 139,1 se corresponde con la tercera del art. 22, aunque en el art. 139 se sustituye la expresión «mediante» por la de «por», acentuándose, de este modo, el carácter motivador de esta circunstancia. No basta, por consiguiente, que el sujeto que mata reciba posteriormente una determinada dádiva por lo que ha hecho, sino que es preciso que lo haya hecho sobre la base de tal motivo. Según la jurisprudencia y la doctrina dominantes el *precio, recompensa o promesa* han de tener un carácter económico. Esta circunstancia requiere, por lo menos, la presencia de dos personas: la que ofrece el precio (partícipe como inductor o cooperador necesario) y la que lo recibe (autor directo del asesinato. Véase *infra*: Participación).

– *Ensañamiento.* Referido en el art. 22,5ª genéricamente al aumento deliberado del *sufrimiento de la víctima,* causando a ésta «padecimientos innecesarios para la ejecución del delito», el ensañamiento en el art. 139,1 únicamente se refiere al aumento deliberado e inhumano del *dolor* del ofendido, sin especificar si ese dolor debe o no ser innecesario.

Lo esencial de esta circunstancia en el asesinato es, por consiguiente, que se aumente «deliberada e inhumanamente» el dolor del ofendido, es decir, que se aumenten sus sufrimientos con actos de crueldad, torturas, sevicias, etc., previos a la producción de la muerte. Ciertamente, la mayoría de las formas en las que se puede matar a una persona suponen dolor o sufrimiento, físico o psíquico, para la víctima, por lo que el sentido de la agravación que el ensañamiento representa debe basarse en que efectivamente el sujeto activo no sólo quiera matar, sino hacer sufrir a la víctima causándole padecimientos físicos o psíquicos que no sean estrictamente necesarios para provocarle la muerte. Pero muchas veces no se puede decir que la causación de ese sufrimiento sea realmente innecesaria desde el punto de vista del plan concebido por el autor o autores. Sin embargo, en la medida en que el sufrimiento causado no sea necesario para la muerte, no habrá inconveniente en apreciar en este tipo de casos asesinato por ensañamiento. Así, por ejemplo, puede suceder que el autor de la muerte quiera obtener de la víctima determinados datos, la entrega de dinero, etc., y para ello proceda a maltratarla, matándola después de conseguir su propósito. En este caso no se puede decir que la causación de padecimientos, como forma de aumentar deliberada e inhumanamente el sufrimiento de la víctima, sea innecesaria *desde el punto de vista del plan del autor*, ya que para obtener la información o el dinero no había otro procedimiento más eficaz que éste. Sin embargo, en la medida en que se trata claramente de un aumento deliberado del sufrimiento en relación al necesario para la causación de la muerte, habrá asesinato. No es necesario por tanto para aplicar esta circunstancia la existencia de un ánimo sádico gratuito, sino que ésta abarcará también los casos en que se cause el dolor (innecesario para la muerte) con otros propósitos, para cuya consecución es necesario causar el sufrimiento añadido, físico o psíquico, hasta alcanzar el fin perseguido.

Los actos de ensañamiento con el cadáver, las acciones sádicas «post mortem», están excluidas del concepto legal de ensañamiento, ya que en este caso no hay dolor que aumentar. Otra cosa sucede cuando, antes de que se produzca la muerte, se infieren gran número de puñaladas o de golpes de forma continuada hasta provocarla, teniendo en cuenta que, por muy graves que sean las heridas, la muerte no se produce en estos casos siempre de forma instantánea (o no es posible determinar qué herida exactamente causó la muerte) y mientras tanto la víctima que está siendo salvajemente apuñalada o golpeada sufre una lenta agonía. Aunque el ensañamiento no se mide por el número de puñaladas o de golpes, no cabe duda de que continuar las agresiones hasta provocar la muerte, cuando se hace de forma deliberada mientras la persona está viva, puede ser considerado como una forma de ensañamiento.

> En este sentido, la STS 1613/2001, de 17 de septiembre, corrigió una sentencia del Tribunal Superior de Justicia de Cataluña de 11 de mayo de 2000 y aplicó ensañamiento (además de alevosía) en un caso en el que un sujeto propinó 17 golpes en la cabeza a su compañera antes de estrangularla, razonando que el mayor dolor padecido por la víctima «debe resultar de una deducción lógica de los hechos». El mismo criterio debe emplearse para juzgar casos como el de Ana Orantes, golpeada por su marido hasta dejarla inconsciente, quien luego la ató a una silla, la roció con gasolina y le prendió fuego; o ¿habrá que pensar que si la mujer estaba ya inconsciente cuando el marido le prendió fuego no sentía ya ningún dolor?

Los casos de humillación y vejación de la víctima y la causación de «dolor moral» (escupirle, hacerle que se desnude y se coloque en situación humillante, asustarla con disparos de fogueo diciéndole que se le va a matar y simular un fusilamiento, hacerle beber orina o aceite de ricino, etc.) entran también en el concepto de ensañamiento y, por tanto, si van seguidos de la ejecución de la muerte ésta se debe calificar de asesinato. También cabe el ensañamiento por omisión (por ejemplo, dejando morir de hambre a alguien).

- La circunstancia 4ª, añadida por la LO 1/2015, de 30 de marzo, califica como asesinato matar a otro «*para facilitar la comisión de otro delito o para evitar que se descubra*». Esta circunstancia, que carece de tradición histórica en nuestro Derecho penal y, a diferencia de las anteriores, ni siquiera es mencionada en el catálogo de circunstancias agravantes genéricas en el art. 22, ha sido tomada directamente del Código penal alemán, en la que también figura como circunstancia del delito de asesinato. La importancia que tiene para elevar el homicidio a la categoría de asesinato, con las consecuencias que de ello se derivan, obliga a una interpretación restrictiva de su tenor literal para evitar incluir en este delito casos que no tienen la gravedad de los supuestos incluibles en las otras circunstancias constitutivas del asesinato, o que ya son incluibles en alguna de estas circunstancias, particularmente en la alevosía o el precio, recompensa o promesa, lo que puede infringir el principio «ne bis in idem».

Respecto a que la muerte se produzca «para facilitar la comisión de otro delito», el ejemplo que primero viene a la memoria es el del robo con homicidio, en la típica forma de matar para robar, que constituía un delito cualificado por el resultado en el art. 501 del Código penal anterior al de 1995. Las dificultades interpretativas que planteaba esta tipicidad (véase, por ejemplo, MUÑOZ CONDE, *Derecho penal, Parte Especial*, 2ª a 10ª ed.) determinaron su supresión en el Código penal de 1995, dejando la calificación de este hecho a las reglas concursales entre el robo con violencia o intimidación y el homicidio, que podía calificarse de asesinato en la medida en que concurriera en la muerte la circunstancia de alevosía (disparar contra la víctima indefensa del robo para consumar la sustracción es generalmente una forma alevosa de producir la muerte).

La introducción de esta nueva circunstancia del asesinato es cuestionable, en la medida en que la provocación de una muerte para facilitar la comisión de otro delito no siempre refleja una gravedad adicional al hecho de por sí ya suficientemente grave cuando concurren otras circunstancias calificadoras del asesinato, como, por ej., matar por la espalda al guardaespaldas o acompañante de la persona a la que se quiere secuestrar, que puede ser ya calificado de asesinato por la concurrencia de la alevosía. Pero el verdadero problema que plantea, a mi juicio, esta agravación es su autonomía respecto al caso en que la finalidad de facilitar la comisión de otro delito dé lugar a que la muerte se produzca con alevosía. De admitirse la compatibilidad entre ambas, ello determinaría la aplicación del tipo cualificado del art. 139,2, lo que puede ser dudosamente conciliable con el principio *ne bis in idem.*

La otra modalidad de esta circunstancia, matar para que no se descubra otro delito (y se supone que también, por tanto, a su autor), plantea dudas respecto a su compatibilidad con la circunstancia 2ª del art. 140,1, que determina la aplicación de la pena de prisión permanente cuando el hecho sea subsiguiente a un delito contra la libertad sexual. Matar a la víctima de un delito contra la libertad sexual, que puede ser también un abuso o acoso sexual, para evitar que denuncie a quien la mata, constituye en la actual regulación una doble valoración de un mismo hecho; por un lado, convierte la muerte automáticamente en asesinato, aunque no concurran otras circunstancias de este delito; por otro, sería además aplicable la cualificación 2ª del art. 140,1, y, en consecuencia, la prisión permanente. Éste sería el caso, por ejemplo, si el autor de un acoso sexual en una discusión con la víctima que lo amenaza con denunciarlo la golpea hasta matarla. Es discutible si este hecho merece la calificación de asesinato, pero aplicarle además la prisión permanente revisable podría constituir *bis in idem*. También es discutible aplicar la pena del asesinato en base a la circunstancia 4ª del art. 139,1 en otros muchos supuestos, por ejemplo en el caso de un cónyuge, compañero o compañera que, para evitar una denuncia por malos tratos, en el curso de una discusión o enfrentamiento físico, mate a la otra parte, sin que en la provocación de la muerte concurra ninguna de las otras circunstancias del art. 139,1.

De la redacción literal se desprende que si el delito ya es conocido o ha sido ya descubierto, matar a quien lo ha denunciado, o al policía que intenta detener al autor, no haría aplicable esta circunstancia y, por tanto, no sería asesinato, o por lo menos no lo seria en base a esta circunstancia. Tampoco sería aplicable cuando el delito que se pretende encubrir se cometió hace ya mucho tiempo y ni siquiera es ya perseguible por haber prescrito, pero el autor pretende que no se conozca por razones familiares o sociales. Cabe también que quien mata sea víctima de un chantaje y que mate a quien lo chantajea con revelar el delito que cometió. Obviamente no se trata de justificar matar a un chantajista, sino de valorar si la situación de presión psicológica en la que puede encontrarse el sujeto, cuando la revelación del delito puede provocarle graves consecuencias personales, y mata, por ejemplo, al chantajista en el curso de una discusión al negarse a pagarle lo que le pide, merece la calificación de asesinato. Si se considerara a pesar de todo aplicable el asesinato por aplicación de esta circunstancia 4ª, la situación de presión psicológica habría de ser al menos tenida en cuenta en la culpabilidad.

También es discutible si se puede apreciar esta circunstancia a quien mata para evitar el descubrimiento del delito cometido por otra persona, bien por afecto hacia esta persona (hijo, padre), bien porque alguien le ha pagado por ello, en cuyo caso sería aplicable (¿también?) la circunstancia de precio, recompensa o promesa.

Éstos son sólo algunos casos en los que la aplicación de esta circunstancia y, por tanto, la propia existencia de la circunstancia misma como elemento constitutivo del delito de asesinato, es dudosa. La jurisprudencia tiene todavía que delimitar en este ámbito tanto su propia autonomía y compatibilidad con otras circunstancias constitutivas o cualificadoras del asesinato, como el ámbito de los supuestos que presentan una gravedad, objetiva y subjetiva, que justifique la calificación de asesinato.

2. Tipo subjetivo

A diferencia de lo que ocurre con el homicidio, no se puede cometer el asesinato por imprudencia. La naturaleza misma de las circunstancias del art. 139,1 se opone a esta posibilidad, ya que unas exigen la referencia del dolo a ellas (la alevosía, el ensañamiento), mientras que el precio, recompensa o promesa, y la ejecución de la muerte para cometer otro delito o evitar que se descubra, constituyen móviles incompatibles con la imprudencia. Por tanto, la muerte ocasionada empleando un medio objetivamente alevoso (por ej., un incendio), pero sin dolo de matar, constituirá, todo lo más, un homicidio por imprudencia, nunca un asesinato.

Más discutible es la posibilidad del *dolo eventual en el asesinato*. Desde luego no existe problema alguno en calificar como asesinato el hecho de poner una bomba de relojería en un buque para cobrar una prima de seguro, provocando su hundimiento y la muerte de varias personas, que, como consecuencia necesariamente unida al resultado pretendido, puede ser imputada a título de dolo directo (aunque sea de segundo grado o de consecuencias necesarias). Lo mismo sucede si mueren varias personas a consecuencia de la explosión de una bomba en unos grandes almacenes en el momento de mayor afluencia de público. Naturalmente, en estos casos el desconocimiento por parte de los autores de la identidad o del número exacto de las víctimas no impide la calificación de dolo directo y, por tanto, de asesinato, en la medida en que el resultado letal es globalmente aceptado. Más complejo es el problema cuando el resultado letal aparece como aleatorio, aunque el autor del hecho se lo haya representado como probable y, a pesar de ello, haya aceptado el riesgo de su producción. Piénsese en el incendio de una casa habitada (art. 351), o en el descarrilamiento de un tren lleno de pasajeros (art. 346). Las posibles muertes que en casos de este tipo se pueden producir pueden ser imputables, sin duda alguna, a imprudencia, e incluso a dolo eventual. La cuestión es la de si deben de calificarse, en caso de que se considere que sólo hubo dolo eventual, de asesinato o como simple homicidio en concurso con los respectivos delitos de incendio, estragos, etc.

La cuestión debe ser resuelta teniendo en cuenta la función dogmática y político-criminal que cumple el asesinato frente a los demás delitos contra la vida y consecuentemente frente al homicidio doloso simple del art. 138,1, verdadero ámbito del dolo eventual. Si en algo se diferencia el asesinato del homicidio doloso es en que la finalidad, más o menos amplia, de matar viene afianzada, en el asesinato, por el empleo de determinados medios o la presencia de unos móviles que tienden claramente a esta finalidad. Un caso de este tipo es claramente la circunstancia 4ª, de cuyo tenor literal se deduce que la muerte debe quererse directamente como medio «para facilitar la comisión de otro delito o para evitar que se descubra». Si, por el contrario, el empleo de esos medios se hace para asegurar la ejecución de un hecho que probablemente puede producir la muerte, pero no de un modo seguro; o con el fin de dar un susto o un escarmiento, torturando a alguien sin pretender matarlo, pero asumiendo el riesgo de que la paliza produzca este fin, entonces estaremos en los dominios del homicidio doloso, por más que el hecho en sí y la muerte, si se produce, produzcan el mismo sentimiento de rechazo que cuando se hace con ánimo directo de matar.

Naturalmente, en la praxis estos problemas se plantean como problemas de prueba antes que como problemas teóricos. El Tribunal Supremo admite, sin embargo, el dolo eventual en el asesinato (véanse, por ejemplo, SSTS 1403/2011, de 28 de diciembre; 618/2012, de 4 de julio; y 1000/2012, de 18 de diciembre).

II. TIPOS CUALIFICADOS

Son los contenidos en el apartado 2 del art. 139 y en el art. 140.

a) *El tipo cualificado del art. 139,2.* Como se desprende del tenor literal del art. 139,1 («concurriendo *alguna* de las circunstancias siguientes»), basta que se dé *una sola* de las circunstancias mencionadas en el art. 139,1 para la calificación del hecho como asesinato. Puede suceder, sin embargo, que en la muerte de una persona concurra más de una de las circunstancias citadas en el art. 139,1. En este caso, según dispone el art. 139,2, la pena a aplicar es la del tipo básico en su mitad superior; es decir, la pena de prisión de veinte a veinticinco años.

Para que se aplique esta cualificación es preciso, en primer lugar, que se dé una cualquiera de las circunstancias mencionadas en el art. 139,1 y calificar la muerte como asesinato, y luego que se constate la concurrencia de otra u otras de las circunstancias previstas en el art. 139,1, lo que determina la aplicación del tipo cualificado del art. 139,2.

En definitiva, si concurre sólo una circunstancia del asesinato, se aplica la pena del art. 139,1 (15 a 25 años de prisión) y dentro de ese marco se aplican las agravantes y atenuantes genéricas conforme al régimen general previsto en el art. 66. Pero si se da más de una de las circunstancias del art. 139,1 (por ejemplo, muerte de una persona ejecutada con alevosía y por precio), una de las dos (la alevosía, por ejemplo) se toma para calificar el hecho como asesinato, mientras que la otra (en este caso, el precio) funcionará como agravante específica que obliga a recurrir al marco penal del art. 139,2 (20 a 25 años de prisión) y dentro de este marco se computarán, conforme a las reglas generales de determinación de la pena del art. 66, las circunstancias agravantes adicionales que concurran, sean las genéricas del art. 22, la mixta de parentesco del art. 23, o una tercera circunstancia de las mencionadas en el art. 139,1, que podrán compensarse con las atenuantes genéricas que concurran. Así, por ejemplo, una vez calificado el hecho como un asesinato y aplicada la correspondiente cualificación en base al art. 139,2, si concurre además una agravante genérica del art. 22 (motivos racistas, por ej.), o una tercera de las previstas específicamente en el art. 139,1 (por ejemplo, ensañamiento), ambas sólo pueden valorarse dentro del marco penal previsto en el art. 139,2, y, en su caso, compensarse racionalmente con alguna circunstancia atenuante, si concurriere también (por ej., los motivos racistas con arrebato u obcecación).

b) *Las cualificaciones del art. 140.* Las cualificaciones previstas en el art. 140, añadidas en la reforma de 2015, tienen, en cambio, un régimen punitivo completamente distinto, desde el momento en que la pena aplicable es la *prisión permanente revisable.* Si la pena es ésta, las circunstancias agravantes o atenuantes que eventualmente concurran no modificarán en principio el marco penal, salvo que por algún motivo expresamente previsto quepa aplicar la pena inferior en grado (por ejemplo por tentativa, complicidad, eximente incompleta, atenuante muy cualificada, etc.). En ese caso, el art. 70,4 establece que la pena inferior en grado a la prisión permanente es la pena de prisión de veinte a treinta años, y será en este marco penal (o en el correspondiente si cabe bajar en más grados) donde jueguen las agravantes y atenuantes concurrentes (incluidas las circunstancias del art. 139,1 que no se hayan tenido en cuenta para calificar el hecho como asesinato). Independientemente de las críticas que ya de por sí merece esta pena, corresponde ahora delimitar con la mayor claridad y precisión los supuestos en los que es aplicable.

- La primera cualificación del art. 140,1 se basa en la especial vulnerabilidad de la víctima por razón de su edad, enfermedad o discapacidad, aplicándose en todo caso cuando la víctima sea menor de dieciséis años de edad.

Teniendo en cuenta que, como ya dijimos, esta cualificación está prevista también para el homicidio y que esta previsión hace insostenible ya la interpretación de que toda muerte de un ser desvalido es automáticamente alevosa, habrá que interpretar que aquí sólo será aplicable si primero puede calificarse la muerte como asesinato por alguna otra circunstancia *distinta* de la alevosía. En otras palabras, si la víctima es especialmente vulnerable y ello hace innecesario usar medios o formas en la producción de la muerte que aseguren la ejecución e impidan la defensa (por ejemplo, muerte de un bebé o de un enfermo en coma), lo que procede es aplicar homicidio cualificado, no asesinato alevoso. A la inversa, si en un caso se buscan medios alevosos para matar con la intención de evitar la posible defensa por parte de la víctima, difícilmente estaremos ante una víctima especialmente vulnerable. Lo que sí cabe, obviamente, es que la muerte se califique como asesinato por otra circunstancia distinta de la alevosía (por ejemplo, precio o ensañamiento) y además se cualifique por víctima especialmente vulnerable.

Respecto a la posibilidad de aplicar la cualificación por ser la víctima menor de dieciséis años, será necesario el conocimiento siquiera aproximado de la edad de la víctima, por lo que, en el caso en que el autor no lo supiera y creyera fundadamente (por la apariencia física o por cualquier otra causa) que la víctima era mayor de esa edad, no podrá aplicársele la cualificación, salvo que se estime que en este caso la edad es una mera condición objetiva de punibilidad, que no precisa ser conocida por el autor, lo que constituiría una clara infracción del principio de culpabilidad, mucho más recusable cuando se trata de aplicar una pena de prisión permanente. La mejor forma de evitar este problema respecto al conocimiento de la edad es considerar que lo importante es que el autor tenga conocimiento de la situación de vulnerabilidad del menor, independientemente de la edad exacta que tenga, entrando entonces por esta vía su muerte en esta agravación. Pero también en este caso habrá que exigir la previa existencia de una circunstancia del art. 139,1. Matar a un menor de dieciséis años en el curso de una pelea, cara a cara, constituye el tipo cualificado del delito de homicidio (art. 138, 2, a), no asesinato.

- La circunstancia 2ª del art. 140,1 («Que el hecho fuera subsiguiente a un delito contra la libertad sexual que el autor hubiera cometido sobre la víctima») plantea los problemas ya vistos en relación con la circunstancia 4ª del art. 139,1, cuando se mata a la víctima del delito contra la libertad sexual para evitar que denuncie el hecho. La propia amplitud del término «delito contra la libertad sexual» permite incluir en este supuesto casos en los que el hecho previo puede ser un delito de acoso sexual, cuya realización dé lugar a un enfrentamiento físico posterior en el curso del cual el autor mate a la víctima. Cabe entender que esta cualificación se debe a la mayor gravedad que encierra el hecho mismo de matar a una persona a la que previamente ya se le ha vulnerado su libertad sexual. Pero no se entiende muy bien por qué se aplica en relación con este delito y no en relación con otros igualmente graves como detención ilegal, secuestro, robo con violencia, etc.

En el caso de que la víctima del delito sea un menor de dieciséis años, más que de un delito contra la «libertad sexual» se trata de un delito contra la «indemnidad sexual», lo que literalmente interpretado podría dar lugar a entender que no sería ésta la cualificación aplicable, sino la primera del art. 140,1 que igualmente da lugar a la aplicación de la prisión permanente. Del tenor literal también se desprende que la cualificación no sería aplicable cuando la muerte de la víctima se produce como consecuencia de la violencia empleada en la ejecución misma del delito y no subsiguientemente a su realización, en cuyo caso todo lo más cabe aplicar las reglas del concurso ideal de delitos. También habrá que exigir una conexión temporal de inmediatez entre la producción subsiguiente de la muerte y la realización del delito contra la libertad sexual. Si el autor mata a la víctima varios días después, entre otras cosas para evitar que lo denuncie o como venganza por haberlo hecho, entiendo que esta cualificación no debe ser aplicada.

- La 3ª cualificación del art. 140,1 se aplica cuando «el delito se hubiera cometido por quien perteneciere a un grupo u organización criminal». Pero hay que tener en cuenta que si el sujeto actúa con finalidad terrorista (véase art. 573), la causación de una muerte permite aplicar la prisión permanente, incluso aunque no se dé ninguna de las circunstancias del asesinato (véase art. 573 bis, 1,1°), lo que hace de preferible aplicación el delito de terrorismo.

En todo caso, tanto en este supuesto, como en los anteriores las cualificaciones del art. 140,1 sólo pueden aplicarse si previamente el hecho puede calificarse como asesinato por la concurrencia de alguna de las circunstancias mencionadas en el art. 139,1. Cuando no es así, sólo pueden computarse como circunstancias cualificadoras del homicidio (art. 138, 2, a).

- En el art. 140,2 se contiene una cualificación específica para cuando el reo de asesinato hubiera sido condenado por la muerte de más de dos personas. Tal como está redactada, esta cualificación sólo es aplicable cuando el sujeto haya sido condenado *previamente* por otros delitos contra la vida, y por tanto sólo cabe en caso de reincidencia. Resulta incoherente, sin embargo, que no sea posible aplicar esta cualificación cuando se juzgue a un sujeto por varias muertes, por ejemplo si ha hecho estallar una bomba que ha producido múltiples víctimas, si no tiene antecedentes. Se trata, por tanto, de una exasperación punitiva para los llamados «serial killers», un concepto criminológico no del todo bien delimitado difícilmente traducible en términos jurídicos.

En todo caso, no es necesario que las muertes tengan ninguna relación entre sí ni que se hayan producido en un determinado periodo de tiempo. Basta con que, en el momento de juzgar al reo por un asesinato, éste tenga condenas previas por la muerte de más de dos personas.

III. TENTATIVA Y ACTOS PREPARATORIOS PUNIBLES

Los problemas que plantea la tentativa en el asesinato son los mismos que en el homicidio. Especial relevancia tienen en el delito de asesinato, sin embargo, los actos preparatorios declarados especialmente punibles tanto para el homicidio, como para el asesinato en el art. 141. Las figuras de la *provocación* o de la *proposición* se darán sobre todo en el asesinato realizado «por precio, recompensa o promesa»; pero tanto éstas, como la conspiración dejan de ser aplicables tan pronto se pase a los actos ejecutivos y con ellos a la tentativa.

IV. PARTICIPACIÓN

Cuando funcionan como elementos constitutivos del delito de asesinato (o de asesinato cualificado), las circunstancias del art. 139,1 deben *concurrir* en el *autor en sentido estricto* de este delito, es decir, en el que mata. Los que intervienen a título de partícipes (inductores, cooperadores necesarios o cómplices) deben *conocer* los elementos del tipo realizados por el autor: quienes participan en un asesinato deben saber que el sujeto a quien auxilian o inducen mata, por ejemplo, con ensañamiento, pues de lo contrario concurriría en ellos un error esencial que excluiría el dolo del asesinato y les haría responder, todo lo más, por homicidio doloso. Si en el autor concurren dos de las circunstancias de las mencionadas en el art. 139,1 (alevosía y ensañamiento, por ejemplo) hay que tener en cuenta, sin embargo, que sólo una de ellas se toma para calificar el hecho como asesinato, pasando la segunda a determinar la aplicación del tipo cualificado del art. 139,2. En este caso, a los partícipes sólo les serán aplicables si saben que concurren en el autor del hecho. Así, si saben que se dan las dos circunstancias responderán de participación en asesinato cualificado; si conocen, por ejemplo, que se da alevosía pero desconocen el ensañamiento, responderán de participación en asesinato, porque en cualquier caso el hecho puede calificarse como asesinato en base a la alevosía; y si no conocen ninguna de las dos, responderán por homicidio doloso. Por último, si se dan más de dos de las circunstancias del art. 139,1 creo que la tercera y, en su caso, la cuarta deben pasar a convertirse en agravantes genéricas que deben seguir, por ello, el régimen general de los arts. 65 y 66. A estos efectos, que prácticamente carecen de significación, puede considerarse que *cuando funcionan como agravantes genéricas* las circunstancias de alevosía y de ensañamiento son circunstancias materiales, que sólo pueden computarse a los que las conozcan en el momento de la acción o de su cooperación al delito; mientras que la de actuar por precio, recompensa o promesa, y la de actuar para facilitar la comisión de otro delito o para evitar que se descubra serían circunstancias personales, que sólo pueden aplicarse a aquéllos en quienes concurran.

El asesinato por precio presupone siempre la concurrencia de, por lo menos, dos personas. Por un lado, la que paga el precio, concede o promete la recompensa; por otro, la que acepta tal oferta y decide, sobre la base de ésta, realizar directamente el hecho. Ambos son responsables de asesinato, ya que el que ofrece la recompensa es siempre partícipe en el hecho cometido por el que la recibe. La intervención del que paga u ofrece la recompensa en el hecho realizado por el otro puede ser calificada de participación por inducción en el asesinato; pero la circunstancia como tal (es decir, cuando se dan tres o cuatro circunstancias del asesinato y el precio, recompensa o promesa actúe como una agravante genérica) sólo afecta, por ser de índole personal, al que mata por precio, recompensa o promesa (de otra opinión algún sector jurisprudencial que considera que el precio, como agravante genérica, es también directamente aplicable al que ofrece la recompensa).

Por lo demás, para aplicar al partícipe cualquiera de las cualificaciones del art. 140 será necesario también que éstas sean abarcadas por su dolo.

V. LIBERTAD VIGILADA

El art. 140 bis prevé la posibilidad de imponer además una medida de libertad vigilada a los condenados por la comisión de uno o más delitos de los comprendidos en el Título I. A este respecto, aunque la previsión se refiere a todo el Título, que incluye también el homicidio imprudente y la participación en el suicidio, la ubicación del art. 140 bis, tras la regulación del homicidio doloso y el asesinato, y sobre todo razones de justicia material y proporcionalidad, deberían restringir a estos últimos delitos la posibilidad de imposición de esta medida.

La violencia de género tras la reforma penal de 2015

Ana Silva Cuesta

Secretaria de la Administración Local

RESUMEN

La reforma penal de 2015 supone una modificación considerable de la materia relativa a la violencia de género. En este estudio se presentan las líneas generales de la reforma, aquellas que afectan a la violencia de género y concretamente las que modifican el articulado del Código Penal, tanto por introducir una nueva regulación como por alterar la ya existente. Concretamente, se introduce el género como una circunstancia agravante de la responsabilidad penal, se suprime la falta de injurias leves en materia de violencia de género, se modifica el régimen de suspensión de la pena y se introduce una especificidad de la denuncia para los casos de violencia de género. Se refuerza el carácter preceptivo de los programas de violencia de género y sus contenidos. Y se regula, *ex novo,* la figura del matrimonio forzado. Se atiende de manera especial a una serie de modificaciones para el caso del delito de stalking, sexting y la inutilización de dispositivos de control de cumplimiento de las penas y demás medidas cautelares.

I. INTRODUCCIÓN

La violencia de género se ha convertido en una de las principales preocupaciones del legislador de nuestro país. Prueba de ello es la continua relación de modificaciones legislativas que se han realizado en los últimos años. Por citar las más importantes: LO 11/1999, de 30 de abril de modificación del Título VIII del Libro II del Código Penal; LO 14/1999, de 9 de junio, de Modificación del Código Penal en Materia de Protección a las víctimas de malos tratos y de la Ley de Enjuiciamiento Criminal; LO 11/2003, de 29 de septiembre, de medidas concretas en materia de seguridad ciudadana, violencia doméstica e integración social de los extranjeros y la LO 1/2004, de 28 de diciembre, de Medidas de Protección Integral contra la Violencia de Género.

Con independencia de lo acertado o no de la denominación "violencia de género"[1], lo cierto es que el legislador con las regulaciones efectuadas, trataba de dar mayor protección y castigo a los comportamientos violentos realizados dentro de un determinado círculo de personas unidas por lazos familiares, de convivencia (actual o no) y/o de dependencia: conductas realizadas en un determinado entorno familiar y/o doméstico[2].

Asistimos a un momento histórico-social en el que es prácticamente diaria la emisión de noticias por parte de los medios de comunicación en los que se habla y se anuncia un nuevo caso de violencia de género. Así, la violencia familiar y doméstica ha penetrado en la opinión pública, sirviendo además de soporte mediático para el legislador penal. Y aunque la violencia en el ámbito familiar se ha convertido en un paradigma vigente en nuestros días, lo cierto es que esta situación viene arrastrada de años atrás. Quizás haya que resaltar que a este fenómeno o lacra social de la violencia de género le acompaña una mayor toma de conciencia de la mujer, una asunción consciente de sus derechos y libertades que llevan explícitamente una protección externa por parte del legislador y de rechazo de la violencia por parte de la sociedad en general.

---

1 Sobre el salto de la denominación "violencia doméstica" a la de "violencia de género", resulta de especial interés el estudio realizado por GALÁN MUÑOZ, A, en "De la violencia doméstica a la violencia de género: ¿un paso fallido hacia el derecho penal del enemigo?", en en *Estudios sobre la tutela penal de la violencia de género,* coordinado por NUÑEZ CASTRO, E, Ed. Tirant, 2010, pág. 63. La denominación de muchos tipos delictivos como los de lesiones, los de amenazas, las coacciones o el quebrantamiento de condena y también la reforma significativa de las reglas generales que van a regir la concreta aplicación de las penas a las agresiones, se puede considerar como manifestación de la denominada "violencia de género", todo ello lo ha hecho el legislador con la intención de introducir una perspectiva de género en el tratamiento penal de la violencia doméstica.

2 Vid. NUÑEZ CASTRO, E, "Algunas consideraciones sobre el art. 173.2 del Código Penal: el maltrato habitual", en *Estudios sobre la tutela penal de la violencia de género,* coordinado por NUÑEZ CASTRO, E, Ed. Tirant, 2010.

Las reformas penales en materia de violencia de género, precisamente han intentado reforzar la protección de la mujer, y procurado que el número de denuncias por este motivo fueran en aumento. No podemos valorar, en cambio, positivamente la abundante reforma penal creada para adaptar la situación social a un camino tendente a la no violencia, cuando lo que precisamente ha fallado ha sido la articulación por parte de los poderes públicos de medidas concretas amparadas en su respectivo apoyo económico. Han faltado medios económicos para hacer efectivos, por ejemplo, todas las medidas que recogía la LO 1/2004 de 28 de diciembre, Ley Integral de Medidas de Protección contra la Violencia de Género.

El derecho penal se ha ido convirtiendo en un ciclón de reformas penales que no está suponiendo -como esperaba el legislador- una disminución de los casos de violencia en el ámbito doméstico. Es una absoluta contradicción que el legislador continúe intensificando la herramienta del derecho penal cuando la sociedad sigue respondiendo de forma violenta. Por ello, "a la vista del incremento incesante de cifras de este tipo de violencia, hace presagiar que no han alcanzado su fin"[3].

Haciendo un pequeño recorrido por la regulación legislativa del delito de violencia doméstica habitual[4], podemos observar que:

El Código Penal en 1995 incluye en el artículo 153 el delito de violencia doméstica habitual dentro de las lesiones, con lo cual dentro de los delitos contra la salud e integridad física. Lo que dio lugar a bastante polémica en torno a cuál debería ser su bien jurídico protegido. Esto da lugar a una reforma importante:

A) La LO 14/1999, de 9 de junio, de Modificación del Código Penal en Materia de Protección de víctimas de malos tratos y de la Ley de Enjuiciamiento criminal, que supuso entre otras reformas:

---

[3] BOLDOVA PASAMAR, RUEDA MARTÍN, "Consideraciones político-criminales en torno a los delitos de violencia de género", en *La reforma penal en torno a la violencia doméstica y de género*, Boldova Pasamar/ Rueda Martín (Coords), Barcelona, 2006, pág. 14.

[4] Se ha seguido el esquema introducido por NUÑEZ CASTRO, E, "Algunas consideraciones sobre el art. 173.2 del Código Penal: el maltrato habitual", en *Estudios sobre la tutela penal de la violencia de género,* coordinado por NUÑEZ CASTRO, E, Ed. Tirant, 2010, pág. 165. En el mismo sentido es de destacar el estudio de la evolución legislativa de la violencia de género realizado por LÓPEZ PEREGRÍN, C, en "Amenazas, coacciones y violencia de género", en la misma obra citada, pág, 228 y ss, partiendo de la LO 3/1989, de 21 de junio, mediante la que el legislador español, ejercitando la función simbólica, introdujo en España el delito de violencia doméstica. Este delito se incardinó en el entonces art. 425, que se incluía en sede de lesiones, y castigaba el maltrato físico habitual en el seno familiar (incluyendo como sujetos pasivos al cónyuge o persona a la que estuviese unido por análoga relación de afectividad, sus hijos sujetos a la patria potestad, o pupilos, menores o incapaces sometidos a su tutela o guarda de hecho) con pena de arresto de mayor. Se convertía así en delito, en base a la habitualidad, una serie de conductas que, por separado, sólo podían ser constitutivas de falta. La conducta típica se definía, por lo demás, sin distinguir según el sexo del agresor o agredido.

— Introducción de la violencia psíquica como modalidad típica.

— La ampliación del círculo de sujetos, incluyendo no sólo a quien actualmente fuese cónyuge o conviviente, sino también a la persona que, con anterioridad, hubiera sido cónyuge o hubiera estado ligada al maltratador por análoga relación de afectividad.

— El establecimiento de un concepto legal de habitualidad atendiendo al número de actos de violencia que resulten acreditados.

B) No obstante, la realidad se imponía y los casos de violencia doméstica seguían creciendo. Así, el legislador nuevamente, a golpe de show mediático, procede a una nueva reforma legislativa que supuso una verdadera revolución en esta materia implicando un cambio radical con la LO 11/2003, de 29 de septiembre, de medidas concretas en materia de seguridad ciudadana, violencia doméstica e integración social de los extranjeros. La reforma descansa en tres aspectos fundamentales:

— La conversión de la falta de lesiones, falta de malos tratos o de amenazas leves con armas, en un nuevo delito de maltrato en el que desaparece el requisito de la habitualidad, recogido en el artículo 153 del CP.

— Ampliación del círculo de sujetos protegidos, incluyendo a todos los descendientes, ascendientes, hermanos, ya sean propios del cónyuge o conviviente, así como cualquier persona integrada en el núcleo familiar. Se elimina el requisito de la convivencia para apreciar la concurrencia de violencia doméstica.

— Las conductas de violencia doméstica y habitual pasan a contemplarse como delito contra la integridad moral, de manera que abandonan su sede de lesiones para configurar un nuevo delito contra la integridad moral regulado en el art. 173.2 del CP.

C) Finalmente la Ley Integral de Medidas de Protección contra la Violencia de Género (LO 1/2004 de 28 de diciembre: normas de naturaleza penal, se mantiene la regulación de 2003. Énfasis de la mujer como sujeto de especial protección. En el ámbito penal debe ser considerado como especial protección de la mujer en el ámbito doméstico.

Lo cierto es que, a la vista de esta evolución legislativa, el legislador, ha sometido una vez más al derecho penal a una reforma, a una intromisión, para encontrar en el camino de lo punitivo una solución a un problema social, como es la violencia de género, que va más allá del Derecho.

Algo está fallando cuando a 11 años de la promulgación de la LO 1/2004, las cifras con las que contamos son las siguientes:

— 757 mujeres han muerto asesinadas.

— 45 mujeres asesinadas en 2014.

— En los últimos 3 años se ha reducido un 30% los fondos para prevenir la violencia de género.

— Se han cerrado casas de acogida, los ayuntamientos ha dejado de contratar a mujeres maltratadas.

— No hay capacidad para proteger a las mujeres que denuncian porque no hay cobertura económica.

— El dinero destinado a igualdad supone el 0,01% del presupuesto total y dicha cantidad es insuficiente.

Los datos relativos a las muertes violentas pueden servir como punto de referencia en cualquier aproximación a la violencia de género porque tienen la ventaja de no presentar la gran cifra oscura que se da en otro tipo de delitos cometidos en este ámbito (como ocurre por ejemplo respecto a las amenazas y las coacciones). Y son datos preocupantes, no sólo por el número de muertes en sí, sino también porque reflejan que una mujer tiene muchas más probabilidades de sufrir una muerte violenta a manos de su ex pareja que de un extraño[5].

II. LÍNEAS GENERALES DE LA REFORMA

La Ley Orgánica 1/2015, de 30 de marzo, por la que se modifica la Ley Orgánica 10/1995, de 23 de noviembre, del Código Penal, ha causado un gran impacto normativo. Son muchos los aspectos penales, y también procesales, que se han visto modificados por la misma. Se pretende hacer una referencia somera al impacto en concreto que la LO 1/2015 ha tenido en lo que se refiere a violencia de género. Es su propia Exposición de Motivos la que nos alerta, *a priori*, de todo el recorrido que el legislador realiza para modificar la materia en violencia de género de nuestro código penal, advirtiendo que es necesario reforzar la regulación de violencia de género, concretamente dice "se llevan a cabo algunas modificaciones para reforzar la protección especial que actualmente dispensa el Código Penal para las víctimas de este tipo de delito".

[5] Vid. LÓPEZ PEREGÍN, C, "Amenazas, coacciones y violencia de género"; en *Estudios sobre la tutela penal de la violencia de género*, coordinado por NUÑEZ CASTRO, E, Ed. Tirant, 2010, pág. 223.

En líneas generales, son siete los aspectos que se pueden destacar como principales modificaciones de la reforma penal, y que, como veremos posteriormente, van a tener incidencia en materia de género:

En primer lugar, se afronta una actualización y revisión del CP, en los siguientes términos "el Código Penal aprobado mediante la Ley Orgánica 10/1995, de 23 de noviembre, es objeto de una completa revisión y actualización, en la conciencia de que el transcurso del tiempo y las nuevas demandas sociales evidencian la necesidad de llevar a cabo determinadas modificaciones de nuestra norma penal. En general, se revisa el régimen de penas y su aplicación, se adoptan mejoras técnicas para ofrecer un sistema penal más ágil y coherente, y se introducen nuevas figuras delictivas o se adecuan los tipos penales ya existentes, con el fin de ofrecer una respuesta más adecuada a las nuevas formas de delincuencia; del mismo modo se suprimen aquellas otras infracciones que, por su escasa gravedad, no merecen reproche penal. Gran parte de la reforma está también orientada a dar cumplimiento a los compromisos internacionales adquiridos por España".

En segundo lugar, se apunta a la necesidad de dotar de mayor eficacia a la Justicia penal a través de la reforma del sistema de suspensión y sustitución de las penas privativas de libertad. Así, el legislador literalmente establece: "se afrontan dos reformas que están orientadas a incrementar la eficacia de la justicia penal: de una parte, se modifica la regulación de la suspensión y de la sustitución de las penas privativas de libertad, y se introduce un nuevo sistema, caracterizado por la existencia de un único régimen de suspensión que ofrece diversas alternativas, que introduce mayor flexibilidad y eficacia".

En tercer lugar, hay un interés en realizar una nueva ubicación de los delitos de corrupción en el ámbito de la Administración pública. Así, se afirma que "se refuerza la punición de los llamados delitos de corrupción en el ámbito de la Administración pública. Con carácter general, se elevan las penas de inhabilitación previstas para este tipo de delitos, y se añade la imposición de penas de inhabilitación especial para el ejercicio del derecho de sufragio pasivo. Además, se introducen nuevas figuras delictivas relacionadas con la financiación ilegal de partidos políticos".

En cuarto lugar, se aprecia la justificación de la reforma para compatibilizar nuestro ordenamiento jurídico a toda una serie de obligaciones que vienen prescitas por organismos internacionales. Concretamente: "buena parte de las modificaciones llevadas a cabo están justificadas por la necesidad de atender compromisos internacionales. Así, la reforma se ocupa de la transposición de la Decisión Marco 2008/913/JAI, relativa a la lucha contra determinadas formas y manifestaciones de racismo y xenofobia mediante el Derecho

Penal; de la Directiva 2009/52/CE, por la que se establecen normas mínimas sobre las sanciones y medidas aplicables a los empleadores de nacionales de terceros países en situación irregular; de la Directiva 2011/93/UE, relativa a la lucha contra los abusos sexuales y la explotación sexual de los menores y la pornografía infantil; de la Directiva 2011/36/UE, relativa a la prevención y lucha contra la trata de seres humanos y a la protección de las víctimas; de la Directiva 2013/40/UE, relativa a los ataques contra los sistemas de información y la interceptación de datos electrónicos cuando no se trata de una comunicación personal; y de la Directiva 2014/42/UE, de 3 de abril, sobre el embargo y el decomiso de los instrumentos y del producto del delito en la Unión Europea. Asimismo, se modifica la actual regulación del delito de inmigración ilegal, separando claramente esta figura delictiva del delito de trata de seres humanos y ajustando tipos y penas a las exigencias derivadas de la Directiva 2002/90/CE y la Decisión Marco 2002/946/JAI. También se introduce la posibilidad de incluir perfiles de condenados en la base de datos de ADN, para dar cumplimiento a las exigencias del Convenio del Consejo de Europa para la protección de los niños contra la explotación y el abuso sexual, hecho en Lanzarote el 25 de octubre de 2007. Y se incorporan en nuestra normativa penal las conductas descritas en el Convenio del Consejo de Europa de 28 de abril de 2014, sobre falsificación de productos médicos y otros delitos similares que suponen una amenaza para la salud pública".

En quinto lugar, la supresión de las faltas ha supuesto un verdadero hito para el derecho penal español. Es sin duda uno de los aspectos con más relevancia de la reforma. Se suprimen algunas de ellas, mientras otras pasan a la consideración de delitos leves, soportando ahora la apreciación de tales conductas el ámbito administrativo-sancionador o el ámbito civil. El tenor literal de la reforma que anuncia este punto, se expresa de la siguiente manera: "de otra parte, se suprimen las faltas que históricamente se regulaban en el Libro III del Código Penal, si bien algunas de ellas se incorporan al Libro II del Código reguladas como delitos leves. La reducción del número de faltas -delitos leves en la nueva regulación que se introduce- viene orientada por el principio de intervención mínima, y debe facilitar una disminución relevante del número de asuntos menores que, en gran parte, pueden encontrar respuesta a través del sistema de sanciones administrativas y civiles". De manera que el aspecto procesa afectado directamente por esta reforma será la supresión del juicio de faltas y su emplazamiento por el "procedimiento para el juicio de delitos leves".

En sexto lugar, la reforma se sustenta en "la necesidad de fortalecer la confianza en la Administración de Justicia hace preciso poner a su disposición un sistema legal que garantice resoluciones judiciales previsibles que, además, sean percibidas en la sociedad como justas. Con esta finalidad, siguiendo el modelo de otros países de nuestro entorno europeo, se introduce la prisión permanente revisable para aquellos delitos de extrema gravedad, en los que los ciudadanos demandaban una pena proporcional al hecho cometido. En este mismo sentido, se revisan los delitos de homicidio, asesinato y detención ilegal o secuestro con desaparición, y se amplían los marcos penales dentro de los cuales los tribunales podrán fijar la pena de manera más ajustada a las circunstancias del caso concreto".

En séptimo lugar, se procede a la tipificación de nuevos delitos como el matrimonio forzado, hostigamiento o acecho, divulgación no autorizada de imágenes o grabaciones íntimas obtenidas con el consentimiento de la persona afectada, y manipulación de los dispositivos de control utilizados para vigilar el cumplimiento de penas y medidas cautelares o de seguridad.

Estas reformas se desarrollan de manera más detallada para el caso que nos ocupa de la violencia de género en el apartado XXII de la Exposición de Motivos.

III. LÍNEAS GENERALES DE LA REFORMA QUE AFECTAN A LA VIOLENCIA DE GÉNERO

Como se dijo en la introducción, las líneas generales de la reforma que afectan a la violencia de género se recogen en la propia Exposición de Motivos de la misma. Se concentran en las siguientes líneas:

En primer lugar, se incorpora el género como motivo de discriminación en la agravante 4ªdel art. 22. Lo que encuentra su fundamento en la noción de género aportada en el *Convenio núm. 210 del Consejo de Europa sobre prevención y lucha contra la violencia contra las mujeres y la violencia doméstica*, aprobado en Estambul por el Comité de Ministros del Consejo de Europa el 7 de abril de 2011, como «los papeles, comportamientos o actividades y atribuciones socialmente construidos que una sociedad concreta considera propios de mujeres o de hombres», puede constituir un fundamento de acciones discriminatorias diferente del que abarca la referencia al sexo.

En segundo lugar, en lo relacionado con la desaparición de las faltas y la tipificación de algunas de ellas como delitos leves, se advierte que no afectará a la diferenciación en el tratamiento de los delitos relacionados con la violencia de género. Así: "la desaparición de las faltas, y la adecuación de los tipos penales que ello comporta, no impide mantener la diferenciación en el tratamiento de los delitos relacionados con la violencia de género y doméstica, con el fin de mantener un nivel de protección más elevado. De este modo, aunque la nueva categoría de delitos leves requiera, con carácter general, de la denuncia previa del perjudicado, este requisito de perseguibilidad no se va a exigir en las infracciones relacionadas con la violencia de género y doméstica. Tampoco se exigirá denuncia en estos casos para la persecución del nuevo delito de acoso".

Es importante señalar que no será exigible la denuncia previa en las infracciones relacionadas con la violencia de género, aunque la persecución de estos delitos leves requiera de la exigibilidad de la misma. Tampoco se exigirá denuncia previa para el caso de la persecución del nuevo delito de acoso.

Se debe poner en relación este punto con la indicación de la Exposición de Motivos en su apartado XXXI, donde se reitera esta idea de exención de denuncia previa para referirse de forma genérica a los casos de "violencia de género". Así, literalmente se manifiesta: "en atención a la escasa gravedad de las lesiones y de los maltratos de obra, sólo van a ser perseguibles mediante denuncia de la persona agraviada o de su representante legal. Con ello se evita la situación actual, en la que un simple parte médico de lesiones de escasa entidad obliga al juez de instrucción a iniciar todo un proceso judicial y a citar al lesionado para que acuda obligatoriamente al juzgado a fin de hacerle el ofrecimiento de acciones como perjudicado, con los inconvenientes que ello le ocasiona. Parece más adecuado que sólo se actúe cuando el perjudicado interponga denuncia. Ahora bien, en los casos de violencia de género no se exigirá denuncia previa para perseguir las lesiones de menor gravedad y el maltrato de obra".

En tercer lugar, destaca en la imposición de penas de multa un correctivo encaminado a no generar consecuencias negativas en el ámbito familiar. En concreto, se afirma: Así, se afirma que "con carácter general, sólo será posible la imposición de penas de multa en este tipo de delitos cuando conste acreditado que entre agresor y víctima no existen relaciones económicas derivadas de una relación conyugal, de convivencia o filiación, o existencia de una descendencia común".

Junto a este correctivo, la Exposición de Motivos añade la idea de no causar perjuicios a la víctima de violencia de género, tipificando la pena en trabajos en beneficio de la comunidad o localización permanente, en lugar de la pena de multa. Así, se afirme expresamente: "se recurre a la imposición de penas de trabajos en beneficio de la comunidad y de la localización permanente cuando se trata de delitos de violencia de género y doméstica, con el fin de evitar los efectos negativos que para la propia víctima puede conllevar la imposición de una pena de multa".

En cuarto lugar, se produce una ampliación considerable de la medida de libertad vigilada. Concretamente, "esta medida, que fue introducida en el

Código Penal mediante la reforma operada por la Ley Orgánica 5/2010, de 22 de junio, también se podrá imponer en todos los delitos contra la vida, y en los delitos de malos tratos y lesiones cuando se trate de víctimas de violencia de género y doméstica".

Finalmente, como novedad destacable se recoge en la Exposición de Motivos, es la tipificación como delito de quebrantamiento de los actos tendentes a alterar el correcto funcionamiento de los dispositivos telemáticos para controlar las medidas cautelares y las penas de alejamiento en materia de violencia de género.

En este sentido, se afirma que "en relación con los dispositivos telemáticos para controlar las medidas cautelares y las penas de alejamiento en materia de violencia de género, se están planteando problemas sobre la calificación penal de ciertas conductas del imputado o penado tendentes a hacerlos ineficaces, a las que se alude en la Circular 6/2011, de la Fiscalía General del Estado, sobre criterios para la unidad de actuación especializada del Ministerio Fiscal en relación a la violencia sobre la mujer. Por ello, se considera adecuado tipificar expresamente estas conductas dentro de los delitos de quebrantamiento, a fin de evitar que queden impunes los actos tendentes a alterar o impedir el correcto funcionamiento de dichos dispositivos".

De manera que, las injurias leves y las vejaciones injustas, salvo cuando se cometen sobre alguna de las personas a que se refiere el apartado 2 del art. 173, quedan al margen del ámbito penal, al ser ofensas de carácter privado cuya reparación puede exigirse en la vía jurisdiccional civil o mediante los actos de conciliación. Se observa una clara intención de derivar a la vía penal sólo aquellas conductas que tengan verdadera entidad y relevancia, cuando además no existan medios alternativos para la solución del conflicto[6].

IV. MODIFICACIONES CONCRETAS EN MATERIA DE VIOLENCIA DE GÉNERO

4.1. Instrucción de razones de género a las circunstancias agravantes y a la tipificación del delito

El artículo 22.4 CP, se modifica, siendo agravatorias de la responsabilidad penal las razones de género en el sentido apuntado en la Exposición de Motivos, quedando redactado del siguiente modo.

[6] MAGRO SERVET, V, "Reforma del Código Penal afectante a la violencia de género", Diario La Ley, Nº 8539, Sección Tribuna, 14 de Mayo de 2015, Ref. D-189.

> *"Cometer el delito por motivos racistas, antisemitas u otra clase de discriminación referente a la ideología, religión o creencias de la víctima, la etnia, raza o nación a la que pertenezca, su sexo, orientación o identidad sexual, razones de género, la enfermedad que padezca o su discapacidad".*

Así, bastará con acreditar que los hechos han sido cometidos en razón al género para considerar que se ha producido una agravación de la responsabilidad criminal. El proceso penal requerirá para que esta circunstancia sea constatada en el momento de la prueba.

La razón de género se tendrá en cuenta igualmente para la tipificación de los delitos cometidos a colación del ejercicio de los derechos fundamentales y de las libertades públicas garantizados por la Constitución. Se refiere a los artículos 510, 511 y 512 CP.

4.2. Supresión de la falta de injurias leves en materia de violencia de género

La desaparición de la falta de injurias leves en materia de violencia de género es una de las consecuencias inmediatas de la reforma penal al asentar la eliminación de todas las faltas y su consecuente conversión a delito leve. Concretamente esta supresión va a afectar al artículo 208 del Código Penal, que quedará redactado del siguiente modo:

> *"Solamente serán constitutivas de delito las injurias que, por su naturaleza, efectos y circunstancias, sean tenidas en el concepto público por graves, sin perjuicio de lo dispuesto en el apartado 4 del art. 173".*

Por consiguiente, se introduce un nuevo apartado en el art. 173 CP, concretamente el número 4:

> *"Quien cause injuria o vejación injusta de carácter leve, cuando el ofendido fuera una de las personas a las que se refiere el apartado 2 del art. 173, será castigado con la pena de localización permanente de cinco a treinta días, siempre en domicilio diferente y alejado del de la víctima, o trabajos en beneficio de la comunidad de cinco a treinta días, o multa de uno a cuatro meses, esta última únicamente en los supuestos en los que concurran las circunstancias expresadas en el apartado 2 del art. 84".*

4.3. Modificaciones en relación a la suspensión de la pena

En relación a la suspensión de la pena, se introducen dos importantes novedades:

La primera de ellas, respecto a los antecedentes penales, modifica el art. 80.2 CP rompiendo con el impedimento del art. 81 CP de suspensión de la pena para el supuesto de que existan antecedentes penales, de manera que será el juez quien deba decir aun existiendo antecedentes penales si debe suspenderse la pena. La redacción nueva del art. 80.2 CP, queda como sigue:

Serán condiciones necesarias para dejar en suspenso la ejecución de la pena, las siguientes:

> *1. Que el condenado haya delinquido por primera vez. A tal efecto no se tendrán en cuenta las anteriores condenas por delitos imprudentes o por delitos leves, ni los antecedentes penales que hayan sido cancelados, o debieran serlo con arreglo a lo dispuesto en el art. 136. Tampoco se tendrán en cuenta los antecedentes penales correspondientes a delitos que, por su naturaleza o circunstancias, carezcan de relevancia para valorar la probabilidad de comisión de delitos futuros.*
>
> *2. Que la pena, o la suma de las impuestas, no sea superior a dos años, sin incluir en tal cómputo la derivada del impago de la multa*[7].

La segunda de ellas, se refiere al compromiso de pago de responsabilidades civiles. La nueva redacción del art. 80.2 párrafo 3, viene a regular un nuevo tratamiento de la suspensión de la pena en el caso de que se hayan satisfecho las responsabilidades civiles. De manera que la nueva redacción queda como sigue:

> *Que se hayan satisfecho las responsabilidades civiles que se hubieren originado y se haya hecho efectivo el decomiso acordado en sentencia conforme al artículo 127.*
>
> *Este requisito se entenderá cumplido cuando el penado asuma el compromiso de satisfacer las responsabilidades civiles de acuerdo a su capacidad económica y de facilitar el decomiso acordado, y sea razonable esperar que el mismo sea cumplido en el plazo prudencial que el juez o tribunal determine. El juez o tribunal, en atención a la responsabilidad civil y al impacto social del delito, podrá solicitar las garantías que considere convenientes para asegurar su cumplimiento.*

4.4. Especifidad de la denuncia previa para los casos de violencia de género

La denuncia, como requisito previo para perseguir los delitos leves -que sustituyen a las antiguas infracciones penales constitutivas de faltas-, hemos visto anteriormente que no se exige con la reforma penal a los supuestos de violencia de género.

[7] Con ello, podrá el juez valorar el antecedente penal y valorarlo, pero denegando la suspensión, cuando se tratara por ejemplo de otro hecho de violencia de género, porque si ha sido condenado por un nuevo delito de esta naturaleza y tenía ya una condena previa por un delito de la misma naturaleza indudablemente no se estará cumpliendo la condición de que esta anterior condena "carezca de relevancia para valorar la posibilidad de cometer delitos futuros", por lo que el antecedente penal debería serlo por delito de distinta naturaleza con ese parámetro.

Encontramos la primera referencia a la exención de denuncia previa en el párrafo 2 del art. 171 CP, relativo a las amenazas leves. Así:

> *"Cuando el ofendido fuere alguna de las personas a las que se refiere el apartado 2 del artículo 173, la pena será la de localización permanente de cinco a treinta días, siempre en domicilio diferente y alejado del de la víctima, o trabajos en beneficio de la comunidad de cinco a treinta días, o multa de uno a cuatro meses, ésta última únicamente en los supuestos en los que concurran las circunstancias expresadas en el apartado 2 del artículo 84. En estos casos no será exigible la denuncia a que se refiere el párrafo anterior".*

La segunda referencia a la exención de denuncia previa queda cubierta con la regulación del delito de coacción leve prevista en el art. 173.2 CP, así:

> *"Cuando el ofendido fuere alguna de las personas a las que se refiere el apartado 2 del artículo 173, la pena será la de localización permanente de cinco a treinta días, siempre en domicilio diferente y alejado del de la víctima, o trabajos en beneficio de la comunidad de cinco a treinta días, o multa de uno a cuatro meses, ésta última únicamente en los supuestos en los que concurran las circunstancias expresadas en el apartado 2 del artículo 84. En estos casos no será exigible la denuncia a que se refiere el párrafo anterior".*

En tercer lugar, para las conductas típicas recogidas en el art. 172.1 CP[8], el apartado 2, se aprecia la exención de la denuncia previa, al disponer que:

> *"Cuando el ofendido fuere alguna de las personas a las que se refiere el apartado 2 del artículo 173, se impondrá una pena de prisión de uno a dos años, o trabajos en beneficio de la comunidad de sesenta a ciento veinte días. En este caso no será necesaria la denuncia a que se refiere el apartado 4 de este artículo".*

Hallamos, sin embargo, una importante excepción a la exención de la denuncia previa, para el caso de las injurias leves en materia de violencia de género. Queda claro de la redacción del art. 173.4 CP, en atención al siguiente tenor literal:

> *"quien cause injuria o vejación injusta de carácter leve, cuando el ofendido fuera una de las personas a las que se refiere el apartado 2 del artículo 173, será castigado con la pena de localización permanente de cinco a treinta días, siempre en domicilio diferente y alejado del de la víctima, o trabajos en beneficio de la comunidad de cinco a treinta días, o multa de uno a cuatro meses, esta última únicamente en los supuestos en los que concurran las circunstancias expresadas en el apartado 2 del artículo 84. Las injurias solamente serán perseguibles mediante denuncia de la persona agraviada o de su representante legal".*

---

[8] que castiga con pena de prisión de tres meses a dos años o multa de seis a veinticuatro meses al que acose a una persona llevando a cabo de forma insistente y reiterada, y sin estar legítimamente autorizado, alguna de las conductas siguientes y, de este modo, altere gravemente el desarrollo de su vida cotidiana: la vigile, la persiga o busque su cercanía física, establezca o intente establecer contacto con ella a través de cualquier medio de comunicación, o por medio de terceras personas, mediante el uso indebido de sus datos personales, adquiera productos o mercancías, o contrate servicios, o haga que terceras personas se pongan en contacto con ella, atente contra su libertad o contra su patrimonio, o contra la libertad o patrimonio de otra persona próxima a ella.

4.5. Programas de violencia de género

Se modifica el art. 83 CP para reforzar el contenido de los programas formativos de reeducación en el caso de que sea suspendida la ejecución de la pena al penado. Esta exigencia ya había sido recogida con la Ley 1/2004, que introdujo la preceptividad de estos programas.

El art. 83.1 CP, queda como sigue:

"El juez o Tribunal podrá condicionar la suspensión al cumplimiento de las siguientes prohibiciones y deberes cuando ello resulte necesario para evitar el peligro de comisión de nuevos delitos, sin que puedan imponerse deberes y obligaciones que resulten excesivos y desproporcionado: 6) Participar en programas formativos, laborales, culturales, de educación vial, sexual, de defensa del medio ambiente, de protección de los animales, de igualdad de trato y no discriminación, y otros similares".

También se modifica el apartado 2 del artículo 83 para introducir la obligatoriedad de estos programas, refiriéndose ahora a delitos cometidos "sobre la mujer", y no a la violencia de género, aunque quiera referirse a lo mismo.

"Cuando se trate de delitos cometidos sobre la mujer por quien sea o haya sido su cónyuge, o por quien esté o haya estado ligado a ella por una relación similar de afectividad, aun sin convivencia, se impondrán siempre las prohibiciones y deberes indicados en las reglas 1.a, 4.a y 6.a del apartado anterior. Se adiciona la exigencia de comunicar a las fuerzas y cuerpos de seguridad del estado la existencia de las prohibiciones siguientes: 1. Prohibición de aproximarse a la víctima o a aquéllos de sus familiares u otras personas que se determine por el juez o Tribunal, a sus domicilios, a sus lugares de trabajo o a otros lugares habitualmente frecuentados por ellos, o de comunicar con los mismos por cualquier medio. La imposición de esta prohibición será siempre comunicada a las personas con relación a las cuales sea acordada. 2.Prohibición de establecer contacto con personas determinadas o con miembros de un grupo determinado, cuando existan indicios que permitan suponer fundadamente que tales sujetos pueden facilitarle la ocasión para cometer nuevos delitos o incitarle a hacerlo. 3. Mantener su lugar de residencia en un lugar determinado con prohibición de abandonarlo o ausentarse temporalmente sin autorización del juez o Tribunal. 4. Prohibición de residir en un lugar determinado o de acudir al mismo, cuando en ellos pueda encontrar la ocasión o motivo para cometer nuevos delitos".

4.6. Pena de multa

En relación a la pena de multa, el art. 84.2 CP, viene a disponer:

"si se hubiera tratado de un delito cometido sobre la mujer por quien sea o haya sido su cónyuge, o por quien esté o haya estado ligado a ella por una relación similar de afectividad, aun sin convivencia, o sobre los descendientes, ascendientes o hermanos por naturaleza, adopción o afinidad propios o del cónyuge o conviviente, o sobre los menores o personas con discapacidad necesitadas de especial protección que con él convivan o que se

hallen sujetos a la potestad, tutela, curatela, acogimiento o guarda de hecho del cónyuge o conviviente, el pago de la multa a que se refiere la medida 2.a del apartado anterior solamente podrá imponerse cuando conste acreditado que entre ellos no existen relaciones económicas derivadas de una relación conyugal, de convivencia o filiación, o de la existencia de una descendencia común".

Este artículo será una piedra angular y continua referencia en otros del CP, en los que se han tipificado distintos delitos, en concreto en los artículos 171.7, 173.2 y 173.4 del CP.

Así, dispone el art. 171.7, en su párrafo 2º:

"Cuando el ofendido fuere alguna de las personas a las que se refiere el apartado 2 del artículo 173, la pena será la de localización permanente de cinco a treinta días, siempre en domicilio diferente y alejado del de la víctima, o trabajos en beneficio de la comunidad de cinco a treinta días, o multa de uno a cuatro meses, ésta última únicamente en los supuestos en los que concurran las circunstancias expresadas en el apartado 2 del artículo 84. En estos casos no será exigible la denuncia a que se refiere el párrafo anterior".

Y también, el art. 173.4 CP,

"Quien cause injuria o vejación injusta de carácter leve, cuando el ofendido fuera una de las personas a las que se refiere el apartado 2 del artículo 173, será castigado con la pena de localización permanente de cinco a treinta días, siempre en domicilio diferente y alejado del de la víctima, o trabajos en beneficio de la comunidad de cinco a treinta días, o multa de uno a cuatro meses, esta última únicamente en los supuestos en los que concurran las circunstancias expresadas en el apartado 2 del artículo 84".

Y por último, el art. 173.4 CP, en el que se establece que:

"Quien cause injuria o vejación injusta de carácter leve, cuando el ofendido fuera una de las personas a las que se refiere el apartado 2 del artículo 173, será castigado con la pena de localización permanente de cinco a treinta días, siempre en domicilio diferente y alejado del de la víctima, o trabajos en beneficio de la comunidad de cinco a treinta días, o multa de uno a cuatro meses, esta última únicamente en los supuestos en los que concurran las circunstancias expresadas en el apartado 2 del artículo 84".

4.7. Revocación de la suspensión de la pena

La revocación de la suspensión de la pena queda ubicada en el art. 86 CP, antes recogido en el art. 84 CP., queda modificada, y redactada como sigue:

"1. El juez o Tribunal revocará la suspensión y ordenará la ejecución de la pena cuando el penado:

a) Sea condenado por un delito cometido durante el período de suspensión y ello ponga de manifiesto que la expectativa en la que se fundaba la decisión de suspensión adoptada ya no puede ser mantenida. b) Incumpla de forma grave o reiterada las prohibiciones y deberes que le hubieran sido impuestos conforme al art. 83, o se sustraiga al control de los servicios de gestión de penas y medidas alternativas de la Administración penitenciaria".

V. MATRIMONIOS FORZADOS

La reforma penal introduce como novedad la regulación de los matrimonios forzados, art. 172 bis CP, en el siguiente sentido:

> *"1. El que con intimidación grave o violencia compeliere a otra persona a contraer matrimonio será castigado con una pena de prisión de seis meses a tres años y seis meses o con multa de doce a veinticuatro meses, según la gravedad de la coacción o de los medios empleados.*
>
> *2. La misma pena se impondrá a quien, con la finalidad de cometer los hechos a que se refiere el apartado anterior, utilice violencia, intimidación grave o engaño para forzar a otro a abandonar el territorio español o a no regresar al mismo.*
>
> *3. Las penas se impondrán en su mitad superior cuando la víctima fuera menor de edad".*

La justificación de la tipificación específica del matrimonio forzado se basa en la necesidad de cumplir con los compromisos internacionales suscritos por España en lo relativo a la persecución de los delitos que atentan contra los derechos humanos, citando, expresamente, la Directiva 2011/36/UE del Parlamento Europeo y del Consejo de 5 abril de 2011, relativa a la prevención y lucha contra la trata de seres humanos y a la protección de las víctimas, incluyendo el matrimonio forzado entre las conductas que pueden acarrear en una explotación de personas. Y en la Convención sobre la eliminación de todas las formas de discriminación contra la mujer de Naciones Unidas, ratificada por España, concretamente en su artículo 16 : *"los Estados Partes adoptarán todas las medidas adecuadas para eliminar la discriminación contra la mujer en todos los asuntos relacionados con el matrimonio y las relaciones familiares y, en particular, asegurarán en condiciones de igualdad entre hombres y mujeres: a) El mismo derecho para contraer matrimonio; b) El mismo derecho para elegir libremente cónyuge y contraer matrimonio sólo por su libre albedrío y su pleno consentimiento".*

El comportamiento típico castigado en el número 1 del artículo 172 bis consiste en compeler a otra persona a contraer matrimonio, limitándose los medios comisivos a la «intimidación grave» o a la "violencia"[9].

[9] GURMENSIDO GUINARTE, C, "El nuevo delito de matrimonio forzado (artículo 172 bis del CP), en *Comentarios a la reforma del Código Penal de 2015*, José L. González Cussac, Ángela Matallín Evangelio, Elena Górriz Royo, Ed. Tirant lo Blanch, 2015, pág. 2. CUADRADO RUIZ, M. Á., CUADRADO RUIZ, Mª A., "El delito de matrimonio forzado", en PÉREZ ALONSO, E., *El Derecho ante las formas contemporáneas de esclavitud,* Ed. Tirant lo Blanch, Valencia, 2016.

Se trata de una conducta regulada en otros países de nuestro entorno como Francia, Austria, Reino Unido, Alemania o Noruega, y que sin embargo, en nuestro país, su introducción ha sido criticada por parte de la doctrina penal. Así, el nuevo tipo es considerado como un delito cultural ineficaz, y extremadamente ideológico[10].

El precepto en el CP español, en el art. 172 bis, limita su ámbito típico a aquellos supuestos en los que efectivamente se quiere obligar a alguien a formalizar un matrimonio -contraer matrimonio es celebrar el contrato matrimonial- conforme a las leyes o normas (escritas o consuetudinarias) que rigen en España o en el Estado o territorio en donde se pretende que vaya a tener lugar, y queda fuera del tipo penal, pudiendo eventualmente castigarse la misma conducta violenta o intimidatoria como coacciones, amenazas, delito de trata, contra la libertad sexual, etc. cuando la finalidad sea otra[11]. No resulta relevante, la causa por la que se realiza la imposición a la persona en el matrimonio. Pueden ser motivos de diversa índole: culturales, religiosos, económicos, etc.

VI. EL NUEVO DELITO DE STALKING

La reforma del CP introduce un nuevo art. 172 ter, con el siguiente contenido:

> *"1. Será castigado con la pena de prisión de tres meses a dos años o multa de seis a veinticuatro meses el que acose a una persona llevando a cabo de forma insistente y reiterada, y sin estar legítimamente autorizado, alguna de las conductas siguientes y, de este modo, altere gravemente el desarrollo de su vida cotidiana:*
>
> *1. La vigile, la persiga o busque su cercanía física.*
>
> *2. Establezca o intente establecer contacto con ella a través de cualquier medio de comunicación, o por medio de terceras personas.*
>
> *3. Mediante el uso indebido de sus datos personales, adquiera productos o mercancías, o contrate servicios, o haga que terceras personas se pongan en contacto con ella.*
>
> *4. Atente contra su libertad o contra su patrimonio, o contra la libertad o patrimonio de otra persona próxima a ella. Si se trata de una persona especialmente vulnerable por razón de su edad, enfermedad o situación, se impondrá la pena de prisión de seis meses a dos años.*

CUADRADO RUIZ, Mª A., "Violence against women. Forced marriages". The seventh session of the International Forum on Crime and Criminal Law in the Global Era. Paper Collection, Beijing, China, 2015.

[10] MAQUEDA ABREU, Ma. L., «El nuevo delito de matrimonio forzado: Art. 172 bis CP», en ÁLVAREZ GARCÍA, F.J. (Dir.), *Estudio crítico sobre el anteproyecto de reforma penal de 2012*, Ed. Tirant lo Blanch, Valencia, 2013.

[11] GURMENSIDO GUINARTE, C, "El nuevo delito de matrimonio forzado (artículo 172 bis del CP), en *Comentarios a la reforma del Código Penal de 2015*, José L. González Cussac, Ángela Matallín Evangelio, Elena Górriz Royo, Ed. Tirant lo Blanch, 2015, pág. 3.

2. Cuando el ofendido fuere alguna de las personas a las que se refiere el apartado 2 del art. 173, se impondrá una pena de prisión de uno a dos años, o trabajos en beneficio de la comunidad de sesenta a ciento veinte días. En este caso no será necesaria la denuncia a que se refiere el apartado 4 de este artículo.

3. Las penas previstas en este artículo se impondrán sin perjuicio de las que pudieran corresponder a los delitos en que se hubieran concretado los actos de acoso.

4. Los hechos descritos en este artículo sólo serán perseguibles mediante denuncia de la persona agraviada o de su representante legal"

Con anterioridad a la promulgación de este precepto, la Exposición de Motivos del Proyecto de Ley orgánica de Reforma del Código penal de 4 de octubre de 201, recogía dentro de los delitos contra la libertad un nuevo tipo penal de acoso, encaminado a ofrecer respuesta a conductas que, en muchas ocasiones, no podían ser calificadas como coacciones o amenazas. Se recoge que se trata de todos aquellos supuestos en los que, sin llegar a producirse necesariamente el anuncio explícito o no de la intención de causar algún mal (amenazas) o el empleo directo de violencia para coartar la libertad de la víctima (coacciones), se realizan conductas reiteradas por medio de las cuales se menoscaba gravemente la libertad y sentimiento de seguridad de la víctima, a la que se somete a persecuciones o vigilancias constantes, llamadas reiteradas, u otros actos continuos de hostigamiento.

En este sentido, se introduce un nuevo artículo 172 ter, que sanciona con la pena de prisión de tres meses a dos años o multa de seis a veinticuatro meses al que acose a una persona llevando a cabo de forma insistente y reiterada, y sin estar legítimamente autorizado, alguna de las conductas siguientes y, de este modo, altere gravemente el desarrollo de su vida cotidiana : la vigile, la persiga o busque su cercanía física; establezca o intente establecer contacto con ella a través de cualquier medio de comunicación, o por medio de terceras personas; mediante el uso indebido de sus datos personales, adquiera productos o mercancías, o contrate servicios, o haga que terceras personas se pongan en contacto con ella; atente contra su libertad o contra su patrimonio, o contra la libertad o patrimonio de otra persona próxima a ella; o realice cualquier otra conducta análoga a las anteriores[12].

Si se tratase de una persona especialmente vulnerable por razón de su edad, enfermedad o situación, procederá la imposición de la pena de prisión de seis meses a dos años. Para el caso de que el ofendido fuera alguna de las personas a las que se refiere el artículo 173.2, procederá imponer una pena de prisión de uno a dos años, o trabajos en beneficio de la comunidad de sesenta a ciento

[12] MENDOZA CALDERÓN. S. "El delito de stalking: análisis del art. 172 ter del proyecto de reforma del Código Penal de 2013", en *Análisis de las reformas penales, presente y futuro,* Francisco Muñoz Conde, Juana del Carpio Delgado, Alfonso Galán Muñoz, Ed. Tirant lo Blanch, 2015. Epígrafe 5, pág. 9.

veinte días. Y estas penas se impondrán sin perjuicio de las que pudieran corresponder a los delitos en que se hubieran concretado los actos de acoso.

Sólo se perseguirán los hechos que se han descrito anteriormente mediante denuncia de la persona que ha resultado afectada, pudiéndose imponer además en estos casos la libertad vigilada.

VII. DELITO DE SEXTING

En la reforma del CP se añade un apartado 7 al art. 197, con el siguiente contenido:

> *"7. Será castigado con una pena de prisión de tres meses a un año o multa de seis a doce meses el que, sin autorización de la persona afectada, difunda, revele o ceda a terceros imágenes o grabaciones audiovisuales de aquélla que hubiera obtenido con su anuencia en un domicilio o en cualquier otro lugar fuera del alcance de la mirada de terceros, cuando la divulgación menoscabe gravemente la intimidad personal de esa persona. La pena se impondrá en su mitad superior cuando los hechos hubieran sido cometidos por el cónyuge o por persona que esté o haya estado unida a él por análoga relación de afectividad, aun sin convivencia, la víctima fuera menor de edad o una persona con discapacidad necesitada de especial protección, o los hechos se hubieran cometido con una finalidad lucrativa."*

De manera que con el nuevo tipo se están sancionando dos conductas bien diferenciadas:

1. La conducta de difusión de imágenes por parte de quien ha grabado y protagonizado una relación íntima con un tercero, sin el consentimiento del mismo.
2. La conducta de quien ha recibido imágenes de un tercero y las difunde sin autorización expresa de su titular o protagonista.

Nos encontramos, por lo tanto, ante un tipo mixto alternativo en la configuración de la conducta, puesto que las exigencias típicas quedarán colmadas si el sujeto difunde, revela o cede a terceros. Pero si nos centramos en atender a la definición de dichas conductas, parece que la que ostenta mayor potencialidad lesiva es la primera; la difusión por parte del sujeto activo a terceros. Es el propio sujeto que ha tomado o ha recibido directamente de la víctima la imagen o la grabación audio visual quien divulga o propaga a un número indeterminado de personas. La revelación, por su parte, exige que el sujeto enseñe o muestre a terceros la fotografía o grabación, finalmente también quedaran colmadas las exigencias típicas en los supuestos en que el autor ceda a terceros las imágenes. En estos dos últimos casos, si bien no parecen tener la potencialidad lesiva de la primera conducta, en tanto el sujeto activo pierde el control sobre las propias imágenes o grabaciones descubiertas o cedidas se multiplica la capacidad ofensiva para el bien jurídico[13].

Se debe señalar también que cuando la víctima sea menor de 16 años, además de la aplicación de este tipo cualificado, estaremos en un concurso de delitos con el nuevo tipo incluido en el art. 183 Ter, que dispone:

> *3. El que a través de internet, del teléfono o de cualquier otra tecnología de la información y la comunicación contacte con un menor de dieciséis años y realice actos dirigidos a embaucarle para que le facilite material pornográfico o le muestre imágenes pornográficas en las que se represente o aparezca un menor, será castigado con una pena de prisión de seis meses a dos años.*

Entonces para este supuesto debe exigirse que la imagen que el menor facilite sea la suya propia. Y no tiene aquí eficacia el consentimiento del menor.

Finalmente, cabe señalar en relación a este art. 183.ter, que "se ha indicado como la incriminación del delito se limita, siguiendo el estereotipo del "stranger danger", a conductas preparatorias de delitos contra la indemnidad sexual de menores cometidas empleando nuevas tecnologías cuando estadísticamente todo apunta a que los abusos sexuales a menores donde tienen mayor incidencia es en el ámbito familiar o en el círculo de relación social íntimo del menor, en que el empleo de nuevas tecnologías para realizar acciones de solicitud es testimonial. Con la exclusiva incriminación del *grooming* tecnológico, como se ha dicho, se deja de lado el adelantamiento de las barreras de protección penal en la mayor parte de supuestos de *grooming*. Sin embargo, con reconocer que ello es así, resulta comprensible que el objetivo del legislador español sea estrictamente el de incriminar aquellas conductas a que viene obligado en virtud de los compromisos supranacionales adquiridos sin hacerlo extensivo a otras manifestaciones del fenómeno que, siendo más prevalentes, de llegar a ser incriminadas podrían suponer igualmente un exceso de intervención penal"[14].

VIII. INUTILIZACIÓN DE DISPOSITIVOS DE CONTROL DE CUMPLIMIENTO DE PENAS Y MEDIDAS

El art. 468 CP, añade un nuevo apartado 3°, con el siguiente contenido:

> *"3. Los que inutilicen o perturben el funcionamiento normal de los dispositivos técnicos que hubieran sido dispuestos para controlar el cumplimiento de penas, medidas de seguridad o medidas cautelares, no los lleven consigo u omitan las medidas exigibles para*

---

[13] Vid. CORÁS TURÉGANO, A, "Nuevas conductas delictivas contra la intimidad (arts. 197, 197 bis y 197 ter)", en *Comentarios a la reforma del Código Penal de 2015,* Coordinadores: José L. González Cussac, Elena Górriz Royo, Ángela Matallín Evangelio, Ed. Tirant lo Blanc, 2015, epígrafe. 34.

[14] VILLACAMPA ESTIARTE, C, El delito de online chid, groomind o propuesta sexual telemática a menores, Ed, Tirant lo Blanch, 2015, epígrafe 3.

mantener su correcto estado de funcionamiento, serán castigados con una pena de multa de seis a doce meses".

Parece que la razón por la se introduce este apartado tiene que ver con las conductas que por parte del imputado van dirigidas a dejar sin efecto las medidas cautelares de alejamiento de la víctima y otras similares en materia de violencia de género. Para no dejar en estado de impunidad tales comportamientos, que ya habían sido tratados por la Fiscalía General del Estado sobre criterios para la unidad de actuación especializada en relación del Ministerio Fiscal en relación a la violencia de género, se introduce este artículo.

Si bien, ampliamente criticado por parte de la doctrina, al considerar que "los comportamientos adolecen de una farragosa y amplísima redacción típica que abarca inutilizar o perturbar el funcionamiento normal de los dispositivos de control de penas o medidas, tanto de seguridad como cautelares, no llevarlos consigo u omitir las medidas de mantenimiento exigibles, conductas que vulneran la taxatividad dinamante del principio de legalidad, especialmente la perturbación del funcionamiento normal y la omisión de las medidas exigibles en las que la claridad brilla por su ausencia, con lo que el art. 468.3 de nuevo se muestra como ejemplo paradigmático de la reforma por sus conductas sumamente indeterminadas o debido al «deliberado y constante uso de términos ambiguos» que comprometen «seriamente exigencias básicas del principio de legalidad penal» denunciado, con carácter general, por catedráticos de 33 universidades públicas"[15].

La pena prevista ha sido multa de seis a doce meses, ha sido considerada por el Grupo de Expertos en Violencia Doméstica y de Género del Consejo General del Poder Judicial en su informe, «inapropiada» para los casos de violencia sexista[16].

IX. CONCLUSIONES

No se han resuelto las dudas y dificultades interpretativas que acarrea tanto el concepto de habitualidad del artículo 173 y la dificultad de probar la violencia psíquica. Los jueces tienen la difícil tarea de separar la paja de la conflictividad efímera inevitable en las relaciones de convivencia, del grano de la verdadera violencia, germen de tantos asesinatos de mujeres que como

---

[15] ABEL SOUTO, M, "Inutilización de dispositivos de control de cumplimiento de penas y medidas (art. 468) ", en *Comentarios a la Reforma del Código Penal de 2015*, Coordinadores: Ángela Matallín Evangelio, Elena Górriz Royo, José L. González Cussac, Ed. Tirant lo Blanc, 2015, epígrafe 80.

[16] MARTÍNEZ DERQUI, J., *Encuentro taller sobre conclusiones extraídas de los últimos informes elaborados por el observatorio contra la violencia doméstica y de género. Buenas prácticas judiciales*, 30 de enero de 2013, pág. 20, en www.poderjudicial.es.

un terrible azote se han enseñoreado de las primeras planas y cabeceras de los medios de comunicación casi diariamente.

Siguiendo a MUÑOZ CONDE, "los límites legales que se imponen a la libre apreciación de la prueba por parte del juez, obligándole a calificar la amenaza o la coacción leve como delito, pueden dificultar la aplicación de los nuevos tipos delictivos y originar un efecto doblemente negativo:

1. Que se invierta la carga de la prueba, dándole siempre credibilidad a la declaración del denunciante (sobre todo cuando éste es una mujer) en contra del denunciado y con ello se infrinja la presunción de inocencia; o
2. Que se tenga que absolver al maltratador en la mayoría de los casos por falta de pruebas suficientes para condenarlo.

Algunos de estos defectos pueden determinar que las reformar tengan un valor puramente simbólico, de gran éxito para los grupos políticos que las propugnan, y escasa rentabilidad práctica como lo demuestra que el problema sigue sin resolverse y que incluso ha ido en aumento en los últimos años"[17].

Y es que, efectivamente, la reforma penal de 2015 en materia de violencia de género, no resuelve los problemas que ya existían -y que ha mencionado Muñoz Conde- en cuanto a los límites de la prueba, ni tampoco la merma que la falta de solvencia económica de las administraciones públicas supone para que los nuevos tipos delictivos y la modificación de los ya incorporados, tengan validez, y por lo tanto puedan ser aplicados eficientemente.

No sabemos hacia dónde irá la reforma penal de 2015. Lo cierto es que una vez más el legislador sigue obsesionado en tratar el grave problema de la violencia de género a través del derecho penal, que viene a ser el instrumento más severo y estigmatizador del que dispone; con una intención clara de resolverlo todo por esta vía, como si fuera el medio más eficaz para dar fin al problema. Sin embargo son varios ya los fracasos que se suman en esta lucha incesante de los poderes públicos; la sustitución de unas medidas por otras está dando pie a una suerte de ciclismo punitivista que resulta cada vez más difícil de justificar y mantener[18].

---

[17] MUÑOZ CONDE, F, "Violencia familiar y de género en la ley Orgánica 2/2004", en *Estudios sobre la tutela penal de la violencia de género,* coordinado por NUÑEZ CASTRO, E, Ed. Tirant, 2010, pág. 30 y 31.

[18] Siguiendo a TAMARIT SUMALLA, J.M, en un sentido muy parecido al que apuntamos: "Si los resultados de la intensificación punitiva no se habían traducido hasta el momento en el logro del objetivo de reducir la lacra social de la violencia doméstica perseguido o al menos declarado (...), la conclusión razonable no parece que deba ser la de seguir insistiendo en la misma dirección", en *Comentarios al nuevo Código Penal,* Ed. Aranzadi, Navarra, 2005.

El supremo interés del menor. Víctimas de violencia de género

MARÍA DEL CARMEN PERAL LÓPEZ
Abogada

RESUMEN

Recientemente han entrado en vigor varias reformas legislativas que encuadran el marco jurídico de protección del menor: la Ley Orgánica 8/2015, de 22 de Julio de modificación del sistema de protección de la infancia y adolescencia, la Ley Orgánica 1/2015, de 30 de marzo, por la que se modifica el Código Penal, y otras que entrarán en vigor en breve: la Ley Orgánica 7/2015, de 21 de julio por la que se modifica la Ley Orgánica 6/1985, de 1 de julio del Poder Judicial. Este artículo pretende mostrar la nueva realidad jurídica del menor, haciendo hincapié en las medidas de protección del menor como víctima del delito de violencia de género en aras al interés supremo de éste.

* * *

Debido a una mayor sensibilidad en todos los ámbitos de la sociedad y ante los lamentables hechos que se han producido de menores que han perdido la vida a manos de su progenitor cuando se hallaban con él al estar ejercitando éste su derecho de visita, se hace necesaria una mayor atención e intervención sobre las víctimas de violencia de género y, en particular, sobre el menor, por su especial situación de vulnerabilidad. Quedaba aún por regular, y concretar en lo ya regulado, la atención e intervención sobre el menor que es víctima de las consecuencias de este tipo de violencia, teniendo en cuenta la gravedad de las repercusiones que suponen para los hijos que han convivido o todavía conviven en hogares donde se ha ejercido (o aún se ejerce a través de ellos) violencia sobre su madre.

En la Memoria de 2010 de la Fiscalía General del Estado se señalaba que el fenómeno de la violencia doméstica está, desde un punto de vista criminológico, estrechamente vinculado con la violencia contra la mujer, lo que justifica que sean las mismas secciones especializadas de las Fiscalías las que se ocupen de dar una respuesta eficiente a este agudo problema social. Sin duda por ello, la Instrucción núm. 7/2005 de la Fiscalía General del Estado estableció la directriz de que *«La Sección contra la Violencia sobre la Mujer será de Género y Doméstica, de manera que junto a la intervención en materias atribuidas a los Juzgados de Violencia, la Sección mantendrá la actividad de coordinación, registro y estadística de los procedimientos por conductas de violencia doméstica, y si fuere posible tendrá intervención también en estos procedimientos». Esta* interrelación es puesta de manifiesto por la Memoria de la Fiscalía Provincial de Almería, que señala que, en muchos casos, cuando se produce un acto de violencia contra la mujer, éste va acompañado de actos de violencia frente a otros miembros de la familia, normalmente, los hijos. Asimismo la citada Fiscalía destaca que se ha observado que, en ocasiones, cuando existe un conflicto familiar con actos de violencia frente a los hijos, generalmente menores de edad, estos actos son el detonante que hace que la madre no sólo denuncie aquéllos, sino también los que ella misma ha sufrido. Esta afirmación es corroborada por la Fiscalía Provincial de Granada, que señala que cada año aumentan las exploraciones a los menores dentro del ámbito doméstico y se confirma la repercusión que dicha violencia tiene sobre los mismos.

De igual modo la Circular 6/2011 de la Fiscalía General del Estado, sobre criterios para la unidad de actuación especializada del Ministerio Fiscal en relación a la violencia sobre la mujer, marca los criterios generales de actuación e interpretación que deben los Fiscales, en cuanto a la competencia de los Juzgados de Violencia sobre la Mujer, alcance de la dispensa de la obligación de declarar de las víctimas, sobre la problemática de la legitimación del titular de la Delegación del Gobierno contra la Violencia sobre la Mujer, y otras cuestiones, entre ellas también la relativa a la prohibición de la atribución de la guarda y custodia compartida e individual cuando uno de los progenitores se haya incurso en un procedimiento penal de violencia de género o doméstica, o la relativa al artículo 49 bis de la Ley de Enjuiciamiento Civil, corroborando o actualizando la doctrina de los Tribunales que entiende mayoritaria, en los aspectos que trata, los criterios de la Circular 4/2005, de 18 de julio, también destinada a unificar los criterios de actuación del Ministerio Fiscal respecto de la Ley Orgánica de Medidas de Protección Integral contra la Violencia de Género.

Ya en 2012 el Defensor del Pueblo Andaluz en el Informe especial "Menores expuestos a la violencia de género: víctimas con identidad propia" instaba a los poderes públicos a velar por el interés superior del menor como principio inspirador de las actuaciones con menores expuestos a la violencia de género en las relaciones entre el maltratador y los hijos de la víctima, con una especial referencia al riesgo que suponía en estos casos el ejercicio del derecho de visitas.

En 2014 el Defensor del Pueblo publicó un Estudio sobre la escucha y el interés superior del menor, revisión judicial de medidas de protección y procesos de familia, dicho estudio recogía en sus conclusiones que el derecho del menor a ser escuchado, en los procesos judiciales que le afecten, sea una consideración primordial en aras al interés superior del menor. Su opinión ha de ser tenida en cuenta partiendo de la presunción de que todo niño está en condiciones de formar su propio juicio. Asimismo insta a que el juzgador requiera, además de una formación en ámbitos no específicamente jurídicos, que se disponga de equipos técnicos de apoyo e insta a las administraciones a aportar espacios adecuados y protocolos de actuación, para facilitar que el menor pueda sentirse cómodo, y a ampliar los órganos judiciales especializados en este ámbito extendiéndolos en todo el territorio español.

El artículo 39 de la Constitución Española de 1978 establece la obligación de los poderes públicos de asegurar la protección social, económica y jurídica de la familia, en especial de los menores de edad, de conformidad con los acuerdos internacionales que velan por sus derechos.

En cumplimiento de este mandato y ante todas estas demandas de cambios sustantivos jurídico-procesales en el sistema de protección de menores, el legislador estatal, en el marco de sus competencias, ha regulado las instituciones jurídico-públicas y privadas sobre las que se asienta la protección del menor y el pasado 23 de julio se publicó la **Ley 8/2015, de 22 de julio, Ley Orgánica de modificación del sistema de protección a la infancia y a la adolescencia**, que tiene por objeto adaptar nuestra legislación a las propuestas y recomendaciones tanto del Defensor del Pueblo, la Fiscalía General del Estado, así como diversos convenios internacionales que han entrado en vigor desde 1996, en aquellos ámbitos considerados como materia orgánica, al incidir en los derechos fundamentales y libertades públicas. Se busca con ello la mejora de los citados instrumentos de protección, a los efectos de continuar garantizando a los menores una protección uniforme en todo el territorio del Estado, que sirva de marco a las Comunidades Autónomas en el desarrollo de su respectiva legislación de protección de menores, con independencia de su situación administrativa.

Transcurridos casi veinte años desde la aprobación de la Ley Orgánica 1/1996, de 5 de enero, de Protección Jurídica del Menor, de modificación parcial del Código Civil y de Enjuiciamiento Civil, se han producido importantes cambios sociales que inciden en la situación de los menores y que demandan una mejora de sus instrumentos de protección jurídica en aras del cumplimiento efectivo del citado artículo 39 de la Constitución.

A partir del 12 de agosto de 2015, fecha de entrada en vigor se esta ley, se aplican, entre otros cambios de la Ley Orgánica de Protección Jurídica del Menor, las modificaciones siguientes:

Se modifica el artículo 2, para contemplar el derecho del niño a que su **interés superior** sea una consideración primordial. Los cambios introducidos en la Ley Orgánica de Protección Jurídica del Menor desarrollan y refuerzan el derecho del menor a que su interés superior sea prioritario, principio fundamental en esta materia, pero no como un concepto jurídico indeterminado sino concretándolo para evitar la diversidad de interpretaciones que ha sido objeto, a lo largo de estos años. Para dotar de contenido al concepto mencionado, se incorpora tanto la jurisprudencia del Tribunal Supremo de los últimos años como los criterios de la Observación general nº 14, de 29 de mayo de 2013, del Comité de Naciones Unidas de Derechos del Niño, sobre el derecho del niño a que su interés superior sea una consideración primordial. Este concepto se define desde un contenido triple: Como derecho sustantivo en el sentido de que el menor tiene derecho a que, cuando se adopte una medida que le concierna, sus mejores intereses hayan sido evaluados y, en el caso de que haya otros intereses en presencia, se hayan ponderado a la hora de llegar a una solución; como un principio general de carácter interpretativo, de manera que si una disposición jurídica puede ser interpretada en más de una forma se debe optar por la interpretación que mejor responda a los intereses del menor; y, en último lugar, como una norma de procedimiento. El interés superior del menor tiene una misma finalidad: asegurar el respeto completo y efectivo de todos los derechos del menor, así como su desarrollo integral.

La determinación del interés superior del menor en cada caso ha de basarse en las circunstancias concretas, pero también en una serie de criterios reconocidos por el legislador que deben ser tenidos en cuenta y ponderados en función de diversos elementos como la satisfacción de las necesidades básicas del menor, la consideración de sus deseos, sentimientos y opiniones, o la conveniencia de que su vida y desarrollo tenga lugar en un entorno familiar adecuado y libre de violencia. A su vez estos criterios habrán de ponderarse en función de determinados elementos generales, como la edad y madurez del menor, la necesidad de garantizar su igualdad y no discriminación por su especial vulnerabilidad, o la necesidad de estabilidad de las soluciones que se adopten.

Establece la norma en este sentido, que en caso de que no puedan respetarse todos los intereses legítimos concurrentes, deberá primar el interés superior del menor sobre cualquier otro interés legítimo.

Se desarrolla, con la modificación del artículo 9, el **derecho fundamental del menor a ser oído y escuchado** de acuerdo con lo establecido en el Convenio del Consejo de Europa para la protección de los niños contra la explotación y el abuso sexual.

Es de destacar que esta ley desarrolla, de forma más detallada, el derecho fundamental del menor a ser oído y escuchado de acuerdo con las recomendaciones y criterios de los Convenios Internacionales ratificados por España. Se establece el derecho del menor ser oído y escuchado sin discriminación alguna por edad, discapacidad o cualquier otra circunstancia, tanto en el ámbito familiar como en cualquier procedimiento administrativo, judicial o de mediación en que esté afectado. Se sustituye el término juicio por el de **madurez**, considerando, **en todo caso**, que los menores tienen suficiente madurez a los **doce años cumplidos**; se establece que en los procedimientos judiciales o administrativos, las comparecencias o audiencias del menor tendrán carácter preferente, se detallan las especiales necesidades que el menor tiene para poder ejercer adecuadamente este derecho y los correspondientes medios para satisfacerlas, se incorpora la posibilidad de que los menores planteen sus quejas ante la figura del Defensor del Pueblo o instituciones autonómicas homólogas y se refuerza la tutela judicial efectiva de los menores introduciendo la posibilidad de solicitar asistencia legal y nombramiento de un defensor judicial.

En este sentido se da nueva redacción al apartado 2 del artículo 10, añadiendo la posibilidad de facilitar a los menores el acceso a mecanismos adecuados y adaptados a sus necesidades para plantear sus quejas ante la figura del Defensor del Pueblo o instituciones autonómicas homólogas. En el artículo segundo se modifica la Ley de Enjuiciamiento Civil para introducir las reformas procesales que garanticen la efectividad de las novedades sustantivas que se han expuesto, así como para obtener de los Tribunales la tutela más efectiva posible de los derechos e intereses de los menores.

Además de tratar el ingreso de menores en centros de protección específicos para menores con problemas de conducta, de regular dos nuevos procedimientos judiciales ágiles y sumarios para la protección de los menores y de modificar algunos aspectos de la Ley de derechos de los extranjeros en España, se modifican los artículos 1.2, 61.2, 65 y 66 de la LO 1/2004 de Violencia de Género: **Se reconoce expresamente como víctimas de violencia de género a los menores** y se hace hincapié en la obligación de los jueces de pronunciarse sobre las medidas civiles que afectan a los menores que dependen de la mujer sobre la que se ejerce violencia.

Para finalizar con este resumen de reformas de esta Ley Orgánica, en la Disposición final tercera de esta Ley se reforma la **Ley Orgánica 1/2004, de 28 de diciembre, de Medidas de Protección Integral contra la Violencia de Género**.

La Ley Orgánica 1/2004, de 28 de diciembre, de Medidas de Protección Integral contra la Violencia de Género, queda modificada en los siguientes términos:

> Uno. Se modifica el apartado 2 del artículo 1, que queda redactado como sigue:
>
> «2. Por esta ley se establecen medidas de protección integral cuya finalidad es prevenir, sancionar y erradicar esta violencia y prestar asistencia a las mujeres, a sus hijos menores y a los menores sujetos a su tutela, o guarda y custodia, víctimas de esta violencia.»
>
> Dos. Se modifica el apartado 2 del artículo 61, que queda redactado como sigue:
>
> «2. En todos los procedimientos relacionados con la violencia de género, el Juez competente deberá pronunciarse en todo caso, de oficio o a instancia de las víctimas, de los hijos, de las personas que convivan con ellas o se hallen sujetas a su guarda o custodia, del Ministerio Fiscal o de la Administración de la que dependan los servicios de atención a las víctimas o su acogida, sobre la pertinencia de la adopción de las medidas cautelares y de aseguramiento contempladas en este capítulo, especialmente sobre las recogidas en los artículos 64, 65 y 66, determinando su plazo y su régimen de cumplimiento y, si procediera, las medidas complementarias a ellas que fueran precisas.»
>
> Tres. Se modifica el artículo 65, que queda redactado como sigue:
>
> «Artículo 65. De las medidas de suspensión de la patria potestad o la custodia de menores.
>
> El Juez podrá suspender para el inculpado por violencia de género el ejercicio de la patria potestad, guarda y custodia, acogimiento, tutela, curatela o guarda de hecho, respecto de los menores que dependan de él.
>
> Si no acordara la suspensión, el Juez deberá pronunciarse en todo caso sobre la forma en la que se ejercerá la patria potestad y, en su caso, la guarda y custodia, el acogimiento, la tutela, la curatela o la guarda de hecho de lo menores. Asimismo, adoptará las medidas necesarias para garantizar la seguridad, integridad y recuperación de los menores y de la mujer, y realizará un seguimiento periódico de su evolución.»
>
> Cuatro. Se modifica el artículo 66, que queda redactado como sigue:

> «Artículo 66. De la medida de suspensión del régimen de visitas, estancia, relación o comunicación con los menores.
>
> El Juez podrá ordenar la suspensión del régimen de visitas, estancia, relación o comunicación del inculpado por violencia de género respecto de los menores que dependan de él.
>
> Si no acordara la suspensión, el Juez deberá pronunciarse en todo caso sobre la forma en que se ejercerá el régimen de estancia, relación o comunicación del inculpado por violencia de género respecto de los menores que dependan del mismo. Asimismo, adoptará las medidas necesarias para garantizar la seguridad, integridad y recuperación de los menores y de la mujer, y realizará un seguimiento periódico de su evolución.»

En resumidas cuentas, la Disposición final tercera de la Ley 8/2015, reforma el artículo 1.2 de la Ley Orgánica de Medidas de Protección Integral contra la Violencia de Género, a fin de ampliar a los menores las medidas de protección integral sobre violencia relativa a las mujeres. Medidas dirigidas a prevenirla, sancionarla y erradicarla siempre que los menores estén sujetos a su tutela, o guarda y custodia, considerándoles también víctimas de la violencia de género.

En esta línea, resulta importante también la modificación del artículo 61.2., relativo a la obligación del Juez de pronunciarse en relación con la adopción de las medidas cautelares y de aseguramiento en cuestiones relacionadas con la violencia de género, implicando a las víctimas, sus hijos, a las personas que convivan con ellas o se encuentren sujetas a su guarda o custodia, al Ministerio Fiscal, o, a la Administración de la que dependan los servicios de atención a las víctimas o su acogida, a fin de otorgar protección y seguridad jurídica.

El legislador por fin ha dado respuesta después de ser testigo de los lamentables hechos que se han producido de menores que han perdido la vida a manos de su progenitor cuando se hallaban con él al estar ejercitando éste su derecho de visita. Sin duda, estos hechos han motivado la modificación en la mencionada Ley del artículo 65, que posibilita la suspensión de la patria potestad o la custodia de menores respecto al progenitor que la venía ejerciendo y, seguidamente se modifica el artículo 66, referido a la suspensión del régimen de visitas, estancia, relación o comunicación con los menores, cuando dicho progenitor sea inculpado por violencia de género.

Incluso si el Juez no considerara oportuno acordar dicha suspensión de la patria potestad o del régimen de visitas, deberá clarificar en ambos supuestos la forma de ejercicio del derecho, pero, sobre todo, la adopción de las medidas necesarias para garantizar la seguridad, integridad y recuperación de los menores y de la mujer, teniendo como objetivo no sólo realizar el control sino también hacer un seguimiento periódico de su evolución.

Antes de la publicación de estas reformas de gran profundidad en la legislación de protección al menor, entró en vigor el pasado 1 de julio de 2015 de la **Ley Orgánica 1/2015, de 30 de marzo, por la que se modifica el Código Penal** y se empieza a aplicar la reforma más profunda efectuada en dicho Código desde su aprobación en 1995. Con ella se modifican 252 de sus artículos y se suprimen 32. Además, se reforman otros 18 artículos de la Ley de Enjuiciamiento Criminal, 1 de la Ley de Indulto, 1 de la Ley Orgánica del Tribunal del Jurado y se añade una disposición a la Ley 23/2014, de reconocimiento mutuo de resoluciones penales en la UE[1].

Centrándonos en la temática que nos interesa sobre las modificaciones de la última reforma del Código Penal, incidir en los retoques sobre violencia doméstica y de género: Se incluye el «género» como motivo de discriminación en la agravante del artículo 22.4 CP; se podrá imponer la medida de libertad vigilada en todos los delitos contra la vida, y en los delitos de malos tratos y lesiones cuando se trate de víctimas de violencia de género y domés-

---

[1] Se modifica en la Ley Orgánica 1%2015, de 30 de marzo, el régimen de penas y su aplicación. En este sentido cabe destacar la instauración de la prisión permanente revisable para los delitos más graves (Arts. 33, 35, 36, 76, 78 bis y 92 CP), la introducción de medidas de suspensión y sustitución de la pena (Arts. 80 a 88, 90 a 94 bis) y la equiparación de los antecedentes penales españoles a los correspondientes a condenas impuestas por tribunales de otros Estados miembros de la Unión Europea, a los efectos de la concurrencia de la agravante de reincidencia o la suspensión de la ejecución de la pena o su posible revocación. (Art. 94 bis)

Se elevan las penas por asesinato y homicidio (Artículos 139, 140, 140 bis, 142 CP), se prevé la imposición de una pena de prisión permanente revisable para los asesinatos especialmente graves: asesinato de menores de 16 años o de personas especialmente vulnerable, asesinatos subsiguientes a un delito contra la libertad sexual; asesinatos cometidos en el seno de una organización criminal, y asesinatos reiterados o cometidos en serie.

Se recogen nuevos delitos contra la libertad, la libertad sexual y la intimidad: la detención ilegal sin dar razón del paradero de la víctima se castigará con una pena similar a la del homicidio (en caso de secuestro se elevará a entre 15 y 20 años, art. 166 CP), nuevo delito de acoso, acecho u hostigamiento mediante llamadas telefónicas continuas, seguimientos o cualquier otra fórmula que pueda lesionar gravemente la libertad y el sentimiento de seguridad de la víctima, aunque no se produzca violencia (Art. 172 ter CP), se eleva la edad mínima de consentimiento sexual de los 13 a los 16 años y se tipifica como nuevo delito la divulgación no autorizada de grabaciones o imágenes íntimas obtenidas con el consentimiento de la víctima, pero luego divulgadas sin que ésta lo sepa, cuando afecten gravemente a su intimidad.

Se agravan las penas por hurto, robo y estafa (Artículos 234, 235, 235 bis, 236, 237, 240, 241, 244, 246, 247, 249, 250 CP);se establece una delimitación clara entre administración desleal y apropiación indebida (Artículos 252 a 254 CP); se hace distinción entre insolvencias punibles y frustración de la ejecución (Artículos 257 a 260, 263, 264 a 264 quater, 265, 266, 268 CP); se da una mayor protección para la propiedad intelectual (Artículos 270, 271, 274 CP); se refuerza punitivamente la corrupción en los negocios y en la administración pública (Artículos 286 bis, ter, quáter, 288, 304 bis y 304 ter, 306, 308 bis); se define de nuevo el atentado y la alteración del orden público (Art. 550, 551, 554, 556, 557, 557 bis, 557 ter, 559, 561CP); se endurecen las penas para garantizar la protección del medio ambiente; se redefinen las conductas de incitación al odio y a la violencia (Artículo 510 CP), acogiendo el dictado de la STC 235/2007, de 7 de noviembre, que impone una interpretación del delito de negación del genocidio que limite su aplicación a los supuestos en los que esta conducta constituya una incitación al odio u hostilidad contra minorías.

tica; y los actos tendentes a alterar o impedir el correcto funcionamiento de los dispositivos telemáticos para controlar las medidas cautelares y las penas de alejamiento en materia de violencia de género, se tipifican expresamente dentro de los delitos de quebrantamiento (Art. 468.3 CP) y dejan de estar tipificadas las conductas de incumplimiento de régimen de visitas que se verán vía civil al suprimirse las faltas y crearse nuevos delitos leves (Libro III CP). La supresión de las infracciones constitutivas de falta introduce coherencia en el sistema sancionador en su conjunto, entre otras se trata de infracciones que son corregidas de forma más adecuada en otros ámbitos, como las faltas contra las relaciones familiares que tienen una respuesta más apropiada en el Derecho de familia, estos comportamientos tipificados hasta ahora como falta desaparecen del Código Penal y se reconducen hacia la vía civil, dejando de sancionarse en el ámbito penal. Sólo se mantienen aquellas infracciones merecedoras de suficiente reproche punitivo como para poder incluirlas en el catálogo de delitos, configurándose en su mayoría como delitos leves castigados con penas de multa. La pretensión es clara: reservar al ámbito penal el tratamiento de las conductas más graves de la sociedad, que por ello deben merecer un tratamiento acorde a su consideración.

En todas estas modificaciones y novedades del Código Penal nada encontramos sobre la declaración del menor como víctima directa en los delitos de violencia de género en los que el sujeto pasivo es la madre.

Ahondando más en las recientes modificaciones de la legislación española, aunque, en virtud de su Disposición final décima, hasta el 1 de octubre no entrarán en vigor la mayor parte de sus preceptos, **la Ley Orgánica 7/2015, de 21 de julio, por la que se modifica la Ley Orgánica 6/1985, de 1 de julio, del Poder Judicial**, publicada 22 de julio de 2015, en aras a la exigencia de la sociedad del alto grado de eficiencia y agilidad en el sistema judicial, viene a reforzar la seguridad jurídica y hace un intento de reducir la litigiosidad, articulando un paquete de medidas estructurales y organizativas encaminadas al logro de una mejor respuesta a los ciudadanos que acuden a la jurisdicción en defensa de sus derechos e intereses. Se introducen en esta Ley distintas medidas para alcanzar un mejor reparto de asuntos entre Juzgados, una resolución especializada de los casos que por su volumen exijan de respuestas específicas y una agilización de la instrucción de aquellas causas más complejas.

En este sentido, la ley 7/2015 adopta medidas en el ámbito de los Juzgados de Violencia sobre la Mujer. La Ley Orgánica del Poder Judicial estableció estos Juzgados como órganos especializados a fin de que conociesen de los asuntos de violencia sobre la mujer con carácter exclusivo y excluyente; aún así sólo 106 Juzgados conocen exclusivamente de las materias que la Ley les atribuye, frente a los 355 Juzgados que conocen de estas materias y que, además, tramitan y resuelven otros procedimientos civiles y penales. Una de las soluciones, que se propone en la Ley 7/2015, es la de potenciar la posibilidad de extender la jurisdicción de los Juzgados de Violencia sobre la Mujer a dos o más partidos judiciales descargando así de trabajo a los Juzgados de Primera Instancia e Instrucción, o de Instrucción en su caso, de la misma provincia. Con la esta reforma, esta extensión de la jurisdicción podrá acordarse mediante Real Decreto, previa propuesta del Consejo General del Poder Judicial y con informe de las Administraciones afectadas, sin necesidad de tramitar una modificación de la Ley de Demarcación y de Planta Judicial.

Era necesario velar por la seguridad jurídica y la aplicación de las reformas destinadas a incrementar la firme y continua lucha desde el ámbito legislativo contra la violencia de género. Por todo ello, la Ley 7/2015 modifica la Ley Orgánica del Poder Judicial incorporando una batería de medidas.

En Primer lugar, se amplían las competencias del Juez de Violencia sobre la Mujer a los delitos contra la intimidad, el derecho a la propia imagen y el honor de la mujer, conociendo éste de la instrucción de los procesos para exigir responsabilidad penal por delitos en los que también se viene manifestando la violencia, en concreto, los delitos de revelación de secretos y los delitos de injurias. En segundo lugar, también conocerá del delito de quebrantamiento previsto y penado en el artículo 468 del Código Penal cuando la persona ofendida sea o haya sido su esposa o mujer que esté o haya estado ligada al autor por una análoga relación de afectividad aun sin convivencia, así como los descendientes, propios o de la esposa o conviviente, o sobre los menores o personas con la capacidad modificada judicialmente que con él convivan o que se hallen sujetos a la potestad, tutela, curatela, acogimiento o guarda de hecho de la esposa o conviviente.

De igual modo, con esta Ley se pretende asegurar una asistencia técnica y profesional por parte de los equipos adscritos a la Administración de Justicia, en especial, en el ámbito de los Institutos de Medicina Legal y Ciencias Forenses, que podrán estar integrados por psicólogos y trabajadores sociales para garantizar entre otras funciones la asistencia especializada a las víctimas de violencia de género.

Concluyendo, al hilo de todas estas reformas, por un lado, se ha perdido la oportunidad de recoger en el Código Penal, en su articulado, al menor como víctima directa en los delitos en los que se ejerce violencia de género contra el otro progenitor.

Son escasísimos los casos en los que se priva a un progenitor del ejercicio de la patria potestad o se restringe el derecho de visitas, exponiendo al menor a un peligro del que el ordenamiento jurídico pretende protegerle, careciendo frecuentemente el Ministerio Fiscal de la actividad impulsora de medidas de protección, examinando con profundidad las situaciones de riesgo.

Si bien es cierto que posteriormente se ha publicado la ley 8/2015, ley que pretende dar respuesta a esta problemática. Estamos ante una ley garantista y muy cuidada, teniendo en cuenta la necesaria protección del menor en todos los ámbitos en que éste se encuentre en situaciones de vulnerabilidad.

No obstante, hubiera sido deseable articular cuál es la situación en la que quedan los menores cuyos progenitores vienen ejerciendo un derecho de visitas y que éstos han sido ya condenados en sentencia firme por delito de violencia de género, cuestión a mi juicio, fundamental, teniendo en cuenta que el otorgamiento de la patria potestad o el régimen de visitas se dispusieron aplicando una legislación cuyos criterios eran bien diferentes a los aplicados tras las recientes reformas.

Por otro lado, habrá que regular cómo llevar a cabo las tareas encomendadas a los profesionales de las diferentes administraciones y al personal específico, ya que de otro modo estaríamos, como en otras ocasiones, ante una buena ley que se caracterizara por su inoperancia.

Con certeza no es solo el Ministerio Fiscal quien ejerce la superior vigilancia de los menores desamparados sino que la Ley establece un control judicial con carácter periódico, sin olvidar la continuidad del control indirecto a través de la vigilancia que se impone al Ministerio Fiscal como representante de los menores y a los profesionales expertos en la materia, los psicólogos, educadores y personal de los punto de encuentro familiar y de los servicios sociales.

En respuesta a las posibles lagunas que pudieran surgir a la hora de aplicar la Ley Orgánica 8/2015, en cuanto al ámbito judicial se refiere, el legislador, con la aplicación desde el 1 de octubre de 2015 de la Ley 7/2015 que viene a modificar la Ley Orgánica del Poder Judicial, recoge medidas encaminadas a que las últimas grandes reformas publicadas, sobre las materias comentadas, puedan llevarse a cabo con eficacia, reforzando así la seguridad jurídica en nuestro país.

REFERENCIAS

Ley 8/2015, de 22 de julio, Ley Orgánica de modificación del sistema de protección a la infancia y a la adolescencia

Ley Orgánica 1/2004, de 28 de diciembre, de Medidas de Protección Integral contra la Violencia de Género

Ley Orgánica 1/2015, de 30 de marzo, por la que se modifica el Código Penal

La Ley Orgánica 7/2015, de 21 de julio, por la que se modifica la Ley Orgánica 6/1985, de 1 de julio, del Poder Judicial

Memorias de la Fiscalía General del Estado:

Memoria de 2010

Circular 4/2005, de 18 de julio de la Fiscalía General del Estado Circular 4/2005, 18 de julio de 2005, relativa a los criterios de aplicación de la Ley Orgánica de Medidas de Protección Integral contra la Violencia de Género

Circular 6/2011 de la Fiscalía General del Estado Circular 6/2011, de 2 de noviembre, sobre criterios para la unidad de actuación especializada del Ministerio Fiscal en relación a la violencia sobre la mujer

Instrucción núm. 7/2005 de la Fiscalía General del Estado Instrucción 7/2005, 23 de junio de 2005, el Fiscal contra la violencia sobre la mujer y las secciones contra la violencia de las Fiscalías

Memorias de la Fiscalía Provincial de Almería, Memoria de 2010

Memorias de la Fiscalía Provincial de Granada, Memoria de 2010

Defensor del Pueblo. "Estudio sobre la escucha y el interés superior del menor: revisión judicial de medidas de protección y procesos de familia." (27 de mayo de 2014)

Defensor del Pueblo Andaluz. Defensor del Menor en Andalucía. Informe especial "Menores expuestos a la violencia de género: víctimas con identidad propia" presentado en el Parlamento de Andalucía 14 de septiembre de 2012

El delito de alzamiento de bienes tras la reforma penal de 2015

VIOLETA GARCÍA ARENAS

Abogada

RESUMEN

Ley Orgánica 1/2015, de 30 de marzo, por la que se modifica la Ley Orgánica 10/1995, de 23 de noviembre, del Código Penal ha supuesto un cambio importante en lo que respecta a los delitos patrimoniales dentro de los cuales se incluyen los delitos de alzamiento de bienes y las insolvencias punibles. La reforma ha establecido una diferenciación, muy clara en teoría, y no tan clara en la práctica, entre los delitos relativos a la frustración u obstaculización de la ejecución, donde se incluye el alzamiento de bienes y los de insolvencia punible o bancarrota. Esta diferenciación remarcada por la separación de dichas conductas delictivas en capítulos diferenciados, supone mucho más que una sencilla revisión técnica de los tipos penales objeto de estudio. La reforma ha ampliado la protección del bien jurídico en estos delitos (el derecho de crédito) limitando libertades y derechos del individuo en pro de la seguridad.

I. INTRODUCCIÓN

Tras intensos debates, consultas a profesionales del derecho penal, multitud de informes, y cerca de dos mil enmiendas en sede legislativa, finalmente se ha aprobado por las Cortes, la Ley Orgánica de reforma del Código Penal que introduce importantes modificaciones en el Código Penal aprobado por la Ley Orgánica 10/1995, de 23 de noviembre, afectando a un gran número de artículos. Se trata de una reforma muy esperada por todos y necesaria en muchos aspectos, en otros, a mi juicio no tanto, por otro lado es innegable que los cambios sociales sufridos en estas dos décadas desde la entrada en vigor del Código Penal de 1995 ponen de manifiesto la necesidad de llevar a cabo una modificación sustancial de nuestro Código.

Veinte años de reformas que han evidenciado las carencias e inestabilidad del articulado del Código Penal vigente, sin embargo hemos de admitir que la mayoría de ellas han venido impuestas por los compromisos internacionales contraídos por nuestro país[2] y especialmente por la proliferación de nuevas tipologías delictivas o la modificación hacia una versión más actual de conductas delictivas ya existentes. Nos referimos a la cibercriminalidad. El aumento de este tipo de delitos, las presiones sociales en los relativos a la criminalidad de menores o el terrorismo imponen la necesidad de garantizar la seguridad en nuestra sociedad actual. La seguridad se ha convertido en una prioridad y para poder garantizarla se ha recurrido a adelantar las barreras de protección, castigando conductas peligrosas pero que no han ocasionado aún ningún perjuicio. En palabras de TRILLO NAVARRO, se estaría produciendo una "inflación del Derecho penal"[3] por cuestiones de oportunidad y no de legalidad, vulnerándose en multitud de ocasiones, principios como el de intervención mínima del Derecho penal.

Conductas relativas a la seguridad vial, medioambiente o infracciones tributarias que en el pasado estaban reservadas a otros ordenamientos jurídicos como el administrativo, hoy en día se encuentra reguladas por el Código penal, garantizando la seguridad del individuo ante la puesta en peligro del bien jurídico protegido en cada caso, en detrimento de su libertad.

La introducción de figuras como la prisión permanente revisable en casos de especial gravedad como el terrorismo o la creación de tipos penales para la especial protección de la mujer, los menores, personas con discapacidad y personas es situación de indefensión se prevén necesarias en la sociedad

---

[2] La transposición de la Directiva 2011/93/UE, relativa a la lucha contra los abusos sexuales y la explotación sexual de los menores y la pornografía infantil, de la Directiva 2011/36/UE, relativa a la prevención y lucha contra la trata de seres humanos y a la protección de las víctimas, de la Directiva 2013/40/UE, relativa a los ataques contra los sistemas de información y la interceptación de datos electrónicos cuando no se trata de una comunicación personal, o la incorporación en nuestra normativa penal de las conductas descritas en el Convenio del Consejo de Europa sobre falsificación de productos médicos y otros delitos similares que suponen una amenaza para la salud pública, de 28 de abril de 2014.

[3] TRILLO NAVARRO, J.P., (Julio 2008) "Criminalidad de bagatela: descriminalización garantista" En: *Diario La Ley*, [en línea] Nº 51, Sección Estudios.

actual, sin embargo no está tan clara, a mi parecer, la reforma relativa a los delitos de alzamiento de bienes e insolvencias punibles.

II. FRUSTRACIÓN DE LA EJECUCIÓN E INSOLVENCIAS PUNIBLES

La Exposición de Motivos de la Ley Orgánica 1/2015, de 30 de marzo, por la que se modifica la Ley Orgánica 10/1995, de 23 de noviembre, del Código Penal, en su apartado XVI, establece que la reforma llevada a cabo sobre los delitos de insolvencia punible es más bien una revisión técnica motivada por necesidad de realizar una "clara separación entre las conductas de obstaculización o frustración de la ejecución", a las que tradicionalmente se ha entendido referido el delito de alzamiento de bienes que quedan reguladas en el Capítulo VII del Título XIII (arts. 257 a 258 ter), y los delitos de insolvencia o bancarrota regulados en el siguiente Capítulo VII bis (arts. 259 a 261 bis) Por lo tanto, ambas tipos de conducta pasar a estar reguladas en capítulos diferenciados.

Dentro de los delitos de frustración de la ejecución se incluyen, junto al alzamiento de bienes, dos nuevas figuras delictivas que, según la Exposición de Motivos de la Reforma, "están llamadas a completar la tutela penal de los procedimientos de ejecución y, con ello, del crédito, y que son habituales en el Derecho comparado" por una lado se tipifica la ocultación de bienes en un procedimiento judicial o administrativo de ejecución (art 258) y la segunda, la utilización no autorizada por el depositario de bienes embargados por la autoridad (art. 258 bis)."

La reforma también agrava la pena, "en el caso de que la deuda u obligación que se trate de eludir sea de Derecho público y la acreedora sea una persona jurídico pública, o se trate de obligaciones pecuniarias derivadas de la comisión de un delito contra la Hacienda Pública o la Seguridad Social" (art. 257.3, párrafo 2º: pena de prisión de uno a seis años y multa).

La nueva regulación de los delitos de concurso punible o insolvencia, dice la Exposición de Motivos, "conjuga una doble necesidad: la de facilitar una respuesta penal adecuada a los supuestos de realización de actuaciones contrarias al deber de diligencia en la gestión de asuntos económicos que se producen en el contexto de una situación de crisis económica del sujeto o empresa y que ponen en peligro los intereses de los acreedores y el orden socioeconómico, o son directamente causales de la situación de concurso; y la de ofrecer suficiente certeza y seguridad en la determinación de las conductas punibles, es decir, aquéllas contrarias al deber de diligencia en la gestión de los asuntos económicos que constituyen un riesgo no permitido". Así, el art. 259 contempla conductas realizadas por el autor, en una situación de insolvencia actual o inminente, tales como: ocultar, destruir, causar daños o realizar cualquier otra actuación no ajustada al deber de diligencia en la gestión de asuntos económicos; realizar determinados actos de disposición; realizar operaciones de venta o prestaciones de servicio por precio inferior a su costa de adquisición o producción; simular créditos de terceros o reconocimiento de créditos ficticios; participar en negocios especulativos; incumplir el deber legal de llevar contabilidad o llevar doble contabilidad; etc.

"El nuevo delito de concurso punible o bancarrota, añade la Exposición de Motivos, se configura como un delito de peligro, si bien vinculado a la situación de crisis (a la insolvencia actual o inminente del deudor) y perseguible únicamente cuando se declara efectivamente el concurso o se produce un sobreseimiento de pagos; y se mantiene la tipificación expresa de la causación de la insolvencia por el deudor". Asimismo se contempla la sanción de la comisión imprudente (art. 259.3) de los hechos previstos en el mismo (pena de prisión hasta dos años o multa hasta veinticuatro meses).

También aquí se contempla la agravación para la hipótesis en la que la mayor parte del crédito defraudado corresponde a deudas frente a la Hacienda Pública y la Seguridad Social, además de otras agravantes para los supuestos en los que se causan perjuicios económicos de especial gravedad (art. 259 bis). Y, finalmente, se amplía la protección de los acreedores mediante la tipificación de acciones no justificadas de favorecimiento a acreedores determinados llevadas a cabo, antes de la declaración del concurso, pero cuando el deudor se encontraba ya en una situación de insolvencia actual o inminente (art. 260).

III. FRUSTRACIÓN DE LA EJECUCIÓN. DELITOS DE RESULTADO. REMISIÓN A LA ESTAFA

Aunque el preámbulo admite que los delitos de insolvencia punible se configuran como delitos de peligro no establece nada al respecto sobre los delito relativos a la frustración de la ejecución, o alzamiento de bienes, lo cual como veremos nos hace plantearnos dudas, con su reciente reforma, sobre el tipo de delito ante el que nos encontramos y que, tradicionalmente, ha sido considerado por la doctrina mayoritaria y la jurisprudencia como delito de peligro.

La doctrina se divide entre un sector tradicional y mayoritario que opina que no es necesaria la causación del perjuicio al acreedor, es decir que no resulte dañado el bien jurídico, que en el delito de alzamiento de bienes es el derecho de crédito. Para este sector de la doctrina, basta el ánimo de perjudicar o la peligrosidad de causar perjuicio para que se considere consumado el tipo, y otro sector, cuya tesis apoyo, que considera que es necesaria la causación del perjuicio al acreedor y por lo tanto, lesionar el bien jurídico, para que se considere perfeccionado el tipo. Estas tesis contrapuestas son determinantes a la hora de definir y concretar el contenido del injusto, lo cual podría llevar a sentencias contradictorias en función de la tesis por la que se tome partido.

Ya en un primer informe[4] del Consejo General del Poder Judicial, antes de la aprobación de la reforma se critica la rúbrica del nuevo título "Frustración de la ejecución", por la razón expuesta, a mi modo de ver es un acierto, pues consciente o inconscientemente el Proyecto se ha visto influenciado por lo que a mi juicio resulta más lógico, a saber, considerar el alzamiento de bienes, como un delito de resultado exigiéndose para su consumación la frustración real del crédito con lo que además se evitaría una excesiva intervención del Derecho Penal en asuntos que desde mi punto de vista debían quedar en el ámbito civil.

La reforma penal de la Ley 5/2010 de 22 de junio. Introdujo una agravación en el artículo 257 que ahora se ha visto reducida**:** Por lo que respecta a la agravante del apartado cuarto del artículo 257, esta consiste en imponer en su mitad superior la pena del tipo básico cuando concurran las siguientes circunstancias:

a) Que la conducta recaiga sobre cosas de primera necesidad, viviendas u otros bienes de reconocida utilidad social.

b) Revista especial gravedad, atendiendo a la entidad del perjuicio y a la situación económica en que deje a la víctima o a su familia.

c) Cuando el valor de la defraudación supere los 50.000 euros.

La reforma objeto de estudios ha matizado esta agravación del delito en el número 257. 4. "Las penas previstas en el presente artículo se impondrán en su mitad superior en los supuestos previstos en los numerales 5. º o 6. º del apartado 1 del artículo 250." Equiparando el delito de alzamiento de bienes con el delito de estafa.

En el nuevo delito de estafa, los ordinales 5º y 6º hacen referencia respectivamente, al valor de la defraudación cuando este supere los 50.000 euros, o afecte a un elevado número de personas; y se cometa con abuso de las rela-

[4] Informe al Anteproyecto de Ley Orgánica por la que se modifica la Ley Orgánica 10/1995 de 23 de Noviembre, del Código penal.

ciones personales existentes entre víctima y defraudador, o aproveche éste su credibilidad empresarial o profesional.

Haciendo nuestras las consideraciones de FARALDO CABANA[5] refiriéndose la inclusión de estas circunstancias por remisión al delito de estafa en el actual código es problemática por su significación en la práctica. La circunstancia ahora establecida en el ordinal 5° pone de relieve el perjuicio causado en la víctima, un perjuicio concreto (que la defraudación supere los 50.000 euros). Lo cual plantea ciertas cuestiones importantes, si el legislador da relevancia al perjuicio causado, quiere decir que lo estima necesario para la consumación del delito convirtiéndolo así en un delito de resultado de lesión y no de peligro. Para la doctrina mayoritaria (MUÑOZ CONDE[6], VIVES ANTON/ GONZALEZ CUSSAC[7], ROSAL BLANCO[8] o SUAREZ GONZALEZ[9]) que sostiene que el delito de alzamiento de bienes no requiere para su causación el perjuicio causado, sino que este aspecto forma parte del agotamiento del mismo, esta agravación podría limitar las posibilidades de aplicación, sin embargo para la doctrina minoritaria (SOUTO GARCÍA[10]) con la que comparto opinión, que opina que el alzamiento de bienes es un delito de lesión, la inclusión de estas cláusulas no deja sino que reforzar esta teoría.

La clave de tal debate doctrinal y jurisprudencial está en la interpretación que cada uno de los sectores haga de la expresión "en perjuicio de sus acreedores" del artículo 257.1.1°. La jurisprudencia en la mayoría de ocasiones, ha interpretado esta expresión no como exigencia de un perjuicio real y efectivo sino como intención lesiva del deudor, a saber, la ocultación de bienes se identifica con el resultado típico y el perjuicio efectivo formaría parte de la fase de agotamiento del delito. En este sentido MAZA MARTIN[11] entiende que nos encontramos ante un delito de mera actividad, también llamado de peligro, de riesgo o de resultado cortado. De este planteamiento, defendido además por MUÑOZ CONDE, RODRIGUEZ MOUROLLO, DEL ROSAL BLASCO,

[5] FARALDO CABANA. P. (2011) "Los delitos contra el patrimonio tras la reforma de 2010". En: *Diario La Ley*, [en línea] N° 81, p.2 Sección Estudios.

[6] MUÑOZ CONDE, F. *El delito de alzamiento de bienes*. Barcelona: Bosch, 1999 p. 119.

[7] VIVES ANTON, T.S/ G. CUSSAC, J.L. *Los delitos de alzamiento de bienes*. Valencia: Tirant lo Blanch, 1998 pp. 30 y ss.

[8] ROSAL BLANCO, *B.* del, "Las insolvencias punibles a través del análisis del delito de alzamiento de bienes en el Código penal", *ADPCP* 1994, Fasc. II, p. 25.

[9] SUÁREZ GONZÁLEZ, C.J., "Título XIII. Delitos contra el patrimonio y contra el orden socioeconómico". En *Rodríguez Mourullo, G.* (Dir.), *Comentarios al Código Penal*, Civitas, Madrid, 1997, p. 732.

[10] SOUTO GARCÍA, E.M.: *Los delitos de alzamiento de bienes en el Código Penal de 1995*. Valencia: Tirant lo Blanch, 2009 p. 367 Ver también en SOUTO GARCÍA, E.M.: *"La incidencia de la Reforma Penal de la Ley 5/2010, de 22 de junio sobre los delitos de alzamiento de bienes"* [en línea] p. 5.

[11] MAZA MARTIN, J.M. *Las insolvencias punibles, cuadernos de derecho judicial*, CGPJ: 1998, Empresa y derecho penal (I) pp.269 y ss.

MAGRO SERVET o QUINTERO OLIVARES [12], entre otros, se revelan determinadas circunstancias como el hecho de que el delito se perfecciona con el mero hecho de "alzarse" o dicho de otro modo, bastaría el peligro creado con la producción dolosa de la insolvencia para considerar consumado el delito [13], lo cual significa que el delito de alzamiento de bienes no requiere un efectivo perjuicio del acreedor para su consumación, de hecho perjuicio efectivo se materializa en el ánimo de perjudicar del deudor siendo de este modo un planteamiento de base subjetivista. Como argumenta QUINTERO OLIVARES, la consumación del delito se ha adelantado a un momento anterior, aquel momento en el que el deudor se ha colocado en situación de insolvencia, realizando los actos dispositivos necesarios para ocultar sus bienes [14] y de añadidura se requiere el que deudor conozca del deber de mantener su patrimonio intacto para hacer frente a sus deudas [15].

Mi opción es posicionarme con la doctrina minoritaria al considerar el delito de alzamiento de bienes como un delito de lesión sobre la base de la excesiva e inadecuada criminalización de ciertas conductas que están provocando, en palabras de TRILLO NAVARRO, un "inflación del Derecho penal" por cuestiones de oportunidad y no de legalidad, vulnerándose en multitud de ocasiones, principios como el de intervención mínima del Derecho penal, el derecho a no declarar contra sí mismo en un proceso o el derecho a la presunción de inocencia.

ALONSO, el tipo de alzamiento de bienes es un delito que no ha de implicar necesariamente una insolvencia, sino que es un delito de mera actividad, que se produce cuando el deudor oculta sus bienes en perjuicio de sus acreedores [16]. En su opinión, para que exista delito no sería necesario que los créditos de los acreedores resulten frustrados definitivamente, lo cual implica que el delito se consumaría simplemente con la intención de defraudar [17]. En este sentido

---

[12] MUÑOZ CONDE, F. *El delito de alzamiento de bienes* 1999 pp. 119 y ss.; RODRÍGUEZ MOURULLO, G., "*Acerca de las insolvencias punibles*", En *Dogmática y Derecho penal, Tomo II, Libro Homenaje a Enrique Bacigalupo*, ZUGALDÍA ESPINAR, J-M. / LÓPEZ BARJA DE QUIROGA, J., (Coord.), Madrid-Barcelona: Marcial Pons, 2004. p. 1160; DEL ROSAL BLASCO, B., "*Las insolvencias punibles a través del análisis del delito de alzamiento de bienes*", cit., pp. 21 y 25; MAGRO SERVET, V. *Delitos socioeconómicos*. Madrid: El derecho, 2011 pp. 178 y ss.; QUINTERO OLIVARES, G., *El alzamiento de bienes, El alzamiento de bienes*. Barcelona: Praxis, 1973 p. 110.

[13] VIVES ANTÓN, T.S./ GONZÁLEZ CUSSAC, J.L., *Los delitos de alzamiento de bienes*, cit., p. 30. En este sentido SOTO NIETO, F. Alzamiento de bienes, aspectos varios de su dinámica delictiva. Diario La Ley nº 5555. Año XXIII, 30 de Mayo de 2002.

[14] QUINTERO OLIVARES, G. *El alzamiento de bienes*. cit. p. 110.

[15] GARCÍA SÁNCHEZ, A., *La función social de la propiedad en el delito de alzamiento de bienes*, Granada: Comares, 2003 p. 296.

[16] En este sentido las SSTS de 26 de diciembre de 1989 [RJ 1989, 9789], 22 de octubre de 1990 [RJ 1990, 8195] y 4 de febrero [RJ 1991, 737] y 6 de junio de 1991 [RJ 1991, 4529]

[17] ALONSO, J.M., "Las insolvencias punibles", en *Delitos y cuestiones penales en el ámbito empresarial*, nº III, Expansión, Madrid 1999, pp. 307 y 309.

MAZA MARTÍN[18] o MAGRO SERVET[19] que exponen que el hecho de buscar la situación de insolvencia mediante la ejecución de determinados actos sobre el patrimonio para eludir el pago de créditos de un tercero pertenecería a la fase de agotamiento del delito sin que sea preciso que se alcance la insolvencia para su consumación. En la posición contraria encontraríamos autores como QUERALT que opinan que esta tesis iría en contra del principio de intervención mínima porque supondría "llevar demasiado lejos la punición penal"[20].

La confirmación de la agravante 5º en relación con el delito de estafa y la nueva rúbrica del capítulo "Frustración de la Ejecución" se ha visto influenciado por lo que a mi juicio resulta más lógico, a saber, considerar el alzamiento de bienes, como un delito de resultado exigiéndose para su consumación la frustración real del crédito con lo que además se evitaría una excesiva intervención del Derecho Penal en asuntos que desde mi punto de vista debían quedar en el ámbito civil.

IV. APLICACIÓN DE LA NUEVA FIGURA DELICTIVA DEL ARTÍCULO 258

Con la creación del nuevo artículo 258, nos encontramos ante dos tipos de ocultación de bienes: de una parte, la ocultación propia de bienes tipificada en el artículo 257 del Código Penal y que se concreta en conductas como la venta, o la realización de actos de disposición patrimoniales o generadores de obligaciones que impidan o dificulten la ejecución de esos bienes y la ocultación impropia, recogida en el nuevo artículo 258.1 del Código Penal relativa a la presentación incompleta o mendaz al funcionario o autoridad encargados de la ejecución de bienes, con el fin de impedir, dilatar o dificultar el cobro del acreedor, [21] o deje de facilitar la relación de bienes a que se refiere el 258. 1 del Código Penal. (258.2 CP).

El propio articulado quiere aclarar en qué supuestos se consideraría incompleta la relación de bienes. Se trataría de los supuestos en el que deudor disfrutase de bienes titularidad de terceras personas y no se aportase una justificación suficiente del derecho que ampara dicho disfrute, así como de las condiciones a que está sujeto.

---

[18] MAZA MARTIN, J.M. "Las insolvencias punibles", Cuadernos de derecho judicial, CGPJ: 1998, Empresa y derecho penal (I) pp.269 y ss.

[19] MAGRO SERVET, V. *Delitos Socioeconómicos.* Madrid: El Derecho, 2010. pp. 184-186.

[20] QUERALT JIMENEZ, J.J. *Derecho penal español. Parte* especial Barcelona Atelier, 2010 6ª ed., rev. y act.

[21] MAGRO SERVET, V. Incidencia de la próxima reforma del código penal en el mundo de la empresa. La Ley Penal, Nº 113, Sección Práctica penal, Marzo-Abril 2015, Editorial LA LEYLA LEY 3399/2015 pp. 6-9

Por otro lado, el artículo 258.3 establece que si el deudor, antes de que la autoridad o funcionario descubriesen el carácter mendaz o incompleto de la relación de bienes, aportarse una relación completa y veraz, el delito no sería perseguible.

La introducción de este artículo plantea serias dudas sobre la licitud de su aplicación de este delito basándonos en el derecho a no declarar contra uno mismo o a no declararse culpable.

Aunque en el artículo 589.2 de la LEC se recoge también del supuesto de no aportar la relación de bienes y no sólo de la relación falsa o incompleta de los mismos. Sin querer profundizar en el debate de si el requerimiento de manifestación de bienes al ejecutado podría considerarse como una vulneración del derecho a no declarar contra sí mismo (art 24.2 CE), sí estamos de acuerdo en que en el ámbito civil, no sería de aplicación el artículo 24.2 de nuestra Constitución puesto que lo establecido en el artículo 589.2 de la LEC se entiende como un deber de colaboración, pero si incluimos este artículo en el Código penal, hemos de plantearnos el hecho de que el deber de colaboración es incompatible con el derecho a no declarar contra sí mismo y así lo ha manifestado el Tribunal Europeo de los Derecho Humanos que hace una aplicación extensiva de este derecho[22].

Por otro lado, no podemos decir lo mismo en nuestro ordenamiento jurídico en que el derecho a no declarar contra uno mismo queda bastante difuminado no sólo en el ámbito penal del que se hace una interpretación restrictiva a la declaración verbal del sujeto y a guardar silencio como queda patente en el artículo 556 del Código penal relativo a la desobediencia a la autoridad y el artículo 383 relativo a la negativa al test de alcoholemia. Por suerte son muchas las voces contrarias a esta interpretación como bien argumentaba SANZ DIAZ-PALACIOS al "admitir que las declaraciones autoinculpatorias efectuadas bajo coacción ante la Inspección de los tributos puedan fundamentar la imposición de sanciones tributarias constituye una aberración equiparable a aceptar que los órganos jurisdiccionales reconozcan a ese tipo de declaraciones virtualidad o eficacia probatoria penal. No olvidemos que tanto la potestad para imponer sanciones tributarias a los infractores como la potestad para castigar penalmente a los delincuentes son, ambas, manifestación del *ius puniendi* del Estado. Y puesto que ello es así, el derecho a no autoincriminarse debe reconocerse en el ámbito administrativo sancionador, y tributario sancionador, en particular, no sólo en el proceso penal"[23].

---

[22] Case Saunders v. UK. (Application no. 19187/91) Judgment 17 December 1996. AFFAIRE HEANEY ET McGUINNESS c. IRLANDE (Requête no 34720/97), ARRÊT, 21 décembre 2000. AFFAIRE J.B. c. SUISSE (Requête no 31827/96) ARRÊT, 3 mai 2001.

[23] SANZ DIAZ-PALACIOS, J.A.: "El derecho de los contribuyentes a no autoinculparse en el asunto Chambaz contra Suiza" (Comentario de la STEDH de 5 de abril de 2012) En: *Tribuna Fiscal: Revista Tributaria y Financiera*, N°. 263, 2012, pp. 25-30.

Por otro lado aceptar el nuevo artículo 258.1 pone en cuestión tres principios procesales fundamentales del acusado:

— a saber, el principio in dubio pro reo por el cual se ha de interpretar la norma de la forma más beneficiosa para el reo, así, por tanto, no podría admitirse la interpretación restrictiva del art. 24.2 CE;

— el principio de igualdad de armas, que implica que ambas partes en conflicto cuenten con los mismos medios de ataque y defensa, principio que se inflige al requerir coercitivamente al acusado la manifestación de sus bienes;

— y el principio de respeto a la dignidad humana, que se refleja en obligar a un imputado a proporcionar pruebas que le inculparían necesariamente cuando se puede obtener dichas pruebas por otros medios haciendo prevalecer el interés del estado de evitar dilaciones en el proceso, por tener que conseguir las pruebas a través de la Administración, Registro de Propiedad o Administración Tributaria, que los derechos civiles, tan defendidos por Locke[24] y Beccaria[25].

El artículo 258.1., por tanto, resulta bastante confuso en cuanto a la intención del legislador debido a que no se expresa con claridad si lo que se pretende castigar es la falta de colaboración, como ya establece el artículo 589.2 Cp. sobre el que se justifica su inclusión, y en tal caso, de ser así, el Código Penal ya contaba con el artículo 556 relativo a la desobediencia a la autoridad, o si por el contrario lo que pretende es recoger el hecho ocultar bienes a través de la atribución de titularidad a un tercero, lo cual no es más que una modalidad del tipo básico de alzamiento de bienes como bien criticaba el Consejo General del Poder Judicial en su informe sobre el Anteproyecto objeto de estudio en este capítulo.

V. LA REGULACIÓN DE LOS DELITOS DE INSOLVENCIA Y BANCARROTA

Como hemos adelantado en la introducción, la reforma penal regula los delitos de insolvencia punible y bancarrota en un capítulo distinto al del delito de alzamiento de bienes, para separar ambas conductas. Las insolvencias punibles se recogen en los artículos 259, 259 bis y 260. La intención del legislador al regular este tipo de delitos es, principalmente, la de ofrecer una

[24] LOCKE, Destaquemos sobre sus obras su Ensayo y sus tres cartas sobre la Tolerancia, publicados en Londres en 1667, 1689, 1690 y 1692.

[25] BECCARIA, C. *De los Delitos y las Penas*, publicado en Livorno en 1764.

respuesta penal a los supuestos en los que no se actúe con la debida diligencia en la gestión de asuntos económicos. Esta situación se produciría cuando el sujeto o la empresa se encontrasen en una situación de crisis que pueda perjudicar a los acreedores o cuando la falta de diligencia pueda colocar al sujeto en situación de concurso. Para garantizar la protección ante este tipo de conductas, el legislador enumera una amplia relación de ocho supuestos más una cláusula de cierre:

1. Ocultar, causar daños o destruir los bienes o elementos patrimoniales incluidos o que habrían de estar incluidos en la masa del concurso en el momento de su apertura (art. 259.1.1 CP).
2. Realizar actos de disposición mediante la entrega o transferencia de dinero u otros activos patrimoniales, o mediante la asunción de deudas, que no guarden relación con la situación patrimonial del deudor, ni con sus ingresos, y que carezcan de justificación económica o empresarial (art. 259.1.2).
3. Realizar operaciones de venta o prestaciones de servicio por precio inferior a su coste de adquisición o producción, y que en las circunstancias del caso carezcan de justificación económica (art. 259.1.3).
4. Simular créditos de terceros o proceder al reconocimiento de créditos ficticios(art. 259.1.4).
5. Participar en negocios especulativos, cuando ello carezca de justificación económica y resulte, en las circunstancias del caso y a la vista de la actividad económica desarrollada, contrario al deber de diligencia en la gestión de asuntos económicos(art. 259.1.5).
6. Incumplir el deber legal de llevar contabilidad, llevar doble contabilidad, o cometer irregularidades en la llevanza de la misma que sean relevantes para la comprensión de su situación patrimonial o financiera. Y se añade también el supuesto en que se destruyan o alteren los libros contables, dificultando o impidiendo de forma relevante la comprensión de su situación patrimonial o financiera (art. 259.1.6).
7. Ocultar, destruir o alterar la documentación que el empresario está obligado a conservar antes del transcurso del plazo al que se extiende este deber legal, cuando de este modo se dificulte o imposibilite el examen o valoración de la situación económica real del deudor(art. 259.1.7).
8. Formular las cuentas anuales o los libros contables de un modo contrario a la normativa reguladora de la contabilidad mercantil, de for-

ma que se dificulte o imposibilite el examen o valoración de la situación económica real del deudor, o incumplir el deber de formular el balance o el inventario dentro de plazo (art. 259.1.8).

Los primeros cinco supuesto hacen referencia expresa a la falta de diligencia del sujeto o la empresa en la llevanza de los negocios o asuntos económicos y los tres últimos hacen referencia la falsedad documental.

Según la opinión de FARALDO CABANA[26], carece de sentido esta excesiva relación de supuestos *ad exemplum* puesto que las conductas relativas a la falsedad documental en la contabilidad pueden castigarse hoy como falsedad en documento mercantil o como falsedad societaria lo cual obligaría a plantear concursos con los problemas que ello conlleva.

La cláusula de cierre resulta demasiado amplia pues se incluye cualquier conducta activa u omisiva que constituya una infracción grave del deber de diligencia en la gestión de asuntos económicos y a la que sea imputable una disminución del patrimonio del deudor o por medio de la cual se oculte la situación económica real del deudor o su actividad empresarial.

En esta nueva redacción se hace especial hincapié en el deber de diligencia, un concepto jurídico indeterminado que se deja a la interpretación del juez y que sólo se encuentra positivado con respecto al empresario en arts. 225 y ss. del Real Decreto Legislativo 1/2010, de 2 de julio, por el que se aprueba el Texto Refundido de la Ley de Sociedades de Capital, pero nunca con respecto al deudor civil. Lo mismo ocurre con otros dos conceptos de difícil definición como: precio inferior a su coste de adquisición o producción (259.1.3) y carecer de justificación económica (259.1.2, 259.1.3 y 259.1.5). La utilización de estos conceptos difíciles definir e interpretar conllevan la falta de seguridad jurídica.

Además de lo anterior, el artículo 259.1 hace referencia al sujeto que se encuentre en una situación de insolvencia actual o inminente, con lo cual el artículo 259.2 referido a que se impondrá la misma pena a quien cause su situación de insolvencia carece totalmente de sentido. Sin embargo MAGRO SERVET[27] considera que este artículo se refiere al sujeto que agrave su situación de insolvencia con lo cual su inclusión estaría justificada. Resulta más lógico pensar que el artículo haga referencia al supuesto en que el deudor agrave su situación de insolvencia pero por otro lado no se entienda que se

[26] FARALDO CABANA, P. "Vuelta a los hechos de bancarrota: el delito de insolvencia fraudulenta tras la reforma de 2015" en *Revista de Derecho Concursal y Paraconcursal*, Nº 23. La Ley, 2015 LA LEY 4406/2015 pp. 4 y 10.

[27] MAGRO SERVET, V. "Incidencia de la próxima reforma del código penal en el mundo de la empresa". La Ley Penal, Nº 113, Sección Práctica penal, Marzo-Abril 2015, Editorial LA LEY LA LEY 3399/2015 pp. 6-9.

imponga la misma pena que en el tipo básico. En cualquier caso resulta necesario plantear una nueva redacción del artículo pues la redacción actual es carente de sentido puesto que no hace más que reiterar sobre las mismas conductas recogidas en el tipo básico en las que el deudor también causa su situación de insolvencia.

Como una de las pocas excepciones a la norma general de los delitos patrimoniales, en los que casi no se castiga la imprudencia, en el artículo 259.3 vemos que se penaliza la comisión imprudente. Sin embargo nos resulta difícil entender la aplicación que tendrá en un futuro el tipo imprudente. Entendemos como imprudente cuando no se ha observado la diligencia debida, en este caso, estaríamos hablando de no observar la debida diligencia en la gestión de los asuntos económicos. Pero el tipo básico en su versión dolosa ya castiga la falta de diligencia en la llevanza de asuntos económicos causante de una situación de insolvencia o agravación de la misma, si a ello sumamos que la mayoría de las conductas tipificadas en el artículo sólo pueden cometerse como acciones u omisiones dolosas y que se exige que se haya producido una situación de insolvencia efectiva o que se haya declarado el concurso, el tipo imprudente resulta de poca utilidad.

Por otro lado, las condiciones de perseguibilidad limitan bastante los supuestos de aplicación del tipo, pues el artículo 259.47 establece que el delito sólo será perseguible cuando el deudor haya dejado de cumplir regularmente sus obligaciones exigibles o haya sido declarado su concurso. Antes de la reforma, sólo se exigía que el deudor hubiera sido declarado en concurso, ahora además se incluye el supuesto previo a la declaración del concurso y es que el deudor haya dejado de cumplir regularmente con sus obligaciones exigibles, o dicho de otro modo, que se encuentre en situación de insolvencia. Dicha insolvencia es la que sentará las bases para que el deudor sea declarado en concurso.

En lo que se refiere a los subtipos agravados, el artículo 259 bis recoge tres supuestos:

a) Cuando se cause perjuicio patrimonial a una multitud de personas o las coloque en situación económica grave.

b) Cuando se cause un perjuicio económico superior a 600.000 Euros a alguno de los acreedores.

c) Cuando la mitad del importe de los créditos concursales tenga como titulares a la Hacienda Pública, sea esta estatal, autonómica, local o foral y a la Seguridad Social.

Analicemos los supuestos. En el primero no hay mucho más que apuntar salvo que lo más usual en un concurso es que existan multitud de acreedores y no sólo uno, por lo tanto nos encontraríamos con la absurda situación de que siempre se aplicaría el subtipo agravado y muy rara vez el tipo básico.

Con respecto al segundo supuesto, reiteramos lo mismo que ya apuntábamos con el delito de alzamiento de bienes en su remisión a la estafa. En este caso se agrava el tipo básico cuando el perjuicio económico causado supere los 50.000 Euros. NO resulta del todo lógico otorgar tanta relevancia al perjuicio causado cuando tanto el alzamiento de bienes como la insolvencia punible se han concebido desde su origen como delitos de peligro, y como tales se castiga la puesta en peligro del bien jurídico y no la lesión del mismo.

Por último, en el tercer supuesto, no se justifica esta agravante por la razón que señala FARALDO CABANA citando a QUINTERO OLIVARES, pues parece que las deudas contraídas con las Administraciones Públicas son más importantes que las contraídas con un ciudadano de a pie[28].

Finalmente, el artículo 260 establece que se castigará al deudor que encontrándose en una situación de insolvencia actual o inminente o una vez admitida a trámite la solicitud de concurso favorezca alguno de los acreedores sin justificación. No habría justificación cuando no existan razones económicas o empresariales que justifiquen este favorecimiento al acreedor o cuando el crédito no fuera aún exigible. Antes de la reforma este favorecimiento a acreedores se castigaba únicamente cuando ya había sido declarado el concurso, ahora también se castigarán cuando el deudor se encuentre en una situación de insolvencia actual o inminente.

Esta ampliación en la protección al acreedor provoca que conductas que previo a la reforma habrían conducido a la anulación de las operaciones por el juez mercantil ahora son constitutivas de delito.

VI. CONCLUSIONES

La LO 1/2015 de 30 de marzo por la que se modifica el Código penal vigente ha supuesto un gran cambio adaptado a las necesidades sociales actuales, sin embargo no podemos decir que la reforma haya resultado positiva en todos los aspectos, especialmente en los concernientes a los delito de insolvencia punible y frustración del crédito. Podemos resumir los principales

[28] FARALDO CABANA, P. "Vuelta a los hechos de bancarrota: el delito de insolvencia fraudulenta tras la reforma de 2015" en *Revista de Derecho Concursal y Paraconcursal*, Nº 23. La Ley, 2015 LA LEY 4406/2015 p. 9; QUINTERO OLIVARES, G., «Insolvencias punibles», en ÁLVAREZ GARCÍA, F. J. (Dir.), *Estudio crítico sobre el Anteproyecto de Reformapenal de 2012*, Tirant lo Blanch, Valencia, 2013, pág. 735.

aspectos de la reforma relacionados con los delitos objeto de estudio en seis puntos, tres de ellos positivos y tres negativos:

1. Positiva en aspectos como la separación de los delitos objeto de estudio en dos grupos: los relativos a la frustración de la ejecución y los relativos a los concursos punibles. Era necesaria esta separación, a nuestro modo de ver para distinguir estas figuras que quedaban difuminadas y entremezcladas has ahora.

2. Positiva porque existen claras evidencias de que los delitos de frustración de la ejecución han de ser considerados a partir de ahora como delitos de resultado, sin embargo se echa en falta un posicionamiento más explícito del legislador sobre este punto.

3. Positiva por la inclusión del actual 258 CP (alzamiento de bienes para eludir la responsabilidad civil ex delicto) dentro del 257 como un tipo más de alzamiento.

4. Negativa la creación del nuevo 258.1 relativo a la ocultación de bienes en un proceso judicial o administrativo ejecutivo por las razones ya expuestas.

5. Negativa en lo que respecta a los delitos de insolvencias punibles puesto que la ampliación de la norma a los supuestos en que el deudor se encuentre en situación de insolvencia actual o inminente carece de sentido debido a que estos supuestos ya pueden ser castigados como alzamiento de bienes. Habría resultado más acertado conservar la redacción anterior en la que sólo se recogía el supuesto en que se hubieran iniciado los trámites para la declaración en concurso. No en vano se ha establecido una diferenciación de los delitos de alzamiento y los delitos de insolvencias punibles para que en el sentido expuesto se vuelvan a entremezclas ambas conductas delictivas.

6. Negativa en cuanto a la utilización de concepto de difícil definición y concreción legal como la llevanza de asuntos económicos con la "debida diligencia", "precio inferior a su coste de adquisición o producción" y "carecer de justificación económica". Estos conceptos conllevan falta de seguridad jurídica.

Blanqueo de dinero y reforma penal: problemática actual española, con anotaciones de derecho comparado estadounidense

MIGUEL ABEL SOUTO

Vicepresidente del Centro Europeo de Estudios sobre Prevención y Represión del Blanqueo de Dinero

RESUMEN

El estudio demuestra que la larga lista de reformas en materia de blanqueo de dinero vulnera la seguridad jurídica y la consideración del Derecho penal como *ultima ratio* en el marco de una política criminal globalizada.

I. LA EXPANSIÓN DEL CASTIGO DEL BLANQUEO

A juicio de TIEDEMANN la herencia de BECCARIA en materia de Derecho penal económico abarca la necesaria certeza del Derecho, leyes claras y simples para la prevención eficaz y la proporcionalidad que impone restringir la intervención del Derecho penal[1]. Tamaña fortuna de ideales garantistas, toda esta herencia de BECCARIA, ha sido dilapidada con las normas penales sobre el blanqueo, de raigambre estadounidense[2], "relativamente nuevas"[3], muy utilizadas por la fiscalía debido a su severidad y amplitud[4], que se han expandido e impulsado por convenios y organismos internacionales[5].

Este trabajo dejará constancia de las "importantes novedades"[6] introducidas mediante la reforma operada por la Ley orgánica 5/2010 en materia de blanqueo de dinero, la cual, junto a la modificación sufrida por el Texto pu-

---

[1] *Cfr.* TIEDEMANN, K., "*Cesare Beccaria e i reati economici*", en *Rivista Italiana di Diritto e Procedura Penale*, nº 3, 2013, pp. 1383 y 1384.

[2] *Vid. American jurisprudence, second edition. A modern comprehensive text statemet of american law, state and federal, completely revised and rewritten in the light of modern authorities and developments*, vol. 53A, Thomson/ West, 2006, USA, §§58-68, pp. 767-779, *2014 cumulative supplement*, vol. 53A, Thomson Reuters, 2014, §§59-67, pp. 49-52; *Corpus juris secundum. A contemporary statement of american law as derived from reported cases and legislation*, vol. 3A, Thomson Reuters, 2013, §1167, p. 341, vol. 37, 2008, §29, pp. 26 y 27, *2014 cumulative annual pocket part*, vol. 37, §29, p. 4, vol. 15A, 2012, §286, pp. 558 y 559, *2014 acumulative annual pocket part*, vol. 15A, §286, pp. 26 y 27; *United States code annotated. Title 18, crimes and criminal procedure, §§1761 to 1962*, West group, 2000, §§1956 y 1957, pp. 481-539, *2014 cumulative annual pocket part*, Thomson Reuters, 2014, §§1956 y 1957, pp. 80-145; *United States code service. Lawyers edition. 18 USCS, crimes and criminal procedure*, §§1691-1960, Lexis Nexis, Charlottesville, 2010, §§1956 y 1957, pp. 479-614, *cumulative supplement*, 2014, §§1956 y 1957, pp. 24-41.

[3] AUTEN, M.R., "*Money spending or money laundering: the fine line between legal and illegal financial transactions*", en *Pace Law Review*, vol. 33, nº 3, 2013, p. 23.

[4] *Cfr.* STRADER, J.K., *Understandig white collar crime*, 3ª ed., Lexis Nexis, New Providence/San Francisco, 2011, p. 293.

[5] *Vid.* ABEL SOUTO, M., Normativa internacional sobre el blanqueo de dinero y su recepción en el Ordenamiento penal español, Tesis doctoral, Universidad de Santiago de Compostela, enero de 2001, en www.cervantesvirtual.com; ANDERSON, M., "*International money laundering: the need for ICC investigative and adjudicative jurisdiction*", en *Virginia Journal of International Law*, vol. 53, nº 3, 2013, pp. 763-786; BUISMAN, S., "*The influence of the european legislator on the national criminal law of member states: it is all in the combination chosen*", en *Utrecht Law Review*, vol. 7, nº 2, 2011, pp. 137-155; DELSTON, R.S./WALLS, S.C., "*Strengthening our security: a new international standard on trade-based money laundering is needed now*", en *Case Western Reserve Journal of International Law*, vol. 44, nº 3, 2012, pp. 737-746; FIJNAUT, C., "*The european parliament and organised crime: the impeding failure of the Alfano committee*", en *European Journal of Crime, Criminal Law and Criminal Justice*, vol. 21, nº 10, 2013, pp. 1-7; JOYCE, E., "*Expanding the international regime on money laundering in response to transnational organized crime, terrorism, and corruption*", en REICHEL, P. (ed.), *Handbook of transnational crime & justice*, Sage publications, Thousand Oaks/London/New Delhi, 2005, pp. 81-97; MATALLÍN EVANGELIO, A., "El blanqueo de capitales en la normativa internacional: obligaciones derivadas en el Ordenamiento jurídico español", en VIDALES RODRÍGUEZ, C. (coord.), Tráfico de drogas y delincuencia conexa, Tirant lo Blanch, Valencia, 2014, pp. 275-293; POPA, G.D., "*International cooperation in the struggle against trans-border organized crime and money laundering*", en *Contemporary Readings in Law and Social Justice*, vol. 4, nº 2, 2012, pp. 575-578; RĂDULESCU, D., "*International organizations involved in money laundering prevention*", en *Buletinul Universității Petrol-Gaze din Ploiești*, vol. LXII, nº 1, 2010, pp. 43-48; REIDER-GORDON, M./BUTLER, T.K., "*Anti-money laundering*", en *International Lawyer*, vol. 47, nº 1, 2013, pp. 387-405; VIDALES RODRÍGUEZ, C., El delito de legitimación de capitales: su tratamiento en el marco normativo internacional y en la legislación comparada, *Center for the Administration of Justice, Florida International University*, Miami, 1998.

[6] LORENZO SALGADO, J.M., "El tipo agravado de blanqueo cuando los bienes tengan su origen en el delito de tráfico de drogas", en ABEL SOUTO, M./SÁNCHEZ STEWART, N. (coords.), III congreso sobre prevención y represión del blanqueo de dinero, Tirant lo Blanch, Valencia, 2013, p. 226; también en FERNÁNDEZ TERUELO, J.G. (dir.), Estudios penales en homenaje al Profesor Rodrigo Fabio Suárez Montes, Constitutio Criminalis Carolina, Oviedo, 2013, p. 358.

nitivo español el 30 de marzo de 2015, constituye una evidente manifestación expansiva del Derecho penal[7] que olvida el principio de subsidiariedad[8] y rompe con un "Derecho penal garantista"[9], "indudable"[10] o "desbocada expansión"[11] que transforma al desbordado tipo del blanqueo[12] en un representante genuino del Derecho penal del enemigo, al castigar con penas desproporcionadas e injustificables[13], aunque por suerte sin llegar todavía hasta los 20 años de prisión del modelo estadounidense[14], conductas muy alejadas

---

[7] *Vid.* ABEL SOUTO, M., "La expansión penal del blanqueo de dinero operada por la Ley orgánica 5/2010, de 22 de junio", en *La Ley Penal. Revista de Derecho Penal, Procesal y Penitenciario*, nº 79, febrero de 2011, pp. 5-32; SILVA SÁNCHEZ, J.-M., "Expansión del Derecho penal y blanqueo de capitales", en ABEL SOUTO, M./SÁNCHEZ STEWART, N. (coords.), II congreso sobre prevención y represión del blanqueo de dinero, Tirant lo Blanch, Valencia, 2011, pp. 131-139.

[8] *Cfr.* CASTRO MORENO, A., "Consideraciones críticas sobre la aplicación e interpretación del tipo subjetivo de los delitos de blanqueo de capitales", en ÁLVAREZ GARCÍA, F.J./COBOS GÓMEZ DE LINARES, M.A./GÓMEZ PAVÓN, P./MANJÓN-CABEZA OLMEDA, A./MARTÍNEZ GUERRA, A. (coords.), Libro homenaje al Profesor Luis Rodríguez Ramos, Tirant lo Blanch, Valencia, 2013, p. 447.

[9] CORCOY BIDASOLO, M., "Crisis de las garantías constitucionales a partir de las reformas penales y de su interpretación por los tribunales", en MIR PUIG, S./CORCOY BIDASOLO, M. (dirs.), Constitución y sistema penal, Marcial Pons, Madrid/Barcelona/Buenos Aires/São Paulo, 2012, p. 161.

[10] MORILLAS CUEVA, L. "Aspectos dogmáticos y político-criminales del delito de blanqueo de capitales", en *Revista Foro FICP*, nº 2, septiembre de 2013, p. 69.

[11] CONDE-PUMPIDO FERREIRO, C./SÁNCHEZ-JUNCO MANS, J., en CONDE-PUMPIDO FERREIRO, C. (dir.), Código penal comentado, 3ª ed., con concordancias y jurisprudencia. Actualizado a la LO 5/2010 de 23 de junio de 2010, tomo I, Bosch, Barcelona, 2012, p. 1089.

[12] *Cfr.* MANJÓN-CABEZA OLMEDA, A., "Ganancias criminales y ganancias no declaradas. (El desbordamiento del delito fiscal y del blanqueo)", en ÁLVAREZ GARCÍA, F.J./COBOS GÓMEZ DE LINARES, M.A./GÓMEZ PAVÓN, P./MANJÓN-CABEZA OLMEDA, A./MARTÍNEZ GUERRA, A., *op. cit.*, pp. 656, 657 y 665; DE LA MISMA AUTORA, "Prevención y sanción del blanqueo de capitales", en FERNÁNDEZ STEINKO, A. (ed.), Delincuencia, finanzas y globalización, Centro de Investigaciones Sociológicas, Madrid, 2013, p. 375.

[13] *Cfr.* VIDALES RODRÍGUEZ, C., "Blanqueo, ¿qué es blanqueo? (Estudio del artículo 301.1 del Código penal español tras la reforma de la L.O. 5/2010)" en *Revista General de Derecho Penal*, nº 8, 2012, p. 2.

[14] *Cfr.* BENNET, C.M./TURNER, C.D. (*eds.*), *Money laundering. An analysis for federal law*, Novinka, New York, 2013, p. VII; DOYLE, C., S.C., "*Strengthening our security: a new international standard on trade-based money laundering is needed now*", en *Case Western Reserve Journal of International Law*, vol. 44, nº 3, 2012, pp. 737-746; FIJNAUT, C., "*The european parliament and organised crime: the impeding failure of the Alfano committee*", en *European Journal of Crime, Criminal Law and Criminal Justice*, vol. 21, nº 10, 2013, pp. 1-7; JOYCE, E., "*Expanding the international regime on money laundering in response to transnational organized crime, terrorism, and corruption*", en REICHEL, P. (ed.), *Handbook of transnational crime & justice*, Sage publications, Thousand Oaks/London/New Delhi, 2005, pp. 81-97; MATALLÍN EVANGELIO, A., "El blanqueo de capitales en la normativa internacional: obligaciones derivadas en el Ordenamiento jurídico español", en VIDALES RODRÍGUEZ, C. (coord.), Tráfico de drogas y delincuencia conexa, Tirant lo Blanch, Valencia, 2014, pp. 275-293; POPA, G.D., "*International cooperation in the struggle against trans-border organized crime and money laundering*", en *Contemporary Readings in Law and Social Justice*, vol. 4, nº 2, 2012, pp. 575-578; RĂDULESCU, D., "*International organizations involved in money laundering prevention*", en *Buletinul Universităţii Petrol-Gaze din Ploieşti*, vol. LXII, nº 1, 2010, pp. 43-48; REIDER-GORDON, M./BUTLER, T.K., "*Anti-money laundering*", en *International Lawyer*, vol. 47, nº 1, 2013, pp. 387-405; VIDALES RODRÍGUEZ, C., El delito de legitimación de capitales: su tratamiento en el marco normativo internacional y en la legislación comparada, *Center for the Administration of Justice, Florida International University*, Miami, 1998.

LORENZO SALGADO, J.M., "El tipo agravado de blanqueo cuando los bienes tengan su origen en el delito de tráfico de drogas", en ABEL SOUTO, M./SÁNCHEZ STEWART, N. (coords.), III congreso sobre prevención y represión del blanqueo de dinero, Tirant lo Blanch, Valencia, 2013, p. 226; también de la puesta en peligro del bien jurídico[15] y derogar o reducir garantías del imputado[16], lo transmuta, en el marco de una lógica "de emergencia"[17] o "un discurso securitario"[18], incompatible con las exigencias de un *ius puniendi* democrático[19], en una de las más clamorosas muestras de la "fundamentación *sociotecnológica* de un Derecho penal, convertido en *instrumento* político"[20], con "quiebra de los valores y principios constitucionales"[21], en una herramienta "para investigar y perseguir situaciones patrimoniales anómalas"[22].

---

en FERNÁNDEZ TERUELO, J.G. (dir.), Estudios penales en homenaje al Profesor Rodrigo Fabio Suárez Montes, Constitutio Criminalis Carolina, Oviedo, 2013, p. 358.

Vid. ABEL SOUTO, M., "La expansión penal del blanqueo de dinero operada por la Ley orgánica 5/2010, de 22 de junio", en *La Ley Penal. Revista de Derecho Penal, Procesal y Penitenciario,* nº 79, febrero de 2011, pp. 5-32; SILVA SÁNCHEZ, J.-M., "Expansión del Derecho penal y blanqueo de capitales", en ABEL SOUTO, M./SÁNCHEZ STEWART, N. (coords.), II congreso sobre prevención y represión del blanqueo de dinero, Tirant lo Blanch, Valencia, 2011, pp. 131-139.

Cfr. CASTRO MORENO, A., "Consideraciones críticas sobre la aplicación e interpretación del tipo subjetivo de los delitos de blanqueo de capitales", en ÁLVAREZ GARCÍA, F.J./COBOS GÓMEZ DE LINARES, M.A./GÓMEZ PAVÓN, P./MANJÓN-CABEZA OLMEDA, A./MARTÍNEZ GUERRA, A. (coords.), Libro homenaje al Profesor Luis Rodríguez Ramos, Tirant lo Blanch, Valencia, 2013, p. 447.

CORCOY BIDASOLO, M., "Crisis de las garantías constitucionales a partir de las reformas penales y de su interpretación por los tribunales", en MIR PUIG, S./CORCOY BIDASOLO, M. (dirs.), Constitución y sistema penal, Marcial Pons, Madrid/Barcelona/Buenos Aires/São Paulo, 2012, p. 161.

MORILLAS CUEVA, L. "Aspectos dogmáticos y político-criminales del delito de blanqueo de capitales", en *Revista Foro FICP,* nº 2, septiembre de 2013, p. 69.

CONDE-PUMPIDO FERREIRO, C./SÁNCHEZ-JUNCO MANS, J., en CONDE-PUMPIDO FERREIRO, C. (dir.), Código penal comentado, 3ª ed., con concordancias y jurisprudencia. Actualizado a la LO 5/2010 de 23 de junio de 2010, tomo I, Bosch, Barcelona, 2012, p. 1089.

Cfr. MANJÓN-CABEZA OLMEDA, A., "Ganancias criminales y ganancias no declaradas. (El desbordamiento del delito fiscal y del blanqueo)", en ÁLVAREZ GARCÍA, F.J./COBOS GÓMEZ DE LINARES, M.A./ GÓMEZ PAVÓN, P./MANJÓN-CABEZA "*Money laundering: an overview of 18 U.S.C. 1956 and related federal cirminal law*", en BENNET, C.M./TURNER, C.D., *op. cit.,* p. 1, que recoge un listado e las penas máximas imponibles por blanqueo según los casos en pp. 34-39.

15 *Vid.* ARIAS MERLANO, J.C., El bien jurídico protegido por el delito de blanqueo de dinero. (El caso colombiano 1982-2002), Tesis doctoral, Universidad de Alcalá de Henares, diciembre de 2014; CEVALLOS Y TORRES, J.F. DE, Blanqueo de capitales y principio de lesividad, Ratio Legis, Salamanca, 2014.

16 *Cfr.* MUÑOZ CONDE, F., "El delito de blanqueo de capitales y el Derecho penal del enemigo", en ABEL SOUTO, M. /SÁNCHEZ STEWART, N., III congreso...", *cit.,* p. 376.

17 REBOLLO VARGAS, R., "La deslegitimación de la prevención del blanqueo de capitales en España. Análisis crítico de algunos aspectos de la Ley 10/2010, de 28 de abril, de prevención del blanqueo de capitales y de la financiación del terrorismo", en *Revista de Derecho Penal y Criminología,* nº 10, 2013, p. 202.

18 FARALDO CABANA, P., "La prevención del blanqueo de capitales y de la financiación del terrorismo: ¿un tratamiento similar para dos fenómenos distintos?", en NEVES CRUZ, J. /CARDOSO, C. / LAMAS LEITE, A. /FARIA, R. (coords.), *Infrações económicas e financeiras,* Coimbra editora, 2014, p. 429.

19 *Cfr.* TERRADILLOS BASOCO, J.M., "El Derecho penal económico español: de la pujanza económica a la depresión", en VELÁSQUEZ VELÁSQUEZ, E. /POSADA MAYA, R., /CADAVID QUINTERO, A. /MOLINA LÓPEZ, R. /SOTOMAYOR ACOSTA, J.O. (coords.), Derecho penal y crítica al poder punitivo del Estado. Libro homenaje al profesor Nodier Agudelo Betancur, tomo I, Ibáñez, Bogotá, 2013, p. 320.

20 VARELA CASTRO, L., "Últimas líneas jurisprudenciales en sede de blanqueo", en ABEL SOUTO, M. /SÁNCHEZ STEWART, N., III congreso..., *cit.,* p. 387.

21 *Ibídem.*

22 MANJÓN-CABEZA OLMEDA, A., "Ganancias criminales...", *cit.,* p. 658.

Pese a ser una manifestación del peyorativamente denominado "moderno" Derecho penal[23], la regulación del blanqueo de dinero "ha sufrido en los últimos años tantas modificaciones"[24] que atentan contra el principio de seguridad jurídica[25], una "incesante ampliación"[26] franca[27] y "sumamente discutible"[28] que propicia "una aplicación desmesurada cuando no aberrante"[29], que han transformado al blanqueo, tanto en España como en otros países[30], en un "cuerpo extraño"[31] o "monstruo jurídico"[32] capaz de engullir lo no punible por otros tipos[33], a modo de "cuestionable"[34] tipo de recogida[35] "omnicomprensivo"[36], como demuestra la sentencia del Tribunal Supremo de 25 de octubre de 2012, la cual al no poder probar la participación dolosa en una estafa castiga por blanqueo imprudente a una "mula" informática que, sin preocuparse por el significado económico y jurídico de su trabajo, hizo varias transferencias a Moldavia de dinero defraudado mediante *phishing* o pesca de datos protegidos[37].

También en Alemania el tipo penal sobre el blanqueo ha sido modificado en múltiples ocasiones, hasta se acaba de denunciar, recientemente, su "poca claridad jurídica"[38], en Italia se ha advertido la "constante expansión"[39] de los delitos antecedentes del blanqueo y en los Estados Unidos de América se ha

---

[23] *Cfr.* MUÑOZ CONDE, F., "El delito de blanqueo...", *cit.*, p. 375.

[24] *Ibídem.*

[25] *Cfr.* SILVENTE ORTEGA, J., Críticas a la prevención y represión del blanqueo de capitales en España desde la jurisprudencia y el Derecho comparado con los países de la Unión Europea, Diego Marín, Librero-Editor, Murcia, 2014, p. 347.

[26] CASTRO MORENO, A., "Consideraciones críticas...", *cit.*, p. 447.

[27] *Cfr.* REBOLLO VARGAS, R., "Limitaciones del Derecho penal en la prevención del blanqueo de capitales", en GARCÍA ARÁN, M. (dir.), La delincuencia económica. Prevenir y sancionar, Tirant lo Blanch, Valencia, 2014, p. 140.

[28] MORILLAS CUEVA, L., "Aspectos dogmáticos...", *cit.*, p. 52.

[29] VIDALES RODRÍGUEZ, C., "La posesión y utilización de bienes como actos de blanqueo en la legislación penal española", en *Revista Direito e Desenvolvimento, João Pessoa*, nº 6, *jul/dez.* 2012, p. 48; DE LA MISMA AUTORA, "Blanqueo...", *cit.*, p. 5.

[30] *Vid.* CESONI, M.L. *(sous la direction de), La lutte contre le blanchiment en droit belge, suisse, français, italien et international. Incrimination et confiscation, prévention, entraide judiciaire, Bruylant, Bruxelles,* 2013.

[31] ARZT, G./WEBER, U./HEINRICH, B./HILGENDORF, E., *Strafrecht, Besonderer Teil: Lehrbuch, 3. Auflage, Gieseking, Bielefeld,* 2014, §29, "*Geldwäsche, §261*", marginal 6.

[32] MUÑOZ CONDE, F., "El delito de blanqueo...", *cit.*, p. 375.

[33] *Ibídem.*

[34] MATALLÍN EVANGELIO, A., "El «autoblanqueo» de capitales", en *Revista General de Derecho Penal,* nº 20, noviembre de 2013, en www.iustel.com, p. 40.

[35] *Cfr.* ARZT, G./WEBER, U./HEINRICH, B./HILGENDORF, E., *op. cit.,* marginales 5, 8 y 31.

[36] SILVENTE ORTEGA, J., *op. cit.*, p. 351.

[37] *Cfr.* STS nº 834/2012, RJ\2013\1442, fundamentos de derecho primero y segundo, en www.westlaw.es (febrero de 2015).

[38] FERNÁNDEZ, L. /HEINRICH, B., "*Die Strafbarkeit des Strafverteidiges wegen Geldwäsche durch Annahme des Honorars nach südafrikanischem und deutschen Recht*", en *Zeitschrift für die Gesamte Strafrechtswissenschaft,* 126, nº 2, 2014, p. 394.

[39] BIRINDELLI, G./FERRETTI, P./TORRE, M.LA, "*Anti-money laundering in italian banks*", en *British Journal of Economics, Management & Trade,* vol. 4, nº 6, 2014, p. 842.

puesto de relieve tanto la vulneración de los principios de proporcionalidad, *in dubio pro reo*[40] y *non bis in idem* en la reforma relativa al producto o ganancias criminales brutas[41] operada por la Ley de la recuperación y la lucha contra el fraude[42], de 20 de mayo de 2009[43], como la expansión de los hechos previos del blanqueo a cientos de delitos, hasta el punto de que la estimación de 250 infracciones antecedentes se ha calificado de muy conservadora y en el caso James contra los Estados Unidos, de 2007, se sentenció que hechos previos del blanqueo respecto a las organizaciones criminales (RICO, *Racketeer Influenced and Corrupt Organizations)* eran "casi todos los delitos federales bajo el sol"[44].

Semejante tendencia expansiva en el castigo del blanqueo debería contenerse, según recomienda DÍAZ Y GARCÍA CONLLEDO, mediante los principios limitadores del *ius puniendi*[45], como a continuación propondré al analizar las últimas modificaciones del Código penal en materia de blanqueo y su recepción jurisprudencial.

II. INCORRECCIÓN LÓGICA DE LA NUEVA RÚBRICA, AL NO USARSE EN EL OBJETO MATERIAL DE LA DESCRIPCIÓN TÍPICA, Y LINGÜÍSTICA, SEGÚN LA REAL ACADEMIA

En primer lugar, la reforma de 22 de junio de 2010 altera, en el título XIII del libro II, "incluso"[46] la rúbrica del capítulo XIV[47], que encabeza los artículos 298 a 304 del Código penal, de manera que en el anterior rótulo "De la receptación y otras conductas afines" se sustituyen las tres últimas palabras por "el blanqueo de capitales"[48], locución que luego ni se precisa, ni es definida, ni se emplea en el tipo penal[49], aunque pone de manifiesto la "autonomía de

---

[40] *Vid.* LEVIN, D./STEWART, N., "*Whither the rule of lenity*", en *The Journal of the Federalist Society's Practice Groups*, vol. 10, 2009, pp. 42-47.

[41] *Cfr.* BENNET, C.M./TURNER, C.D., *op. cit.*, pp. VII-IX.

[42] *Vid.* DICKINSON, L.A., "*Revisiting the «merger problem» in money laundering prosecutions post-Santos and the Fraud Enforcement and Recovery Act of 2009*", en *Notre Dame Journal of Law*, nº 28, 2014, pp. 579-604.

[43] *Vid.* REIDY, J., "*The problem of «proceeds» in the era of FERA*", en *American Journal of Criminal Law*, vol. 37, nº 3, 2010, pp. 317-329.

[44] *Vid.* DOYLE, C., *op. cit.*, pp. 3, 5, 6, 69, 71 y notas 2 y 31.

[45] *Cfr.* DÍAZ Y GARCÍA CONLLEDO, M., "El castigo del autoblanqueo en la reforma penal de 2010. La autoría y la participación en el delito de blanqueo de capitales", en ABEL SOUTO, M. /SÁNCHEZ STEWART, N., III congreso..., *cit.*, p. 299.

[46] CORCOY BIDASOLO, M., *op. cit.*, p. 167.

[47] *Cfr.* TERRADILLOS BASOCO, J.M., Lecciones y materiales para el estudio del Derecho penal. Tomo IV. Derecho penal. Parte especial (Derecho penal económico), Iustel, Madrid, 2012, p. 163.

[48] *Cfr.* MUÑOZ CONDE, F., Derecho penal. Parte especial, 18ª ed., revisada y puesta al día, Tirant lo Blanch, Valencia, 2010, p. 549.

[49] *Cfr.* MORILLAS CUEVA, L., "Aspectos dogmáticos...", *cit.*, p. 72.

este delito"[50] y que no representa una forma de receptación[51], pues la anterior rúbrica permitía considerar el blanqueo una especie del género receptación, como lo estimó la sentencia del Tribunal Supremo de 3 de diciembre de 2012 al dejar escrito, por dos veces, "receptación, en su modalidad de blanqueo"[52].

Con todo, el "circunloquio"[53] "blanqueo de capitales" constituye un antitético híbrido de imprecisión y exactitud, ya que supone un contraste entre el laxismo técnico jurídico que entraña el primer término y la precisión que se pretende con el segundo. Aparte de que la mayor precisión de las palabras "capitales", "bienes" y "activos"[54] frente al "dinero" para designar el objeto material del delito no deja de ser una pretensión, puesto que según el diccionario académico dinero equivale a "hacienda" o "fortuna"[55], esto es, conjunto de bienes, y para MARÍA MOLINER dinero es tanto como "cosa de valor"[56], sin olvidarse de que para la Real Academia solo existe el dinero negro, pero no los bienes o capitales negros ni sucios. Además, la referencia al "dinero", tratándose del blanqueo, tiene una gran difusión tanto en España como en los países de nuestro entorno jurídico. Así, en Bélgica[57] y Francia[58] se habla de *blanchiment de l'**argent*** y en la Suiza francófona de *blanchissage de l'**argent***, en los países sudamericanos predomina la locución lavado de **dinero**, en Alemania se sirven del término ***Geld**wäsche* y los austríacos y suizos de habla germánica, añadiendo la partícula iterativa *–erei*, prefieren referirse al ***Geld**wäscherei*[59]. Igualmente, los países anglófonos aluden al ***money** laundering* y en Italia y en la parte helvética de habla italiana se acostumbra a denominar este fenómeno como *riciclaggio di **denaro***. Incluso aparece la mención al dinero en las rúbricas de algunos textos punitivos, su articulado o ambos, *v. gr.*, en el cuerpo del artículo 648 bis del Código penal italiano[60], tanto en el encabezamiento como

---

50 CORCOY BIDASOLO, M., *op. cit.*, p. 167.

51 *Cfr.* FARALDO CABANA, P., "El blanqueo de capitales tras la reforma de 2010", en *Revista de Inteligencia*, nº 0, 1er trimestre de 2012, p. 31.

52 STS nº 978/2012, antecedente primero y segunda sentencia, en *Revista Cuatrimestral Europea sobre Prevención y Represión del Blanqueo de Dinero*, nº 1, 2014.

53 BERMEJO, M.G./AGUSTINA SANLLEHÍ, J.R., "El delito de blanqueo de capitales", en SILVA SÁNCHEZ, J.-M. (dir.), El nuevo Código penal. Comentarios a la reforma, La Ley, Madrid, 2012, p. 441.

54 LOMBARDERO EXPÓSITO, L.M., Blanqueo de capitales. Prevención y represión del fenómeno desde la perspectiva penal, mercantil, administrativa y tributaria, Bosch, Barcelona, 2009, pp. 30 y 31.

55 Diccionario de la lengua española, Real Academia Española, Espasa Calpe, Madrid, 2001, vigésima segunda edición, voz "dinero", segunda acepción; Diccionario esencial de la lengua española, Real Academia Española, Espasa Calpe, Madrid, 2006, voz "dinero", segunda acepción.

56 Diccionario de uso del español, Gredos, Madrid, 2007, 3ª ed., voz "dinero".

57 *Vid.* CESONI, M.L./VANDERMEERSCH, D., "*La lutte contre la blanchiment en Belgique*", en CESONI, M.L., *op. cit.* pp. 139-281.

58 *Vid.* BINET-GROSCLAUDE, A. /TRICOT, J., "*La lutte contre le blanchiment en France*", *sous la supervision* de GIUDICELLI-DELAGE, G., en CESONI, M.L., *op. cit.* pp. 349-424.

59 *Cfr.* ARZT G./WEBER, U./HEINRICH, B./HILGENDORF, E., *op. cit.*, marginal 9.

60 *Cfr.* MARTINO, A. Di, "*La lutte contre le blanchiment en Italie*", traducido al francés por Maria Luisa Cesoni, en LA MISMA AUTORA, *op. cit.*, p. 425.

en la redacción del artículo 305 bis del Texto punitivo suizo[61] o en la rúbrica del § 261 del *StGB* alemán (*Geldwäsche*), sin que ello fuese óbice para que la doctrina germana mantuviese que no solo se podría blanquear dinero, pues, a modo de ejemplo, en palabras de RUß, "en contra del tenor literal de la designación típica el objeto del blanqueo de dinero no está limitado a recursos monetarios"[62], sino que se toman en consideración todos los valores u objetos patrimoniales[63]. También el artículo 1956 del Código penal estadounidense, que castiga en su título 18 el blanqueo, incluye conceptos amplios de productos, instrumentos monetarios y transacciones financieras[64]. En suma, mucho más adecuado hubiese sido que la reforma de junio de 2010 uniese al vocablo "blanqueo" la voz "dinero", en la medida en que el mencionado término constituye el menos antitético y el más extendido de los que se emplean para designar el objeto material[65]. En este sentido la Real Academia Española, en la última actualización de su diccionario, constata la incorrección lingüística de la rúbrica "blanqueo de capitales" al desterrar tal locución de nuestro léxico y sustituirla por la expresión "blanqueo de dinero"[66].

---

[61] *Cfr.* CASSANI, U./PAVLIDIS, G., "*La lutte contre le blanchiment en Suisse*", en CESONI, M.L., *op. cit.*, p. 285.

[62] RUß, W., "*Kommentar zum § 261 StGB*", en *StGB Leipziger Kommentar. Großkommentar, Walter de Gruyter, Berlin, 1994, 11. neubearbeitete Auflage*, p. 325, marginal 7, traducido al castellano por Miguel Abel Souto bajo el título "Comentario al parágrafo 261 del Código penal alemán: el blanqueo de dinero", en *Dereito. Revista Xurídica da Universidade de Santiago de Compostela*, vol. 6, nº 1, 1997, p. 183, marginal 7.

[63] *Cfr.* ARZT, G., "*Geldwäsche und rechtsstaatlicher Verfall*", en *Juristen Zeitung*, 1993, p. 913; ARZT, G./ WEBER, U./HEINRICH, B./HILGENDORF, E., *op. cit.*, marginal 12; BOTTKE, W., "*Teleologie und Effektivität der Normen gegen Geldwäsche*", *Teil 1*, en *Wistra*, nº 3, 1995, p. 90; CEBULLA, M., "*Gegenstand der Geldwäsche*", en *Wistra*, nº 8, 1999, p. 286; HÄCKER, J., en MÜLLER-GUGENBERGER, C./BIENECK, K. (*Hrsg.*), *Wirtschaftsstrafrecht. Handbuch des Wirtschaftsstraf- und ordnungswidrigkeitenrechts, Verlag Dr. Otto Schmidt, Köln*, 2006, *4., neu bearbeitete und erweiterte Auflage*, §51, p. 1486, marginal 26; HELMERS, G., "*Zum Tatbestand der Geldwäsche (§261 StGB): Beispiel einer rechtsprinzipiell verfehlten Strafgesetzgebung*", en *Zeitschrift für die Gesamte Strafrechtswissenschaft*, 2009, nº 3, p. 511; HETZER, W., "*Der Geruch des Geldes - Ziel, Inhalt und Wirkung der Gesetze gegen Geldwäsche*", en *Neue Juristische Wochenschrift*, 1993, p. 3299; KNORZ, J., *Der Unrechtsgehalt des §261 StGB, Peter Lang, Frankfurt am Main*, 1996, p. 31; KÖRNER, H.H./DACH, E., *Geldwäsche. Ein Leitfaden zum geltenden Recht, Verlag C.H. Beck, München*, 1994, p. 15, marginal12; LACKNER, K./KÜHL, K., *Strafgesetzbuch Kommentar, Verlag C.H. Beck, München*, 2007, 26. *Auflage*, § 261, p. 1134, marginal 3; RENGIER, R., *Strafrecht. Besonderer Teil I. Vermögensdelikte, Verlag C.H. Beck, München, 2008, 10. Auflage*, p. 362, marginal 6; STREE, W., en SCHÖNKE, A./SCHRÖDER, H./CRAMER, P./LENCKNER, T./ESER, A./STREE, W./EISELE, J./ HEINE, G./PERRON, W./STERNBERG-LIEBEN, D./SCHITTENHELM, U., *Strafgesetzbuch Kommentar, Verlag C.H. Beck, München*, 2006, 27. *neu bearbeitete Auflage*, § 261, p. 2168, marginal 3; TRÖNDLE, H./ FISCHER, T., *Strafgesetzbuch und Nebengesetze, Verlag C.H. Beck, München*, 2010, 57. *Auflage*, § 261, p. 1754, marginal 6.

[64] *Cfr. American jurisprudence, second edition, 2014 cumulative supplement, cit.*, §59, p. 49; DOYLE, C., *op. cit.*, pp. 5, 9, 10, 11, 14 y 74, nota 58; STRADER, J.K., *op. cit.*, pp. 296, 300 y 310-312; *United States code annotated, 2014 cumulative annual pocket part, cit.*, pp. 98 y 99; *United States code service*, 2010, *cit.*, pp. 494-498.

[65] Sobre la cuestión terminológica *vid.* el primer capítulo de la monografía ABEL SOUTO, M., El blanqueo de dinero en la normativa internacional: especial referencia a los aspectos penales, *Servicio de publicacións e intercambio científico*, Universidad de Santiago de Compostela, Santiago, 2002, pp. 23-40 y 270.

[66] Diccionario de la lengua española, Real Academia Española, Avance de la vigésima tercera edición, voz "blanqueo", en http://www.lema.rae.es/drae/?vol=blanqueo, marzo de 2014, vigésimotercera edición, edición del tricentenario, Espasa Libros, Barcelona, octubre de 2014.

Respecto a la jurisprudencia del Tribunal Supremo, es de alabar la sensibilidad lingüística de la que hace gala el alto tribunal en la sentencia de 29 de noviembre de 2011, que constantemente (en 22 ocasiones) utiliza la locución "blanqueo de dinero" y tan solo una vez emplea los términos "blanqueo de capitales", obligado al hacer una cita literal y entrecomillada de otra sentencia, resolución de noviembre de 2011 que castiga a cuatro años y nueve meses de prisión y multa de 21.043.450 euros al miembro de una organización por remitir al extranjero 10.571.725 euros procedentes del narcotráfico mediante el sistema *hawala*[67].

III. PERTURBADOR CAMBIO EN LA DESIGNACIÓN DEL HECHO PREVIO

En segundo término, la Ley orgánica 5/2010, en el inciso inicial que contiene el artículo 301.1, respecto al requisito relativo al conocimiento de que los bienes tengan su origen "en un delito", cambia estas palabras por la "imprecisa"[68] o genérica[69] fórmula "en una actividad delictiva", "sin quedar clara la finalidad perseguida"[70] con la sustitución, locución a la cual se atribuye un "muy discutible"[71] afán expansivo y, en principio, mayor amplitud que al anterior sustantivo "delito"[72], pues parece permitir la inclusión de las faltas en los hechos previos del blanqueo[73], lo que supondría "una enorme ampliación del ámbito de este delito"[74] rechazable "de plano"[75], ya que el control económico y social que implicaría el castigo del blanqueo sería "más que excesivo"[76], por

---

67 *Cfr.* STS nº 1283/2011, RJ\2012\1806, en www.westlaw.es (febrero de 2015).

68 DÍAZ Y GARCÍA CONLLEDO, M., "El castigo del autoblanqueo...", *cit.*, pp. 282 y 288.

69 *Cfr.* REBOLLO VARGAS, R., en ÁLVAREZ GARCÍA, F.J. (dir.), Derecho penal español. Parte especial (II), Tirant lo Blanch, Valencia, 2011, p. 773.

70 MANJÓN-CABEZA OLMEDA, A., "Receptación y blanqueo de capitales (arts. 301 y 302)", en ÁLVAREZ GARCÍA, F.J./GONZÁLEZ CUSSAC, J.L. (dirs.), Comentarios a la reforma penal de 2010, Tirant lo Blanch, Valencia, 2010, p. 340; DE LA MISMA AUTORA, "Ganancias criminales...", *cit.*, p. 664; DE LA MISMA AUTORA, "Prevención y sanción...", *cit.*, p. 375.

71 DÍAZ Y GARCÍA CONLLEDO, M., "El castigo del autoblanqueo...", *cit.*, p. 282.

72 *Cfr.* FERNÁNDEZ TERUELO, J.G., "El nuevo modelo de reacción penal frente al blanqueo de capitales. Los nuevos tipos de blanqueo, la ampliación del comiso y la integración del blanqueo en el modelo de responsabilidad penal de las empresas", en *Diario La Ley*, nº 7657, 22 de junio de 2011, p. 6; DEL MISMO AUTOR, "Blanqueo de capitales", en ORTIZ DE URBINA GIMENO, I. (coord.), Memento experto Francis Lefebvre. Reforma penal. Ley orgánica 5/2010, Ediciones Francis Lefebvre, Madrid, 2010, pp. 318, 319 y 324, marginales 2934, 2936 y 2968.

73 *Cfr.* SERRANO GÓMEZ, A./SERRANO MAÍLLO, A., Derecho penal. Parte especial, 16ª ed., Dykinson, Madrid, 2011, p. 562; SILVENTE ORTEGA, J., *op. cit.*, pp. 114 y 449.

74 MUÑOZ CONDE, F., Derecho penal..., *cit.*, p. 557.

75 MANJÓN-CABEZA OLMEDA, A., "Ganancias criminales...", *cit.*, p. 666; DE LA MISMA AUTORA, "Prevención y sanción...", *cit.*, p. 376.

76 MORENO ALCÁZAR, M.A., "Receptación y blanqueo de capitales", en BOIX REIG, J. (dir.), Derecho penal. Parte especial. Volumen II. Delitos contra las relaciones familiares, contra el patrimonio y el orden socioeconómico, Iustel, Madrid, 2012, p. 689.

lo que se ha dicho que "no hay que prever que la modificación tenga más trascendencia que la nominalista"[77] y que el cambio carece de "relevancia"[78].

En efecto, aun cuando los nuevos términos "actividad delictiva" constituyan una perturbadora mención que puede abrir la caja de Pandora de la que saldrían todos los males de la expansión del blanqueo, las faltas deben excluirse de los hechos previos[79] sobre la base de una interpretación literal, histórica y sistemática[80].

Gramaticalmente "actividad delictiva", según enseña el diccionario académico, es solo la "relativa al delito", términos que, en sentido estricto, no incluyen las faltas. Si se hubiese querido abarcar las faltas se habría empleado la inequívoca fórmula "infracción criminal"[81].

Por otra parte, una interpretación histórica[82], que atienda a los antecedentes legislativos, confirma la exclusión gramatical de las faltas, pues en el Anteproyecto de 2008 todavía figuraba la voz "delito"[83], cuya sustitución propuso el Consejo Fiscal en su informe[84] por "actividad delictiva"[85] para poner de relieve que no se precisa[86] "la existencia ni la constancia formal de con-

---

77 CORCOY BIDASOLO, M., *op. cit.*, p. 168.

78 FARALDO CABANA, P., "El blanqueo...", *cit.*, p. 31; DE LA MISMA AUTORA, "Antes y después de la tipificación expresa del autoblanqueo de capitales", en *Estudios Penales y Criminológicos,* vol. XXXIV, 2014, p. 54.

79 *Cfr.* FLORES MENDOZA, F., "La responsabilidad penal del denominado mulero o *phisher-mule* en los fraudes de banca electrónica", en *Cuadernos de Política Criminal,* nº 2, 2013, pp. 180 y 181; LORENZO SALGADO, J.M., "El tipo agravado de blanqueo...", *cit.*, p. 228; REGIS PRADO, L., "El nuevo tratamiento penal del blanqueo de capitales en el Derecho brasileño. (Ley 12.683/2012)", en *Revista de Derecho Penal y Criminología,* nº 10, 2013, p. 395.

80 Así también *vid.* DÍAZ-MAROTO Y VILLAREJO, J., Estudios sobre las reformas del Código penal. (Operadas por las LO 5/2010, de 22 de junio, y 3/2011, de 28 de enero), Civitas/Thomson Reuters/ Aranzadi, Cizur Menor, 2011, p. 466.

81 *Cfr.* TERRADILLOS BASOCO, J.M., Lecciones..., *cit.*, p. 166.

82 *Cfr.* LORENZO SALGADO, J.M., "El tipo agravado de blanqueo...", *cit.*, pp. 228 y 229, nota 15.

83 Anteproyecto de Ley orgánica por la que se modifica la Ley orgánica 10/1995, de 23 de noviembre, del Código penal, aprobado en el consejo de ministros de 14 de noviembre de 2008, en DIEGO DÍAZ-SANTOS, M.R./MATELLANES RODRÍGUEZ, N.P./FABIÁN CAPARRÓS, E.A. (compiladores), XXI Congreso universitario de alumnos de Derecho penal, Ratio legis, Salamanca, 2009, p. 27.

84 *Cfr.* MANJÓN-CABEZA OLMEDA, A., "Receptación y blanqueo...", *cit.*, p. 340; DE LA MISMA AUTORA, "Ganancias criminales...", *cit.*, p. 665; DE LA MISMA AUTORA, "Prevención y sanción...", *cit.*, p. 376; MARTÍNEZ-BUJÁN PÉREZ, C., Derecho penal económico y de la empresa. Parte especial, 3ª ed., Tirant lo Blanch, Valencia, 2011, p. 485; DEL MISMO AUTOR, Derecho penal económico y de la empresa. Parte especial, 4ª ed., Tirant lo Blanch, Valencia, 2013, p. 601.

85 *Vid.* Informe del Consejo Fiscal sobre el Anteproyecto de Ley orgánica por la que se modifica la Ley orgánica 10/1995, de 23 de noviembre, del Código penal, aprobado en su sesión de 4 de febrero de 2009, en DIEGO DÍAZ-SANTOS, M.R./MATELLANES RODRÍGUEZ, N.P./FABIÁN CAPARRÓS, E.A., *op. cit.*, p. 198.

86 *Cfr.* CORCOY BIDASOLO, M., *op. cit.*, p. 168; MARTELL PÉREZ-ALCALDE, C., "El delito de blanqueo de capitales", en *Revista Jurídica de Catalunya,* nº 4, 2011, p. 159.

denas previas"[87] por el delito base[88] del que procedan los bienes objeto de blanqueo[89], como recuerdan las sentencias del Tribunal Supremo de 12 de diciembre de 2011[90], 30 de octubre[91], 9 de noviembre[92] y 5 de diciembre de 2012[93], lo cual ya resultaba tan evidente[94] para doctrina y jurisprudencia[95] que la sentencia del Tribunal Supremo de 2 de junio de 2012 estima "reiterado *ad nauseam*" que no se exija una condena por el delito antecedente[96], pues la sentencia absolutoria sobre el delito previo puede serlo por razones distintas a la inexistencia de la actividad delictiva[97], pero no basta que las empresas del recurrente en varios ejercicios hubiesen declarado pérdidas, sino que, según la sentencia del Tribunal Supremo de 16 de marzo de 2012, "lo realmente exigido por el precepto considerado es la acreditación suficiente de que los bienes inicialmente bajo sospecha tuvieron su origen en concre-

---

[87] QUERALT JIMÉNEZ, J.J., Derecho penal español. Parte especial, 6ª ed. revisada y actualizada, Atelier, Barcelona, 2010, p. 1295.

[88] *Cfr.* MESTRE DELGADO, E., en LAMARCA PÉREZ, C. (coord.), Delitos y faltas. La parte especial del Derecho penal, Colex, Madrid, 2012, p. 477; DEL MISMO AUTOR, en LAMARCA PÉREZ, C. (coord.), Delitos y faltas. La parte especial del Derecho penal, 2ª ed., Colex, Madrid, 2013, p. 447.

[89] *Cfr.* VIVES ANTÓN, T.S./GONZÁLEZ CUSSAC, J.L., en ORTS BERENGUER, E./CARBONELL MATEU, J.C./GONZÁLEZ CUSSAC, J.L./MARTÍNEZ-BUJÁN PÉREZ, C., Derecho penal. Parte especial, 3ª ed., Tirant lo Blanch, Valencia, 2010, CD, 6.5.1.1.

[90] *Cfr.* LORENZO SALGADO, J.M., "El tipo agravado de blanqueo...", *cit.*, p. 229.

[91] *Vid.* STS nº 811/2012, RJ\2012\11067, fundamentos de derecho vigésimo primero y vigésimo segundo, en www.westlaw.es (febrero de 2015).

[92] *Vid.* STS nº 857/2012, RJ\2012\11325, fundamento de derecho segundo, en www.westlaw.es (febrero de 2015).

[93] *Vid.* STS nº 974/2012, RJ\2013\217, fundamentos de derecho vigésimo octavo y trigésimo séptimo, en www.westlaw.es (febrero de 2015).

[94] *Cfr.* DÍAZ-MAROTO Y VILLAREJO, J., en MOLINA FERNÁNDEZ, F. (coord.), Memento práctico Francis Lefebvre, Penal 2011, Ediciones Francis Lefebvre, Madrid, 2010, p. 1131, marginal 12400; DEL MISMO AUTOR, Estudios..., *cit.*, pp. 455, 456, 469 y 470; FARALDO CABANA, P., "Antes y después...", *cit.*, p. 55; FERNÁNDEZ TERUELO, J.G., "El nuevo...", *cit.*, p. 7; GALLEGO SOLER, J.I., en CORCOY BIDASOLO, M./MIR PUIG, S. (dirs.), Comentarios al Código penal. Reforma LO 5/2010, Tirant lo Blanch, Valencia, 2011, p. 665; GONZÁLEZ RUS, J.J., en MORILLAS CUEVA, L., (coord.), Sistema de Derecho penal español. Parte especial, Dykinson, Madrid, 2011, p. 640; MANZANARES SAMANIEGO, J.L., Código penal. (Adaptado a la Ley orgánica 5/2010, de 22 de junio). (Comentarios y jurisprudencia), II, Parte especial. (Artículos 138 a 639), Comares, Granada, 2010, pp. 726 y 727; MARTÍNEZ-BUJÁN PÉREZ, C., Derecho penal económico y de la empresa, coordinación de la obra a cargo de PUENTE ABA, L.M., resumen y actualización de la lección relativa al blanqueo por FARALDO CABANA, P., Tirant lo Blanch, Valencia, 2013, p. 255; MORENO ALCÁZAR, M.A., *op. cit.*, p. 689; MARTELL PÉREZ-ALCALDE, C., *op. cit.*, p. 159; MORILLAS CUEVA, L., "Aspectos dogmáticos...", *cit.*, pp. 71, 95 y 96; REBOLLO VARGAS, R., en ÁLVAREZ GARCÍA, F.J., *op. cit.*, p. 779; DEL MISMO AUTOR, "La deslegitimación...", *cit.*, p. 215; DEL MISMO AUTOR, "Limitaciones...", *cit.*, p. 146; SERRANO GÓMEZ, A./SERRANO MAÍLLO, A., *op. cit.*, p. 564.

[95] *Vid.* ABEL SOUTO, M., "La expansión...", *cit.*, pp. 12 y 13; DEL MISMO AUTOR, "La reforma penal, de 22 de junio de 2010, en materia de blanqueo de dinero", en ABEL SOUTO, M./SÁNCHEZ STEWART, N., II congreso..., *cit.*, pp. 72 y 73 y bibliografía allí citada.

[96] *Cfr.* STS nº 578/2012, RJ\2012\9057, fundamentos de derecho noveno, décimo y undécimo, en www.westlaw.es (febrero de 2015).

[97] *Cfr.* HURTADO ADRIÁN, A., "Blanqueo de capitales. (Art. 301.1)", en JUANES PECES, A. (dir.), Reforma del Código penal. Perspectiva económica tras la entrada en vigor de la Ley orgánica 5/2010 de 22 de junio. Situación jurídico-penal del empresario, El Derecho, Madrid, 2010, p. 253.

tos delitos"[98], aunque normalmente la jurisprudencia ni siquiera requiere la identificación del acto delictivo concreto del que derivan los bienes[99], el "conocimiento de un delito en particular"[100], con lo que la reforma subraya el deseo de convertir el blanqueo en "un tipo de recogida y hasta de sospecha"[101]. Tampoco en los Estados Unidos se viene exigiendo un conocimiento exacto del hecho previo para aplicar los tipos penales sobre el blanqueo de los artículos 1956 y 1957[102].

Igualmente, una hermenéutica que tomase en consideración los antecedentes legislativos internacionales nos conduciría a la misma exclusión de las infracciones leves, ya que las considerablemente ampliadas[103] Directivas 2001/97 y 2005/60, las cuales utilizan los mismos términos "actividad delictiva" que ahora se incorporan al Código[104], pese a abarcar "la práctica totalidad de los delitos"[105], no citan las faltas en sus catálogos de infracciones, como tampoco se incluyen en la definición que la decisión marco del Consejo, de 26 de junio de 2001, ofrece sobre la "actividad delictiva" ni en el Convenio de Varsovia, de 16 de mayo de 2005[106].

Asimismo, la interpretación sistemática también descarta de los hechos previos del blanqueo las faltas, dado que el "origen en una actividad delictiva" por fuerza tiene que ser el mismo "origen ilícito" del que se habla poco después en el artículo 301.1 respecto a las conductas indeterminadas para ocultar o encubrir, las cuales constituyen, de conformidad con los antecedentes internacionales[107], tentativas específicas cuya comisión consumada se tipifica en

---

[98] STS nº 190/2012, RJ\2012\5307, fundamento de derecho cuarto, en www.westlaw.es (febrero de 2015).

[99] *Cfr.* CORCOY BIDASOLO, M., *op. cit.*, p. 168.

[100] CONDE-PUMPIDO FERREIRO, C./SÁNCHEZ-JUNCO MANS, J., *op. cit.*, p. 1089.

[101] DÍAZ Y GARCÍA CONLLEDO, M., "El castigo del autoblanqueo...", *cit.*, p. 288.

[102] *Cfr.* DOYLE, C., *op. cit.*, pp. 5, 11, 13, 15, 16, 22, 70, nota 17, 75, nota 75 y 83, nota 170; STRADER, J.K., *op. cit.*, pp. 297 y 300; *United States code annotated, 2014 cumulative annual pocket part, cit.*, p. 113; *United States code service*, 2010, *cit.*, pp. 493, 494, 586 y 587.

[103] *Cfr.* AMBOS, K., *Internationales Strafrecht. Strafanwendungsrecht. Völkerstrafrecht. Europäische Strafrecht, 2. Auflage, Beck, München,* 2008, p. 436, marginal 32a.

[104] *Cfr.* MANJÓN-CABEZA OLMEDA, A., "Receptación y blanqueo...", *cit.*, pp. 341 y 342; DE LA MISMA AUTORA, "Ganancias criminales...", *cit.*, pp. 666 y 667; DE LA MISMA AUTORA, "Prevención y sanción...", *cit.*, pp. 376 y 377; MARTÍNEZ-BUJÁN PÉREZ, C., Derecho penal económico y de la empresa. Parte especial, 3ª ed., *cit.*, p. 486, 4ª ed., *cit.*, p. 602; MORILLAS CUEVA, L., "Aspectos dogmáticos...", *cit.*, pp. 61, 69, 83, 84 y nota 47.

[105] CASTRO MORENO, A., "Reflexiones críticas sobre las nuevas conductas de posesión y utilización en el delito de blanqueo de capitales en la reforma del Anteproyecto de 2008", en *Diario La Ley*, nº 7277, 5 de noviembre de 2009, p. 4.

[106] *Cfr.* CARPIO DELGADO, J. DEL, "Principales aspectos de la reforma del delito de blanqueo. Especial referencia a la reforma del art. 301.1 del Código penal", en *Revista Penal*, nº 28, julio de 2011, p. 16.

[107] *Cfr.* VOGEL, J., "*Geldwäsche – eine europaweit harmonisierter Straftatbestand?*", en *Zeitschrift für die Gesamte Strafrechtswissenschaft*, nº 2, 1997, p. 340.

el artículo 301.2[108], que se refiere a los hechos previos con la fórmula "*delitos* expresados en el apartado anterior". En idéntico sentido la sistemática obliga a descartar las faltas en la "actividad delictiva" del artículo 301 por pura coherencia, habida cuenta de que el 301.4 castiga el blanqueo aunque el "*delito* del que provinieren los bienes", al que se refiere en los apartados anteriores, se cometiere en el extranjero[109].

De otro lado, las faltas deben excluirse de los hechos previos del delito de blanqueo porque en caso contrario se vulneraría la consideración del Derecho penal como *ultima ratio*[110], pues la Ley contra el blanqueo, de 28 de abril de 2010[111] -que traspuso la tercera Directiva fuera de plazo, en último lugar de los países de la Unión[112], después de que la Comisión incoase, en junio de 2008, procedimientos de infracción contra quince Estados[113]-, cuyo reglamento se aprobó el 5 de mayo de 2014[114], solo entra en juego ante activos que tengan "su origen en un delito", fórmula con la que define los "bienes procedentes de

[108] *Vid.* ABEL SOUTO, M., El blanqueo de dinero..., *cit.*, pp. 91, 92, 95, 165-169, 245 y 246; DEL MISMO AUTOR, "Conductas típicas de blanqueo en el Ordenamiento penal español", en EL MISMO AUTOR/SÁNCHEZ STEWART, N. (coords.), I congreso de prevención y represión del blanqueo de dinero, Tirant lo Blanch, Valencia, 2009, pp. 213, 233, 234 y 326; DÍEZ RIPOLLÉS, J.L., "El blanqueo de capitales procedentes del tráfico de drogas. La recepción de la legislación internacional en el Ordenamiento penal español", en *Actualidad Penal*, nº 32, 1994, pp. 603 y 604, para el anterior Código penal, también en EL MISMO AUTOR, Política criminal y Derecho penal -Estudios-, 2ª ed., Tirant lo Blanch, Valencia, 2013, pp. 905 y 906; GONZÁLEZ RUS, J.J., en COBO DEL ROSAL, M. (dir.), Compendio de Derecho penal español. Parte especial, Marcial Pons, Madrid/Barcelona, 2000, p. 536; MARTÍNEZ-BUJÁN PÉREZ, C., Derecho penal económico y de la empresa. Parte especial, 3ª ed., *cit.*, pp. 491 y 492, 4ª ed., *cit.*, pp. 608-610; DEL MISMO AUTOR, "La dimensión internacional del blanqueo de dinero", en GARCÍA ARÁN, M. (dir.), El fenómeno de la internacionalización de la delincuencia económica, Consejo General del Poder Judicial, Madrid, 2005, pp. 233 y 234; QUINTERO OLIVARES, G., Comentarios a la Parte especial del Derecho penal, Aranzadi, Pamplona, 1996, p. 708; DEL MISMO AUTOR, Comentarios a la Parte especial del Derecho penal, 8ª ed., Aranzadi, Cizur Menor, 2009, p. 945.

[109] *Cfr.* LORENZO SALGADO, J.M., "El tipo agravado de blanqueo...", *cit.*, p. 228, nota 15; MORILLAS CUEVA, L., "Aspectos dogmáticos...", *cit.*, p. 97.

[110] *Vid.* MANACORDA, S., "*La réglementation du blanchiment de capitaux en droit international: les coordonnées du système*", en *Revue de Science Criminelle et de Droit Pénal Comparé*, nº 2, 1999, p. 258.

[111] *Vid.* ESPINOSA INFANTE, J.M., La prevención del blanqueo de capitales en el ámbito notarial, Dykinson, Madrid, 2012; PELÁEZ MARTOS, J.M., Manual práctico para la prevención del blanqueo de capitales, Ciss/Wolters Kluwer España, Valencia, 2012; PENA BEIROA, J.A., Manual de prevención del blanqueo de capitales para profesionales. (Abogados, auditores y economistas), Andavira, Santiago, 2012.

[112] *Cfr.* GARCÍA NORIEGA, A., Blanqueo y antiblanqueo de capitales. Cómo se lava el dinero. Cómo se combate el lavado, Difusión jurídica, Madrid, 2010, pp. 321, 371 y 372.

[113] *Cfr.* PELÁEZ MARTOS, J.M., Blanqueo de capitales. Obligaciones de empresas y profesionales en la nueva Ley, Wolters Kluwer, Madrid, 2010, p. 29.

[114] *Vid. real decreto 304/2014, de 5 de mayo, por el que se aprueba el reglamento de la Ley 10/2010, de 28 de abril, de prevención del blanqueo de capitales y de la financiación del terrorismo,* BOE de 6 de mayo; APARICIO DÍAZ, L., "Notas sobre el nuevo reglamento de la Ley de prevención de blanqueo de capitales y de la financiación del terrorismo", en *Diario La Ley*, nº 8337, 20 de junio de 2014, pp. 1-6; MARTÍNEZ-CARANDE CORRAL, J.L., "La conservación de documentos en el nuevo reglamento de prevención del blanqueo de capitales. El artículo 29 del real decreto 304/2014, una puerta al caos documental", en *Diario La Ley*, nº 8354, 15 de julio de 2014, pp. 1-6.

una actividad delictiva"[115]. Si se incluyesen las faltas como hechos antecedentes del blanqueo en los términos "actividad delictiva" del artículo 301.1 del Texto punitivo se invertirían paradójicamente las relaciones del Derecho penal con el administrativo[116] restablecidas en 2010 según la propuesta del GRUPO DE ESTUDIOS DE POLÍTICA CRIMINAL[117], discrepancia entre la legislación preventiva[118] y represiva en materia de blanqueo[119] que generaría una "disfuncionalidad"[120], pondría en peligro la seguridad jurídica[121] y quebrantaría tanto el principio de intervención mínima[122] como el de *ultima ratio*[123].

---

115 *Ley 10/2010, de 28 de abril, de prevención del blanqueo de capitales y de la financiación del terrorismo*, BOE de 29 de abril, artículo 1.2.

116 *Cfr.* LORENZO SALGADO, J.M., "Prólogo", en ABEL SOUTO, M., El blanqueo de dinero..., *cit.*, p. 18.

117 *Vid.* GRUPO DE ESTUDIOS DE POLÍTICA CRIMINAL, "Principios de reforma de la normativa administrativa de prevención del blanqueo", en Una regulación alternativa contra la corrupción urbanística y otras conductas delictivas relacionadas, Gráficas Luis Mahave, Málaga, 2010, pp. 62 y 63.

118 *Vid.* EDGE, K.R., "*Bank on it: money laundering. It's a dirty business*", en *Tennessee Bar Journal*, vol. 49, 2013, pp. 27-29; GORDON, R.K., "*Losing the war against dirty money: rethinking global standards on preventing money laundering and terrorism financing*", en *Duke Journal of Comparative & International Law*, vol. 21, nº 3, 2011, pp. 503-565; KLEEMANS, E.R./SOUDIJN, M.R.J./WEENINK, A.W., "*Organized crime, situational crime prevention and routine activity theory*", en *Trends in Organized Crime*, vol. 15, nº 2/3, 2012, pp. 87-92; SOUDIJN, M.R.J., "*Removing excuses in money laundering*", en *Trends in Organized Crime*, vol. 15, nº 2/3, 2012, pp. 146-163.

119 Sobre la tortuosa relación del Derecho penal y el administrativo en sede de blanqueo *vid.* ABEL SOUTO, M., El blanqueo de dinero..., *cit.*, pp. 241 y 242; DEL MISMO AUTOR, "Década y media de vertiginosa política criminal en la normativa penal española contra el blanqueo. Análisis de los tipos penales contra el blanqueo desde su incorporación al Texto punitivo español en 1988 hasta la última reforma de 2003", en *La Ley Penal. Revista de Derecho Penal, Procesal y Penitenciario*, nº 20, octubre de 2005, pp. 24 y 25; DEL MISMO AUTOR, El delito de blanqueo en el Código penal español, Bosch, Barcelona, 2005, pp. 240-246; DEL MISMO AUTOR, "Conductas típicas...", *cit.*, p. 203; ARÁNGUEZ SÁNCHEZ, C., El delito de blanqueo de capitales, Marcial Pons, Madrid/Barcelona, 2000, p. 191; FABIÁN CAPARRÓS, E.A., El delito de blanqueo de capitales, Colex, Madrid, 1998, p. 387; GÓMEZ INIESTA, D., en ARROYO ZAPATERO, L./BERDUGO GÓMEZ DE LA TORRE, I./FERRÉ OLIVÉ, J.C./GARCÍA RIVAS, N./SERRANO PIEDECASAS, J.R./TERRADILLOS BASOCO, J.M. (dirs.), Comentarios al Código penal, Iustel, Madrid, 2007, p. 667; PALMA HERRERA, J.M., Los delitos de blanqueo de capitales, Edersa, Madrid, 2000, p. 335; TERRADILLOS BASOCO, J.M., "El delito de blanqueo de capitales en el Derecho español", en CERVINI, R./CESANO, J.D./TERRADILLOS, J.M., El delito de blanqueo de capitales de origen delictivo. Cuestiones dogmáticas y político-criminales. Un enfoque comparado: Argentina-Uruguay-España, Alveroni, Córdoba (República Argentina), 2008, p. 225, nota 31; VIDALES RODRÍGUEZ, C., "La posesión y utilización...", *cit.*, p. 54; DE LA MISMA AUTORA, "Blanqueo...", *cit.*, pp. 9 y 10.

120 CARPIO DELGADO, J. DEL, "Principales aspectos...", *cit.*, p. 16.

121 *Vid.* SAVONA, E.U., "*Luci e ombre di un esperimento regionale. La Direttiva anti-riciclaggio dell'Unione europea*", en CORVESE, C.G./SANTORO, V. (*a cura di*), *Il riciclaggio del denaro nella legislazione civile e penale, Giuffrè, Milano*, 1996, p. 93.

122 *Cfr.* ALIAGA MÉNDEZ, J.A., Normativa comentada de prevención del blanqueo de capitales. Adaptada a la Ley 10/2010, Wolters Kluwer, Madrid, 2010, p. 13.

123 *Cfr.* SILVENTE ORTEGA, J., *op. cit.*, p. 353; TERRADILLOS BASOCO, J.M., "El delito de blanqueo...", *cit.*, p. 240.

Por último, debe descartarse la inclusión de las faltas en los hechos previos del delito de blanqueo[124] porque vulnera el principio de proporcionalidad[125], limita la eficacia de la norma[126] e incrementa los costes sociales[127] de forma intolerable.

Con todo, el futuro que nos aguarda no es muy esperanzador, pues la Ley orgánica 1/2015, de 30 de mayo, que dice acabar con las faltas, realmente convierte la mayoría de ellas en delitos, de manera que, desde su entrada en vigor, el 1 de julio de 2015, expandirá el campo de los hechos previos del delito de blanqueo generando un control económico y social excesivo.

IV. CONSECUENCIAS ABSURDAS DE LA TIPIFICACIÓN ILIMITADA DEL AUTOBLANQUEO

La Ley orgánica 5/2010, tras la referencia del artículo 301.1 a la "actividad delictiva", que integra el hecho previo, añade el inciso "cometida por él o por cualquiera tercera persona"[128], con lo que ya no solo no exige la ausencia de intervención en la infracción antecedente[129] sino que, "frente a la indefinición anterior"[130] o "silencio"[131], "tipifica expresamente"[132], "admite"[133] de

---

[124] Para una exclusión de las faltas por ausencia de afectación material del bien jurídico *vid.* REBOLLO VARGAS, R., en ÁLVAREZ GARCÍA, F.J., *op. cit.*, pp. 779 y 780; DEL MISMO AUTOR, "La deslegitimación...", *cit.*, p. 219; DEL MISMO AUTOR, "Limitaciones...", *cit.*, p. 150.

[125] *Cfr.* FERNÁNDEZ TERUELO, J.G., "Blanqueo...", *cit.*, p. 324, marginal 2968; DEL MISMO AUTOR, "El nuevo...", *cit.*, p. 7; MANJÓN-CABEZA OLMEDA, A., "Receptación y blanqueo...", *cit.*, p. 341; MORILLAS CUEVA, L., "Aspectos dogmáticos...", *cit.*, p. 97.

[126] *Cfr.* FLICK, G.M., "*Le risposte nazionali al riciclaggio di capitali. La situazione in Italia*", en *Rivista Italiana di Diritto e Procedura Penale,* nº 4, 1992, p. 1293; TERRADILLOS BASOCO, J.M., "El delito de blanqueo...", *cit.*, p. 261. Para un estudio criminológico sobre la eficacia de la normativa contra el blanqueo *vid.* BLANCO CORDERO, I., "Eficacia del sistema de prevención del blanqueo de capitales. Estudio del cumplimiento normativo (*compliance*) desde una perspectiva criminológica", en *Eguzkilore*, nº 23, 2009, pp. 117-138.

[127] *Cfr.* FLICK, G.M., "*La repressione del riciclaggio ed il controllo della intermediazione finanziaria. Problemi attuali e prospettive*", en *Rivista Italiana di Diritto e Procedura Penale,* nº 4, 1990, 1264.

[128] Inicialmente el texto prelegislativo empleaba la más simple expresión "por él o por terceras personas", cambiada al admitirse en el Congreso la enmienda nº 358 del Grupo parlamentario popular (BOCG, Congreso de los diputados, IX legislatura, serie A: proyectos de Ley, 18 de marzo de 2010, nº 52-9, pp. 161 y 162) para evitar el infundado temor a que se exigiese que el blanqueador conociese al autor del delito previo (*cfr.* BERDUGO GÓMEZ DE LA TORRE, I./FABIÁN CAPARRÓS, E.A., "La «emancipación» del delito de blanqueo de capitales en el Derecho penal español", en *Diario La Ley*, nº 7535, 27 de diciembre de 2010, p. 18, nota 57).

[129] *Cfr.* MARTOS NÚÑEZ, J.A., en POLAINO NAVARRETE, M. (dir.), Lecciones de Derecho penal. Parte especial. Tomo II. Adaptadas a la Ley orgánica 5/2010 de reforma del Código penal, Tecnos, Madrid, 2011, p. 212.

[130] FERNÁNDEZ TERUELO, J.G., "El nuevo...", *cit.*, p. 5.

[131] CORCOY BIDASOLO, M., *op. cit.*, p. 168; MANZANARES SAMANIEGO, J.L., *op. cit.*, p. 726.

[132] Informe del Consejo Fiscal..., *cit.*, p. 198.

[133] LORENZO SALGADO, J.M., "El tipo agravado de blanqueo...", *cit.*, p. 234.

un modo patente, el blanqueo cometido por el responsable del hecho previo[134] -ya sea su autor o haya intervenido en él de otra manera[135]- en la forma en que el delito venía siendo mayoritariamente interpretado[136], descarta en esta sede el "autoencubrimiento impune"[137] por inexigibilidad[138] y "zanja una de las cuestiones más controvertidas"[139], "sumamente discutida"[140], sometida a "fuerte crítica"[141], que había generado una jurisprudencia "ciertamente"[142] "vacilante"[143] o ambigua[144], la cual vulneraba el principio de igualdad y la seguridad jurídica[145]. Así las cosas el legislador "interviene en la polémica"[146], "resuelve"[147] "definitivamente el problema"[148], acaba con "el debate"[149] o pone término a la "añeja"[150] e "intensa"[151] discusión doctrinal y jurisprudencial[152]. En este sentido ya existía un acuerdo del pleno del Tribunal Supremo no jurisdiccional, de 18 de julio de 2006[153], que, aunque "no era del todo claro"[154], admitía el autoblanqueo[155] y en tal línea la sentencia del alto tribunal de 13 de julio de 2012 afirma que "no se ajusta a la doctrina jurisprudencial el argumento de que el delito de blanqueo de capitales queda absorbido o consumido por el delito contra la salud pública de tráfico de drogas"[156], permite el concurso real de delitos, "ya sea porque el legislador pretende reforzar la

---

134 *Cfr.* FLORES MENDOZA, F., *op. cit.,* p. 181.

135 *Cfr.* DÍAZ Y GARCÍA CONLLEDO, M., "El castigo del autoblanqueo...", *cit.,* p. 281.

136 *Cfr.* FERNÁNDEZ TERUELO, J.G., "Blanqueo…", *cit.,* p. 319, marginal 2936.

137 GARCÍA VALDÉS, C./MESTRE DELGADO, E./FIGUEROA NAVARRO, C., Lecciones de Derecho penal. Parte especial. Adaptadas a la docencia del Plan Bolonia, Edisofer, Madrid, 2011, p. 172.

138 *Cfr.* CORCOY BIDASOLO, M., *op. cit.,* p. 168; GALLEGO SOLER, J.I., *op. cit.,* p. 665.

139 GONZÁLEZ CUSSAC, J.L./VIDALES RODRÍGUEZ, C., "El nuevo delito de financiación del terrorismo: consideraciones acerca de su necesidad y conveniencia", en GONZÁLEZ CUSSAC, J.L. (dir.), Financiación del terrorismo, blanqueo de capitales y secreto bancario: un análisis crítico, Tirant lo Blanch, Valencia, 2009, p. 195, nota 22.

140 FARALDO CABANA, P., "La prevención...", *cit.,* p. 425, nota 8.

141 MORILLAS CUEVA, L., "Aspectos dogmáticos...", *cit.,* p. 106.

142 CONDE-PUMPIDO FERREIRO, C./SÁNCHEZ-JUNCO MANS, J., *op. cit.,* p. 1090.

143 GONZÁLEZ CUSSAC, J.L./VIDALES RODRÍGUEZ, C., *op. cit., loc. cit.*

144 *Cfr.* MATALLÍN EVANGELIO, A., "El «autoblanqueo»...", *cit.,* p. 18.

145 *Cfr.* MANJÓN-CABEZA OLMEDA, A., "Ganancias criminales...", *cit.,* p. 676.

146 MARTÍNEZ-BUJÁN PÉREZ, C., Derecho penal económico y de la empresa. Parte especial, 3ª ed., *cit.,* p. 494, 4ª ed., *cit.,* p. 612.

147 BERMEJO, M.G./AGUSTINA SANLLEHÍ, J.R., *op. cit.,* p. 454.

148 ZARAGOZA AGUADO, J.A., en GÓMEZ TOMILLO, M. (dir.), Comentarios al Código penal, Lex nova, Valladolid, 2010, p. 1164.

149 CARPIO DELGADO, J. DEL, "Principales aspectos...", *cit.,* p. 19.

150 GONZÁLEZ RUS, J.J., en MORILLAS CUEVA, L., Sistema de Derecho penal..., *cit.,* p. 637.

151 FARALDO CABANA, P., "Antes y después...", *cit.,* p. 55.

152 *Cfr.* Informe del Consejo Fiscal..., *cit.,* p. 198.

153 *Cfr.* GÓMEZ RIVERO, M.C., Nociones fundamentales de Derecho penal. Parte especial. (Adaptado al EEES), Tecnos, Madrid, 2010, p. 540.

154 DÍAZ Y GARCÍA CONLLEDO, M., "El castigo del autoblanqueo...", *cit.,* p. 283.

155 *Vid.* ABEL SOUTO, M., "La expansión...", *cit.,* pp. 15 y 16; DEL MISMO AUTOR, "La reforma...", *cit.,* pp. 78-80, con cita de diversas sentencias del alto tribunal.

156 STS nº 646/2012, JUR\2012\262611, fundamento de derecho segundo, en www.westlaw.es (febrero de 2015).

tutela del bien jurídico que tutela el delito previo castigando también el beneficio obtenido con la venta de la mercancía ilícita, ya sea porque se estima que con el aprovechamiento del dinero ilícitamente obtenido se vulneran otros bienes jurídicos supraindividuales distintos a la salud pública" y entiende que también debe penarse respecto al dinero obtenido del narcotráfico su "introducción ilegítima en el circuito económico legalizado"[157], la sentencia del Tribunal Supremo de 5 de diciembre de 2012 resalta que "la finalidad de la punición del blanqueo de capitales es conseguir una mayor eficacia en la persecución de este tipo de delitos, incidiendo en dos bienes jurídicos distintos, sin que se excluya de forma expresa al autor del delito, como ocurre con la receptación, dentro de nuestro sistema jurídico penal"[158] y, desde luego, según recuerda la sentencia del Tribunal Supremo de 26 de julio de 2012, la cuestión relativa a la legitimidad del castigo del autoblanqueo ni siquiera se suscita cuando el dinero procede de delitos anteriores no sancionados, en caso contrario se llegaría al absurdo de que una condena previa serviría de salvoconducto para realizar operaciones de blanqueo *sine die*[159], sentencia que también reconoce que con el blanqueo "se está atacando otro bien jurídico, dificultándose la localización y la aprehensión de esos bienes de procedencia ilícita", por lo que "es también un delito contra la Administración de Justicia... sin perjuicio de su vertiente socioeconómica"[160].

Ahora bien, el castigo del "autoblanqueo"[161] "no impide las dudas sobre su legitimidad y eventual inconstitucionalidad"[162] ni resulta ilimitado, debe admitir excepciones[163] cuando la conducta se circunscriba al encubrimiento "y poco más"[164], sin afectación relevante de otros bienes jurídicos[165], pues sin sentido e injustamente respondería por blanqueo el ladrón que esconde su botín en un monte[166] o el autor de un delito de hurto que oye música en el equipo por él sustraído[167], y tal castigo "entraña el peligro de ser utilizado

---

157 *Ibídem.*

158 STS nº 974/2012, *cit.*, fundamento de derecho vigésimo octavo.

159 *Cfr.* STS nº 676/2012, RJ\2012\9445, fundamento de derecho tercero, en www.westlaw.es (febrero de 2015).

160 *Ibídem.*

161 DÍAZ-MAROTO Y VILLAREJO, J., Estudios..., *cit.,* p. 467; JUANES PECES, A., "Principios inspiradores de la reforma del Código penal operada en virtud de la Ley orgánica 5/2010, de 22 de junio", en EL MISMO AUTOR, *op. cit.,* p. 60.

162 CORCOY BIDASOLO, M., *op. cit.,* p. 168.

163 *Vid.* BERMEJO, M.G./AGUSTINA SANLLEHÍ, J.R., *op. cit.,* pp. 451 y 458; DÍAZ Y GARCÍA CONLLEDO, M., "El castigo del autoblanqueo...", *cit.,* pp. 282-288; MATALLÍN EVANGELIO, A., *op. cit.,* pp. 19-44; VIDALES RODRÍGUEZ, C., El delito de tráfico de drogas en la legislación penal costarricense. Su adecuación a la normativa internacional, *Center for the Administration of Justice, Florida International University,* Miami, 2012, pp. 40-43; DE LA MISMA AUTORA, "Blanqueo...", *cit.,* pp. 17-19.

164 DÍAZ Y GARCÍA CONLLEDO, M., "El castigo del autoblanqueo...", *cit.,* p. 284.

165 *Ibidem.*

166 *Cfr.* ARZT, G./WEBER, U./HEINRICH, B./HILGENDORF, E., *op. cit.,* marginales 30 y 31.

167 *Cfr.* MORILLAS CUEVA, L., "Aspectos dogmáticos...", *cit.,* p. 87.

como calificación alternativa a cualquier delito"[168]. La sanción penal del autoblanqueo, combinada con las nuevas conductas de posesión o uso, incorporadas al Código penal por la Ley orgánica 5/2010, conduce a "un resultado insatisfactorio"[169], "desmedido"[170] o "cuestionable desde consideraciones dogmáticas y político-criminales"[171], produce "perplejidad"[172], "extrañas consecuencias"[173], hasta absurdas[174], "supuestos paradójicos"[175] que nos colocan en los límites de lo punible[176] y pueden rozar el "esperpento"[177] o "alcanzar niveles ridículos"[178]. Si a la sanción del autoblanqueo se le añade el castigo de la posesión y el uso cometería un nuevo delito el que tiene un cuadro o joya que ha robado y el que usa el coche por él sustraído[179]. La nueva redacción, en principio, hará que "siempre que exista un delito patrimonial, estemos, además de ante el delito investigado, ante un potencial blanqueo"[180] y alcanza "cualquier conducta de agotamiento de un delito con efectos económicos"[181], a todo interviniente en una infracción penal de la que obtiene un bien, con lo que el tipo se expande discutible y exponencialmente[182]. Sería considerado blanqueador el "sicario que tiene en su poder el dinero recibido por matar a otro"[183], el delincuente fiscal que conserva la cantidad no pagada[184], pues "«posee» la cuota tributaria defraudada"[185], y el estafador que mantiene los bienes procedentes de la estafa[186].

---

[168] ORTS BERENGUER, E., "Delimitación entre encubrimiento, receptación y blanqueo respecto a las modalidades de posesión y uso incorporadas en el artículo 301 por la L.O. 5/2010", en ABEL SOUTO, M./SÁNCHEZ STEWART, N., III congreso..., *cit.*, p. 255.

[169] MARTÍNEZ-BUJÁN PÉREZ, C., Derecho penal económico y de la empresa. Parte especial, 3ª ed., *cit.*, p. 493, 4ª ed., *cit.*, p. 611.

[170] GALLEGO SOLER, J.I., *op. cit.*, p. 666.

[171] CORCOY BIDASOLO, M., *op. cit.*, p. 166.

[172] DÍAZ Y GARCÍA CONLLEDO, M., "El castigo del autoblanqueo...", *cit.*, p. 289.

[173] QUINTERO OLIVARES, G., "Sobre la ampliación del comiso y el blanqueo, y la incidencia en la receptación civil", en *Revista Electrónica de Ciencia Penal y Criminología*, 8 de marzo de 2010, p. 13; DEL MISMO AUTOR, "La reforma del comiso (art. 129)", en QUINTERO OLIVARES, G. (dir.), La reforma penal de 2010: análisis y comentarios, Aranzadi, Cizur Menor, 2010, p. 109.

[174] *Vid.* CASTRO MORENO, A., "Reflexiones...", *cit.*, pp. 1 y 4; LORENZO SALGADO, J.M., "El tipo agravado de blanqueo...", *cit.*, pp. 224 y 225, nota 5; SILVENTE ORTEGA, J., *op. cit.*, pp. 357 y 451.

[175] MATALLÍN EVANGELIO, A., El «autoblanqueo»...", *cit.*, p. 24, nota 79.

[176] *Cfr.* MANJÓN-CABEZA OLMEDA, A., "Receptación y blanqueo...", *cit.*, p. 340; DE LA MISMA AUTORA, "Ganancias criminales...", *cit.*, pp. 664 y 671.

[177] GONZÁLEZ RUS, J.J., en MORILLAS CUEVA, L., Sistema de Derecho penal..., *cit.*, p. 641.

[178] QUINTERO OLIVARES, G., "Sobre la ampliación del comiso y el blanqueo...", *cit.*, p. 13; DEL MISMO AUTOR, "La reforma del comiso", *cit.*, p. 109.

[179] *Ibídem.*

[180] CONDE-PUMPIDO FERREIRO, C./SÁNCHEZ-JUNCO MANS, J., *op. cit.*, p. 1089.

[181] CORCOY BIDASOLO, M., *op. cit.*, p. 168.

[182] *Cfr.* BERMEJO, M.G./AGUSTINA SANLLEHÍ, J.R., *op. cit.*, pp. 458 y 460.

[183] DÍAZ Y GARCÍA CONLLEDO, M., "El castigo del autoblanqueo...", *cit.*, p. 290.

[184] *Ibídem.*

[185] CONDE-PUMPIDO FERREIRO, C./SÁNCHEZ-JUNCO MANS, J., *op. cit.*, p. 1091.

[186] *Cfr.* CORCOY BIDASOLO, M., *op. cit.*, p. 169.

Para evitar un *bis in idem*[187] debería interpretarse el tipo conforme a la categoría de los "actos copenados impunes"[188] posteriores[189] en el sentido de que la posesión por los autores o partícipes en el hecho precedente únicamente puede castigarse como blanqueo cuando no quepa sancionarlos por el delito previo[190]. Así lo puso de relieve el CONSEJO GENERAL DEL PODER JUDICIAL respecto a los autores o cómplices de delitos patrimoniales y socioeconómicos para salvar la proscripción constitucional de *bis in idem,* aunque el argumento solo sirve para la posesión, al formar parte de la consumación en estos delitos[191], pero no para la utilización de bienes[192], que provocaría un concurso real de delitos[193]. Con todo, cabe excluir del tipo tanto la utilización como otra clase de posesiones distintas a las indicadas sobre la base del principio de insignificancia y de una interpretación teleológica que, tomando en consideración el bien jurídico tutelado, exija un menoscabo relevante del orden socioeconómico y la idoneidad de los comportamientos para incorporar capitales ilícitos al tráfico económico. En sentido similar DÍAZ Y GARCÍA CONLLEDO requiere para el castigo del autoblanqueo una afectación relevante del bien jurídico[194] o "suficiente antijuridicidad material"[195], LORENZO SALGADO considera atípicas las "acciones que no tengan una mínima idonei-

---

[187] *Cfr.* ANDRADE OTERO, M., "Blanqueo de capitales y secreto profesional: ¿conciliación posible?", en CARRETERO GONZÁLEZ, C./MONTALVO JÄÄSKELÄINEN, F. DE (dirs.), Retos de la abogacía ante la sociedad global, Civitas/Thomson Reuters/Aranzadi, Cizur Menor, 2012, pp. 1542 y 1543; CARPIO DELGADO, J. DEL, "Principales aspectos…", *cit.,* pp. 26 y 27; CONDE-PUMPIDO FERREIRO, C./ SÁNCHEZ-JUNCO MANS, J., *op. cit.,* p. 1091; CORCOY BIDASOLO, M., *op. cit.,* pp. 168 y 169; MANJÓN-CABEZA OLMEDA, A., "Ganancias criminales...", *cit.,* p. 677; DE LA MISMA AUTORA, "Prevención y sanción...", *cit.,* pp. 379 y 380; MARTELL PÉREZ-ALCALDE, C., *op. cit.,* p. 160; MARTÍNEZ FRANCISCO, M.N., "El impacto de la reforma del Código penal del delito de blanqueo de capitales y la Ley 10/2010, de 28 de abril en el ejercicio de la abogacía", en CARRETERO GONZÁLEZ, C./MONTALVO JÄÄSKELÄINEN, F. DE, *op. cit.,* p. 1565; MARTÍNEZ-BUJÁN PÉREZ, C., Derecho penal económico y de la empresa. Parte especial, 3ª ed., *cit.,* pp. 493 y 494, 4ª ed., *cit.,* pp. 611 y 612; MATALLÍN EVANGELIO, A., El «autoblanqueo»...", *cit.,* pp. 18, 20, 23, 24, 28, nota 94, 29, 34 y 36-38; ORTS BERENGUER, E., *op. cit.,* p. 255; REBOLLO VARGAS, R., en ÁLVAREZ GARCÍA, F.J., *op. cit.,* p. 775; DEL MISMO AUTOR, "La deslegitimación...", *cit.,* p. 211; DEL MISMO AUTOR, "Limitaciones...", *cit.,* p. 143; SERRANO GÓMEZ, A./SERRANO MAÍLLO, A., *op. cit.,* p. 563; VIDALES RODRÍGUEZ, C., "La posesión y utilización...", *cit.,* p. 60; DE LA MISMA AUTORA, "Blanqueo...", *cit.,* p. 17.

[188] GONZÁLEZ RUS, J.J.,en MORILLAS CUEVA, L., Sistema de Derecho penal..., *cit.,* p. 641.

[189] *Cfr.* CORCOY BIDASOLO, M., *op. cit.,* p. 168; GALLEGO SOLER, J.I., *op. cit.,* p. 665.

[190] *Cfr.* QUINTERO OLIVARES, G., "Sobre la ampliación del comiso y el blanqueo...", *cit.,* p. 20; DEL MISMO AUTOR, "La reforma del comiso", *cit.,* p. 110.

[191] Informe del Consejo General del Poder Judicial sobre el Anteproyecto de Ley orgánica por la que se modifica la Ley orgánica 10/1995, de 23 de noviembre, del Código penal, aprobado en su sesión de 18 de febrero de 2009, en DIEGO DÍAZ-SANTOS, M.R./MATELLANES RODRÍGUEZ, N.P./FABIÁN CAPARRÓS, E.A., *op. cit.,* p. 104.

[192] En contra *vid.* CASTRO MORENO, A., "Reflexiones...", *cit.,* p. 5.

[193] Informe del Consejo General del Poder Judicial..., *cit.,* p. 104; FERNÁNDEZ TERUELO, J.G., "Blanqueo…", *cit.,* p. 322, marginal 2954; DEL MISMO AUTOR, "El nuevo…", *cit.,* p. 6.

[194] *Cfr.* DÍAZ Y GARCÍA CONLLEDO, M., "El castigo del autoblanqueo...", *cit.,* p. 290.

[195] *Ibídem.*

dad para llegar a comprometer el bien jurídico"[196], MATALLÍN EVANGELIO alude al "principio de ofensividad"[197], invocado en la tramitación legislativa de la reforma penal italiana sobre autoblanqueo[198], y CORCOY BIDASOLO habla de la necesidad de una restricción típica con "criterios de proporcionalidad"[199] y "lesividad material"[200]. En todo caso, el legislador en el delito de blanqueo "debería haber medido mejor las posibles consecuencias de su cuestionable ampliación"[201], que plantea dudas de "constitucionalidad"[202].

V. NUEVAS CONDUCTAS SIN FINALIDADES: MERA POSESIÓN, QUE PUEDE VULNERAR EL NE BIS IN IDEM, Y SIMPLE UTILIZACIÓN, CASI SIN ÁMBITO DE APLICACIÓN

La reforma de 22 de junio de 2010 también introduce en el inciso inicial del artículo 301.1 del Texto punitivo –amén de una coma entre "convierta" "o transmita", incorrecta[203] por su función antitética, ya que como tal separa, pero al seguirle una conjunción se pretende a la vez unir la conducta de convertir y la de transmitir, coma anterior a una conjunción que solo se explicaría por la presencia de un inciso previo, inexistente en este caso– la posesión y utilización como nuevas modalidades típicas[204], castigo respecto al que, aun cuando se haya pretendido que responde a la necesidad de cumplir con compromisos o exigencias internacionales[205], con cita incluso del artículo 6.1.b i) de la Convención de Naciones Unidas contra la delincuencia organizada transnacional[206], no existía ninguna obligación internacional para el legislador español de modificar el artículo 301 del Código penal[207], tampoco según la mencionada Convención de Palermo, de 13 de diciembre de 2000, cuyo artículo 6.1.b condiciona la incriminación de la posesión y utilización, con una

---

196 LORENZO SALGADO, J.M., "El tipo agravado de blanqueo...", *cit.*, p. 225.

197 MATALLÍN EVANGELIO, A., "El «autoblanqueo»...", *cit.*, p. 29.

198 *Cfr.* BRICCHETTI, R., *"Riciclaggio e auto-riciclaggio"*, en *Rivista Italiana di Diritto e Procedura Penale*, nº 2, 2014, pp. 684 y 694.

199 CORCOY BIDASOLO, M., *op. cit.*, p. 169.

200 *Ibídem*.

201 DÍAZ Y GARCÍA CONLLEDO, M., "El castigo del autoblanqueo...", *cit,*. p. 290.

202 MORILLAS CUEVA, L., "Aspectos dogmáticos...", *cit.*, p. 107.

203 *Cfr.* DÍAZ-MAROTO Y VILLAREJO, J., Estudios..., *cit.*, pp. 461 y 462, nota 27.

204 *Vid.* ABEL SOUTO, M., "La expansión...", *cit.*, pp. 17-27; DEL MISMO AUTOR, "La reforma...", *cit.*, pp. 81-98.

205 *Cfr.* BERMEJO, M.G./AGUSTINA SANLLEHÍ, J.R., *op. cit.*, pp. 454, 457 y 460.

206 *Cfr.* FARALDO CABANA, P., "El blanqueo...", *cit.*, p. 31.

207 *Vid.* ABEL SOUTO, M., El blanqueo de dinero..., *cit.*, pp. 97, 98, 100, 170, 247 y 258; DEL MISMO AUTOR, El delito de blanqueo..., *cit.*, pp. 107 y 108; DEL MISMO AUTOR, "Conductas típicas...", *cit.*, pp. 193 y 194, con ulteriores indicaciones bibliográficas; DEL MISMO AUTOR, "La expansión...", *cit.*, pp. 17-19; DEL MISMO AUTOR, "La reforma...", *cit.*, pp. 82-85.

cláusula de reserva constitucional similar a la recogida en otros documentos internacionales, al respeto de "los conceptos básicos"[208] de "cada ordenamiento jurídico"[209].

Las conductas de posesión y utilización ya quedaban abarcadas, desde el Código penal de 1995, por la fórmula "realice cualquier otro acto para ocultar o encubrir su origen ilícito, o para ayudar a la persona que haya participado en la infracción o infracciones a eludir las consecuencias legales de sus actos", pero ahora se incluyen de forma expresa en el Código[210]. En este sentido se ha dicho que la ampliación de comportamientos en la Ley orgánica 5/2010 únicamente es nominal y no real[211], aunque verdaderamente sí se ha operado un cambio importante, "una relevante extensión"[212], pues hasta ahora esas conductas solo estaban castigadas si mediaba una finalidad de ocultación, encubrimiento o auxilio; sin embargo, desde la reforma pasan a sancionarse de manera objetiva. Ciertamente, para un sector doctrinal, el cual reputa que el artículo 301.1 tipifica exclusivamente actos dirigidos a la ocultación, encubrimiento o ayuda[213], la reforma nada alteraría, mas para los que entendemos que el precepto abarca, a la luz tanto de la interpretación gramatical[214], que atienda a la colocación o ausencia de comas y al orden de la descripción típica[215], histórica, lógico-sistemática[216] y teleológica como de los documentos internacionales[217], no solo actos indeterminados tendentes a la ocultación, encubrimiento o auxilio, sino también la nuda adquisición, conversión y transmisión de bienes, con conocimiento de que derivan de un delito, pero sin importar la finalidad que guía al blanqueador[218], la Ley orgá-

---

208 *Instrumento de ratificación de la Convención de Naciones Unidas contra la delincuencia organizada transnacional*, BOE de 29 de septiembre de 2003, artículo 6.1.b, inciso inicial.

209 VIDALES RODRÍGUEZ, C., "La posesión y utilización...", *cit.*, p. 49; DE LA MISMA AUTORA, "Blanqueo...", *cit.*, p. 6.

210 *Cfr.* MUÑOZ CONDE, F., Derecho penal..., *cit.*, pp. 554 y 556.

211 *Cfr.* QUERALT JIMÉNEZ, J.J., Derecho penal..., *cit.*, p. 1294.

212 ROBLES PLANAS, R./PASTOR MUÑOZ, N., en SILVA SÁNCHEZ, J.-M. (dir.), Lecciones de Derecho penal. Parte especial, 3ª ed. adaptada a la Ley Orgánica 5/2010 de reforma del Código penal, Atelier, Barcelona, 2011, p. 271.

213 *Vid.* FARALDO CABANA, P., "Antes y después...", *cit.*, pp. 62, 63, 66 y 67, notas 44 y 48, que sorprendentemente califica su posición de doctrina mayoritaria, lo cual ni siquiera era cierto antes de la reforma de 22 de junio de 2010 (*vid.* ABEL SOUTO, M., "Conductas típicas...", *cit.*, pp. 177-179, notas 15 y 16), pero más asombra que tal afirmación la apoye en menos citas bibliográficas a favor de su opinión, entre las que además únicamente figura una posterior a la Ley orgánica 5/2010, que las referencias doctrinales más abundantes y actualizadas que recoge en contra de su posición.

214 *Vid.* TERRADILLOS BASOCO, J.M., "El delito de blanqueo...", *cit.*, p. 237.

215 *Cfr.* DÍAZ Y GARCÍA CONLLEDO, M., "El castigo del autoblanqueo...", *cit.*, p. 289.

216 *Cfr.* LORENZO SALGADO, J.M., "El tipo agravado de blanqueo...", *cit.*, p. 224.

217 *Cfr.* MORILLAS CUEVA, L., "Aspectos dogmáticos...", *cit.*, p. 80.

218 *Vid.* ABEL SOUTO, M., El delito de blanqueo..., *cit.*, pp. 93-102, 290 y 291; DEL MISMO AUTOR, "Conductas típicas...", *cit.*, pp. 177-187 y 325. Así también, recientemente, *vid.* BERMEJO, M.G./AGUSTINA SANLLEHÍ, J.R., *op. cit.*, pp. 448 y 452; BLANCO CORDERO, I., "El delito fiscal como actividad delictiva previa del blanqueo de capitales", en *Revista Electrónica de Ciencia Penal y Criminología*, nº

nica 5/2010 equipararía la posesión y utilización objetivas a las tres últimas conductas. De hecho, el legislador con la modificación parte de la base de esta segunda interpretación, pues en caso contrario no habría sentido la necesidad de cambio alguno. En palabras de MARTÍNEZ-BUJÁN PÉREZ, la reforma "vendría a confirmar la validez"[219] de esta última tesis ya que la mención a las nuevas conductas "cobra pleno sentido si se trata de modalidades tasadas dentro de un tipo que no requiere la constatación de finalidad alguna y que es independiente del segundo tipo que se describe"[220], a juicio de DÍAZ Y GARCÍA CONLLEDO, resultaría "extraño"[221], en el contexto ampliatorio y las orientaciones político-criminales de la reforma, "que los términos se hayan incluido a meros efectos aclaratorios"[222] o, según MORILLAS CUEVA, esta interpretación atiende "a los objetivos que parece buscar la formulación legislativa"[223]. En la misma línea se ha invocado al superfluidad de estas conductas si se mantiene la tesis contraria, que la posesión y utilización no suponen enmascaramiento ni auxilio, la ubicación sistemática entre los delitos socioeconómicos conversora de la finalidad en irrelevante, el solapamiento e injustificable tratamiento punitivo dispar respecto al encubrimiento y la delimitación prácticamente imposible del blanqueo con la receptación y el encubrimiento[224], diferenciación "complicada"[225] que obliga a hacer a los juristas "malabarismos para cohonestar el principio de vigencia con el de legalidad"[226].

13-01, 2011, p. 42; DEL MISMO AUTOR, El delito de blanqueo de capitales, Aranzadi, Cizur Menor, 3ª ed., 2012, p. 437; CARDONA TORRES, J., Derecho penal. Parte especial. Adaptado a la reforma de la Ley orgánica 5/2010, de 22 de junio, Bosch, Barcelona, 2010, p. 335; CONDE-PUMPIDO FERREIRO, C./ SÁNCHEZ-JUNCO MANS, J., *op. cit.*, pp. 1090-1093; DÍAZ Y GARCÍA CONLLEDO, M., "El castigo del autoblanqueo...", *cit.*, pp. 289 y 290; GONZÁLEZ RUS, J.J., en MORILLAS CUEVA, L., Sistema de Derecho penal..., *cit.*, pp. 638 y 639; LORENZO SALGADO, J.M., "El tipo agravado de blanqueo...", *cit.*, p. 224 y notas 3 y 4; MANSO PORTO, T., "El blanqueo de capitales entre la dogmática y la política criminal internacional: resultados desde una perspectiva de derecho comparado", en *Estudios Penales y Criminológicos*, nº XXXI, 2011, pp. 323 y 324; MATALLÍN EVANGELIO, A., "El «autoblanqueo»...", *cit.*, pp. 19 y 20; MORENO ALCÁZAR, M.A., *op. cit.*, p. 688; MORILLAS CUEVA, L., "Aspectos dogmáticos...", *cit.*, pp. 79 y 80; NÚÑEZ PAZ, M.A., "El tipo agravado de blanqueo de dinero procedente de delitos urbanísticos. (Puesta al día y análisis de reflexiones doctrinales), en ABEL SOUTO, M./SÁNCHEZ STEWART, N., III congreso..., *cit.*, p. 274; ROBLES PLANAS, R./PASTOR MUÑOZ, N., *op. cit.*, p. 271; REBOLLO VARGAS, R., en ÁLVAREZ GARCÍA, F.J., *op. cit.*, pp. 780, 781 y 783; DEL MISMO AUTOR, "La deslegitimación...", *cit.*, p. 210; DEL MISMO AUTOR, "Limitaciones...", *cit.*, p. 141; TERRADILLOS BASOCO, J.M., Lecciones..., *cit.*, p. 168; VIDALES RODRÍGUEZ, C., "La posesión y utilización...", *cit.*, pp. 56-62; DE LA MISMA AUTORA, El delito de tráfico de drogas..., *cit.*, p. 33 y nota 44; DE LA MISMA AUTORA, "Blanqueo...", *cit.*, pp. 11-13.

[219] MARTÍNEZ-BUJÁN PÉREZ, C., Derecho penal económico y de la empresa. Parte especial, 3ª ed., *cit.*, p. 490, 4ª ed., *cit.*, p. 607.

[220] *Ibídem.*

[221] DÍAZ Y GARCÍA CONLLEDO, M., "El castigo del autoblanqueo...", *cit.*, p. 289.

[222] *Ibídem.*

[223] MORILLAS CUEVA, L., "Aspectos dogmáticos...", *cit.*, p. 80.

[224] *Cfr.* VIDALES RODRÍGUEZ, C., "La posesión y utilización...", *cit.*, pp. 56-58; DE LA MISMA AUTORA, El delito de tráfico de drogas..., *cit.*, p. 34; DE LA MISMA AUTORA, "Blanqueo...", *cit.*, pp. 12 y 13.

[225] ORTS BERENGUER, E., *op. cit.*, p. 253.

[226] *Ibídem.*

Entre las recientes sentencias del Tribunal Supremo que confirman el castigo de la simple adquisición, conversión y transmisión de bienes, sin finalidades, pero con conocimiento de su origen delictivo, pueden citarse la de 20 de febrero de 2013, que sanciona meras adquisiciones a sabiendas de que el dinero deriva del narcotráfico, como la compra de una casa, tres fincas rústicas y un coche o la construcción de dos viviendas, en parcelas de los suegros, con instalaciones deportivas y piscina dotada de cubierta telescópica retráctil[227], la de 30 de octubre de 2012, que pena la adquisición, con conocimiento del origen delictivo del dinero, de dos vehículos, una plaza de garaje, un boleto premiado de lotería, el ingreso de 54.993'88 euros en cuentas bancarias y la cancelación anticipada de dos préstamos[228], la de 16 de marzo de 2012, sobre adquisiciones de bienes y absolutoria[229], la de 12 de junio de 2012, que castiga la conversión o cambio de divisas sabiendo que tienen origen delictivo[230], la de 5 de diciembre de 2012, que sanciona conversiones y transmisiones de bienes con conocimiento de que derivan de un delito[231], o la de 6 de febrero de 2013, sobre un matrimonio en el que el marido se dedicaba al narcotráfico, con adquisiciones, a sabiendas de que el dinero procedía de tal actividad, por ambos cónyuges de diversas fincas rústicas y urbanas, dos bateas, tres coches, dos barcos o un décimo de lotería premiado y conversiones, como ingresos en efectivo en cuentas bancarias por 173.316'86 euros, conductas respecto a las que nada se dice de sus finalidades[232].

Respecto a la posesión, hasta ahora el mero ingreso de este derecho en la esfera jurídica del blanqueador no se castigaba, puesto que quedaba excluido del término "adquiera" en virtud de una interpretación restrictiva, histórica y sistemática, al requerir la incorporación de un bien procedente de un delito al patrimonio del blanqueador, que precisa un incremento patrimonial y la obtención del dominio sobre los bienes ilícitos[233]. Así, el clásico ejemplo de

---

[227] *Vid.* STS nº 120/2013, RJ\2013\2026, fundamentos de derecho sexto y octavo, en www.westlaw.es (febrero de 2015).

[228] *Vid.* STS nº 811/2012, *cit.*, fundamento de derecho décimo sexto.

[229] *Vid.* STS nº 190/2012, *cit.*, fundamento de derecho cuarto.

[230] *Cfr.* STS nº 476/2012, RJ\2012\6942, fundamento de derecho séptimo, en www.westlaw.es (febrero de 2015).

[231] *Vid.* STS nº 974/2012, *cit.*, fundamentos de derecho octavo, undécimo, duodécimo y vigésimo séptimo.

[232] *Vid.* STS nº 138/2013, antecedentes segundo y tercero, fundamento de derecho décimo, en *Revista Cuatrimestral Europea sobre Prevención y Represión del Blanqueo de Dinero*, nº 1, 2014.

[233] *Vid.* ABEL SOUTO, M., El delito de blanqueo..., *cit.*, pp. 106, 107 y 291; DEL MISMO AUTOR, "Conductas típicas...", *cit.*, pp. 192, 193 y 325; ARÁNGUEZ SÁNCHEZ, C., *op. cit.*, p. 225; JORDANA DE POZAS GONZÁLBEZ, L., en CONDE-PUMPIDO FERREIRO, C. (dir.), Código penal. Doctrina y jurisprudencia, Trivium, Madrid, 1997, Tomo II, pp. 3086 y 3087; MARTÍNEZ BUJÁN PÉREZ, C., Derecho penal económico y de la empresa. Parte especial, 3ª ed., *cit.*, p. 490, 4ª ed., *cit.*, pp. 607 y 608; DEL MISMO AUTOR, "La dimensión internacional...", *cit.*, p. 232; TERRADILLOS BASOCO, J.M., "El delito de blanqueo...", *cit.*, p. 234.

los testaferros, frecuentemente utilizados en el blanqueo[234], no quedaba embebido en este verbo, porque realmente los "hombres de paja" no adquieren la propiedad de los bienes debido a la ausencia de un incremento patrimonial. Tales casos iban a parar, empero, a la fórmula "realice cualquier otro acto para ocultar o encubrir su origen ilícito, o para ayudar...", que exigía demostrar las mencionadas finalidades, prueba de la que el legislador de 2010 libera.

Sobre el testaferro de un criminal estadounidense trata la sentencia del Tribunal Supremo de 9 de julio de 2012, según la que el empleado de un banco gestionó importantes transferencias a través de sociedades interpuestas y pignoró una imposición en garantía de un préstamo personal para justificar la entrada de dinero en Estados Unidos desvinculado de su dueño, que estaba siendo investigado por blanqueo, comportamientos en los que la sentencia menciona el propósito de ocultar o encubrir[235].

En torno a las conductas indeterminadas se requiere demostrar las finalidades de ocultación, encubrimiento o auxilio, así la sentencia del Tribunal Supremo de 9 de noviembre de 2012 deja constancia de que la compañera sentimental de un narcotraficante, condenada por blanqueo, consintió en figurar como titular de sus fincas y en constituir y aparecer como administradora en sociedades mercantiles con el fin de ocultar al auténtico titular del patrimonio, confirma la condena de otro acusado por construir dos habitáculos con la finalidad de destinarlos a la ocultación de dinero procedente del narcotráfico y castiga al que efectuó gestiones para que un Audi A-6 TDI, de alguien que se dedicaba al tráfico de drogas, figurase a nombre de otra persona y concertó el seguro de responsabilidad civil de un Audi A-8, en su propio nombre, para evitar que se detectara que la titularidad correspondía al narcotraficante, a cuya hija también sanciona por recoger 24.000 euros y entregárselos a un tercero con la finalidad de ocultarlos en paraísos fiscales[236]. Igualmente, en la sentencia de 6 de febrero de 2013, sobre un matrimonio, en el que el marido se dedicaba al narcotráfico y la mujer al blanqueo, se les condena por hacer figurar como titulares de varios vehículos comprados por ellos a familiares "para ocultar tanto la verdadera titularidad como el origen ilícito del dinero"[237] y se vuelve a referir la sentencia a la "finalidad de ocultar la verdadera titularidad"[238] cuando alude al acto de otorgar capitulaciones matrimoniales

[234] *Cfr.* MOLINA MANSILLA, M.C., "Análisis de la nueva doctrina jurisprudencial sobre el delito de blanqueo de dinero", en *La Ley Penal. Revista de Derecho penal, Procesal y Penitenciario,* nº 45, enero de 2008, p. 107.

[235] *Cfr.* STS nº 557/2012, RJ\2012\7078, fundamentos de derecho primero y tercero, en www.westlaw.es (febrero de 2015).

[236] *Cfr.* STS nº 857/2012, *cit.,* fundamentos de derecho quinto, décimo tercero, décimo quinto y vigésimo primero.

[237] STS nº 138/2013, *cit.,* fundamento de derecho primero.

[238] STS nº 138/2013, *cit.,* fundamento de derecho noveno.

con separación de bienes tras la detención del marido, adjudicándose la mujer fincas rústicas, el mobiliario y el ajuar de la casa.

Así las cosas, desde la reforma de 2010 se castiga la mera posesión de bienes delictivos carente de finalidades, con lo que se alcanza más fácilmente a los "correos" o "mulas" que transportan dinero, a sabiendas de su origen criminal, cuando son sorprendidos durante el traslado, "correos" tradicionales, *v. gr.* la mujer que, según la sentencia del Tribunal Supremo de 5 de diciembre de 2012, llevó 30.000 euros procedentes del narcotráfico al despacho de un abogado[239] y los "correos" organizados que transportaban dinero a Turquía, de los que se habla en otra sentencia del mismo día[240], que no debe confundirse con la nº 974 de la operación "Ballena Blanca", cuyo controlador fue castigado a tres años de prisión y multa de dos millones de euros, o "mulas" modernas captadas en el ciberespacio[241], como el joven absuelto en la sentencia de 3 de diciembre de 2012, que abrió, por una oferta de trabajo, una cuenta en *internet*, recibió en ella una transferencia de 3.363'43 euros fruto de una estafa informática y, después de retirar el dinero y quedarse con una comisión, envió postalmente al extranjero 3.060 euros[242].

También dentro del título 18 del Código penal estadounidense el artículo 1956 castiga el transporte internacional de dinero y el artículo 1952, conocido como la *Travel Act,* sanciona viajes al extranjero o interestatales para distribuir bienes delictivos[243]. Mucho más allá van los delitos castigados en el título 31, pues el artículo 5322, relativo a las exigencias de notificación, que afecta a

---

239 *Vid.* STS nº 974/2012, *cit.*, fundamento de derecho vigésimo sexto.

240 *Vid.* STS nº 997/2012, RJ\2013\2498, en www.westlaw.es (febrero de 2015).

241 *Vid.* ABEL SOUTO, M., "La reforma penal española de 2010 sobre el blanqueo, las nuevas técnicas de comisión delictiva y el uso de las telecomunicaciones para el blanqueo", en EL MISMO AUTOR/ SÁNCHEZ STEWART, N., III congreso..., *cit.*, pp. 161-221; ABEL SOUTO, M., "*Money laundering, new technologies, FATF and Spanish penal reform*", en *Journal of Money Laundering Control,* vol. 16, nº 3, 2013, pp. 266-284; BRYANS, D., "*Bitcoin and money laundering: mining for and effective solution*", en *Indiana Law Journal,* vol. 89, nº 1, 2014, pp. 441-472; CHAMBERS, C., "*Can you ever regulate the virtual world against economic crime?*", en *Journal of International Commercial Law and Technology,* vol. 7, nº 4, 2012, pp. 329-349; DUMITRACHE, A.-A./ BOROI, A./PUSCA, F./POCORA, M./CHIRILA, A.D., "*Recent tehnological tendencies of money laundering*", en *Annals of DAAAM,* vol. 22, nº 1, 2011, pp. 961 y 962; EVANS-PUGHE, C./NOVIKOV, A./VITALIEN, V., "*To bit or not to bit*", en *Engineering & Technology,* vol. 9, nº 4, 2014, pp. 82-85; FLORES MENDOZA, F., *op. cit.*, pp. 155-187; GAINSBURY, S., *Internet gambling. Current research findings and implications,* Springer, New York/ Dordrecht/Heidelberg/London, 2012; MALLADA FERNÁNDEZ, C., "El uso de las nuevas tecnologías como método de blanqueo de capitales", en *Revista Penal,* nº 31, enero de 2013, pp. 161-170; RAMAGE, S., "*Information technology facilitating money laundering*", en *Information & Communications Technology Law,* vol. 21, nº 3, 2012, pp. 269-282; RYDER, N./REID, A.S., "*E-crime*", en *Information & Communications Technology Law,* vol. 21, nº 3, 2012, pp. 203-206; STOKES, R., "*Virtual money laundering: the case of bitcoin and the linden dollar*", en *Information & Communications Technology Law,* vol. 21, nº 3, 2012, pp. 221-236; VLCEK, W., "*Global anti-money laundering standards and developing economies: the regulation of mobile money*", en *Development Policy Review,* vol. 29, nº 4, 2011, pp. 415-431.

242 *Vid.* STS nº 978/2012, en *Revista Cuatrimestral Europea sobre Prevención y Represión del Blanqueo de Dinero,* nº 1, 2014.

243 *Cfr.* DOYLE, C., *op. cit.*, pp. 2, 3, 13, 23-27 y 76, notas 91 y 92.

cualquier viajero en un aeropuerto, incluso a los portadores de dinero lícito, eleva a delito lo que en España serían meras infracciones administrativas del control de cambios o vulneraciones de la normativa de prevención del blanqueo, el no informar de que se llevan al exterior o se introducen en los Estados Unidos más de 10.000 dólares, hechos que se castigan con prisión de hasta 5 años, multa no superior a un cuarto de millón de dólares o con ambas sanciones, además de una confiscación que puede ser inconstitucional por desproporcionada, como declaró la Corte Suprema en el caso los Estados Unidos contra Bajakajian, de 1998, aunque en el 90% de los supuestos el dinero en efectivo es decomisado[244]. No contento con esto el legislador estadounidense, para combatir el terrorismo[245], introdujo, mediante la conocida como Ley patriótica o *USA PATRIOT Act*[246], de 26 de octubre de 2001[247], motivada por los atentados del 11 de septiembre, en el título 31 del Código penal el artículo 5332, sobre contrabando de grandes cantidades de dinero en efectivo, para salvar en más casos la constitucionalidad de las confiscaciones o multas excesivas proscritas por la octava enmienda[248].

No obstante, ahora el tipo penal español del blanqueo abarca, en principio, al transportista que hace la mudanza de un famoso traficante de drogas, al trabajador de un garaje que custodia el vehículo de dicho narcotraficante y al guardarropa de cualquier establecimiento que queda al cuidado de su abrigo, dado que el artículo 301.1 castiga, desde la reforma de 22 de junio de 2010, la simple posesión de bienes con conocimiento de que tienen su origen en un delito, de manera que, a juicio de SÁNCHEZ STEWART, se convierte al blanqueo en un delito "permanente e imprescriptible"[249] mientras no cese la situación ilícita[250], según el artículo 132.1 del Código penal, y se produciría tanto un control social excesivo como una posible paralización de la vida económica. Con todo, deben descartarse estas conductas del tipo mediante una interpretación restrictiva que exija, conforme al principio de insignificancia,

---

244 *Cfr.* DOYLE, C., *op. cit.*, pp. 27-29 y 87, notas 229 y 230, que en pp. 29, 38, 87-89 y notas 231-247 se refiere al delito del artículo 5324, el cual castiga el fraccionamiento de una operación en varias para evitar la notificación de importaciones o exportaciones de dinero superiores a 10.000 dólares. Sobre el denominado *structuring vid.* recientemente *American jurisprudence, second edition, 2014 cumulative supplement, cit.*, §67, pp. 51 y 52.

245 *Cfr.* POPGOR, E.S./CLARK, R.S., *Understanding international criminal law*, 3ª ed., Lexis Nexis, New Providence/San Francisco, 2013, p. 78.

246 En realidad la denominación se debe a un acrónimo: *Uniting and Strengthening America by Providing Appropriate Tools Required to Intercept and Obstruct Terrorism* o Unión y Fortalecimiento de América por la Proporción de Instrumentos Adecuados Necesarios para Vigilar e Impedir el Terrorismo.

247 *Cfr.* STRADER, J.K., *op. cit.*, p. 312.

248 *Cfr.* DOYLE, C., *op. cit.*, pp. 30 y 89-91, notas 249-255.

249 SÁNCHEZ STEWART, N., "Los abogados estamos en desventaja respecto a otros sujetos obligados en la Ley antiblanqueo", en http://www.expansion.com/2010/11/23/juridico/1290544872.html, p. 2. En el mismo sentido *vid.* SILVENTE ORTEGA, J., *op. cit.*, pp. 359 y 360.

250 *Cfr.* MANJÓN-CABEZA OLMEDA, A., "Ganancias criminales...", *cit.*, p. 694.

una entidad "suficiente"[251] o relevante del valor de los bienes y de la contraprestación así como la limitación teleológica relativa a que los comportamientos sean idóneos para incorporar capitales ilícitos al tráfico económico[252].

En cuanto a la utilización, la reforma abarca, sobre todo, los grandes movimientos de capitales, pero también la interceptación en las aduanas de puertos españoles de vehículos de lujo sustraídos en la Unión Europea, que se tratan de trasladar fuera del territorio comunitario en el entramado de una organización criminal, hecho que había preocupado a la Fiscalía General del Estado en su Consulta 4/2006[253], así como al que le permite vivir un narcotraficante en una de sus mansiones, castillos o pazos, inquilino que debe saber que no puede aceptar tal oferta sin someterse al riesgo de una persecución penal. En este sentido se pronuncia la sentencia del Tribunal Supremo de 5 de diciembre de 2012, que considera el disfrute gratuito de una vivienda en Marbella, por la compañera sentimental de un delincuente, utilización de bienes a sabiendas de su origen ilícito, sin requerir finalidad alguna[254].

En tal línea el título 18 del Código penal estadounidense recoge en el artículo 1957 la llamada norma de empleo o "gasto de dinero"[255], que castiga al que realice transacciones monetarias de bienes delictivos, con conocimiento de su origen, sin requerir ninguna finalidad[256].

Cuestión distinta es el encaje de la nueva conducta en el artículo 301 del Texto punitivo, pues por utilización habría que entender todo uso o empleo de bienes delictivos que no implique un cambio de titularidad, en el sentido que exigen la adquisición y transmisión, una mutación de naturaleza, como requiere la conversión, una posesión sancionable, una ocultación o encubrimiento efectivo y que no se incluya en la realización de indeterminados actos para ocultar, encubrir o auxiliar. En el enmarañado marco de las conductas típicas del artículo 301 queda muy poco espacio para otorgar a la utilización un ámbito propio de aplicación, pero obviamente lo que se pretende es salvar los obstáculos probatorios[257], ya que cuando no se prueben ninguno de los elementos necesarios de los otros comportamientos basta constatar una utilización de bienes con el mero conocimiento de su origen delictivo, pues "siempre nos quedará..." el París de la utilización, anhelado por la fiscalía y

---

[251] VIDALES RODRÍGUEZ, C., "Blanqueo...", *cit.*, p. 14; DE LA MISMA AUTORA, "La posesión y utilización...", *cit.*, p. 58, que igualmente alude en esta última obra a los principios de ofensividad e intervención mínima y excluye los hechos de escasa trascendencia.

[252] Así también *vid.* DÍAZ-MAROTO Y VILLAREJO, J., Estudios..., *cit.*, pp. 464 y 465.

[253] *Cfr.* FERNÁNDEZ TERUELO, J.G., "Blanqueo...", *cit.*, pp. 322 y 323, marginal 2958.

[254] *Cfr.* STS nº 974/2012, *cit.*, fundamento de derecho vigésimo séptimo.

[255] CASSELLA, S.D., "*The forfeiture of property involved in money laundering offenses*", en *Buffalo Criminal Law Review*, vol. 7, nº 2, 2004, p. 614.

[256] *Cfr.* DOYLE, C., *op. cit.*, pp. 3, 21, 22, 81-83, notas 160, 161, 164, 165, 167 y 170.

[257] *Cfr.* MORENO ALCÁZAR, M.A., *op. cit.*, p. 689.

puesto a disposición por el legislador con el propósito de no dejar ningún hueco "por el que pueda escabullirse conducta alguna"[258].

De modo que ahora, a diferencia de la regulación anterior que no incriminaba la mera utilización de bienes procedentes de un delito[259], en principio, el artículo 301.1 de nuestro Código alcanza, como el § 261 II nº 2 del *StGB* alemán, al que escriba un texto en un ordenador sustraído[260]. Sin embargo, el tipo penal español contra el blanqueo, al igual que el alemán, debe ser "restringido teleológicamente"[261], lo cual fuerza a excluir del artículo 301 del Texto punitivo, por razones de atipicidad[262], todos los objetos materiales de cuantía irrelevante, como los "montantes en céntimos"[263], en virtud del principio de insignificancia[264]o de "intervención mínima"[265].

Precisamente el artículo 1957 del Código penal estadounidense, tachado de norma draconiana por la Corte Suprema en el caso los Estados Unidos contra Rutgard, de 1997[266], aunque su constitucionalidad ha sido salvada en varias ocasiones[267], fija el mínimo de 10.000 dólares para la tipicidad de las transacciones monetarias, el gasto de dinero o el uso de bienes delictivos. Sorprendentemente el Texto punitivo español no exige una entidad mínima del objeto material para el delito de blanqueo y castiga con las mismas penas todas las conductas, sin embargo, las sanciones previstas en el artículo 1957 del Código penal estadounidense representan la mitad de las contempladas en el artículo 1956, prisión de hasta 10 años frente a 20 y multa máxima de 250.000 dólares frente a 500.000 o, en ambos casos, del doble del importe de la transacción o del valor de los bienes delictivos[268], cuando en España, ade-

---

258 ORTS BERENGUER, E., *op. cit.*, p. 253.

259 *Cfr.* MOLINA MANSILLA, M.C./MOLINA MANSILLA, L., El blanqueo de dinero, Bosch, Barcelona, 2008, p. 23.

260 *Vid.*, críticamente LAMPE, E.-J., *"Der neue Tatbestand der Geldwäsche (§261 StGB)"*, en *Juristen Zeitung*, nº 3, 1994, traducido al castellano por Miguel Abel Souto y José Manuel Pérez Pena, bajo el título "El nuevo tipo penal del blanqueo de dinero *(§261 StGB)*", en *Estudios Penales y Criminológicos*, nº XX, 1997, p. 130.

261 VOGEL, J., *op. cit.*, p. 356.

262 *Cfr.* LORENZO SALGADO, J.M., "El tipo agravado de blanqueo...", *cit.*, pp. 224 y 225.

263 BOTTKE, W., "Mercado, criminalidad organizada y blanqueo de dinero en Alemania", traducido al castellano por Soledad Arroyo Alfonso y Teresa Aguado Correa, en *Revista Penal*, nº 2, 1998, p. 11.

264 *Cfr.* ARÁNGUEZ SÁNCHEZ, C., *op. cit.*, pp. 184, 185 y 248; PALMA HERRERA, J.M., *op. cit.*, pp. 350 y 351; RAGUÉS I VALLÈS, R., "Lavado de activos y negocios *standard*. Con especial mención a los abogados como potenciales autores de un delito de lavado", en ROXIN, C., Homenaje. Nuevas formulaciones en las Ciencias penales, Lerner, Universidad Nacional de Córdoba, 2001, p. 625; TERRADILLOS BASOCO, J.M., "El delito de blanqueo...", *cit.*, pp. 240 y 263.

265 MARTÍNEZ-BUJÁN PÉREZ, C., Derecho penal económico y de la empresa. Parte especial, 3ª ed., *cit.*, p. 481, 4ª ed., *cit.*, p. 596; DEL MISMO AUTOR, "La dimensión internacional...", *cit.*, p. 220, nota 87.

266 *Cfr.* STRADER, J.K., *op. cit.*,pp. 311 y 312.

267 *Cfr. United States code service, cumulative supplement*, 2014, *cit.*, p. 38.

268 *Cfr.* DOYLE, C., *op. cit.*, pp. 18, 19, 23 y 84, nota 183.

más, la multa llega hasta el triplo, penas que atentan manifiestamente contra el principio de proporcionalidad.

El mismo principio de insignificancia resulta aplicable a los actos básicos de consumo, prestaciones de servicios o ventas de mercancías en los negocios vitales cotidianos[269], dada la importancia de que se pueda transmitir el dinero recibido y utilizar las mercancías compradas[270]. Si no desterrásemos del tipo conductas dirigidas a sustentar la vida, al autor previo que solo dispusiese de dinero originado por un delito "prácticamente se le prohibiría la satisfacción de necesidades de importancia vital"[271] y, con ello, la propia subsistencia[272]. Además, se estaría obligando a cualquier potencial oferente de bienes o servicios "ora a renunciar a la liquidación de cuentas con dinero incontrolado ora a abstenerse del tráfico mismo"[273], lo cual limita tanto los derechos económicos del ciudadano que suscita serias dudas de constitucionalidad[274] y vulnera el "tráfico negocial sin fricciones y leal"[275].

Semejante castigo de la por SALDITT denominada "violación de la excomunión económica"[276], tanto de los bienes delictivos como de las personas, con la que se pretende "aislar"[277] al autor del delito previo y convertir el dinero delictivo en "inútil"[278], nos acerca peligrosamente a un "Derecho penal del enemigo"[279], obliga a la mujer e hijos del narcotraficante, que saben que todo su dinero procede del tráfico de drogas, a abandonarlo, pues no pueden convivir con él en el piso pagado con bienes delictivos, ni subirse al coche, ni usar el teléfono ni los electrodomésticos, impide a los amigos de este delincuente visitarle, aconseja a los abogados no aceptar su caso, salvo que fuesen designados de oficio, y recomienda a cualquier ciudadano no tener el más mínimo contacto con él si no quiere verse sometido al riesgo de persecución penal.

---

269 *Cfr.* ARÁNGUEZ SÁNCHEZ, C., *op. cit.*, pp. 184, 247 y 248.

270 *Cfr.* LAMPE, E.-J., *op. cit.*, pp. 131 y 132.

271 BARTON, S., "*Sozial übliche Geschäftstätigkeit und Geldwäsche (§261StGB)*", en *Strafverteidiger*, nº 3, 1993, p. 161.

272 *Cfr.* BLANCO CORDERO, I., "Negocios socialmente adecuados y delito de blanqueo de capitales", en *Anuario de Derecho Penal y Ciencias Penales*, tomo L, fascículo único, enero-diciembre 1997, p. 272.

273 BOTTKE, W., "*Teleologie und Effektivität der Normen gegen Geldwäsche*", en *Wistra*, nº 4, 1995, p. 122.

274 *Cfr.* BLANCO CORDERO, I., "Negocios socialmente adecuados...", *cit.*, p. 290.

275 ARZT, G./WEBER, U./HEINRICH, B./HILGENDORF, E., *op. cit.*, marginal 24.

276 SALDITT, F., "*Der Tatbestand der Geldwäsche*", en *Strafverteidiger-Forum*, 1992, p. 121.

277 ARZT, G./WEBER, U./HEINRICH, B./HILGENDORF, E., *op. cit.*, marginal 23.

278 CASSELLA, S.D., *op. cit.*, p. 614; DOYLE, C., *op. cit.*, p. 81, nota 160.

279 BARTON, S., *op. cit.*, p. 163.

En cuanto al ejercicio de la abogacía[280], carente de problemas cuando se

[280] Sobre la defensa letrada, el blanqueo y la posible calificación de neutral respecto al cobro de honorarios *vid.* AMBOS, K., "*Annahme «bemakelten» Verteidigerhonorars als Geldwäsche? Einschränkungsversuche in Lichte des Völker- und ausländischen Rechts*", en *Juristen Zeitung*, nº 2, 2002, pp. 70-82; AMERICAN COLLEGE OF TRUST AND ESTATE COUNSEL, "*Voluntary good practices guidance for lawyers to detect and combat money laundering and terrorist financing*", en *ACTEC Law Journal*, nº 37, 2011, pp. 28-76; ARZT, G./WEBER, U./HEINRICH, B./HILGENDORF, E., *op. cit.*, marginales 48a y 49; BLANCO CORDERO, I., "Cobro de honorarios de origen delictivo y responsabilidad penal del abogado por el delito de blanqueo de capitales. La situación en Alemania tras la sentencia del Tribunal constitucional alemán de 30 de marzo de 2004 (*BVerfG, Urteil v. 30.3.2004*)", en *Revista General de Derecho Penal*, nº 3, mayo de 2005 así como en *Anuario de la Facultad de Derecho de Ourense*, 2005, pp. 13-48; COCA VILA, I., "El abogado frente al blanqueo de capitales ¿Entre Escila y Caribdis? Comentario a la sentencia del Tribunal Europeo de Derechos Humanos de 6 de diciembre de 2012 (TEDH 12323/11). Caso *Michaud* contra *Francia*", en *InDret. Revista para el análisis del Derecho*, www.INDRET.COM, nº 4, 2013, pp. 1-28; CHOCLÁN MONTALVO, J.A., "Blanqueo de capitales y retribución del abogado. El pago de honorarios con cargo al patrimonio presuntamente criminal", en *La Ley Penal. Revista de Derecho Penal, Procesal y Penitenciario*, nº 53, octubre de 2008, pp. 43-50; FARALDO CABANA, P., "Los autores del delito de blanqueo de bienes en el Código penal español de 1995. Especial alusión a los poveedores de bienes y/o servicios: el caso de los abogados y asesores fiscales", en *Anuario de Derecho Penal y Ciencias Penales*, tomo LIX, 2006, pp. 135-179; FERNÁNDEZ, L./HEINRICH, B., *op. cit.*, pp. 382-445; GÓMEZ-JARA DÍEZ, C., "El criterio de los honorarios profesionales *bona fides* como barrera al abogado defensor frente al delito de blanqueo de capitales: un apunte introductorio", en BAJO FERNÁNDEZ, M./BACIGALUPO SAGGESE, S. (eds.), Política criminal y blanqueo de capitales, Marcial Pons, Madrid/Barcelona/Buenos Aires, 2009, pp. 207-224; GOTZENS, M./SCHNEIDER, M.C., "*Geldwäsche durch Annahme von Strafverteidigerhonoraren? ¾Rechtslage nach der Entscheidung BGH StR 513/00 vom 4. Juli 2001*", en *Wistra*, nº 4, 2002, pp. 121-129; GRÜNER, G./WASSERBURG, K., "*Geldwäsche durch die Annahme des Verteidigerhonorars?*", en *Goltdammer's Archiv für Strafrecht*, nº 9, 2000, pp. 430-447; HAMMAN, A.J./KOEN, R.A., "*Cave pecuniam: lawyers as launderers*", en *Potchefstroom Electronic Law Journal*, vol. 15, nº 5, 2012, pp. 68-100, en http://dx.doi.org/10.4314/pelj.v15i5.3; HETZER, W., "*Geldwäsche und Strafverteidigung*", en *Wistra*, nº 8, 2000, pp. 281-288; HOMBRECHER, L., *Geldwäsche (§261 StGB) durch Strafverteidiger? Eine Untersuchung zur Anwendung des §261 StGB auf das Honorar des Strafverteidigers, Shaker Verlag, Aachen*, 2001; HOWARD, R.C.JR., "*A slippery slope: white collar compliance in the international business arena*", en *International white collar enforcement, 2013 edition. Leading lawyers on preventative measures, regulatory compliance, and litigation*, Aspatore, reproducido por *Westlaw Next*, nº 574503, 2013, pp. 1-10; LUZÓN PEÑA, D.-M., "Responsabilidad penal del asesor jurídico en especial en relación con el blanqueo de capitales", en ABEL SOUTO, M./SÁNCHEZ STEWART, N., III congreso..., *cit.*, pp. 301-337; MACALUSO, A., "*Séquestre et confiscation des provisions et honoraires d'avocat: comment interpréter l'exigence jurisprudentielle de la persistance de la bonne foi au moment de la contre-prestation adéquate?*", en *Schweizerische Zeitschrift für Strafrecht*, vol. 131, nº 1, 2013, pp. 28-55; MATT, H., "*Geldwäsche durch Honorarannahme eines Strafverteidigers. Besprechung von BGH, Urteil vom 4.7.2001, 2 StR 513/00*, en *Goltdammer's Archiv für Strafrecht*, nº 3, 2002, pp. 137-152; PÉREZ MANZANO, M., "Neutralidad delictiva y blanqueo de capitales: el ejercicio de la abogacía y la tipicidad del delito de blanqueo de capitales", en *La Ley Penal. Revista de Derecho Penal, Procesal y Penitenciario*, nº 53, octubre de 2008, pp. 5-32 y también, con alguna modificación, en BAJO FERNÁNDEZ, M./BACIGALUPO SAGGESE, S., *op. cit.*, pp. 169-206; DE LA MISMA AUTORA, "Los derechos fundamentales al ejercicio de la profesión de abogado, a la libre elección de abogado y a la defensa y las «conductas neutrales». La sentencia del Tribunal constitucional alemán de 30 de marzo de 2004", en Homenaje al profesor dr. Gonzalo Rodríguez Mourullo, Aranzadi, Cizur Menor, 2005, pp. 789-835; ROBLES PLANAS, R., "Riesgos penales del asesoramiento jurídico", en *Diario La Ley*, nº 7015, 18 de septiembre de 2008, pp. 1-15; SÁNCHEZ-VERA GÓMEZ TRELLES, J., "Blanqueo de capitales y abogacía. Un necesario análisis crítico desde la teoría de la imputación objetiva", en *InDret. Revista para el análisis del Derecho*, www.INDRET.COM, nº 1, 2008, pp. 1-40; SHAPIRO, M., "*The prevalence of international money laundering crimes and the best practices to avoid it*", en *International white collar enforcement. Leading lawyers on understanding cross-border regulations, developing client compliance programs, and responding to government investigations*, Aspatore, reproducido por *Westlaw Next*, nº 271741, 2010, pp. 1-10; SOBOL, A.J., "*Staying on top of the issues: new developments for white collar lawyers and their clients*", en *Managing white collar legal issues, 2011 edition. Leading lawyers on understanding recent notable cases, establishing key defense*

respeta el código deontológico[281], no puede calificarse de acción cotidiana o neutral, según la sentencia del Tribunal Supremo de 5 de diciembre de 2012, la conducta del letrado que no se limita al asesoramiento profesional, sino que construye un entramado particularmente idóneo para el blanqueo mediante la "especial estructura de las sociedades constituidas en Delaware y la opacidad de las transmisiones respecto a la Hacienda Pública y terceros"[282] así como "su directa participación en la constitución de las sociedades de responsabilidad limitada en España, gestionando y administrando sus cuentas con las que se adquirían los inmuebles"[283], comportamiento que fue castigado, a título de blanqueo, con tres años de prisión, inhabilitación para el ejercicio del derecho de sufragio pasivo durante el tiempo de la condena y multa de 700.165'44 euros. Paradójicamente este caso pone de manifiesto que el país impulsor del GAFI ofrece, en alguno de sus estados, servicios opacos que favorecen el blanqueo; de hecho, los centros financieros de Miami, Nueva York y Londres así como de otros países de la OCDE son preferidos por los blanqueadores frente a los pretendidamente más atractivos[284] paraísos fiscales[285], que activan los "mecanismos de alarma"[286]. En este sentido se viene apreciando una progresiva disminución de las transferencias superiores a 30.000 euros, de obligada declaración según el artículo 7.2 b) del real decreto 925/1995, de 9 de junio, desde o a territorios o países designados en el real decreto 1080/1991, de 5 de julio, completado por la orden del Ministerio de Economía, de 24 de octubre de 2002, pues mientras en el año 2010 ascendían a 309.117, pasaron en 2011 a 305.858 y se volvieron a reducir en 2012 a 300.068[287]. También el Tribunal

---

strategies, and developing client relationships, Aspatore, reproducido por *Westlaw Next*, nº 5312568, 2010, pp. 1-18.

[281] *Vid. A lawyer's guide to detecting and preventing money laundering. A collaborative publication of the International Bar Association, the American Bar Association and the Council of Bars and Law Societies of Europe, October 2014*, en http://www.ccbe.eu, pp. 1-56 (febrero de 2015); *Financial Action Task Force report, Money laundering and terrorist financing vulnerabilities of legal professionals, June 2013*, en http://www.fatf-gafi.org, pp. 1-46 (febrero de 2015); SÁNCHEZ STEWART, N., La profesión de abogado, vols. 1 y 2, Difusión jurídica, Madrid, 2008; DEL MISMO AUTOR, Obligaciones del abogado y efectos de su incumplimiento, NSS, Barcelona, 2009; DEL MISMO AUTOR, Manual de deontología para abogados, La Ley, Madrid, 2012; DEL MISMO AUTOR, Abogados y prevención del blanqueo de capitales. Manual básico, con prólogo de ABEL SOUTO, M., Editorial Ley 57, Málaga, 2014.

[282] STS nº 974/2012, *cit.*, fundamento de derecho octavo.

[283] *Ibidem.*

[284] *Cfr.* FERNÁNDEZ STEINKO, A., *"Financial channels of money laundering in Spain"*, en *The British Journal of Criminology. An International Review of Crime And Society*, vol. 52, nº 5, septiembre de 2012, pp. 924-926.

[285] *Vid.* MIHU, S., *"Tax havens and the money laundering phenomenon"*, en *Journal of Academic Research in Economics*, vol. 3, nº 3, 2011, pp. 608-618; POPA, G.-D., *"Tax havens and the terrorism"*, en *Constanta Maritime University Annals*, vol. 14, nº 20, 2013, pp. 275-279.

[286] FARALDO CABANA, P., "La prevención...", *cit.*, p. 424.

[287] *Cfr.* COMISIÓN DE PREVENCIÓN DEL BLANQUEO DE CAPITALES E INFRACCIONES MONETARIAS, Memoria de información estadística 2010-2012, 2013, en http://www.mineco.gob.es /stfls/mineco/prensa/ficheros/noticias/2013/131208_ESTADISTICAS_2010_2012prensa.pdf, también en tesoro.es/sp/expcam/novedades_blanqueo.asp, p. 20 (febrero de 2015).

Supremo se pronunció el mismo año 2012, el 9 de abril, sobre otro abogado blanqueador, que cobró el 6% (600.000 euros) de la cantidad total estafada y obtuvo un préstamo por un millón de euros a cambio de asesorar, colaborar y ejecutar las operaciones necesarias para convertir en efectivo 10 millones procedentes de una estafa, de modo que pudieran disponer de ellos sus autores, y facilitar tanto las propias cuentas bancarias como las de otras personas físicas y jurídicas con las que tenía relación, el cual fue condenado a un año y medio de prisión, multa de 10 millones de euros e inhabilitación especial para el ejercicio de la abogacía por un año[288].

Respecto al Código penal estadounidense y el cobro de honorarios por los abogados, el artículo 1957, en el apartado primero de su letra f), excluye de la aplicación del delito de blanqueo por transacciones monetarias, ya desde la reforma de 1988[289], las necesarias para preservar el derecho de defensa garantizado por la sexta enmienda[290].

Obviamente, no existe ningún problema en someter a controles la posesión y uso de bienes delictivos para seguir el rastro del crimen y proceder al decomiso, aunque carece de sentido castigar tanto el mero aprovechamiento, cuando el blanqueo se ha independizado de la receptación[291], como la posesión y utilización no destinada a la inversión en la economía legal sino en actividades delictivas[292]. Por otra parte, parece que el prelegislador deseaba incriminar[293] la "posesión injustificable de bienes"[294], cuya sanción transitaría por la peligrosa senda de la "inversión de la carga de la prueba"[295], pero el comiso y la receptación civil constituyen alternativas preferibles[296] y menos evocadoras de un Derecho penal de autor frente a la exhibición de bienes delictivos[297].

Si a ello se le une la posibilidad de castigar el blanqueo por imprudencia grave[298] se puede generar una preocupante desproporción punitiva al ser via-

---

288 *Vid.* STS nº 279/2012, RJ\2012\5606, en www.westlaw.es (febrero de 2015).

289 *Cfr.* STRADER, J.K., *op. cit.*, p. 299; *United States code annotated*, 2000, *cit.*, p. 533.

290 *Cfr. American jurisprudence, second edition, 2014 cumulative supplement*, *cit.*, §63, p. 51; DOYLE, C., *op. cit.*, pp. 22 y 83, nota 174.

291 *Cfr.* VIDALES RODRÍGUEZ, C., "La posesión y utilización...", *cit.*, pp. 59 y 60; DE LA MISMA AUTORA, "Blanqueo...", *cit.*, p. 14.

292 *Cfr.* BERMEJO, M.G./AGUSTINA SANLLEHÍ, J.R., *op. cit.*, pp. 457 y 458.

293 *Cfr.* CONDE-PUMPIDO FERREIRO, C./SÁNCHEZ-JUNCO MANS, J., *op. cit.*, p. 1091.

294 QUINTERO OLIVARES, G., "Sobre la ampliación del comiso y el blanqueo...", *cit.*, p. 13.

295 QUERALT JIMÉNEZ, J.J., Derecho penal..., *cit.*, p. 1295.

296 *Cfr.* ORTS BERENGUER, E., *op. cit.*, p. 255.

297 *Cfr.* VIDALES RODRÍGUEZ, C., "La posesión y utilización...", *cit.*, pp. 60 y 61; DE LA MISMA AUTORA, "Blanqueo...", *cit.*, p. 15.

298 *Vid.* FABIÁN CAPARRÓS, E.A., "Consideraciones dogmáticas y político-criminales sobre el blanqueo imprudente de capitales", en *Revista General de Derecho Penal*, nº 16, noviembre de 2011, en www.iustel.com, pp. 1-33.

ble sancionar la posesión y utilización negligentes con una pena, de seis meses a dos años de prisión y multa del tanto al triplo que no distingue entre tipos básicos y agravados, la cual permite en el caso concreto castigar con mayor gravedad la conducta negligente que la dolosa, desproporción que no es de recibo[299]. Además, pese a que la doctrina reclama que el blanqueo imprudente se limite a los especialmente obligados por la normativa de prevención[300], de conformidad con la propuesta del GRUPO DE ESTUDIOS DE POLÍTICA CRIMINAL[301], y hasta se ha llegado a calificar de "aberración"[302] aplicar el tipo culposo a cualquiera que use un bien procedente de un delito, sin embargo, el Tribunal Supremo, aunque a veces reserve el blanqueo imprudente para los especialmente obligados, como en la sentencia de 3 de diciembre de 2012[303], mayoritariamente lo admite para cualquier ciudadano, *v.gr.* en la sentencia de 9 de noviembre de 2012 fueron sancionados por blanqueo imprudente 24 de los 28 condenados[304] y la de 20 de febrero de 2013 castigó por blanqueo culposo a los padres que consintieron en sus fincas obras suntuarias, valoradas en 563.000 euros, sin adoptar las más mínimas cautelas sobre la procedencia del dinero, sabiendo que el hijo había sido condenado por narcotráfico, y luego se las transmitieron a la nuera[305].

Con razón se ha criticado que la "asistemática"[306], "expansionista"[307] y "muy dudosa"[308] modalidad imprudente de blanqueo se haya convertido en "una especie de reedición de la medieval y denostada *semiprobatio*"[309], la cual vulnera la presunción de inocencia de la misma manera que el recurso a la "ignorancia deliberada"[310] o *willful blindness,* de abolengo estadounidense[311], que la sentencia del Tribunal Supremo de 9 de julio de 2012 incluye en el

---

299 *Cfr.* LORENZO SALGADO, J.M., "El tipo agravado de blanqueo...", *cit.*, pp. 241 y 242, notas 50 y 53.

300 *Cfr.* BERMEJO, M.G./AGUSTINA SANLLEHÍ, J.R., *op. cit.*, pp. 453 y 461.

301 *Cfr.* GRUPO DE ESTUDIOS DE POLÍTICA CRIMINAL, "Propuesta alternativa en el ámbito de los delitos de blanqueo de capitales y encubrimiento", en Una regulación alternativa..., *cit.*, pp. 67 y 68.

302 MANJÓN-CABEZA OLMEDA, A., "Ganancias criminales...", *cit.*, p. 669.

303 *Vid.* STS nº 978/2012, *cit.*, fundamento de derecho cuarto.

304 *Cfr.* STS nº 857/2012, *cit.*, fundamento de derecho noveno.

305 *Cfr.* STS nº 120/2013, *cit.*, fundamento de derecho primero.

306 ARZT, G./WEBER, U./HEINRICH, B./HILGENDORF, E., *op. cit.*, marginal 37.

307 MORILLAS CUEVA, L., "Aspectos dogmáticos...", *cit.*, p. 68.

308 MATALLÍN EVANGELIO, A., "El «autoblanqueo»...", *cit.*, p. 40.

309 VARELA CASTRO, L., *op. cit.*, p. 388.

310 *Vid.* CASTRO MORENO, A., "Consideraciones críticas...", *cit.*, pp. 450 y 452-462; RAGUÉS I VALLÈS, R., "La doctrina de la ignorancia deliberada y su aplicación al Derecho penal económico-empresarial", en SILVA SÁNCHEZ, J.-M./MIRÓ LLINARES, F. (dirs.), La teoría del delito en la práctica penal económica, La Ley, Madrid, 2013, pp. 287-320.

311 *Cfr.* DOYLE, C., *op. cit.*, pp. 5, 14, 70, nota 18 y 83, nota 170, que cita los casos de los Estados Unidos contra Antzoulatos, de 1992, y contra Lewis, de 2008; STRADER, J.K., *op. cit.*, pp. 300-302, 304, 307 y 308; *United States code service*, 2010, *cit.*, pp. 587 y 588.

dolo eventual[312], pero que la de 3 de diciembre de 2012 descarta, hasta por su "incorrección idiomática"[313], construcción que debe rechazarse cuando pretenda "soslayar la imprescindible motivación de los elementos fundamentadores de la prueba del conocimiento"[314]. Tampoco carece de enjundia la comisión del blanqueo negligente en el ejercicio de la abogacía[315] y también es posible, a tenor del apartado segundo del artículo 576 bis del Código penal, la financiación del terrorismo[316] imprudente por no detectarla o impedirla[317], aunque se reserva para los sujetos especialmente obligados conforme a la normativa de prevención.

VI. NOVEDOSOS TIPOS AGRAVADOS POR LA PROCEDENCIA DE LOS BIENES DE LA CORRUPCIÓN Y LOS DELITOS URBANÍSTICOS

Respecto a los nuevos tipos agravados[318], los diputados y senadores que aprobaron la Ley orgánica 5/2010, como los mayores en la obra de Antoine de Saint-Exupéry, El Principito, solo se interesan por las cifras, pero no se preguntan por lo esencial, pues han sucumbido al encanto pitagórico o la "fascinación por los números"[319] al no resistir la tentación del "endurecimiento"[320] punitivo, de incrementar las penas en el delito de blanqueo ante un "consi-

---

312 *Cfr.* STS nº 557/2012, *cit.*, fundamentos de derecho primero y tercero.

313 STS nº 978/2012, *cit.*, fundamento de derecho cuarto.

314 LORENZO SALGADO, J.M., "El tipo agravado de blanqueo...", *cit.*, pp. 244 y 245.

315 *Cfr.* LUZÓN PEÑA, D.-M., "Conclusiones", en ABEL SOUTO, M./SÁNCHEZ STEWART, N., III congreso..., *cit.*, pp. 397 y 398.

316 En general, sobre la relación entre el blanqueo de dinero y la financiación del terrorismo *vid.* DELSTON, R.S./WALLS, S.C., "*Strengthening our security: a new international standard on trade-based money laundering is needed now*", en *Case Western Reserve Journal of International Law*, vol. 44, nº 3, 2012, pp. 737-746; FARALDO CABANA, P., "La prevención...", *cit.*, pp. 421-435; GORDON, R., "*Terrorism financing indicators for financial institutions in the United States*", en *Case Western Reserve Journal of International Law*, vol. 44, nº 3, 2012, pp. 765-801; HUNT, J., "*The new frontier of money laundering: how terrorist organizations use cyberlaundering to fund their activities, and how governments are trying to stop them*", en *Information & Communications Technology Law*, vol. 20, nº 2, 2011, pp. 133-152; JOHNSON, B.-A.S., "*Trasnational terrorism: globalization, voluntary compliance, and U.S. port security*", en *The Global Studies Journal*, vol. 5, nº 4, 2013, pp. 65-76; XHELILI, B./CROWNE, E., "*Privacy & terrorism rewiew. Where have we come in 10 years?*", en *Journal of International Commercial Law and Technology*, vol. 7, nº 2, 2012, pp. 121-135.

317 *Vid.* GONZÁLEZ CUSSAC, J.L., "Financiación del terrorismo", en ABEL SOUTO, M./SÁNCHEZ STEWART, N., III congreso..., *cit.*, pp. 381 y 382.

318 *Vid.* ABEL SOUTO, M., "La expansión...", *cit.*, pp. 27-31; DEL MISMO AUTOR, "La reforma...", *cit.*, pp. 98-105; FERRÉ OLIVÉ, J.C., "El nuevo tipo agravado de blanqueo cuando los bienes tengan su origen en delitos relativos a la corrupción", en ABEL SOUTO, M./SÁNCHEZ STEWART, N., III congreso..., *cit.*, pp. 389-391; NÚÑEZ PAZ, M.A., "El tipo agravado de blanqueo...", *cit.*, pp. 267-279.

319 SILVA SÁNCHEZ, J.-M., "La reforma del Código penal: una aproximación desde el contexto", en *Diario La Ley*, nº 7464, 9 de septiembre de 2010, p. 5.

320 DÍAZ Y GARCÍA CONLLEDO, M., "El castigo del autoblanqueo...", *cit.*, p. 288.

derable"[321] o "largo elenco"[322] de hechos previos que manifiesta la tendencia expansionista[323] de la política criminal en esta materia[324], pese a que tales aumentos de gravedad "carecen de efecto preventivo general relevante"[325]. Sobre tamañas cualificaciones se proyecta la imposición en la mitad superior de la prisión por pertenencia a una organización dedicada al blanqueo del artículo 302.1[326], con lo que se permite que la pena alcance "límites realmente elevados"[327].

Los nuevos tipos agravados se ubican sistemáticamente de forma incorrecta, en la medida en que se sitúan en el artículo 301.1 del Código penal y alcanzan al 301.2[328], carecen de fundamento político criminal y adolecen de una pésima redacción. Realmente se agrava la pena del blanqueo de bienes originados en algunos delitos contra la Administración pública[329], los recogidos en los artículos 419 a 445 del Texto punitivo, sobre la ordenación del territorio y el urbanismo[330], aunque para llegar a esa simple conclusión el lector e intérprete habrá de malgastar bastante tiempo con riesgo de perderse entre las rúbricas, capítulos y títulos del Código, pues el legislador, críptica y "farragosamente"[331], sin ofrecer ninguna pista que vincule las agravaciones a un elemento corruptor, público o urbanístico[332], solo dispone que los bienes tengan su origen en infracciones de los "Capítulos V, VI, VII, VIII, IX y X del Título XIX o en alguno de los delitos del Capítulo I del Título XVI", con lo que al exceso en el incremento de la pena une el de caracteres, pues en vez de "V, VI, VII, VIII, IX y X" bastaba con escribir "V a X", y vuelve a sucumbir a la fascinación pitagórica con una concentración, que difícilmente se puede encontrar en otro texto legal, de nueve números romanos entre catorce palabras, dicción "peculiar"[333] que rompe la estructura del tipo, habida cuenta de que la cualificación hasta ahora existente alude a "delitos relacionados con

---

321 GALLEGO SOLER, J.I., *op. cit.*, p. 665.

322 GONZÁLEZ RUS, J.J., en MORILLAS CUEVA, L., Sistema de Derecho penal..., *cit.*, p. 637.

323 *Ibídem.*

324 *Cfr.* TERRADILLOS BASOCO, J.M., Lecciones..., *cit.*, p. 164.

325 SILVA SÁNCHEZ, J.-M., "La reforma...", *cit.*, p. 5.

326 *Vid.* LORENZO SALGADO, J.M., "El tipo agravado de blanqueo...", *cit.*, pp. 235-237.

327 MUÑOZ CONDE, F., "El delito de blanqueo...", *cit.*, p. 376.

328 *Cfr.* LORENZO SALGADO, J.M., "El tipo agravado de blanqueo...", *cit.*, p. 235.

329 *Cfr.* VÁZQUEZ IRUZUBIETA, C., Comentario al Código penal. Actualizado por LO 5/2010, de 22 de junio, La Ley, Madrid, 2010, p. 703.

330 *Vid.* DÍAZ-MAROTO Y VILLAREJO, J., en MOLINA FERNÁNDEZ, F., *op. cit.*, p. 1135, marginal 12425; DEL MISMO AUTOR, Estudios..., *cit.*, pp. 471 y 472; GARCÍA VALDÉS, C./MESTRE DELGADO, E./FIGUEROA NAVARRO, C., *op. cit.*, p. 171; HURTADO ADRIÁN, A., *op. cit.*, p. 247; JUANES PECES, A., *op. cit.*, p. 61; MANZANARES SAMANIEGO, J.L., *op. cit.*, p. 727; MARTOS NÚÑEZ, J.A., *op. cit.*, p. 213; MESTRE DELGADO, E., en LAMARCA PÉREZ, C., *op. cit.*, p. 479; REBOLLO VARGAS, R., en ÁLVAREZ GARCÍA, F.J., *op. cit.*, pp. 785 y 786.

331 LORENZO SALGADO, J.M., "El tipo agravado de blanqueo...", *cit.*, p. 226, nota 9.

332 *Cfr.* NÚÑEZ PAZ, M.A., "El tipo agravado de blanqueo...", *cit.*, p. 274.

333 LORENZO SALGADO, J.M., "El tipo agravado de blanqueo...", *cit.*, *loc. cit.*

el tráfico de drogas... descritos en los artículos 368 a 372" [334]. Una redacción coherente con el otro tipo agravado y fácilmente inteligible podría haber rezado: "delitos contra la Administración pública descritos en los artículos 419 a 445 o relativos a la ordenación del territorio y el urbanismo", sin necesidad de mencionar los artículos 319 y 320, pues en este último capítulo no existen más delitos.

Ciertamente, la corrupción constituye "uno de los grandes problemas de nuestro tiempo"[335], como puso de manifiesto FERRÉ OLIVÉ en el encuentro ítalo-hispano-luso-polaco sobre blanqueo de dinero y corrupción en el sistema bancario, celebrado en Lisboa del 18 al 21 de abril de 2002, tanto en el mundo, de hecho fue el tema que se trató en el V foro internacional sobre crimen y Derecho penal en la era global celebrado en Pekín[336], la capital del país[337] al que, según se ha dicho, se dirige el mayor flujo de dinero ilícito[338], como en España, la cual estaba situada en percepción de la corrupción, según Transparencia Internacional, durante el año 2012 en el puesto 30 de 176 países[339], retrocedió en 2013 a la posición 40 de 177[340] y en 2014 se mantuvo en el puesto 37 de 175 naciones[341].

---

334 *Vid.* CICCHINI, D.H., "*From urbanization to globalization: using the federal money laundering and civil asset forfeiture statutes in the twenty-first century drug war*", en *Rutgers Law Journal,* vol. 41, 2010, pp. 741-781; FERNÁNDEZ STEINKO, A., "Blanqueo, narcotráfico y desregulación financiera", en EL MISMO AUTOR, Delincuencia, finanzas..., *cit.,* pp. 245-288; HARRISON, B., "*Breaking free from insanity: a white-collar crime approach to drug war policy*", en *University of the District of Columbia Law Review,* vol. 15, 2011, pp. 129-137; MERCILLE, J., "*The U.S. «war on drugs» in Afghanistan. Reality or pretext?*", en *Critical Asian Studies,* vol. 43, nº 2, 2011, pp. 285-309; NAVARRO, I.A., "*Housing markets on cocaine: explaining the relationship between cocaine exports and local housing markets in the Andes*", en *Journal of Housing Research,* vol. 22, nº 1, 2013, pp. 59-74; PALITOT BRAGA, R.R./LUCENA MARTINS, F.E., "Blanqueo de capitales y el tráfico de drogas en la *deep web*: el avance de la delincuencia virtual", en VIDALES RODRÍGUEZ, C., Tráfico de drogas..., *cit.,* pp. 405-423; VIDALES RODRÍGUEZ, C., "Tráfico de drogas y blanqueo de capitales: de la organización criminal a la desorganización normativa", en LA MISMA AUTORA, Tráfico de drogas..., *cit.,* pp. 477-509.

335 FERRÉ OLIVÉ, J.C., "Corrupción, crimen organizado y «blanqueo» de capitales en el mercado financiero", en EL MISMO AUTOR (ed.), Blanqueo de dinero y corrupción en el sistema bancario. Delitos financieros, fraude y corrupción en Europa, vol. II, Ediciones de la Universidad de Salamanca, Salamanca, 2002, p. 20.

336 *Vid. Fifth Session of the International Forum on Crime and Criminal Law in the Global Era, Beijing,* 2013.

337 *Vid.* HEILMANN, S./SCHULTE-KULKMANN, N., "*The limits of policy diffusion: introducing international norms of anti-money laundering into China's legal system*", en *Governance,* vol. 24, nº 4, 2011, pp. 639-664; PASSAS, N./HSU, S./LI, J., "*Development and legitimacy of chinese informal finance*", en *The Pacific Review,* vol. 25, nº 4, 2012, pp. 495-511; SHENGGANG, Y./LAI, W., "*Detecting money laundering using filtering techniques: a multiple-criteria index*", en *Journal of Economic Policy Reform,* vol. 13, nº 2, 2010, pp. 159-178.

338 *Cfr.* PONTÓN, D., "*La economía del narcotráfico y su dinámica en América Latina*", en *Íconos. Revista de Ciencias Sociales,* nº 47, 2013, p. 148.

339 *Vid.* TRANSPARENCY INTERNATIONAL, *Corruption Perceptions Index 2012,* en http://www.transparency.org (febrfero de 2015).

340 *Vid.* TRANSPARENCY INTERNATIONAL, *The 2013 Corruption Perceptions Index,* en http://cpi.www.transparency.org (febrero de 2015).

341 *Vid.* TRANSPARENCY INTERNATIONAL, *The 2014 Corruption Perceptions Index,* en http://www.transparency.org (febrero de 2015).

En realidad, España posee una regulación penal razonable contra la corrupción[342], pero existen serios problemas de falta de recursos[343]. Pese a las necesidades de medios materiales y humanos[344], las sentencias por delitos relativos a la corrupción en nuestro país se incrementaron en un 151% durante los años 2010, 2011 y 2012[345]. Además, las comunicaciones de operaciones sospechosas por corrupción y soborno únicamente se encuentran situadas en el quinto lugar de importancia en las infracciones precedentes del blanqueo y han disminuido de 93 en 2011 a 80 en 2012. También han descendido la remisión de informes por el SEPBLAC a la fiscalía anticorrupción de 70 en 2011 a 53 en 2012 y las congelaciones e incautaciones policiales relativas a los delitos de corrupción y soborno de 8 en 2011 a 1 en 2012[346]. Finalmente, un estudio estadístico sobre 605 sentencias, dictadas entre el 23 de mayo de 1997 y el 26 de marzo de 2013, acaba de constatar que el cohecho y la malversación de caudales públicos solo fueron delitos previos del blanqueo de dinero en el 0,4% de los casos[347].

Por supuesto que la corrupción representa un "monstruo social de mil cabezas"[348], existe sobre la materia un "creciente interés internacional"[349], tanto político[350] como normativo[351], hasta llega a vincularse con instituciones educativas o religiosas[352] y parece que el legislador penal español con este nuevo tipo agravado pretende responder a sucesos de gran atención mediática[353], entre los que se cita el caso de Isabel Pantoja y Julián

[342] *Vid.* ARIAS RODRÍGUEZ, J.M., "Algunas reflexiones sobre la política anticorrupción de la Unión Europea", en *Diario La Ley,* nº 7989, 2012, pp. 8-11; BLANCO CORDERO, I., "La reforma de los delitos de corrupción mediante la Ley orgánica 5/2010: nuevos delitos y aumento de penas", en *Diario La Ley,* nº 7534, 2010, pp. 1-11; CUESTA ARZAMENDI, J.L., DE LA, "La corrupción ante el Derecho y la Justicia", en *Diario La Ley,* nº 8153, 2013, pp. 7-9.

[343] *Cfr.* GRUPO DE ESTUDIOS DE POLÍTICA CRIMINAL, *Comunicado a la opinión pública sobre corrupción,* 2013, en http://www.gepc.es (febrero de 2015).

[344] *Cfr.* ABEL SOUTO, M., "*Anti-corruption strategy in the global era and money laundering*", en *Fifth Session of the International Forum..., cit.,* p. 1.

[345] *Cfr.* TORRES-DULCE LIFANTE, E., Memoria elevada al gobierno de S.M. presentada al inicio del año judicial por el Fiscal General del Estado Excmo. Sr. D. Eduardo Torres-Dulce Lifante, Centro de Estudios Jurídicos, Ministerio de Justicia, Madrid, 2013, vol. I, p. 655.

[346] *Cfr.* COMISIÓN DE PREVENCIÓN DEL BLANQUEO DE CAPITALES E INFRACCIONES MONETARIAS, *op. cit.,* pp. 16, 17 y 60 (febrero de 2015).

[347] *Cfr.* SILVENTE ORTEGA, J., *op. cit.,* pp. 172, 185, 187, 188 y 443.

[348] MORILLAS CUEVA, L., "Aspectos dogmáticos...", *cit.,* p. 52.

[349] BERMEJO, M.G./AGUSTINA SANLLEHÍ, J.R., *op. cit.,* pp. 454 y 460.

[350] *Cfr.* PIETH, M., "*Money laundering*", en PIETH, M./LOW, L.A./BONUCCI, N., *The OCDE convention on bribery. A commentary,* 2ª ed., Cambridge University Press, Cambridge/New York, 2014, p. 424.

[351] *Vid.* PÁLENÍKOVÁ, L., "*Corruption in public tenders concept of selfcleaning*", en *Anali Pravnog Faculteta Univerziteta u Zenici,* nº 9, 2012, pp. 275-280.

[352] *Vid.* KINGSTON, K.G., "*Churches and private educational institutions as facilitator of money laundering: the case of Nigeria*", en *Journal of Advanced Research in Law and Economics,* vol. 2, nº 2, 2011, pp. 136-142.

[353] *Cfr.* NÚÑEZ PAZ, M.A., "El tipo agravado de blanqueo...", *cit.,* p. 274.

Muñoz[354], pero la escalada punitiva es evidente, pues desde la atipicidad del blanqueo de dinero procedente de la corrupción se ha pasado a su castigo en 1995 cuando el hecho previo sea grave, se ha ampliado en 2003 a cualquier delito relativo a la corrupción y se ha elevado en 2010 a la consideración de circunstancia agravante específica[355]. Ya el GAFI, en su informe de 23 de junio de 2006, puso de relieve las deficiencias del sistema preventivo español respecto a las "personas del medio político"[356], según la traducción de la normativa europea, aunque sería más correcto hablar de "personas políticamente expuestas" (*politically exposed persons*)[357], definidas por la tercera Directiva contra el blanqueo[358] como "personas físicas que desempeñen o hayan desempeñado funciones públicas importantes, así como sus familiares más próximos y personas reconocidas como allegados"[359], que son concretadas en la Directiva 2006/70/CE[360], la cual desarrolla el documento europeo que se acaba de mencionar[361]. Igualmente el GAFI elaboró, en octubre de 2010, una guía de referencia y una nota informativa para concienciar sobre cómo el uso de sus recomendaciones podría ayudar a combatir la corrupción, que fue revisada en octubre de 2012 para adaptarla a los cambios operados en las recomendaciones[362], analizó las relaciones entre corrupción y blanqueo, sus métodos y las vulnerabilidades del sistema de prevención en un informe publicado en 2011[363], abordó en las nuevas recomendaciones de febrero de 2012 la necesidad de contar con sistemas de gestión de riesgos apropiados para determinar si el

354 *Cfr.* FARALDO CABANA, P., "El blanqueo...", *cit.*, p. 33.

355 *Cfr.* FERRÉ OLIVÉ, J.C., "El nuevo tipo agravado...", *cit.*, p. 389.

356 *Vid.* DÍAZ-MAROTO Y VILLAREJO, J., "Recepción de las propuestas del GAFI y de las Directivas europeas sobre el blanqueo de capitales en el Derecho español", en BAJO FERNÁNDEZ, M./ BACIGALUPO SAGGESE, S., *op. cit.*, pp. 33-37; DEL MISMO AUTOR, "La normativa española sobre el blanqueo de capitales. El GAFI y las Directivas europeas", en COSTA ANDRADE, M. DA/ANTUNES, M.J./ AIRES DE SOUSA, S., *Estudos em Homenagem ao prof. doutor Jorge de Figueiredo Dias, Volume III*, Coimbra editora, 2010, pp. 263-265.

357 *Cfr.* FERRÉ OLIVÉ, J.C., "El nuevo tipo agravado...", *cit.*, p. 390.

358 *Vid.* IONESCU, L., "*Money laundering directives and corruption in the European Union*", en *Contemporary Readings in Law and Social Justice*, vol. 2, nº 2, 2012, pp. 562-566.

359 *Directiva 2005/60/CE del Parlamento Europeo y del Consejo, de 26 de octubre de 2005, relativa a la prevención de la utilización del sistema financiero para el blanqueo de capitales y para la financiación del terrorismo, Diario Oficial de la Unión Europea,* nº L 309, de 25 de noviembre de 2005, artículo 3.8.

360 *Vid. Directiva 2006/70/CE de la Comisión, de 1 de agosto de 2006, por la que se establecen disposiciones de aplicación de la Directiva 2005/60/CE del Parlamento Europeo y del Consejo en lo relativo a la definición de «personas del medio político» y los criterios técnicos aplicables a los procedimientos simplificados de diligencia debida con respecto al cliente así como en lo que atañe a la exención por razones de actividad financiera ocasional o muy limitada, Diario Oficial de la Unión Europea,* nº L 214, de 4 de agosto de 2006.

361 *Cfr.* MORILLAS CUEVA, L., "Aspectos dogmáticos...", *cit.*, p. 61.

362 *Vid. Financial Action Task Force (FATF), Corruption. A reference guide and information note on the use of the FATF recommendations to support the fight against corruption, October 2012,* en http://www.fatf-gafi.org, pp. 1-8 (febrero de 2015).

363 *Vid. FATF report. Laundering the proceeds of corruption, July 2011,* en http://www.fatf-gafi.org, pp. 1-53 (febrero de 2015).

cliente o beneficiario es una persona políticamente expuesta extranjera y de adoptar medidas razonables para identificarlas cuando sean nacionales o pertenezcan a una organización internacional, a cuyos efectos publicó en 2012 un informe destinado a ayudar a las instituciones informantes a comprender mejor e identificar los factores de riesgo, es decir, las relaciones negociales, clientes y productos, que pueden revelar el blanqueo de dinero procedente de la corrupción[364] y acaba de elaborar una guía para favorecer la aplicación de las recomendaciones 12 y 22 a las personas políticamente expuestas extranjeras, nacionales e internacionales, sus familiares y allegados, con fuentes externas de información, como bases de datos, e indicios de blanqueo de dinero vinculado a la corrupción[365].

También el GRUPO DE ESTUDIOS DE POLÍTICA CRIMINAL evidenció la indudable relación entre irregularidades urbanísticas y blanqueo[366], pues el negocio de la construcción[367] no solo representa, en palabras de TERRADILLOS BASOCO, un inagotable "venero de donde se nutren los activos a lavar"[368] sino también "un caldo de cultivo adecuado para realizar el blanqueo de dinero"[369], un sector privilegiado para introducir bienes delictivos en la economía legal, de ahí que el legislador sintiese la necesidad de mostrar al ciudadano[370] que abordaba la emergente y escandalosa corrupción urbanística nacional evitando la consolidación de sus beneficios[371], sobre todo después de la detención de 19 alcaldes a finales de 2009 por corrupción urbanística[372].

---

[364] *Vid. FATF report. Specific risk factors in laundering the proceeds of corruption. Asistance to reporting institutions, June 2012*, en http://www.fatf-gafi.org, pp. 1-46 (febrero de 2015).

[365] *Vid. FATF guidance. Politically exposed persons (recommendations 12 and 22), June 2013*, en http://www.fatf-gafi.org, pp. 1-34 (febrero de 2015).

[366] GRUPO DE ESTUDIOS DE POLÍTICA CRIMINAL, "Manifiesto sobre corrupción urbanística y otras conductas delictivas relacionadas", en Una regulación alternativa..., *cit.*, p. 18.

[367] *Vid.* FERRO VEIGA, J.M., Propiedad inmobiliaria. Blanqueo de capital y crimen organizado, Editorial Club Universitario, Alicante, 2012.

[368] TERRADILLOS BASOCO, J.M., "El delito de blanqueo...", *cit.*, p. 214.

[369] RÍOS CORBACHO, J.M., "Un acercamiento al perfil del delincuente urbanístico", en http://www.iustel.com, *Revista General de Derecho Penal*, nº 14, 2010, p. 7.

[370] *Cfr.* NÚÑEZ PAZ, M.A., "El tipo agravado de blanqueo...", *cit.*, pp. 269, 270 y 275.

[371] *Cfr.* BERMEJO, M.G./AGUSTINA SANLLEHÍ, J.R., *op. cit.*, pp. 454, 459 y 460.

[372] *Vid.* REBOLLO VARGAS, R., "La deslegitimación...", *cit.*, pp. 191, 192 y 229; DEL MISMO AUTOR, "Limitaciones...", *cit.*, pp. 129 y 159.

No obstante, el desacierto político-criminal[373] que pesaba sobre el tipo agravado de blanqueo de dinero procedente del narcotráfico[374] debe predicarse, con mayor razón, de los nuevos tipos cualificados cuando los bienes tengan su origen en algunos delitos contra la Administración pública y los urbanísticos, ya que no puede presumirse que las sumas blanqueadas procedentes de estas infracciones superen las derivadas de otros delitos[375]. Tampoco se justifican dichos tipos agravados en atención a los bienes jurídicos protegidos[376], pues nos encontramos ante los mismos valores tutelados mediante el tipo básico[377], porque la Administración de Justicia tiene interés en sancionar cualquier delito[378] y el orden socioeconómico[379] no resulta más lesionado por el blanqueo de dinero procedente de esos delitos. Lo que realmente determina un mayor contenido de injusto es el valor de lo blanqueado, dato que no se tiene en cuenta[380] al incrementar la prisión, y sobre él debería operarse para agravar la pena[381], de manera que el tipo cualificado habría de centrarse en las características del objeto material, la "magnitud"[382] o notoria "impor-

---

373 Ya el GRUPO DE ESTUDIOS DE POLÍTICA CRIMINAL en su primer manifiesto, de 2 de diciembre de 1989, propuso despenalizar el tráfico de drogas entre adultos para, además de otras muchas cosas, disminuir el margen de beneficios y el poder de las grandes organizaciones de narcotraficantes (*cfr.* "Manifiesto por una nueva política sobre las drogas", en Una alternativa a la actual política criminal sobre drogas, Imagraf, Málaga, 1992, p. 13). En este sentido, no solo Uruguay ha legalizado el uso recreativo y médico de la marihuana sino que también 21 estados de los EE.UU actualmente permiten la venta de marihuana medicinal (*cfr.* SALAS, L.P., "La legalización de la marihuana medicinal en Estados Unidos", en VIDALES RODRÍGUEZ, C., Tráfico de drogas..., *cit.*, pp. 429 y 433) y la I conferencia centroamericana sobre seguridad concluyó, el 20 de mayo de 2014, en torno a la legalización de las drogas que "una actividad regulada puede ser controlada" (CARAZO JOHANNING, A.T., "Algunas reflexiones sobre la política de drogas de Costa Rica: debate actual", en VIDALES RODRÍGUEZ, C., Tráfico de drogas..., *cit.*, pp. 53 y 54).

374 *Vid.* ABEL SOUTO, M., El delito de blanqueo..., *cit.*, pp. 279-287 y bibliografía allí citada; DEL MISMO AUTOR, "*Drugs criminal policies in the global era and money laundering*", en *Sixth session of the international forum on crime and criminal law in the global era, Beijing*, 2014, pp. 80-91; DEL MISMO AUTOR, "Política criminal sobre drogas en la era global y blanqueo de dinero", en *Revista Cuatrimestral Europea sobre Prevención y Represión del Blanqueo de Dinero*, nº 2/3, 2014, pp. 7-17; LORENZO SALGADO, J.M., "El tipo agravado de blanqueo...", *cit.*, pp. 230 y 232; NÚÑEZ PAZ, M.A., "El tipo agravado de blanqueo...", *cit.*, pp. 272 y 273.

375 *Cfr.* NÚÑEZ PAZ, M.A., "El tipo agravado de blanqueo...", *cit.*, p. 276.

376 *Cfr.* BERDUGO GÓMEZ DE LA TORRE, I./FABIÁN CAPARRÓS, E.A., *op. cit.*, p. 13.

377 *Cfr.* NÚÑEZ PAZ, M.A., "El tipo agravado de blanqueo...", *cit.*, *loc. cit.*

378 *Vid.* PASSAS, N., "*Financial controls and counter-proliferation of weapons of mass destruction*", en *Case Western Reserve Journal of International Law*, vol. 44, nº 3, 2012, pp. 747-763; PETRUNOV, G., "*Managing money acquired from human trafficking: case study of sex trafficking from Bulgaria to western Europa*", en *Trends in Organized Crime*, vol. 14, nº 2/3, 2011, pp. 165-183; PURKEY, H., "*The art of money laundering*", en *Florida Journal of International Law*, vol. 22, nº 1, 2010, pp. 111-144.

379 *Vid.* ENE, C.-M./UZL⊠U, M.-C./CRISTEA, D.-G., "*The economic impact of financial abuse, financial crime and money laundering*", en *Hyperion International Journal of Econophysks & New Economy*, vol. 5, nº 1, 2012, pp. 147-157.

380 *Cfr.* DÍAZ Y GARCÍA CONLLEDO, M., "El castigo del autoblanqueo...", *cit.*, p. 286.

381 *Cfr.* PALMA HERRERA, J.M., *op. cit.*, pp. 787 y 788.

382 DÍAZ Y GARCÍA CONLLEDO, M., "Blanqueo de bienes", en LUZÓN PEÑA, D.-M. (dir.), Enciclopedia penal básica, Comares, Granada, 2002, p. 209.

tancia"[383] de la "cantidad efectivamente blanqueada"[384] y no en la irrelevante naturaleza del delito previo[385], dado que el fundamento de la agravación radicaría en el mayor caudal de bienes ilícitos[386] puestos en circulación. Desde el punto de vista técnico, también es inaceptable agravar las penas en el blanqueo por el origen de los bienes, habida cuenta de que desposeeríamos de autonomía[387] a este tipo penal para atender al delito base[388]. La incriminación del blanqueo quedaría privada de contenido material independiente[389] y no pasaría de ser un refuerzo del bien jurídico ya protegido mediante el delito del que derivan los capitales[390]. Igualmente, si el Código penal de 1995, según dejó escrito NÚÑEZ PAZ, pretendía sancionar "especialmente"[391] el blanqueo de dinero "procedente del narcotráfico"[392] -a diferencia del Texto punitivo estadounidense, que no contempla un tipo agravado para el blanqueo del dinero de la droga, aunque la primera directriz o guía de sentencias de 1987[393] refleja que la pena máxima de 20 años prevista en el artículo 1956 puede imponerse en los casos en los que el narcotráfico es el delito antecedente[394]- y una decepcionante aplicación jurisprudencial, a pesar de la ampliación de los hechos previos, sigue centrándose casi exclusivamente en el tráfico de drogas[395], como demuestran un estudio sobre 363 sentencias dictadas entre 1995 y 2010, conforme al cual el narcotráfico integraba el delito previo del blanqueo en el 91% de los casos (337)[396], y otro análisis de 605 sentencias publicadas entre 1997 y 2013, según el que los delitos relativos a drogas representaban el hecho antecedente del blanqueo en el 94'2% del los supues-

---

[383] *Cfr.* NÚÑEZ PAZ, M.A., "El tipo agravado de blanqueo...", *cit.*, p. 275.

[384] LORENZO SALGADO, J.M., "El tipo agravado de blanqueo...", *cit.*, p. 231.

[385] *Cfr.* ARÁNGUEZ SÁNCHEZ, C., *op. cit.*, p. 316.

[386] *Cfr.* FARALDO CABANA, P., "Aspectos básicos del delito de blanqueo de bienes en el Código penal de 1995", en *Estudios Penales y Criminológicos*, nº XXI, 1998, p. 150; VIDALES RODRÍGUEZ, C., Los delitos de receptación y legitimación de capitales en el Código penal de 1995, Tirant lo Blanch, Valencia, 1997, p. 142.

[387] *Cfr.* LORENZO SALGADO, J.M., "El tipo agravado de blanqueo...", *cit.*, p. 232.

[388] *Cfr.* ÁLVAREZ PASTOR, D./EGUIDAZU PALACIOS, F., La prevención del blanqueo de capitales, Aranzadi, Pamplona, 1998, p. 290; DE LOS MISMOS AUTORES, Manual de prevención del blanqueo de capitales, Marcial Pons, Madrid/Barcelona, 2007, p. 356, NÚÑEZ PAZ, M.A., "El tipo agravado de blanqueo...", *cit.*, p. 276.

[389] *Cfr.* FABIÁN CAPARRÓS, E.A., El delito de blanqueo..., *cit.*, p. 194.

[390] *Ibídem.*

[391] NÚÑEZ PAZ, M.A., "El nuevo Código penal: Parte general y especial. Innovaciones y juicio crítico", en *Boletín de la Facultad de Derecho, UNED*, nº 12, 1997, p. 426, nota 86.

[392] *Ibídem.*

[393] *Vid.* www.ussc.gov/guidelines-manual (febrero de 2015).

[394] *Vid.* DOYLE, C., *op. cit.*, pp. 18 y 79, notas 136 y 137, que también se refiere al narcotráfico como hecho previo del artículo 1952, en pp. 24 y 26, y de la criminalidad organizada (RICO), en pp. 33, 93 y 94, nota 287.

[395] *Vid.* ABEL SOUTO, M., "Conductas típicas...", *cit.*, pp. 244 y 245; MORENO ALCÁZAR, M.A., *op. cit.*, p. 687.

[396] *Cfr.* FERNÁNDEZ STEINKO, A., "*Financial channels...*", *cit.*, pp. 909, 912 y 926.

tos[397] -persecución que no disminuye, pues las investigaciones por narcotráfico debidas a la comunicación de operaciones sospechosas por el SEPBLAC se incrementaron de 21 en 2010 a 22 en 2011 y a 48 en 2012[398]-, a lo que se añaden dos nuevos tipos cualificados, resulta que "el ámbito de aplicación"[399] o "de operatividad del tipo básico se reduce"[400] "considerablemente a favor de la agravación"[401], ampliada de forma notable[402], de modo que el primero, convertido en un "tipo residual"[403], casi nunca se aplicaría[404], lo cual transforma la regla en "excepción"[405] mediante una extraña técnica de formulación normativa que articula como tipo básico de referencia uno apenas empleado. Finalmente, el fundamento de la cualificación no subyace en el mayor reproche, dado que no es más culpable el que convierte bienes vinculados a delitos contra la Administración pública y el urbanismo que los que blanquean capitales derivados de otros delitos[406], ni en la presión internacional, puesto que ningún instrumento supraestatal obliga a agravar la pena del blanqueo en estos casos[407], y en la actualidad tales cualificaciones resultan muy poco oportunas en plena disminución de la corrupción urbanística debido a la crisis del sector inmobiliario[408], porque, aunque un informe estadounidense sobre blanqueo de dinero y delincuencia económica constate que en el año 2010 el 17% de las 175 investigaciones policiales españolas relativas al blanqueo estaban relacionadas con la corrupción[409] y a pesar de que la extraordinaria dilación de "macroprocesos" como el caso Malaya -en el que también sorprende

---

397 *Cfr.* SILVENTE ORTEGA, J., *op. cit.,* pp. 172, 185 y 434.

398 *Cfr.* COMISIÓN DE PREVENCIÓN DEL BLANQUEO DE CAPITALES E INFRACCIONES MONETARIAS, *op. cit.,* p. 56 (marzo 2014).

399 NÚÑEZ PAZ, M.A., "El tipo agravado de blanqueo...", *cit.,* pp. 271 y 274.

400 MARTÍNEZ-BUJÁN PÉREZ, C., Derecho penal económico y de la empresa. Parte especial, 3ª ed., *cit.,* p. 499, 4ª ed., *cit.,* p. 619.

401 MANJÓN-CABEZA OLMEDA, A., "Receptación y blanqueo...", *cit.,* p. 345; DE LA MISMA AUTORA, "Ganancias criminales...", *cit.,* p. 678; DE LA MISMA AUTORA, "Prevención y sanción...", *cit.,* p. 381.

402 *Cfr.* GONZÁLEZ RUS, J.J., en MORILLAS CUEVA, L., Sistema de Derecho penal..., *cit.,* p. 642.

403 HURTADO ADRIÁN, A., *op. cit.,* p. 254.

404 *Cfr.* NÚÑEZ PAZ, M.A., "El tipo agravado de blanqueo...", *cit.,* p. 276.

405 LORENZO SALGADO, J.M., "El tipo agravado de blanqueo...", *cit.,* p. 227.

406 *Cfr.* PALMA HERRERA, J.M., *op. cit.,* p. 785.

407 *Cfr.* LORENZO SALGADO, J.M., "El tipo agravado de blanqueo...", *cit.,* p. 235, nota 33; NÚÑEZ PAZ, M.A., "El tipo agravado de blanqueo...", *cit.,* p. 277.

408 *Cfr.* ABEL SOUTO, M., "*Anti-corruption strategy...*", *cit.,* p. 3; DEL MISMO AUTOR, "Volumen mundial del blanqueo de dinero, evolución del delito en España y jurisprudencia reciente sobre las últimas modificaciones del Código penal", en *Revista General de Derecho Penal,* nº 20, noviembre de 2013, en www.iustel.com, p. 47.

409 *Cfr.* UNITED STATES DEPARTMENT OF STATE, BUREAU FOR INTERNATIONAL NARCOTICS AND LAW ENFORCEMENT AFFAIRS, *International narcotics control strategy report, volume II, Money laundering and financial crimes, March 2012,* p. 162, en http://www.state.gov/j/inl/rls/nrcrpt/2012 (febrero de 2015).

la "llamativa"[410] "atenuante analógica de detención irregular"[411]-, iniciado el 13 de octubre de 2005 pero cuya sentencia no se publicó hasta el 4 de octubre de 2013[412], y su notoriedad parezcan indicar lo contrario, la memoria presentada por el Fiscal General del Estado en 2011 registra en la Fiscalía Especial contra la Corrupción y la Criminalidad Organizada un "descenso de las investigaciones sobre corrupción urbanística"[413] y la memoria de 2012 resalta en esta fiscalía "la continuada disminución de diligencias de investigación o de procedimientos relacionados con la corrupción urbanística"[414].

VII. ADAPTACIÓN DEL CASTIGO DEL BLANQUEO, NO EXIGIBLE POR LA NORMATIVA INTERNACIONAL, A LA RESPONSABILIDAD CRIMINAL DE LAS PERSONAS JURÍDICAS

Igualmente, la reforma de 22 de junio de 2010 incorpora el blanqueo de dinero al innovador modelo de responsabilidad criminal de las personas jurídicas[415] dispuesto en el artículo 31 bis del Texto punitivo[416], que requiere un delito doloso de una persona física en beneficio de la persona jurídica salvo en la financiación del terrorismo, donde cabe la imprudencia grave de la persona física[417], pero, según pone de manifiesto SILVA SÁNCHEZ, frente a la pretendida "necesidad de cumplir con compromisos internacionales"[418], este modelo de responsabilidad no resultaba obligado, pues los convenios normalmente solo exigen sanciones "efectivas, proporcionadas y disuasorias" en las que caben las administrativas, medidas de seguridad y otras consecuencias jurídicas

---

[410] QUERALT JIMÉNEZ, J.J., "Las extrañas atenuantes del «caso Malaya»", en *Revista Foro FICP*, nº 3, diciembre de 2013, p. 4.

[411] *Ibídem.*

[412] *Vid.* MARTÍN PALLÍN, J.A., "El caso Malaya: anatomía de un desastre procesal anunciado", en *Diario La Ley*,nº 8182, 31 de octubre de 2013, pp. 1-9.

[413] CONDE-PUMPIDO TOURÓN, C., Memoria elevada al gobierno de S.M. presentada al inicio del año judicial por el Fiscal General del Estado Excmo. Sr. D. Cándido Conde-Pumpido Tourón, Centro de Estudios Jurídicos, Ministerio de Justicia, Madrid, 2011, vol. I, p. 708.

[414] TORRES-DULCE LIFANTE, E., Memoria elevada al gobierno de S.M. presentada al inicio del año judicial por el Fiscal General del Estado Excmo. Sr. D. Eduardo Torres-Dulce Lifante, Centro de Estudios Jurídicos, Ministerio de Justicia, Madrid, 2012, vol. I, p. 616.

[415] *Cfr.* FERNÁNDEZ TERUELO, J.G., "Blanqueo...", *cit.*, p. 319, marginal 2936; DEL MISMO AUTOR, "El nuevo...", *cit.*, pp. 2 y 16.

[416] *Vid.* ABEL SOUTO, M., "La expansión...", *cit.*, pp. 31 y 32; DEL MISMO AUTOR, "La reforma...", *cit.*, pp. 105-108.

[417] *Cfr.* FEIJOO SÁNCHEZ, B., "La responsabilidad penal de las personas jurídicas", en DÍAZ-MAROTO Y VILLAREJO, J., Estudios..., *cit.*, p. 78 y nota 18, a cuyo juicio la expresión "en tales casos" del art. 302.2 "parece referirse a la existencia de una organización dedicada al blanqueo", lo que excluiría los supuestos de imprudencia.

[418] BERMEJO, M.G./AGUSTINA SANLLEHÍ, J.R., *op. cit.*, p. 460.

distintas de las penas en sentido estricto[419]; además, en virtud de la reforma, con la empresa responderán los administradores o directivos que no hayan adoptado un programa de cumplimiento eficaz[420], ya que ahora todos actúan "como garantes de la no comisión de delitos de blanqueo en su organización, en otras palabras, como agentes de policía"[421] y en caso de no cooperar pende sobre ellos, como espada de Damocles, una imputación por blanqueo[422], otra muestra más de cooperación policial que posee raigambre estadounidense, como el castigo de la tentativa que favorece la figura del agente provocador[423], la cual, además, ya se encuentra expresamente tipificada en el artículo 1956 a, 3, A), que alude a la actuación policial encubierta[424].

Así las cosas, la gestión del riesgo[425], o evaluación y monitorización por el sujeto obligado del peligro de blanqueo respecto a sus clientes, mediante programas de cumplimiento[426] o *compliance programs*[427], desempeña un importante papel en la determinación de la responsabilidad criminal de las personas jurídicas[428], aunque "no bastará"[429] la mera existencia de un protocolo de buenas prácticas "para atenuar o excluir la responsabilidad de una persona jurídica o evitar la de ciertos obligados individuales"[430], pese a que la reforma de 30 de mayo de 2015 introduce un nuevo apartado cuarto en el artículo 31 bis del Código penal que exime de responsabilidad criminal a las personas jurídicas que adopten y ejecuten eficazmente un modelo de organización y gestión adecuado para la prevención criminal o la reducción significativa del

---

[419] *Cfr.* SILVA SÁNCHEZ, J.-M., "La reforma...", *cit.*, p. 3.

[420] *Cfr.* DÍAZ-MAROTO Y VILLAREJO, J., Estudios..., *cit.*, p. 475.

[421] SILVA SÁNCHEZ, J.-M., "Los delitos patrimoniales y económico-financieros", en *Diario La Ley*, nº 7534, 23 de diciembre de 2010, p. 9.

[422] *Cfr.* ARZT, G./WEBER, U./HEINRICH, B./HILGENDORF, E., *op. cit.*, marginal 7.

[423] *Cfr.* ARZT, G./WEBER, U./HEINRICH, B./HILGENDORF, E., *op. cit.*, marginal 52.

[424] *Cfr.* DOYLE, C., *op. cit.*, pp. 9, 10 y 74, nota 64.

[425] *Vid.* GAITÁN URREA, A.F., "Análisis de riesgo en la toma de decisiones de administradores de bancos en la prevención y control del lavado de activos visto desde el contrato de mutuo, *leasing*, cuenta de ahorros y CDI. Consecuencias a la luz de la normatividad colombiana y de la orden ejecutiva 12978 de 1995, expedida por el gobierno de Estados Unidos", en *Revista de Derecho Privado. Universidad de los Andes*, nº 48, 2012, pp. 1-40; HOFFMANN, L., "*A critical look at the current international response to combat trade-based money laundering: the risk-based customs audit as a solution*", en *Texas International Law Journal*, vol. 48, nº 2, 2013, pp. 325-348; SHEPHERD, K.L., "*The gatekeeper initiative and the risk-based approach to client due diligence: the imperative for voluntary good practices guidance for U.S. lawyers*", en *ACTEC Law Journal*, nº 37, 2011, pp. 1-27.

[426] *Vid.* FERNÁNEZ TERUELO, J.G., Instituciones de Derecho penal económico y de la empresa, Lex Nova, Valladolid, 2013, pp. 79-144; PALMA HERRERA, J.M. (dir.), Procedimientos operativos estandarizados y responsabilidad penal de la persona jurídica, Dykinson, Madrid, 2014; ROBLES PLANAS, R., "El responsable de cumplimiento (*compliance officer*) ante el Derecho penal", en EL MISMO AUTOR, Estudios de dogmática jurídico-penal. Fundamentos, teoría del delito y Derecho penal económico, B de F, Montevideo/Buenos Aires, 2014, pp. 271-289.

[427] *Vid.* ARROYO ZAPATERO, L./NIETO MARTÍN, A. (dirs.), El Derecho penal económico en la era *compliance*, Tirant lo Blanch, Valencia, 2013.

[428] *Cfr.* BERMEJO, M.G./AGUSTINA SANLLEHÍ, J.R., *op. cit.*, pp. 446 y 459-461.

[429] DÍAZ Y GARCÍA CONLLEDO, M., "El castigo del autoblanqueo...", *cit.*, p. 292.

[430] *Ibidem.*

riesgo de comisión del delito, pues en la mayoría de los casos el posterior blanqueo demostrará la ineficacia del modelo, su inadecuación para prevenirlo y que no se ha reducido significativamente el peligro de comisión delictiva.

Incluso en los Estados Unidos existe un tipo específico de blanqueo en el título 18 del Código penal, el artículo 1960[431], que sanciona hasta con 5 años de prisión al que lleve, controle, gestione, supervise, dirija o sea propietario de un negocio de transmisión de fondos sin licencia[432], delito cuyas exigencias volitivas ha relajado la Ley patriótica[433], muchas empresas vinculadas a la criminalidad organizada (RICO) se dedican al blanqueo y los artículos 1961 a 1964 castigan con un máximo de 20 años de prisión a las personas físicas o jurídicas relacionadas con empresas que se estructuren de forma mafiosa o que lleven a cabo una *racketeering activity*, la cual se define amplísimamente en el apartado primero del artículo 1961[434].

Ciertamente, gran parte de las operaciones de blanqueo tiene lugar mediante empresas y numerosos sujetos obligados en la normativa de prevención son personas jurídicas[435], por lo que incluso se ha considerado "imperiosa la necesidad de una regulación legal explícita en este tema"[436]. Efectivamente, el uso de empresas pantalla para el blanqueo de dinero resulta frecuente, como pone de manifiesto la sentencia del Tribunal Supremo de 26 de junio de 2012[437], pero hasta ahora había bastado con las consecuencias accesorias y la doctrina del levantamiento del velo de las sociedades, que proscribe la prevalencia de la personalidad jurídica creada si se comete fraude de ley o se perjudica a terceros, conforme recuerda la sentencia del Tribunal Supremo de 5 de diciembre de 2012, que confirmó la afectación de 14 sociedades -entre ellas cuatro de Delaware que participaban en tres de responsabilidad limitada, un par de sociedades gibraltareñas y otras dos domiciliadas en Reino Unido- de un abogado, cuyo patrimonio se confundía de manera evidente e injustificada con los bienes de las sociedades, al pago de costas, multas y responsabilidades civiles derivadas de sus delitos de blanqueo y contra la Hacienda Pública[438], responsabilidad civil sobre la que, desde luego, no existía ningún problema en que correspondiese a personas jurídicas, según se constata en la sentencia del Tribunal Supremo de 9 de abril de 2012, que estima el recurso de casación interpuesto por la acusación particular para declarar responsables civiles

---

431 *Vid. Corpus juris secundum, 2014 cumulative annual pocket part*, vol. 37, *cit.*, §29, p. 4.

432 *Cfr.* DOYLE, C., *op. cit.*, pp. 31, 91 y 92, notas 256-269.

433 *Cfr.* WATTERSON, C., "*More flies with honey: encouraging formal channel remittances to combat money laundering*", en *Texas Law Review*, vol. 91, nº 3, 2013, p. 725.

434 *Vid.* DOYLE, C., *op. cit.*, pp. 31-33, 57-67 y 92-94, notas 270-294.

435 *Cfr.* BERMEJO, M.G./AGUSTINA SANLLEHÍ, J.R., *op. cit.*, p. 455.

436 *Ibídem.*

437 *Vid.* STS nº 578/2012, *cit.*, fundamento de derecho décimo.

438 *Cfr.* STS nº 974/2012, *cit.*, fundamento de derecho décimo cuarto.

subsidiarios a La Caixa y Fibanc-Mediolanum debido al incumplimiento de la normativa de prevención, que facilitó indudablemente la comisión delictiva, la cual se habría dificultado de modo extraordinario con la obligada denuncia a las autoridades administrativas, ya que "los indicios que revelaban la sospecha sobre la licitud de las operaciones eran evidentes, por su elevadísima cuantía, ausencia de constatación del origen real de los fondos, intervención de un ciudadano extranjero, mecánica de su ejecución con una clara tendencia hacia la rápida conversión en efectivo, etc."[439]

Asimismo, denuncié[440] que a la incorporación de la "compleja y desordenada"[441] regulación sobre la responsabilidad criminal de las personas jurídicas no le hubiese acompañado la imprescindible reforma procesal de unas normas inadaptadas al nuevo modelo de incriminación[442]. El legislador ni siquiera aludió "a la necesidad de una coetánea reforma de la Ley de enjuiciamiento criminal"[443] que estableciese el *status* procesal de las personas jurídicas, que materializase para ellas la presunción de inocencia, el derecho a no declarar contra sí mismas y las demás garantías procesales, modificación sin la que "resulta sumamente dudoso que el nuevo modelo pueda cumplir sus pretendidos objetivos"[444], pues no tomar en consideración las características específicas de la actividad empresarial aboca a una "ineficacia preventiva"[445]. Precisamente por ello el Fiscal General del Estado durante el último gobierno socialista había calificado de "imperiosa"[446] la necesidad de reformar el proceso penal para esclarecer las múltiples dudas sobre la manera de sentar en el banquillo a una sociedad[447]. En este sentido la *Ley 37/2011, de 10 de octubre, de medidas de agilización procesal*[448] algo mejora la situación al consagrar un cierto *status* procesal de las personas jurídicas en dos nuevos artículos de la Ley de enjuiciamiento criminal, ya que uno aplica a la toma de declaración al representante designado por la persona jurídica "los derechos a guardar silencio, a no declarar contra sí misma y a no confesarse culpable"[449] e, igualmente, el

[439] STS nº 279/2012, *cit.*, fundamento de derecho noveno.

[440] *Vid.* ABEL SOUTO, M., "La expansión...", *cit.*, pp. 6 y 32; DEL MISMO AUTOR, "La reforma...", *cit.*, pp. 61, 107 y 108.

[441] MAPELLI CAFFARENA, B., en CUELLO CONTRERAS, J./MAPELLI CAFFARENA, B., Curso de Derecho penal. Parte general, Tecnos, Madrid, 2011, p. 259, marginal 478.

[442] *Cfr.* FERNÁNDEZ TERUELO, J.G., "Blanqueo...", *cit.*, p. 329, marginal 3006.

[443] SILVA SÁNCHEZ, J.-M., "La reforma...", *cit.*, p. 7.

[444] *Ibídem.*

[445] TERRADILLOS BASOCO, J.M., "Financiarización económica y política criminal", en SERRANO-PIEDECASAS FERNÁNDEZ, J.R./DEMETRIO CRESPO, E. (dirs.), El Derecho penal económico y empresarial ante los desafíos de la sociedad mundial del riesgo, Colex, Madrid, 2010, p. 148.

[446] "Conde-Pumpido pide «estrangular financieramente» a los grupos que blanquean dinero en España", en *Diario La Ley*, nº 7535, 27 de diciembre de 2010, p. 2.

[447] *Ibídem.*

[448] B.O.E. nº 245, de 11 de octubre de 2011.

[449] Párrafo primero del art. 409 bis.

otro afirma, con una redacción prácticamente idéntica, que el representante podrá declarar en nombre de la persona jurídica “sin perjuicio del derecho a guardar silencio, a no declarar contra sí mismo y a no confesarse culpable, así como ejercer el derecho a la última palabra al finalizar el acto del juicio”[450].

VIII. MANIFIESTA INCONSTITUCIONALIDAD DE LA AMNISTÍA FISCAL Y BLANQUEO DE DINERO

En último lugar, el *real decreto-ley 12/2012, de 30 de marzo, por el que se introducen diversas medidas tributarias y administrativas dirigidas a la reducción del déficit público*[451] ofrece tanto una “impunidad a bajo coste por la defraudación cometida”[452], como “una forma de blanquear el dinero”[453], admite una “declaración tributaria especial”[454], así denominada en el apartado I de la exposición de motivos y en la disposición adicional 1ª, también llamada por algunos “amnistía fiscal” en la medida en que “a la exoneración de sanciones, intereses y recargos tributarios, se une la exoneración de responsabilidad penal”[455], términos evitados desde instancias gubernativas[456] para salvar las dudas de constitucionalidad, aunque no resulta tan evidente que el artículo 62 i) de la Constitución prohíba todas las amnistías sino solo los indultos generales[457]. Se discute sobre la naturaleza jurídica de esta exención de responsabilidad criminal, pues hay quien opina que se trata de una causa específica de anulación de la pena[458] o la misma excusa absolutoria recogida en el artículo 305.4 del Código penal[459] y otros piensan que nos hallamos ante una causa distinta de exención de la responsabilidad criminal, una supresión de la punibilidad

---

[450] Art. 786 bis, apartado primero, párrafo primero.

[451] *Vid.* B.O.E. nº 78, de 31 de marzo de 2012.

[452] GÓMEZ BENÍTEZ, J.M., “Blanqueo de capitales para salir de la crisis”, en http://elpais.com, 17 de abril de 2012, p. 1.

[453] *Ibídem.*

[454] *Vid.* SANZ DÍAZ-PALACIOS, J.A., Las amnistías fiscales en España. La “declaración tributaria especial” del año 2012 y el delito de blanqueo de capitales, Aranzadi, Pamplona, 2015.

[455] SANJUÁN, P., “La amnistía fiscal permite el blanqueo de capitales pagando el 10% del dinero negro”, en http://www.lexdiario.es/noticias, lunes, 9 de abril de 2012, pp. 3 y 4.

[456] *Cfr.* PÉREZ ROYO, F., “¿Amnistía fiscal mediante *decreto-ley* y sin control judicial?”, en http://elpais.com, 16 de mayo de 2012, p. 1.

[457] *Cfr.* PAREDES CASTAÑÓN, J.M., “Amnistía fiscal: injusta, insconstitucional y político-criminalmente desastrosa”, en http://josemanuelparedes.blogspet.com, miércoles, 16 de mayo de 2012, p. 2.

[458] *Cfr.* MARTÍNEZ-BUJÁN PÉREZ, C., Derecho penal económico y de la empresa. Parte especial, 4ª ed., *cit.*, pp. 691, 692 y 697.

[459] *Vid.* ROSAL BLASCO, B. DEL, “Reflexiones de urgencia sobre la trascendencia penal de la regularización fiscal extraordinaria del real decreto-ley 12/2012”, en http://diariolaley.es, nº 7885, 21 de junio de 2012, pp. 4 y 5.

o regularización tributaria diferente[460], pero, en cualquier caso, la inconstitucionalidad de la amnistía fiscal española de 2012 resulta manifiesta[461].

Por otra parte, el real decreto-ley 12/2012[462] generó inseguridad jurídica[463] y gran preocupación entre los asesores tributarios, que temieron ser sancionados por el simple hecho de aconsejar sobre el funcionamiento de la amnistía a los que hubieran cometido un delito fiscal, pues al no afectar el real decreto-ley al delito de blanqueo el defraudador de más de 120.000 euros que regularizase su situación, incluso si el origen de sus bienes procede de actividades legales, podría ser procesado por blanqueo[464]. Hasta se iba asentando en determinadas fiscalías de audiencias provinciales el criterio de que las cuotas defraudadas que se pretenden regularizar podrían servir de base para un delito de blanqueo, ya que el artículo 305.4 del Código penal nada decía sobre la exención de responsabilidades por tal delito cuando los bienes declarados tengan procedencia ilícita[465] y en este sentido se había reclamado una modificación del mencionado precepto sobre la regularización tributaria para evitar que la autodenuncia implique una condena por blanqueo[466]. En tal línea el gobierno promovió una reforma del Código penal para que no fuesen procesados por blanqueo los delincuentes fiscales que hubiesen regularizado su situación[467], pero no el dinero obtenido con actividades ilegales como el narcotráfico[468], que se aprobó el 27 de diciembre 2012[469].

460 *Vid.* PAREDES CASTAÑÓN, J.M., *op. cit.*, pp. 1 y 2; PÉREZ ROYO, F., *op. cit.*, pp. 1 y 2.

461 *Vid.* ABEL SOUTO, M., "Blanqueo, innovaciones tecnológicas, amnistía fiscal de 2012 y reforma penal", en *Revista Electrónica de Ciencia Penal y Criminología,* nº 14-14, 2012, pp. 1-45.

462 *Vid.* REBOLLO VARGAS, R., "La deslegitimación...", *cit.*, pp. 232-236; DEL MISMO AUTOR, "Limitaciones...", *cit.*, pp. 162-166; VIDALES RODRÍGUEZ, C., "Blanqueo...", *cit.*, pp. 22-24.

463 *Cfr.* SILVENTE ORTEGA, J., *op. cit.*, pp. 429, 430 y 441.

464 *Cfr.* VIÑAS, J., "Hacienda evitará que el delito fiscal derive en acusaciones de blanqueo", en http://www.cincodias.com, 24 de mayo de 2012, pp. 1 y 2.

465 *Cfr.* ROSAL BLASCO, B. DEL, "Reflexiones de urgencia...", *cit.*, pp. 2 y 3 y nota 3.

466 *Cfr.* HERRERA MOLINA, P.M., "Prólogo", en CHICO DE LA CÁMARA, P., El delito de defraudación tributaria tras la reforma del Código penal por la LO 5/2010. Reflexiones críticas y propuestas "de lege ferenda", Aranzadi, Cizur Menor, 2012, p. 19.

467 *Vid. Proyecto de Ley por la que se modifica la Ley orgánica 10/1995, de 23 de noviembre, del Código penal, en materia de transparencia, acceso a la información pública y buen gobierno y lucha contra el fraude fiscal y en la Seguridad Social, Boletín Oficial de las Cortes Generales,* Congreso de los diputados, X legislatura, serie A: proyectos de ley, 7 de septiembre de 2012, nº 17-1, pp. 1-12, cuya exposición de motivos advierte de la nueva configuración, como reverso del delito, de la regularización, que hace desaparecer el injusto del inicial incumplimiento, con lo que no queda rastro del reproche penal, "suprimiendo las menciones que la conceptuaban como una excusa absolutoria".

468 *Cfr.* VIÑAS, J., *op. cit.*, p. 1.

469 *Ley orgánica 7/2012, de 27 de diciembre, por la que se modifica la Ley orgánica 10/1995, de 23 de noviembre, del Código penal en materia de transparencia y lucha contra el fraude fiscal y la Seguridad Social,* B.O.E. nº 312, de 28 de diciembre de 2012.

El resultado final de esta reforma es muy discutible y pone de manifiesto las "dificultades"[470], "dudas"[471] o problemas que plantea la "viva polémica"[472] o el "debate"[473] del delito fiscal como hecho previo del blanqueo de dinero[474], infracciones entre las que estarían interesados en concertar un "matrimonio de conveniencia"[475] la fiscalía y la agencia tributaria, según se ha denunciado. De hecho, la defraudación tributaria ocupa el primer lugar, con diferencia, de las infracciones previas al blanqueo en las comunicaciones de operaciones sospechosas y continúan incrementándose en los últimos años tanto las comunicaciones analizadas por fraude (405 en 2011 y 474 en 2012) y contrabando (449 en 2011 y 458 en 2012) como la remisión de informes por el SEPBLAC a la Agencia Estatal de Administración Tributaria (471 en 2011 y 590 en 2012) y al Departamento de Aduanas (246 en 2011 y 288 en 2012)[476]. Desde luego, la relación entre delito fiscal y blanqueo se remonta ya a la definición fenomenológica de *money laundering* que figuraba en el informe de 1984 elaborado por la estadounidense Comisión Presidencial sobre Criminalidad Organizada[477],

---

470 MORILLAS CUEVA, L., "Aspectos dogmáticos...", *cit.*, pp. 100 y 101.

471 MATALLÍN EVANGELIO, A., "El «autoblanqueo»...", *cit.*, p. 24, nota 78.

472 VIDALES RODRÍGUEZ, C., "Blanqueo...", *cit.*, p. 23.

473 REBOLLO VARGAS, R., "La deslegitimación...", *cit.*, p. 214.

474 *Vid.* BACIGALUPO ZAPATER, E., Sobre el concurso de delito fiscal y blanqueo de dinero, Civitas/Thomson Reuters/Aranzadi, Cizur Menor, 2012; DEL MISMO AUTOR, "La reforma del delito fiscal por la LO 7/2007 (*sic*)", en *Diario La Ley*, nº 8076, 6 de mayo de 2013, pp. 1-5; BLANCO CORDERO, I., "El delito fiscal como actividad delictiva previa...", *cit.*, p. 1-46; BOIX REIG, J., "Delito fiscal *vs.* blanqueo de capitales", en GARCÍA PRATS, F.A. (dir.), Intercambio de información, blanqueo de capitales y lucha contra el fraude fiscal, Instituto de Estudios Fiscales, Madrid, 2014, pp. 47-50; FERRÉ OLIVÉ, J.C., "Una nueva trilogía en Derecho penal tributario: fraude, regularización y blanqueo de capitales", en *Revista de Contabilidad y Tributación, Centro de Estudios Financieros*, nº 372, marzo de 2014, pp. 41-82; GÓMEZ BENÍTEZ, J.M., "Reflexiones técnicas y de política criminal sobre el delito de blanqueo de bienes y su diferencia con la defraudacion fiscal", en *Cuadernos de Política Criminal*, nº 91, 2007, pp. 5-26; MALLADA FERNÁNDEZ, C., Blanqueo de capitales y evasión fiscal, Lex nova, Valladolid, 2012; MANJÓN-CABEZA OLMEDA, A., "Ganancias criminales...", *cit.*, pp. 681-695; MARTÍN QUERALT, J., "Delito fiscal y delito de blanqueo de capitales", en GARCÍA PRATS, F.A., *op. cit.*, pp. 23-45; ROSAL BLASCO, B. DEL, "Delito fiscal y blanqueo de capitales: perspectivas ante la nueva reforma del tipo básico del delito fiscal", en *Diario La Ley*, nº 7997, 9 de enero de 2013, pp. 1-12; SERRANO GONZÁLEZ DE MURILLO, J.L., "Delito fiscal y bienes con origen en actividad delictiva como objeto de blanqueo", en *Cuadernos de Política Criminal*, nº 111, 2013, pp. 69-96; SERRANO GONZÁLEZ DE MURILLO, J.L./MERINO JARA, I., "Pasado, presente y futuro de las regularizaciones tributarias en Derecho penal", en *Diario La Ley*, nº 8052, 27 de marzo de 2013, pp. 1-26.

475 MANJÓN-CABEZA OLMEDA, A., "Ganancias criminales...", *cit.*, p. 655; DE LA MISMA AUTORA, "Un matrimonio de conveniencia: blanqueo de capitales y delito fiscal", en *Revista de Derecho Penal*, nº 37, 3er cuatrimestre de 2012, pp. 9 y 41.

476 *Cfr.* COMISIÓN DE PREVENCIÓN DEL BLANQUEO DE CAPITALES E INFRACCIONES MONETARIAS, *op. cit.*, pp. 16 y 17 (febrero de 2015).

477 *Vid.* BUCY, P., *White collar crime. Cases and materials, West Publishing CO., St. Paul*, 1992, p. 128; CARPENTER, K.N.,"*Money laundering*", en *American Criminal Law Review, Spring* 1993, p. 813; GURULÉ, J., "*The money laundering control act of 1986: creating a new federal offense or merely affording federal prosecutors an alternative means of punishing specified unlawful activity?*", en *American Criminal Law Review, Spring* 1995, p. 824; SCHUCK, J./UNTERLACK, M.E., "*Money laundering*", en *American Criminal Law Review, Spring* 1996, p. 881, así como las revisiones anuales del mismo artículo, a cargo de diversos autores, en esta revista hasta, de momento, la de SCURA, K., "*Money laundering*", en *American Criminal Law Review, Falll* 2013, p. 1271.

aunque sigue siendo ingenuo pretender aplicar los amplios deberes de colaboración y controles administrativos del bajo sistema impositivo americano a los parámetros europeos de elevada tributación[478], especialmente teniendo en cuenta que la prevención se articula sobre agentes[479] en los que concurre un "grave conflicto de intereses"[480]. En todo caso, sobre la idoneidad de la cuota defraudada superior a 120.000 euros para ser objeto material del delito de blanqueo en España la sentencia del Tribunal Supremo de 5 de diciembre de 2012 se pronuncia afirmativamente, porque "es el bien derivado del delito"[481], pero requiere que "se pueda identificar razonablemente la parte de los bienes del patrimonio del defraudador que constituyen la cuota tributaria"[482].

También en los Estados Unidos el delito fiscal puede ser hecho previo del blanqueo no solo, en general, respecto a las diez modalidades recogidas en el artículo 1956 del Código penal, el tipo sobre gasto de dinero del artículo 1957 o la norma de viajes del artículo 1952 en el marco de un negocio continuado sino que hasta existe un tipo específico de blanqueo con la finalidad de evasión fiscal en el artículo 1956 a, 1, A, ii)[483]. Incluso, en el caso de 2006 los Estados Unidos contra Santos, sobre una lotería ilegal[484], que motivó en 2009 la reforma del artículo 1956[485], se incluyen en el objeto material del delito susceptible de blanqueo las ganancias criminales brutas[486], con lo que evidentemente resultan abarcados los bienes de origen lícito retenidos mediante la comisión del hecho previo, como ocurre con los impuestos impagados en el delito fiscal, según venía reconociendo la jurisprudencia antigua, caso los Estados Unidos contra Levine de 1992, y más reciente anterior a la reforma, caso los Estados Unidos contra Yusuf de 2008[487].

---

478 *Cfr.* ARZT, G./WEBER, U./HEINRICH, B./HILGENDORF, E., *op. cit.*, marginales 1-3.

479 *Vid.* RAGUÉS i VALLÈS, R., *Whistleblowing*. Una aproximación desde el Derecho penal, Marcial Pons, Madrid, 2013.

480 FERNÁNDEZ STEINKO, A., "*Financial channels...*", *cit.*, p. 918.

481 STS nº 974/2012, *cit.*, fundamento de derecho trigésimo séptimo, con un voto particular en contra.

482 *Ibidem.*

483 *Cfr.* BENNET, C.M./TURNER, C.D., *op. cit.*, p. VII; DOYLE, C., *op. cit.*, pp. 1, 3, 17, 22, 26 y 83, nota 172.

484 *Vid.* ZIMAROWSKI, R., "*Taking a gamble: money laundering after United States v. Santos*", en *West Virginia Law Review*, nº 112, 2010, pp. 1139-1181.

485 *Cfr.* STRADER, J.K., *op. cit.*, p. 312.

486 *Cfr.* BENNET, C.M./TURNER, C.D., *op. cit.*, pp. VIII y IX; DOYLE, C., *op. cit.*, pp. 6, 8 y 11.

487 *Cfr.* DOYLE, C., *op. cit.*, pp. 8 y 73, nota 53.

La riqueza oculta de las naciones: paraisos fiscales

VÍCTOR MANUEL ESPAÑA ALBA

Letrado de la Administración Local.
Juez Sustituto

RESUMEN

Los paraísos fiscales son un fenómeno de extrema importancia en la sociedad actual pero que sin embargo nunca han sido atendidos como se merecen ni por la administración, ni por los medios de comunicación ni por la sociedad. En este contexto, es necesario llamar la atención sobre el papel fundamental que juegan los paraísos fiscales en la economía moderna, subrayándose las numerosas ventajas que brindan para las empresas a costa de eludir la ley. Este trabajo pretende resumir todo lo necesario para tener un conocimiento básico de los paraísos fiscales: qué son, cuál es su origen, en qué basan su éxito y cuáles son sus repercusiones.

I. INTRODUCCIÓN

Todo el mundo ha oído hablar alguna vez de los paraísos fiscales, lugares de playas interminables donde siempre luce el sol y en los que el dinero es tan abundante como la arena. Para mucha gente estos sitios son sinónimo de bienestar donde no caben los problemas. Sin embargo, esta es la cara amable de los paraísos fiscales. Lo que se esconde detrás de esa máscara de prosperidad y felicidad es evasión de impuestos, blanqueo de capitales, corrupción, un anonimato que posibilita operaciones con propósitos dudosamente loables.

El término paraíso fiscal es fruto de un error en la traducción del término anglosajón tax haven que significa literalmente "puerto fiscal", el cual se confundió con tax heaven, cuyo significado si es "paraíso fiscal". Como bien explica Chambost (1992)[1], el llamar puerto fiscal a estos lugares tiene su origen en un paralelismo, pues el hombre de negocios se compara al marino que busca refugio y atraviesa el océano de legislaciones fiscales y sus tempestades, que son los controles y las imposiciones sobre la riqueza, para después descansar en el paraíso fiscal, que es el puerto.

Finalmente se generalizó el término de paraíso fiscal, que también permite establecer un paralelismo similar. Sin embargo, no todos los paraísos fiscales tienen por qué ser paraísos físicamente, ni mucho menos; basta con que sean paraísos para el dinero, para lo que han de configurar un marco jurídico que lo Finalmente se generalizó el término de paraíso fiscal, que también permite establecer un paralelismo similar. Sin embargo, no todos los paraísos fiscales tienen por qué ser paraísos físicamente, ni mucho menos; basta con que sean paraísos para el dinero, para lo que han de configurar un marco jurídico que lo 56 de 107 permita y que atraiga inversiones. Y una vez hecho esto, solo hay que mirar como dinero proveniente de todo el mundo gracias a la globalización financiera y a los avances en telecomunicaciones se multiplica en las cuentas bancarias.

Por exponer algunas cifras, Tax Justice Network (TJN, 2005)[2] cita que tan solo las persona de gran riqueza (High Net Worth Person) poseen en paraísos fiscales en torno a los $11.5 billones, cifra bastante superior a los $195.000 millones que serían necesarios para reducir la pobreza a la mitad para el año 2015 según la Organización de las Naciones Unidas (ONU). Oxfam (2000)[3] critica el peso que suponen los paraísos fiscales para los países en desarrollo, subrayando que si estos últimos aplicaran los mismo tipos impositivos que los países de la Organización para la Cooperación y el Desarrollo Económico (OCDE), algo que no pueden hacer debido a la competencia de los paraísos fiscales, recaudarían $50.000 millones más de los que actualmente ingresan.

También menciona que el dictador Abacha saqueó de los fondos públicos nigerianos $55.000 millones durante su régimen, dinero que fue a parar a paraísos fiscales, como un ejemplo de la corrupción que posibilitan.

[1] Chambost, E. (1982): Los paraísos fiscales. Madrid: Pirámide.

[2] TJN (2005): Hacednos pagar impuestos si podéis. La verdadera historia de un fracaso global. Tax Justice Network International Secretariat, London.

[3] Oxfam (2000): Tax Havens: Releasing the Hidden Billions for Poverty Erradication. Oxfam Great Britain Policy Papers, June.

Según Palan (2002)[4], se estima que en torno al 20% de la riqueza total de particulares y sobre el 22% de los activos bancarios sitos en el exterior de la jurisdicción de origen de su matriz se sitúan en paraísos fiscales. Queda patente entonces que los paraísos fiscales no son un fenómeno aislado y que son un canal fundamental por el que circulan los fondos de un sistema financiero basado en la acumulación de riquezas.

El apartado 2 reflexiona sobre qué es un paraísos fiscal, cuáles son sus características y los distintos tipos de paraíso fiscal existentes. El apartado 3 describe los orígenes de los paraísos fiscales, mientras que el apartado 4 señala las principales características de su marco jurídico. El apartado 5 discute las siempre obviadas repercusiones que tienen los paraísos fiscales.

Por último el apartado 6 recoge las conclusiones del artículo.

II. ¿QUÉ ES UN PARAÍSO FISCAL?

En el mundo financiero anglosajón las instituciones se refieren a los paraísos fiscales de acuerdo a la terminología establecida por el Fondo Monetario Internacional (FMI), que los denomina Offshore Financial Centers (OFC), cuya traducción literal al castellano es “Centros Financieros Exteriores” (CFE), también comúnmente denominados “Centros Financieros Offshore” (CFO). El término tax haven, que hace referencia a los paraísos fiscales, es empleado en escritos más críticos con estas jurisdicciones.

Desde el punto de vista práctico, la diferencia entre CFO y paraíso fiscal es inexistente. Las diferentes denominaciones obedecen a razones de imagen. De hecho, Fernández (2009)[5] utiliza como sinónimos los términos CFO y paraíso fiscal. Sin embargo, se designará a las jurisdicciones conforme lo haga la terminología del organismo o autor que escriba sobre ellas.

El FMI (IMF, 2000)[6] define los CFO como centros en los que la mayor parte de las transacciones financieras de la balanza comercial se realizan con personas o compañías no residentes en el centro, donde las transacciones pueden iniciarse desde cualquier parte, y donde la mayoría de las institucio-

[4] Palan, R. (2002): Tax Havens and the Commercialization of the State Sovereignty. International Organization. 56 (1): Winter, 151-176.

[5] Fernández, A. (2009): La Mirada Indiscreta: Los paraísos fiscales. Programa de radio realizado por el Observatorio de Responsabilidad Social Corporativa en coproducción con la UNED. Emisión a través de la plataforma digital de Canal UNED. 1 de Abril.

[6] IMF (2000): Offshore Financial Centers. The Role of the IMF. Monetary and Exchange Affairs Department. 23 June.

nes implicadas son controladas por no residentes. Muchos de los CFO tienen las siguientes características:

1. Jurisdicciones que tienen instituciones financieras involucradas principalmente en negocios con no residentes.
2. Sistemas financieros con activos y obligaciones externas en una proporción desmesurada respecto a las necesidades financieras de la economía doméstica.
3. Centros que proveen uno o todos los siguientes servicios: nivel impositivo bajo o nulo, moderada o ligereada regulación financiera, secreto bancario y anonimato.

La OCDE también tiene una definición, extraída de FMI (IMF, 2003)[7], que establece como CFO cualquier jurisdicción cuyas instituciones financieras tratan principalmente con no residentes y/o moneda extranjera en una escala desproporcionada al tamaño de su economía. Las instituciones cuya propiedad o control está en manos de no residentes juegan un importante papel en el centro. Las instituciones presentes en el centro pueden beneficiarse de las ventajas fiscales no disponibles fuera de éste.

Pero además del término CFO, la OCDE se reserva una definición para referirse a los paraísos fiscales. De acuerdo a los criterios de la OCDE (OECD, 1998), estamos ante un paraíso fiscal cuando en una jurisdicción se dan al menos el primero y otro cualquiera de los cuatro criterios especificados a continuación:

1. Ausencia de impuestos o el carácter nominal de éstos.
2. Falta de un intercambio de información efectivo.
3. Falta de transparencia.
4. Falta de actividad sustancial.

Como puede observarse, la OCDE distingue desde el punto de vista teórico entre CFO y paraísos fiscales. Mientras que la definición de CFO se centra en la actividad económica realizada, la de paraíso fiscal profundiza en cómo se realiza esa actividad. Sin embargo, el cómo realizar una actividad es algo inherente a ella, luego esas características también deberían de figurar en la definición de CFO.

[7] IMF (2003): External Debt Statistics: Guide for Compilers and Users – Appendix III, Glossary. Washington DC.

Terminando con las organizaciones internacionales, el Foro de Estabilidad Financiera (EF) (FSF, 2000)[8] resalta la dificultad de definir CFO, realizando una definición en línea con la del FMI (IMF, 2000)[9], añadiendo características como la flexibilidad que se da a ciertas actividades como el trust, la escasa supervisión existente o lo innecesario de la presencia física de las compañías en ellos. Ya desde el punto de vista académico, Zoromé (2007)[10] realiza una interesante revisión de hasta 18 definiciones de CFO, clasificándolas en 7 categorías.

Destacan aspectos mencionados en muchas definiciones, como son la flexibilidad legal y fiscal, el gran peso del sector financiero en relación al total de la economía o que la mayoría de las transacciones financieras son realizadas por no residentes. Sin embargo, en su revisión no se encuentra ninguna definición en la que figure explícitamente la falta de transparencia o de cooperación internacional como criterios para calificar a una jurisdicción como CFO.

Errico & Musalem (1999)[11] definen los CFO como jurisdicciones donde se exime de gran parte de la regulación que normalmente es impuesta por las instituciones de otras jurisdicciones diferentes. Enumeran una serie de características típicas de los CFO, como son un régimen fiscal favorable, ausencia de controles de tipos de cambio o el escaso grado de publicidad de la información.

Palan (2002, 1998)[12] cita como unas de las principales características de los paraísos fiscales su bajo o nulo nivel impositivo, el secreto en las transacciones financieras y la titularidad de cuentas, la escasa y flexible regulación financiera, la existencia de buenas telecomunicaciones en los mercados financieros y la publicidad de estas jurisdicciones como paraísos fiscales. En línea con éstas atribuciones se encuentran las características enumeradas por Maingot (1995)[13], que vuelve a usar el término paraíso fiscal en vez de CFO. Este último autor explica que en un paraíso fiscal, además de las propiedades enunciadas por Palan (2002, 1998)[14], se dan otras como la ausencia de controles de

---

[8] FSF (2000): Report of the Working Group on Offshore Centres. FSF, 5 April 2000.

[9] IMF (2000): Offshore Financial Centers. The Role of the IMF. Monetary and Exchange Affairs Department. 23 June.

[10] Zoromé, A. (2007): Concept of Offshore Financial Centers: In Search of an Operational Definition. IMF WP/07/87.

[11] Errico, L.. & Musalem, A. (1999): Offshore Banking: An Analysis of Micro and Macro Prudential Issues. IMF WP/99/5.

[12] Palan, R. (1998): Trying to Have Your Cake and Eating It: How and Why the State Has Created Offshore. International Studies Quarterly. 42, 625-644.

[13] Maingot, A.P. (1995): Offshore secrecy Centers and the Necessary Role of States: Bucking the Trend. Journal of Interamerican Studies of World Affairs. 37 (4): Winter, 1-24.

[14] Palan, R. (1998): Trying to Have Your Cake and Eating It: How and Why the State Has Created Offshore. International Studies Quarterly. 42, 625-644.

tipo de cambio y de depósitos en moneda extranjera o el desproporcionado peso del sector financiero en la economía.

Roberts (1995) [15] considera como inherentes a los paraísos fiscales diversos aspectos no contenidos en otras definiciones, como son la existencia de privilegios fiscales para ciertos tipos de personas o eventos, o la tributación solo por los ingresos obtenidos internamente y no a los provenientes del extranjero. También señala, en línea con todas las definiciones que ha usado el término paraíso fiscal en lugar de CFO, que en esas jurisdicciones se dan niveles de imposición bajos o nulos.

A través de la síntesis de las características atribuidas por los distintos autores, puede concluirse que los paraísos fiscales son jurisdicciones dependientes de un sector financiero movido por no residentes que tienen niveles de imposición bajos o nulos, así como un marco jurídico que auspicia el secreto bancario. No obstante, es conveniente tener siempre en consideración, como enuncia Roberts (1995) [16], que una jurisdicción tiene atributos para ser considerada paraíso fiscal solo en relación con los atributos de otra jurisdicción; es decir, el término de paraíso fiscal es relativo.

Para terminar la revisión de definiciones es oportuno realizar un repaso a la terminología usada. El Foro de Estabilidad Financiera (FSF, 2000) [17], el FMI (IMF, 2000) [18], Zoromé (2007) [19] y todas las definiciones contenidas en la obra de este autor, así como Darbar et al. (2003) [20] y Errico & Musalem (1999) [21], emplean el concepto de CFO. Por el contrario, Palan (2002,1998) [22], la OCDE (OECD, 1998) [23], Maingot (1995) [24] y Roberts (1995) [25] usan el término de paraíso fiscal. Para ambas palabras, las definiciones son similares, solo que las que emplean el concepto de paraíso fiscal son más claras y transpa-

[15] Roberts, S.M. (1995): Small Place, Big Money: The Cayman Islands and the International Financial System. Economic Geography. 71 (3): July, 237-256.

[16] Roberts, S.M. (1995): Small Place, Big Money: The Cayman Islands and the International Financial System. Economic Geography. 71 (3): July, 237-256.

[17] FSF (2000): Report of the Working Group on Offshore Centres. FSF, 5 April 2000.

[18] IMF (2000): Offshore Financial Centers. The Role of the IMF. Monetary and Exchange Affairs Department. 23 June.

[19] Zoromé, A. (2007): Concept of Offshore Financial Centers: In Search of an Operational Definition. IMF WP/07/87.

[20] Darbar, S.M., Johnston, R.B. and Zephirin, M.G. (2003): Assessing Offshore.

[21] Errico, L.. & Musalem, A. (1999): Offshore Banking: An Analysis of Micro and Macro Prudential Issues. IMF WP/99/5.

[22] Palan, R. (2002): Tax Havens and the Commercialization of the State Sovereignty. International Organization. 56 (1): Winter, 151-176.

[23] OECD (1998): Harmful tax competition. An emerging global issue. OECD, Paris.

[24] Maingot, A.P. (1995): Offshore secrecy Centers and the Necessary Role of States: Bucking the Trend. Journal of Interamerican Studies of World Affairs. 37 (4): Winter, 1-24.

[25] Roberts, S.M. (1995): Small Place, Big Money: The Cayman Islands and the International Financial System. Economic Geography. 71 (3): July, 237-256.

rentes, revelan con mayor profundidad la actividad llevada a cabo en dichas jurisdicciones.

2.1. Centros financieros

Ha quedado en evidencia que los paraísos fiscales pueden tener multitud de características. Sin embargo, existen ciertas jurisdicciones que, a pesar de tener algunas de las características inherentes a los paraísos fiscales, no son consideradas como tales. Esto es así porque tienen características necesarias pero no suficientes para ser paraísos fiscales. Normalmente se denominan centros financieros, que no han de confundirse con los CFO definidos previamente. Sin embargo, hay que reconocer que en muchas ocasiones las diferencias entre paraíso fiscal o CFO y centro financiero son prácticamente nulas.

2.2. Jurisdicciones con secreto bancario

Las jurisdicciones con secreto bancario no destacan por la realización de actividades financieras en su territorio, pues en ellas el dinero suele permanecer inmovilizado, no arriesgándose (Fernández, 2009)[26]. Se caracterizan por proteger la identidad de sus clientes en su legislación, así como por la falta de cooperación internacional o la reticencia a ésta. Contribuyen especialmente a la opacidad de la actividad financiera.

2.3. Jurisdicciones de tránsito fiscal

El origen y funcionamiento de estas jurisdicciones se expone claramente en Arrabal (1992)[27]. Puesto que las multinacionales operan en varios países, la fiscalidad a la que se someten es mayor. Por ejemplo, una empresa multinacional ha de pagar impuestos por el beneficio que obtiene en el territorio en el que opera; si además quiere repatriar este beneficio a su territorio de origen, habrá de pagar de nuevo impuestos en este último.

Ante esta situación desincentivadora de la inversión extranjera que incita al uso de los paraísos fiscales, surgen los convenios de doble imposición, que conceden reducciones fiscales a las sucursales de las empresas de un territorio que se establecen en otro territorio diferente. De este modo, si una jurisdic-

---

[26] Fernández, A. (2009): La Mirada Indiscreta: Los paraísos fiscales. Programa de radio realizado por el Observatorio de Responsabilidad Social Corporativa en coproducción con la UNED. Emisión a través de la plataforma digital de Canal UNED. 1 de Abril.

[27] Arrabal, P. (1992): Comercio internacional y los paraísos fiscales. Madrid: Pirámide.

ción firma un convenio de doble imposición con un paraíso fiscal, estará facilitando la fuga de capitales.

Otra forma de forma de luchar contra los paraísos fiscales es gravar los beneficios antes de que sean transferidos a ellos. Las jurisdicciones de tránsito fiscal aplican a esta transacción un tipo impositivo bajo. Si a esto añadimos que suelen tener firmados un gran número de convenios de doble imposición, el florecimiento de la actividad financiera está servido gracias a la canalización de capitales hacia los paraísos fiscales.

Se observa como la situación más beneficiosa para la multinacional es la D, dicho sea de paso situación que los estados impedirán que ocurra. La situación A perjudica la inversión extranjera, pues impone una alta carga tributaria, así que también tenderá a evitarse. La situación E suele ser poco frecuente en tanto que las jurisdicciones de tránsito fiscal suelen tener firmados un gran número de convenios de doble imposición, aunque se dará si trasladar dinero a un paraíso fiscal directamente desde el territorio de origen supone una mayor carga impositiva que hacerlo a través de la jurisdicción de tránsito.

Las situaciones más comunes son la B, D y F. La B se da entre estados que mantienen fluidas relaciones comerciales, mientras que la D puede estar perseguida, penalizada o sujeta a cualquier otro tipo de medidas legales, dependiendo de la posición del territorio de origen del beneficio respecto a los paraísos fiscales. Por último, la situación F permite depositar el dinero en paraísos fiscales soportando el menor tipo impositivo posible dentro de la legalidad gracias a la labor desempeñada por las jurisdicciones de tránsito fiscal.

2.4. Regímenes estanco

De acuerdo a Maldonado (2001)[28] Un régimen fiscal cumple el criterio de estanqueidad, es decir, es calificado de estanco, cuando:

1. Excluye sus ventajas a los residentes (estanqueidad subjetiva).
2. Limita la aplicación de sus ventajas a operaciones con no residentes (estanqueidad objetiva).

La estanqueidad permite a una jurisdicción diseñar regímenes fiscales para no residentes que posibilitan deslocalizar las bases imponibles de otros

[28] Maldonado, A. (2001): Nueva posición de la OCDE en materia de paraísos fiscales. Instituto de Estudios Fiscales, Madrid.

territorios hacia los regímenes estanco, sin suponer ningún perjuicio en términos de recaudación para la jurisdicción que diseña el régimen.

III. ¿CÓMO Y POR QUÉ SURGEN LOS PARAÍSOS FISCALES?

Palan (2002,1998) [29] sostiene que, al contrario de lo que puede pensarse, los paraísos fiscales no se originaron conscientemente como parte de una estrategia nacional o empresarial, sino que han evolucionado lenta y aleatoriamente hasta encontrarse con sus atributos actuales.

De esta manera, uno de los primeros antecedentes de exenciones de impuestos tuvo lugar en Mónaco en 1968, cuando el rey Carlos III abolió los impuestos no para atraer capitales, sino para demostrar que no se estaba beneficiando de las recaudaciones. Posteriormente, a finales del S. XIX, diversos territorios de EE.UU. vieron la política fiscal laxa como una necesidad para atraer inversiones.

En algunos casos como los de Suiza, Liechtenstein o Mónaco, estos centros financieros básicos renunciaron a seguir la senda de los países de su entorno, que legislaron y establecieron impuestos sobre todos lo que estaba bajo su control (Palan, 1998) [30]. En vez de ello, establecieron el secreto bancario y ventajas fiscales, pasando así a ser sofisticados centros financieros. Por tanto, puede establecerse que el fenómeno de los paraísos fiscales supuso una reacción a la creciente supervisión del estado en materia legal y fiscal.

Muchos autores (Zoromé, 2007[31]; Hudson, 2000[32]; Errico & Musalem, 1999[33]; Palan, 1998[34]; Torres, 1998[35]; Roberts, 1995[36]) coinciden en señalar que el origen de los paraísos fiscales tal y como los conocemos hoy se remonta

[29] Palan, R. (1998): Trying to Have Your Cake and Eating It: How and Why the State Has Created Offshore. International Studies Quarterly. 42, 625-644.

[30] Palan, R. (1998): Trying to Have Your Cake and Eating It: How and Why the State Has Created Offshore. International Studies Quarterly. 42, 625-644.

[31] Zoromé, A. (2007): Concept of Offshore Financial Centers: In Search of an Operational Definition. IMF WP/07/87.

[32] Hudson, A. (2000): Globalization and Sovereignty: A Postmodern Geo-Political Economy? Transactions of the Institute of British Geographers, New Series. 25 (3), 269-283.

[33] Errico, L.. & Musalem, A. (1999): Offshore Banking: An Analysis of Micro and Macro Prudential Issues. IMF WP/99/5.

[34] Palan, R. (1998): Trying to Have Your Cake and Eating It: How and Why the State Has Created Offshore. International Studies Quarterly. 42, 625-644.

[35] Torres, J. (2008): Los paraísos fiscales en la economía global. Temas para el debate. 159, 21-24.

[36] Roberts, S.M. (1995): Small Place, Big Money: The Cayman Islands and the International Financial System. Economic Geography. 71 (3): July, 237-256.

a los años 1960 y 1970, periodo en el que se dieron una serie de acontecimientos que los impulsaron, como fueron:

1. Las restricciones de tipos de interés, así como a la inversión y crédito exteriores en EE.UU. Estas últimas no eran aplicables a las oficinas de bancos estadounidenses situadas fuera de su país.
2. El establecimiento de un mayor número de impuestos y cada vez más altos con el objeto de financiar el estado de bienestar en muchos países de la OCDE.
3. El establecimiento de férreos controles a las transacciones de capital en la mayoría de los países de la OCDE debido a los crecientes déficits de las balanzas de pagos.
4. El desarrollo de mercados financieros no regulados, sobre todo los Euromercados de Europa.
5. La generalización de la aviación comercial en los años 1950, y de Internet ya en la década de 1990, que permitió aumentar la rapidez con la que se movía el flujo de capital.

Así pues, se observa como desde la desregulación a la tecnología, las economías más importantes han propiciado el nacimiento de los paraísos fiscales, los cuales han ido evolucionando conforme a las necesidades de éstas. Este ha sido el mecanismo establecido por los estados para "tener y comerse su pastel", como escribe Palan (1998)[37], pues en todo momento el propio estado ha sido el que ha proporcionado la infraestructura legal y material necesaria para el funcionamiento y desarrollo de los paraísos fiscales. Se prueba así que los paraísos fiscales no son meros depósitos sino auténticos espacio económicos organizados expresamente para servir de centros financieros a no residentes (Torres, 2008)[38].

Debido a ello, muchos paraísos fiscales son territorios de ultramar que han crecido al amparo de sus metrópolis, y que aún siguen bajo su control (Hampton & Christensen, 2002[39]; Maingot, 1995[40]). Además, suelen encontrarse en la misma franja horaria que los mercados internacionales más

---

[37] Palan, R. (1998): Trying to Have Your Cake and Eating It: How and Why the State Has Created Offshore. International Studies Quarterly. 42, 625-644.

[38] Torres, J. (2008): Los paraísos fiscales en la economía global. Temas para el debate. 159, 21-24.

[39] Hampton, M.P. and Christensen, J. (2002): Offshore Pariahs? Small Island Economies, Tax Havens, and the Re-configuration of Global Finance. World Development. 30 (9), 1657-1673.

[40] Maingot, A.P. (1995): Offshore secrecy Centers and the Necessary Role of States: Bucking the Trend. Journal of Interamerican Studies of World Affairs. 37 (4): Winter, 1-24.

importantes (Roberts, 1995)[41]. Fernández (2009)[42] y Saint-Amans (2009)[43] señalan que los paraísos fiscales han existido siempre porque permiten a los estados más desarrollados realizar transacciones opacas en su propio interés, que van desde operaciones secretas a pagos de rescates, pasando por la corrupción de agentes públicos entre otras muchas actividades. También se puede llegar a la conclusión de que las estrategias de los paraísos fiscales no sólo se ven afectadas por la competencia existente entre ellos, sino también por las actividades de los reguladores de las economías más potentes (Hudson, 2000)[44].

Sin embargo, los estados no realizaron toda esa serie de medidas por deseo expreso, sino que vieron en ellas la mejor solución a las tensiones creadas por la globalización. Según Palan (1998)[45], los estados, ante la amenaza de deslocalización de sus sectores más móviles, optan por proporcionarles áreas donde su intervención no es tan rigurosa: los paraísos fiscales. De esta manera el estado puede desempeñar sus roles tradicionales como si nada ocurriera, aliviándose las tensiones surgidas a raíz de la globalización. Y es que la llegada de la globalización amenazó la estructura de poder basada en el estado y las fronteras característica de la era moderna a través de una cada vez mayor internacionalización de los flujos de capital (Hudson 2002)[46]. La consecuencia de todo fue la reconfiguración del marco jurídico a escala internacional.

Ha quedado en evidencia que la formación de los paraísos fiscales fue incentivada por las grandes potencias económicas. Ahora bien, no todo territorio reúne los requisitos ni tiene los mismos incentivos para ser un paraíso fiscal. Según Hampton & Christensen (2002)[47], durante los años de la década de 1960 muchas pequeñas islas y microestados vieron en la conversión en paraísos fiscales una oportunidad para diversificarse en una industria que complementaría y fortalecería actividades ya existentes, como el turismo o las

---

[41] Roberts, S.M. (1995): Small Place, Big Money: The Cayman Islands and the International Financial System. Economic Geography. 71 (3): July, 237-256.

[42] Fernández, A. (2009): La Mirada Indiscreta: Los paraísos fiscales. Programa de radio realizado por el Observatorio de Responsabilidad Social Corporativa en coproducción con la UNED. Emisión a través de la plataforma digital de Canal UNED. 1 de Abril.

[43] Saint-Amans, P. (2009): Paraísos fiscales. Entre la imaginación y la realidad. Política Exterior. 127 (Enero-Febrero), 23-29.

[44] Hudson, A. (2000): Globalization and Sovereignty: A Postmodern Geo-Political Economy? Transactions of the Institute of British Geographers, New Series. 25 (3), 269-283.

[45] Palan, R. (1998): Trying to Have Your Cake and Eating It: How and Why the State Has Created Offshore. International Studies Quarterly. 42, 625-644.

[46] Hudson, A. (2000): Globalization and Sovereignty: A Postmodern Geo-Political Economy? Transactions of the Institute of British Geographers, New Series. 25 (3), 269-283.

[47] Hampton, M.P. and Christensen, J. (2002): Offshore Pariahs? Small Island Economies, Tax Havens, and the Re-configuration of Global Finance. World Development. 30 (9), 1657-1673.

manufacturas. Estos territorios son perfectos para el desarrollo de los paraísos fiscales porque:

1. La independencia de los medios de comunicación es parcial o nula.
2. Generalmente carecen de instituciones educativas superiores o de una comunidad intelectual que sea crítica con la política.
3. El carácter introvertido de sus habitantes suprime la posibilidad de rumores que pongan en peligro secretos.

Pero, ¿Cuáles son las razones que pueden empujar a una jurisdicción a dar el salto y convertirse en un paraíso fiscal? Errico & Musalem (1999) [48] enumeran algunos de los principales motivos por los que determinados territorios finalmente deciden convertirse en un paraíso fiscal:

1. Ganar acceso a los mercados internacionales de capitales.
2. Atraer mano de obra cualificada.
3. Fomentar la competitividad del mercado financiero interno.
4. Proteger a las instituciones domésticas.
5. Beneficiarse de la creación de puestos de trabajo y de la generación de rentas.

Por tanto, de acuerdo a Maingot (1995) [49], la decisión por parte de una jurisdicción de establecerse como paraíso fiscal, así como las subsecuentes decisiones sobre el grado de apertura y secreto deseados, son claramente elecciones racionales de negocio. Y es que para lugares con recursos limitados y pequeños mercados locales, las finanzas internacionales parecen ofrecer una senda alternativa al desarrollo (Hudson, 2000) [50].

No obstante, no todos lo paraísos fiscales son iguales. Palan (2002) [51], señala que los paraísos fiscales que han tenido mayor éxito son los que a lo largo del tiempo han conseguido mantener los siguientes atributos:

1. Son estables política y económicamente.
2. Cuentan con el aval de los mercados internacionales o mantienen tienen un alto grado de intercambio de información con éstos.

---

[48] Errico, L.. & Musalem, A. (1999): Offshore Banking: An Analysis of Micro and Macro Prudential Issues. IMF WP/99/5.

[49] Maingot, A.P. (1995): Offshore secrecy Centers and the Necessary Role of States: Bucking the Trend. Journal of Interamerican Studies of World Affairs. 37 (4): Winter, 1-24.

[50] Hudson, A. (2000): Globalization and Sovereignty: A Postmodern Geo-Political Economy? Transactions of the Institute of British Geographers, New Series. 25 (3), 269-283.

[51] Palan, R. (2002): Tax Havens and the Commercialization of the State Sovereignty. International Organization. 56 (1): Winter, 151-176.

3. No son salpicados por escándalos o blanqueo de capitales.
4. Tienen acuerdos con un gran número de países para evitar la doble imposición.

Obviamente, no podría olvidarse una de las características estrella inherente al propio término de paraíso fiscal: playas infinitas, clima soleado, lujo... Estas cualidades, a menudo olvidadas en las definiciones pero tenidas en cuenta por autores como Maingot (1995)[52] o Chambost (1982)[53], son las que atraen a las personas físicas a los paraísos fiscales. Y es que al fin y al cabo estos paraísos son una combinación de atractivos para los individuos, a través del disfrute, y para el dinero, a través de la opacidad.

Así pues, a veces ciertas jurisdicciones o territorios se ven tentados en convertirse en paraísos fiscales, al constituir ésta la mejor alternativa ante las escasas posibilidades que ofrece su economía. Si a eso añadimos la necesidad por parte de las potencias del mundo desarrollado de espacios menos rigurosos legislativamente, tenemos el caldo de cultivo perfecto para la proliferación de los paraísos fiscales.

IV. MARCO JURÍDICO DE LOS PARAÍSOS FISCALES

La globalización crea un conflicto entre el estado y el capitalismo. Este último tiene una tendencia natural a extenderse a través de las fronteras para maximizar beneficios, mientras que el primero fundamenta su existencia en una lógica espacial basada en las fronteras (Hudson, 2000)[54]. Esto ha contribuido, según Palan (1998)[55], a que se den simultáneamente dos sucesos. Por un lado, desde la transición a la modernidad queda patente el incremento de la protección del estado y sus instituciones a través de la ley, haciéndose este cada vez más hermético y rígido. Por otro, la internacionalización del capital, hace que éste sea cada vez más volátil y por tanto más difícil de controlar, algo que es precisamente lo que pretenden las leyes promulgadas por los estados. El resultado de todo esto, como señala Oxfam (2000)[56], es un mercado financiero global que lleva a cabo su actividad a través de diferentes configuracio-

[52] Maingot, A.P. (1995): Offshore secrecy Centers and the Necessary Role of States: Bucking the Trend. Journal of Interamerican Studies of World Affairs. 37 (4): Winter, 1-24.

[53] Chambost, E. (1982): Los paraísos fiscales. Madrid: Pirámide.

[54] Hudson, A. (2000): Globalization and Sovereignty: A Postmodern Geo-Political Economy? Transactions of the Institute of British Geographers, New Series. 25 (3), 269-283.

[55] Palan, R. (1998): Trying to Have Your Cake and Eating It: How and Why the State Has Created Offshore. International.

[56] Oxfam (2000): Tax Havens: Releasing the Hidden Billions for Poverty Erradication. Oxfam Great Britain Policy Papers, June.

nes impositivas que conservan su carácter nacional. Los últimos vestigios de ética y moral internacionales desaparecieron al ritmo con que los estados se delimitaban unos a otros a través del derecho nacional e internacional (Palan, 2002)[57]. Cada país se convirtió en un mundo, no pudiendo hacer nada desde el punto jurídico, y en muchos casos no importándole, lo que ocurriera más allá de sus fronteras.

Todo esto supone la fragmentación del concepto de soberanía, entendida ésta como un principio de ordenación que confiere poder de regulación en vez de constituir en sí misma algo que los estados poseen o no (Hudson, 2000)[58], lo que supone el nacimiento de los paraísos fiscales desde el punto de vista político. Esta soberanía puede ser legal, consistente en la publicación de leyes que configuran un marco jurídico, o fiscal, que permite gravar la actividad económica llevada a cabo en un territorio.

El desdoblamiento de la soberanía permite al estado elaborar un marco jurídico en base a su soberanía legal que, dentro de sus fronteras y apoyado en medidas como el secreto o la nula imposición, renuncia a su soberanía fiscal para atraer capital (Hudson, 2000)[59] y se convierte en paraíso fiscal. Se advierte entonces que los paraísos fiscales dependen de la globalización económica para que el capital fluya por ellos gracias a la ausencia de soberanía fiscal, pero también de la localización geográfica a través del establecimiento de fronteras para proteger su soberanía legal.

Los primeros antecedentes del conflicto entre estado y capitalismo se remontan a casos tratados en los tribunales Británicos a finales del S. XIX y principio del S. XX. En estos casos se juzgó a compañías del Imperio Británico que operaban en los territorios de ultramar en relación a posibles evasiones de impuestos. Uno de los más famosos, Egyptian Delta Land and Investment Co. Ltd. v Todd, sentó precedente al sentenciar que, aunque la compañía estuviese registrada en Londres, al desempeñar toda su actividad en El Cairo era residente en Egipto. El caso dejó en evidencia que la soberanía fiscal de Imperio Británico estaba fragmentada, mientras que la soberanía jurídica era unitaria al procesarse los casos a través de los tribunales británicos.

Posteriormente, el gobierno suizo también intentó reducir la tensión creada por la globalización. La solución adoptada fue similar a la establecida

---

[57] Palan, R. (2002): Tax Havens and the Commercialization of the State Sovereignty. International Organization. 56 (1): Winter, 151-176.

[58] Hudson, A. (2000): Globalization and Sovereignty: A Postmodern Geo-Political Economy? Transactions of the Institute of British Geographers, New Series. 25 (3), 269-283.

[59] Hudson, A. (2000): Globalization and Sovereignty: A Postmodern Geo-Political Economy? Transactions of the Institute of British Geographers, New Series. 25 (3), 269-283.

anteriormente por los tribunales británicos (Palan, 2002)[60]. En 1934, la Ley Bancaria Suiza cuestionó la unidad legal de los sujetos de derecho, estableciendo la posibilidad de la existencia de residencia física, donde reside la persona o empresa, y jurídica, donde le son aplicadas las leyes. De esta manera se podía separar a una persona de su dinero.

Este hecho reforzó aún más las primeras evidencias de separación entre soberanía fiscal y legal. De acuerdo a Palan (2002)[61], por un lado se negaba la unidad jurídica pero no la económica, y por otro se permitía a personas y empresas "ir de compras", eligiendo la/s soberanía/s que más se ajustara/n a sus intereses. Así se explica, por ejemplo, como las multinacionales no existen desde el punto de vista jurídico, pues a cada empresa le es aplicable solo la legislación de la jurisdicción en la que opera, pero si existen desde el económico, a través de la consolidación contable. Este negación de la unidad jurídica de las multinacionales es calificado por Palan (2002)[62] como el absurdo que posibilita la comercialización de la soberanía. A partir de entonces se ha hecho común el recurrir al uso de los tribunales y la legislación para manejar las tensiones existentes entre la internacionalización del capital y los derechos de soberanía (Palan, 2002)[63]. Dicha tensión se ha dado a lo largo de todo el S. XX, pues mientras por un lado los gobiernos tenían que hacer frente a la progresiva internacionalización de sus sociedades, por el otro delimitaron su espacio nacional tanto física como imaginariamente, en este último caso extendiendo el territorio a través de una dimensión puramente jurídica (Palan, 2002)[64] como son la delimitación del espacio aéreo o marítimo, por ejemplo.

La desmembración de la soberanía es la prueba de que la estrategia de los paraísos fiscales es meramente judicial, pues se funda en la habilidad de las compañías y las personas de cambiar de residencia legal sin desplazarse físicamente (Palan, 2002)[65]. Lo que es más, permitió que las empresas se instalaran en los paraísos fiscales solo virtualmente (Torres, 2008); tan sólo deben de registrarse en ellos para adquirir la residencia jurídica, existiendo sólo sobre el papel.

---

[60] Palan, R. (2002): Tax Havens and the Commercialization of the State Sovereignty. International Organization. 56 (1): Winter, 151-176.

[61] Palan, R. (2002): Tax Havens and the Commercialization of the State Sovereignty. International Organization. 56 (1): Winter, 151-176.

[62] Palan, R. (2002): Tax Havens and the Commercialization of the State Sovereignty. International Organization. 56 (1): Winter, 151-176.

[63] Palan, R. (2002): Tax Havens and the Commercialization of the State Sovereignty. International Organization. 56 (1): Winter, 151-176.

[64] Palan, R. (2002): Tax Havens and the Commercialization of the State Sovereignty. International Organization. 56 (1): Winter, 151-176.

[65] Palan, R. (2002): Tax Havens and the Commercialization of the State Sovereignty. International Organization. 56 (1): Winter, 151-176.

Pero, ¿por qué renuncian los paraísos fiscales a su soberanía fiscal? Desde el punto de vista financiero, tiene sentido renunciar a la soberanía fiscal y perder la recaudación impositiva a cambio de una proporción de los enormes flujos de capital que circulan por los paraísos fiscales (Hudson, 2000) [66]. Además, como indica Palan (2002) [67], desde el punto de vista jurídico, proveen protección de la regulación y fiscalidad de los territorios de origen sin la necesidad de localizarse físicamente en el paraíso fiscal.

La duda sobre el papel de la soberanía en los paraísos fiscales es planteada por Hudson (2000) [68], que reflexiona sobre si constituye uno de los elementos clave de su desarrollo o si han de sacrificar parte de ella para convertirse en nodos de la economía mundial. Aunque puede que ambas respuestas sean acertadas: al sacrificar parte de su soberanía, experimentan un desarrollo fuera del alcance de sus recursos y a la vez se convierten en protagonistas de las finanzas internacionales.

Definitivamente, la comercialización de la soberanía es algo endémico a un sistema caracterizado por la integración económica en el contexto de la fragmentación política (Palan, 2002) [69]. Todo ello en un intento por parte del estado de buscar beneficio en el exterior sin perder el que se genera en su propio territorio.

V. REPERCUSIONES DE LOS PARAÍSOS FISCALES

Según Palan (2002) [70], los paraísos fiscales constituyen la apuesta por una estrategia racional de maximización de beneficios adoptada por los estados y las empresas. Esta maximización es también citada por otras fuentes más críticas con los paraísos fiscales, como Fernández (2009) [71] y Oxfam (2000) [72]. Pero

[66] Hudson, A. (2000): Globalization and Sovereignty: A Postmodern Geo-Political Economy? Transactions of the Institute of British Geographers, New Series. 25 (3), 269-283.

[67] Palan, R. (2002): Tax Havens and the Commercialization of the State Sovereignty. International Organization. 56 (1): Winter, 151-176.

[68] Torres, J. (2008): Los paraísos fiscales en la economía global. Temas para el debate. 159, 21-24.

[69] Palan, R. (2002): Tax Havens and the Commercialization of the State Sovereignty. International Organization. 56 (1): Winter, 151-176.

[70] Palan, R. (2002): Tax Havens and the Commercialization of the State Sovereignty. International Organization. 56 (1): Winter, 151-176.

[71] Fernández, A. (2009): La Mirada Indiscreta: Los paraísos fiscales. Programa de radio realizado por el Observatorio de Responsabilidad Social Corporativa en coproducción con la UNED. Emisión a través de la plataforma digital de Canal UNED. 1 de Abril.

[72] Oxfam (2000): Tax Havens: Releasing the Hidden Billions for Poverty Erradication. Oxfam Great Britain Policy Papers, June.

¿Qué se esconde tras este comportamiento racional? ¿A costa de qué se produce esta maximización?

Las actividades anteriormente citadas tienen propósitos racionales desde el punto de vista financiero capitalista, pero irracionales desde el punto de vista ético y moral, amparando bajo secreto acciones ilegales y/o socavando la capacidad de las jurisdicciones para recaudar los impuestos necesarios para su desarrollo.

Existen estudios que, sin llegar a justificar la existencia de los paraísos fiscales, indican que pueden acarrear ciertas ventajas. Por ejemplo, Rose & Spiegel (2007)[73] demuestran a través de un modelo gravimétrico que aquellos países que están más distantes geográficamente de los paraísos fiscales tienen inferiores niveles de bienestar, argumentando además que la proximidad a un paraíso fiscal fomenta la competitividad del sistema bancario al ser inferior el coste de trasladar los activos a estos territorios. A esto habría que añadir los dictámenes de la lógica financiera, que apoya la actividad en los paraísos fiscales basándose en la premisa de la maximización de la riqueza.

Sin embargo, lo evidente es que la mayoría de estudios y organizaciones internacionales critican la labor que desempeñan los paraísos fiscales, amparándose en los inmensos costes éticos, morales y económicos que implica el proceso de maximización de la riqueza financiera en estos territorios.

El grado de atención prestado a los problemas que surgen a la raíz de la existencia de los paraísos fiscales ha sido diferente en función de la organización que ha planteado su estudio. Así, mientras que organismos internacionales como la OCDE (OECD, 1998)[74] se han centrado en los efectos negativos que tienen los paraísos fiscales sobre la competencia fiscal, los gobiernos han prestado más atención a las pérdidas de recaudación impositiva y el blanqueo de capitales (USS, 2006)[75], mientras que otros como Oxfam (2000)[76] y Christian Aid (CA, 2009)[77] prestan más atención sus efectos negativos sobre los países en desarrollo.

Existe mucha literatura referente a los problemas que crean los paraísos fiscales. Las siguientes líneas se valen de esta literatura para resumir las repercusiones más importantes de ellos.

---

[73] Rose, A.K. and Spiegel, M. (2007): Offshore Financial Centres: Parasites or Symbionts? The Economic Journal. 117 (October), 1310-1335.

[74] OECD (1998): Harmful tax competition. An emerging global issue. OECD, Paris.

[75] USS (2006): Tax havens abuses: the enablers, the tools and secrecy.

[76] Oxfam (2000): Tax Havens: Releasing the Hidden Billions for Poverty Erradication. Oxfam Great Britain Policy Papers, June.

[77] CA (2009): False profits: robbing the poor to keep the rich tax-free. Christian Aid Report, March.

5.1. Empobrecimiento de los países en desarrollo

Los estragos que provocan los paraísos fiscales en los países en desarrollo son enormes. Como señalan Rose & Spiegel (2007) [78], los países políticamente inestables, así como aquellos que están fuertemente regulados, son más propensos a enviar fondos a paraísos fiscales. Esto explica por qué es tan importante la actividad de gestión y protección de activos en los paraísos fiscales y por qué los países en desarrollo son proclives a ella.

La contribución de los paraísos fiscales al empobrecimiento de los países en desarrollo comenzó con las crisis del petróleo, pues, como indica Roberts (1995) [79], durante los años 1970 los paraísos fiscales reciclaban el dinero de los petrodólares para después prestarlo a los países en desarrollo. Posteriormente, estos préstamos serían el origen de la crisis de la deuda que minó la capacidad económica de los países en desarrollo a finales de la década de 1980 y comienzos de la de 1990, y cuyas consecuencias aún se arrastran hoy en día. La repercusión más inmediata de los paraísos fiscales en los países en desarrollo se refleja en la pérdida en la recaudación de impuestos, algo muy importante si se considera en relación a los limitados recursos y presupuestos de los países en desarrollo (Oxfam, 2000) [80]. Este problema es aún más preocupante al depender estos países en gran medida de la recaudación proveniente de impuestos a compañías que operan en su territorio.

Como no podría ser de otra forma, la estructura funcional establecida en los paraísos fiscales permite, gracias al secreto bancario, a líderes y oficiales corruptos ocultar los orígenes del dinero adquirido a través del soborno y del expolio.El control de esta acciones es casi imposible, pues las autoridades de los países en desarrollo apenas y tienen medidas efectivas para conocer los ingresos que sus residentes consiguen en su propio territorio, y mucho menos en el exterior (Oxfam, 2000) [81].

También han de considerarse los problemas derivados de la inestabilidad financiera. Maingot (1995) [82] expone que, gracias a los paraísos fiscales:

[78] Rose, A.K. and Spiegel, M. (2007): Offshore Financial Centres: Parasites or Symbionts? The Economic Journal. 117 (October), 1310-1335.

[79] Roberts, S.M. (1995): Small Place, Big Money: The Cayman Islands and the International Financial System. Economic Geography. 71 (3): July, 237-256.

[80] Oxfam (2000): Tax Havens: Releasing the Hidden Billions for Poverty Erradication. Oxfam Great Britain Policy Papers, June.

[81] Oxfam (2000): Tax Havens: Releasing the Hidden Billions for Poverty Erradication. Oxfam Great Britain Policy Papers, June.

[82] Maingot, A.P. (1995): Offshore secrecy Centers and the Necessary Role of States: Bucking the Trend. Journal of Interamerican Studies of World Affairs. 37 (4): Winter, 1-24.

1. Los capitales son capaces de volar desde el país más pobre hasta los paraísos fiscales rápidamente.
2. Precisamente, esta velocidad permite a los intereses privados mover el capital de un paraíso a otro si éstos se ven amenazados.

Las ayudas que ofrecen los países desarrollados son insuficientes e ineficaces. Christensen (2008)[83] cuestiona los efectos positivos del incremento de la ayuda y del alivio de la deuda a los países en desarrollo, sin que estas medidas se vean apoyadas por otras que compensen la pérdida de recursos financieros ocasionada por los paraísos fiscales. Un ejemplo de esto es que los países en desarrollo ven como huye hacia los paraísos fiscales el triple del importe de la ayuda oficial al desarrollo que se les proporciona (Saint-Amans, 2009)[84].

Las multinacionales no reflexionan sobre el hecho de que es positivo para sus intereses a largo plazo contribuir a financiar infraestructuras tales como educación, comunicación, sanidad, etc..., pues es de éstas de las que depende el desarrollo del mercado (Oxfam, 2000)[85] tanto en los países en desarrollo como en los desarrollados.

A modo de resumen, puede concluirse que:

1. El empobrecimiento de los países en desarrollo al que contribuyen los paraísos fiscales se da debido a un variado cúmulo de circunstancias: evasión de impuestos, corrupción y blanqueo de dinero, inestabilidad financiera y opacidad.
2. Todo esto impide el desarrollo tanto económico como institucional de los países en desarrollo, así como la erradicación de la pobreza.

5.2. Elusión y evasión fiscal

Como indica Oxfam (2000)[86], a medida que el capital se hace más móvil, los gobiernos encuentran cada vez menos opciones a la hora de establecer impuestos. Además, la liberalización y globalización económicas han llevado a incrementar el número de países que compiten para atraer la inversión extranjera a través de la oferta de bajos tipos impositivos, lo que ha desembo-

---

[83] Christensen, J.: (2008). Paraísos fiscales y pobreza: la gran cuestión. Temas para el debate. 158, 35-38.

[84] Saint-Amans, P. (2009): Paraísos fiscales. Entre la imaginación y la realidad. Política Exterior. 127 (Enero-Febrero), 23-29.

[85] Oxfam (2000): Tax Havens: Releasing the Hidden Billions for Poverty Erradication. Oxfam Great Britain Policy Papers, June.

[86] Oxfam (2000): Tax Havens: Releasing the Hidden Billions for Poverty Erradication. Oxfam Great Britain Policy Papers, June.

cado en una carrera hasta el fondo o race to the bottom en la que incluso se llegan a eliminar los impuestos.

Los partidarios de la competencia fiscal argumentan que fomenta la reducción y racionalización de los sistemas fiscales, permitiendo a los sujetos de hechos imponibles elegir entre diferentes combinaciones de impuestos (Oxfam, 2000)[87].

Sin embargo, sus detractores argumentan que la competencia da lugar a la planificación fiscal. Como menciona el FEF (FSF, 2000)[88], existe un gran número de planes y proyectos que, al amparo de la legalidad y basándose en la complejidad y la ambigüedad, permiten minimizar la carga fiscal de multinacionales y personas de gran riqueza a través de prácticas como la transferencia de precios.

Llegado a este punto, merece la pena detenerse un momento a pensar lo que la competencia fiscal. Vallejo (2005)[89] diferencia entre competencia fiscal sana y perjudicial. La primera permite eliminar las ineficiencias y aumentar la neutralidad de los sistemas fiscales con el objeto de que la fiscalidad no se convierta en un obstáculo para el desarrollo económico, mientras que la segunda persigue atraer capitales o bases imponibles utilizando el elemento fiscal como ventaja comparativa.

Si se tiene en cuenta, como indica Hudson (2000)[90], que la legislación fiscal hace a los paraísos fiscales lugares con beneficios potenciales, mientras que las leyes de secreto los hacen ideales para la evasión o evitación fiscal, tanto el marco jurídico como el fiscal vigentes en esos países parecen indicar que la competencia fiscal ejercida es perjudicial.

No obstante, no todos lo paraísos fiscales participan de la misma manera en la evasión de impuestos. Maldonado (2001)[91] diferencia entre elusión y evasión fiscal. La primera supone la creación de regímenes fiscales preferenciales en perjuicio del interés fiscal de otras jurisdicciones, mientras la segunda supone la cooperación activa de una jurisdicción en la ocultación de la riqueza del no residente. De esta manera, todos los paraísos fiscales contribuyen a eludir los impuestos, pero no todos lo hacen en su evasión.

---

87 Oxfam (2000): Tax Havens: Releasing the Hidden Billions for Poverty Erradication. Oxfam Great Britain Policy Papers, June.

88 FSF (2000): Report of the Working Group on Offshore Centres. FSF, 5 April 2000.

89 Vallejo, J.M. (2005): La competencia fiscal perniciosa en el seno de la OCDE y la Unión Europea. Nuevas Tendencias en Economía y Fiscalidad.

90 Hudson, A. (2000): Globalization and Sovereignty: A Postmodern Geo-Political Economy? Transactions of the Institute of British Geographers, New Series. 25 (3), 269-283.

91 Maldonado, A. (2001): Nueva posición de la OCDE en materia de paraísos fiscales. Instituto de Estudios Fiscales, Madrid.

Sin embargo, puede que la flexibilidad fiscal también perjudique a los paraísos fiscales, pues Masciandaro (2005)[92] reconoce la posibilidad de que la escasez de regulación puede ser tan poco atractiva para algunos inversores legales como la abundancia de ella.

En este contexto, las compañías realizan operaciones en los paraísos fiscales aprovechando las ventajas que ofrecen. Entre las prácticas más comunes esta, por ejemplo, el ubicar en los paraísos fiscales los beneficios corporativos para no tener que pagar impuestos (Torres, 2008)[93] o el transferir y manipular las transacciones financieras entre filiales de una misma compañía con objeto de reducir la base imponible, práctica manifestada principalmente a través de la transferencia de precios (Oxfam, 2000)[94]. A todo esto hay que añadir que, aunque la planificación fiscal es perfectamente legal, esto no implica que sea legítima desde el punto de vista moral (Oxfam, 2000)[95]. Y es que, como indica Brunquell (2009)[96], cada céntimo que un contribuyente no paga al evadir impuestos vía paraísos fiscales, es otro céntimo que un contribuyente honesto deberá pagar.

Esto tiene dos consecuencias. Por un lado, se incrementa el tipo impositivo de los impuestos, pues habrá de recaudarse lo mismo, pero contribuyendo un menor número de personas. Por otro, aumentan las desigualdades económicas, puesto que una parte de la población renuncia a parte de sus ingresos, mientras que otra lo retiene. Todo ello sin que los contribuyentes que evaden impuestos pierdan el acceso ni el derecho a los servicios que se mantienen con ellos: carreteras, seguridad, educación, etc…

Por tanto, los paraísos fiscales hacen que los contribuyentes honestos paguen la factura que deberían de pagar las compañías y los contribuyentes más ricos, desapareciendo así el sistema contributivo solidario.

5.3. Opacidad

Una de las características inherentes a los paraísos fiscales es el secretismo con el que se llevan a cabo todas sus operaciones. Esto es así porque la falta de

[92] Masciandaro, D. (2005): False and Reluctant Friends? National Money Laundering Regulation. International Compliance and Non-Cooperative Countries. European Journal of Law and Economics. 20, 17-30.

[93] Torres, J. (2008): Los paraísos fiscales en la economía global. Temas para el debate. 159, 21-24.

[94] Oxfam (2000): Tax Havens: Releasing the Hidden Billions for Poverty Erradication. Oxfam Great Britain Policy Papers, June.

[95] Oxfam (2000): Tax Havens: Releasing the Hidden Billions for Poverty Erradication. Oxfam Great Britain Policy Papers, June.

[96] Brunnquell, F., 2009. Paraísos fiscales: la gran evasión. Documentos TV, La 2 de TVE. Producción CAPA con la participación de FRANCE 2, Francia. 31 de Marzo del 2009.

transparencia es una de las ventajas competitivas de los paraísos fiscales en los mercados financieros globales (Hernández, 2008a) [97].

Según Torres (2008) [98], esta ventaja competitiva basada en la opacidad permite a las compañías:

1. Realizar operaciones de emisión de títulos de todo tipo que no serían permitidas en los países normales en los que actúan, normalmente para evadir requisitos legales de reservas.
2. Ocultar situaciones de endeudamiento o de dificultad, gracias al secreto garantizado, para permitir así que las cotizaciones de sus activos sean artificialmente más elevadas.

También debe considerarse la evasión de responsabilidad citada por Dionis (2009) [99], que menciona que los paraísos fiscales son usados para la delegación de riesgos jurídicos y civiles para eliminar las responsabilidades jurídicas de sus directivos y accionistas.

Y mientras que los paraísos fiscales ponen la ley al servicio de la opacidad, los países en desarrollo hacen lo mismo de manera indirecta a través de la ausencia de colaboración. El ejemplo más claro de esto se da en la Unión Europea, cuya armonización fiscal es incompleta e imperfecta, dándose una auténtica competencia fiscal dentro de ella. Es obvio que el resultado de una insuficiente base legislativa es la falta de una auténtica transparencia fiscal: la falta de armonización permite la existencia de paraísos fiscales dentro de la Unión Europea (Medina, 2008) [100].

Darbar et al. (2003) [101] enuncia que la mejor manera de reducir los riesgos derivados de las anteriores actividades es asegurar una buena y consolidada.

5.4. Corrupción y blanqueo de capitales

Como indica Maingot (1995) [102], es ampliamente aceptado que los paraísos fiscales juegan un papel crítico en la práctica del blanqueo de capitales.

[97] Hernández, J. (2008a): La ventaja competitiva de la opacidad offshore. Temas para el debate. 158, 32-42.

[98] Torres, J. (2008): Los paraísos fiscales en la economía global. Temas para el debate. 159, 21-24.

[99] Dionis, G. (2009): La Mirada Indiscreta: Los paraísos fiscales. Programa de radio realizado por el Observatorio de Responsabilidad Social Corporativa en coproducción con la UNED. Emisión a través de la plataforma digital de Canal UNED. 1 de Abril.

[100] Medina, M. (2008): La transparencia fiscal en la Unión Europea. Temas para el debate. 159, 45-47.

[101] Darbar, S.M., Johnston, R.B. and Zephirin, M.G. (2003): Assessing Offshore.

[102] Maingot, A.P. (1995): Offshore secrecy Centers and the Necessary Role of States: Bucking the Trend. Journal of Interamerican Studies of World Affairs. 37 (4): Winter, 1-24.

Por ejemplo, Rose & Spiegel (2007) [103] encuentran fuertes evidencias que asocian el blanqueo de capitales a los paraísos fiscales, destacando entre las motivaciones del uso de estos últimos la evasión de las leyes en el país de origen del dinero o la realización de actividades ilegales. Maingot (1995) [104] subraya lo difícil que es luchar contra el crimen organizado, pues ha tejido una amplia red que incluye negocios legales, lo que implica que ha de ser combatido desde todos los frentes de las compañías.

Además, mientras la línea entre los usos legales e ilegales de los paraísos fiscales se difumina, se hace cada vez más difícil para los instrumentos de la ley detectar la actividad del blanqueo de capitales (Oxfam, 2000) [105]. A esto habría que añadir, como indica Maingot (1995) [106], el hecho de que el blanqueo de capitales no sea universalmente reconocido como un crimen, con lo que los aspectos extraterritoriales de mucha de la legislación contra el blanqueo de capitales se hacen cuestionables desde el punto de vista del derecho internacional.

También habría de considerarse que no hay una voluntad política universal y coherente para enfrentarse a la cuestión debido a que no hay ningún sentido judicial, y mucho menos moral, sobre lo que debe ser incluido en la denominación de corrupto, lo que da lugar a la situación actual, en la que el crimen organizado es uno de los principales clientes de los paraísos fiscales (Maingot, 1995) [107].

Un excesivo papel de la regulación en la lucha contra el crimen organizado también puede interpretarse como una debilidad en su lucha. Maingot (1995) [108] plantea la existencia de una estrecha unión entre el grado de regulación y el de corrupción. Para ello, se asume que a mayor participación del gobierno en el proceso de toma de decisiones, se crea un mayor número de oportunidades para influenciar ilegalmente esas decisiones. De la misma manera también, cuanta más gente haya implicada en ese proceso, mayor será la posibilidad de que alguien sea influenciado negativamente.

---

[103] Rose, A.K. and Spiegel, M. (2007): Offshore Financial Centres: Parasites or Symbionts? The Economic Journal. 117 (October), 1310-1335.

[104] Maingot, A.P. (1995): Offshore secrecy Centers and the Necessary Role of States: Bucking the Trend. Journal of Interamerican Studies of World Affairs. 37 (4): Winter, 1-24.

[105] Oxfam (2000): Tax Havens: Releasing the Hidden Billions for Poverty Erradication. Oxfam Great Britain Policy Papers, June.

[106] Maingot, A.P. (1995): Offshore secrecy Centers and the Necessary Role of States: Bucking the Trend. Journal of Interamerican Studies of World Affairs. 37 (4): Winter, 1-24.

[107] Maingot, A.P. (1995): Offshore secrecy Centers and the Necessary Role of States: Bucking the Trend. Journal of Interamerican Studies of World Affairs. 37 (4): Winter, 1-24.

[108] Maingot, A.P. (1995): Offshore secrecy Centers and the Necessary Role of States: Bucking the Trend. Journal of Interamerican Studies of World Affairs. 37 (4): Winter, 1-24.

Definitivamente, el grado de secretismo proporcionado por los paraísos fiscales se ha convertido en un elemento crucial del crimen moderno que establece diferentes mecanismos de corrupción (Oxfam, 2000) [109], lo que le permite, como señala Torres (2008) [110], blanquear capitales o traficar con fondos procedentes de diversas actividades criminales e ilegales impunemente.

Y puesto que los paraísos fiscales están integrados en el sistema financiero internacional, para el crimen organizado se convierten en canales potenciales que permiten ganar acceso a los mercados financieros mundiales (Darbar[111] et al., 2003), extendiéndose así el dinero corrupto por todo el mundo.

5.5. Amenaza a la estabilidad financiera

La liberalización y globalización económicas, junto a la gran contribución de la tecnología, han posibilitado el nacimiento de la evasión de capitales o capital flight, descrita en Roberts (1995) [112] como la fuga de capitales a corto plazo, de carácter especulativo, que obedece a presiones económicas y/o políticas en el país de origen. CA (2009) [113], en su informe False Profits: robbing the poor to keep the rich tax-free, realiza una detallada descripción cuantitativa del problema de la evasión de capitales.

Darbar et al. (2003) [114] expone que con la creciente integración de los mercados financieros a través del mundo, los problemas de las instituciones financieras localizadas en paraísos fiscales pueden transferirse rápidamente a cualquier mercado del mundo. No es coincidencia que el comercio de derivados y la inversión en fondos de alto riesgo, dos de los instrumentos que más controversia han suscitado sobre la estructura actual del sistema financiero global y que muchos señalan como los ingredientes esenciales en una crisis, estén muy asociados a las actividades realizadas en paraísos fiscales (Oxfam, 2000) [115].

Y es que la evasión de capitales ha dado lugar al fenómeno del dinero sin estado o stateless moneis, citado por Hudson (2000) [116]. Oxfam (2000) [117] seña-

[109] Oxfam (2000): Tax Havens: Releasing the Hidden Billions for Poverty Erradication. Oxfam Great Britain Policy Papers, June.

[110] Torres, J. (2008): Los paraísos fiscales en la economía global. Temas para el debate. 159, 21-24.

[111] Darbar, S.M., Johnston, R.B. and Zephirin, M.G. (2003): Assessing Offshore.

[112] Roberts, S.M. (1995): Small Place, Big Money: The Cayman Islands and the International Financial System. Economic Geography. 71 (3): July, 237-256.

[113] CA (2009): False profits: robbing the poor to keep the rich tax-free. Christian Aid Report, March.

[114] Darbar, S.M., Johnston, R.B. and Zephirin, M.G. (2003): Assessing Offshore.

[115] Oxfam (2000): Tax Havens: Releasing the Hidden Billions for Poverty Erradication. Oxfam Great Britain Policy Papers, June.

[116] Hudson, A. (2000): Globalization and Sovereignty: A Postmodern Geo-Political Economy? Transactions of the Institute of British Geographers, New Series. 25 (3), 269-283.

[117] Oxfam (2000): Tax Havens: Releasing the Hidden Billions for Poverty Erradication. Oxfam Great Britain Policy Papers, June.

la que la falta de una identidad nacional para el dinero invertido o incluso de las instituciones que lo invierten hace que la regulación de estas actividades sea muy difícil o imposible.

Los paraísos fiscales tienes un mayor impacto en la estabilidad de las economías en desarrollo. Oxfam (2000) [118] revela que al mismo ritmo con que estas economías se integran en el sistema financiero global, sus pequeños y frágiles mercados de capitales se hacen más vulnerables a las repentinas fluctuaciones económicas. Ndikumana & Boyce (2008) [119] realizan un estudio sobre la evasión de capitales en el África Subsahariana que cifra que en el año 2004 $8.767 millones abandonaron África gracias a la evasión de capitales, cifra insignificante comparada a los $ 36.191 millones de 2003.

No obstante, los paraísos fiscales no son los causantes en última instancia de la evasión de capitales. La existencia de canales seguros a nivel internacionales por los que mover el dinero es lo que realmente exacerba la situación, como señala Oxfam (2000) [120].

Por otra parte, hay que tener en cuenta que las crisis creadas por la evasión de capitales no solo repercuten sobre los niveles de vida actuales, sino que a menudo provocan respuestas a largo plazo que tienen consecuencias negativas para la reducción de la pobreza, minando las posibilidades de recuperación tanto a corto como largo plazo (Oxfam, 2000) [121].

La actual crisis financiera viene a corroborar el fracaso de los esfuerzos internacionales por establecer un mercado financiero mundial más transparente y cooperativo, lo que no será posible hasta la total desaparición de los paraísos fiscales. La lucha contra éstos ya se perdió cuando se optó por la colaboración en vez de por la regulación, lo que dio lugar, según Peláez (2008) [122], a una situación de enmascaramiento de la realidad: con la promesa de proporcionar información en el futuro o de la firma de convenios de colaboración, los países occidentales redujeron la lista de paraísos fiscales. Sin embargo, el suministro de información nunca será pleno, pues está en juego la supervivencia de estas jurisdicciones.

---

[118] Oxfam (2000): Tax Havens: Releasing the Hidden Billions for Poverty Erradication. Oxfam Great Britain Policy Papers, June.

[119] Ndikumana, L. and Boyce, J.K. (2008): New Estimates of Capital Flight from Sub-Saharan African Countries: Linkages with External Borrowing and Policy Options. Political Economy Research Institute, Working Paper Series 166 (April).

[120] Oxfam (2000): Tax Havens: Releasing the Hidden Billions for Poverty Erradication. Oxfam Great Britain Policy Papers, June.

[121] Oxfam (2000): Tax Havens: Releasing the Hidden Billions for Poverty Erradication. Oxfam Great Britain Policy Papers, June.

[122] Peláez, J. (2008): La evasión fiscal en España y el intercambio de información con los paraísos fiscales. Temas para el debate. 158, 29-31.

Desde la perspectiva económica, esta crisis plantea enormes dudas acerca de la eficacia del sistema capitalista para satisfacer las necesidades de los ciudadanos, lo que requiere la producción de bienes y servicios. Brunnquell (2009) [123] acierta al recoger que la crisis actual viene a confirmar el fracaso de un modelo económico basado en la especulación. Porque la economía global basa su funcionamiento en unos paraísos fiscales que no producen nada, lo único que hacen es atraer grandes fortunas con el objeto de eludir impuestos y especular.

Pero lo que es más grave, la ingeniería financiera que se realiza gracias a los paraísos fiscales de manera legal (aunque roce permanentemente la ilegalidad), no aguanta un mínimo juicio moral y ético hecho desde la sociedad civil (García, 2008) [124]. Por tanto, actualmente no se está dando solamente una crisis económica, también se da una de valores, surgida a raíz de los dilemas que plantea la existencia de los paraísos fiscales.

Pero ¿Cuál ha sido el papel de los paraísos fiscales en la actual crisis? Para averiguarlo primero hay que considerar la naturaleza de estas jurisdicciones.

Según Hernández (2009b) [125] los paraísos fiscales son parte del denominado sistema bancario en la sombra o shadow banking system, como se denomina a un sector subalterno de la gran banca surgido para atraer a los grandes inversores con los fondos de alto riesgo y otros instrumentos financieros.

Como se puede observar, ya se han obtenido dos ingredientes necesarios para dar lugar a una crisis: opacidad y altos riego. Opacidad porque lleva a cabo sus actividades confidencialmente, desde la sombra, y alto riesgo porque trabaja con productos que tienen esta característica. La cuestión ahora es saber si esos dos ingredientes fueron suficientes, y por tanto originaron la crisis, o si no lo son, por lo se dieron más circunstancias para motivarla.

Para Hernández (2009b) [126] son suficientes, siendo dos las causas que han ocasionado el origen y expansión de la actual crisis mundial, ambas surgidas a raíz de la liberación financiera:

1. La titulización de la deuda o conversión de ésta en activos comerciables a nivel internacional.
2. La existencia de los paraísos fiscales que han proporcionado la opacidad necesaria para comerciar los anteriores activos.

---

123 Brunnquell, F., 2009. Paraísos fiscales: la gran evasión. Documentos TV, La 2 de TVE. Producción CAPA con la participación de FRANCE 2, Francia. 31 de Marzo del 2009.

124 García, R. (2008): La utilización de centros offshore por la banca y los grupos empresariales españoles. Temas para el debate. 158, 39-41.

125 Hernández, J. (2009b): ¿Cerrarán los paraísos fiscales? Público, 10 de Marzo.

126 Hernández, J. (2009b): ¿Cerrarán los paraísos fiscales? Público, 10 de Marzo.

De esta manera, los paraísos fiscales actuaron, sirviéndose de su opacidad y de la rapidez en sus transacciones, como un canal por el que millones de euros en títulos de deuda de baja calidad o activos tóxicos se propagaron por el sistema bancario mundial, expandiéndose la crisis por todo el mundo (Hernández[127], 2009b).

Hernández (2008b) [128] resalta el papel fundamental que ha jugado EE.UU. en la crisis, aprovechando su poder estructural sobre las finanzas mundiales para comercializar sus activos de baja calidad, puestos en el mercado gracias a su hasta ahora poco exigente regulación financiera. De esta manera no sólo se externalizó el riesgo inherente a los activos tóxicos, sino que se obtuvieron ganancias a través de su venta por todo el mundo.

Además el sistema bancario en posesión de los activos tóxicos se ha beneficiado de los rescates bancarios y a su vez ha mantenido sus filiales en los paraísos fiscales. De esta manera, los gobiernos mantienen con dinero público filiales destinadas al fraude y la evasión fiscal sin exigirle a los bancos su desmantelación, contradiciendo con hechos las intenciones que proclaman en los foros y organizaciones mundiales (Hernández[129], 2009a y 2008b).

No obstante, se alzan otras voces que, aunque críticas, no culpan directamente a los paraísos fiscales de la crisis. Acorde a Saint-Amans (2009) [130] los paraísos fiscales no son tanto los responsables de la crisis actual como obstáculos que impiden la reestructuración del sistema financiero internacional. También llama la atención la nueva tendencia de la OCDE de diferenciar entre jurisdicciones en base a la aplicación de las norma internacionales, y no según su compromiso con ellas como se había hecho hasta ahora.

Sean o no el origen de la actual crisis financiera, lo cierto es tanto que han contribuido a ella como que serán un obstáculo para superarla. Pero la comunidad internacional parece no haber aprendido la lección. Aunque en un principio muchas de las principales potencias económicas reconocieron

[127] Hernández, J. (2009b): ¿Cerrarán los paraísos fiscales? Público, 10 de Marzo.

[128] Hernández, J. (2008b): Crisis financiera y paraísos fiscales: datos significativos para un debate político. TJN, 4 de noviembre. Disponible en: http://www.redjusticiafiscal.org/portada/crisis-financiera-y-paraisosfiscales- datos-significativos-para-un-debate-politico.html (Último acceso: 17 de julio del 2009).

[129] Hernández, J. (2009a): Crisis financiera, rescates bancarios y paraísos fiscales.

TJN, 3 de marzo. Disponible en: http://www.redjusticiafiscal.org/portada/crisis-financiera-rescates-bancarios–paraisos-fiscales.html Último acceso: 17 de julio del 2009.

Hernández, J. (2008a): La ventaja competitiva de la opacidad offshore. Temas para el debate. 158, 32-42.

Hernández, J. (2008b): Crisis financiera y paraísos fiscales: datos significativos para un debate político. TJN, 4 de noviembre. Disponible en: http://www.redjusticiafiscal.org/portada/crisis-financiera-y-paraisosfiscales- datos-significativos-para-un-debate-politico.html (Último acceso: 17 de julio del 2009).

[130] Saint-Amans, P. (2009): Paraísos fiscales. Entre la imaginación y la realidad. Política Exterior. 127 (Enero-Febrero), 23-29.

el importante papel que había desempeñado los paraísos fiscales en el origen de la crisis, e incluso el FMI (IMF, 2009) ha reconocido recientemente que el intercambio de información puede no ser suficiente para combatir la competencia fiscal perjudicial, en la reunión del G-20 en Londres el 2 de abril del 2009 se constató definitivamente que la crisis no iba a ocasionar cambios en la política de los países desarrollados respecto a los paraísos fiscales.

En esta reunión se hizo énfasis no en la protección del sistema financiero contra los paraísos fiscales, sino contra las jurisdicciones no cooperativas con los esfuerzos internacionales para eliminar el riesgo que ocasionan, recomendándose la aplicación de ciertas contramedidas además de abogarse por una mayor adhesión internacional a los diversos estándares de supervisión (G-20, 2009) [131].

Parece ser que los paraísos fiscales no van a desaparecer, por lo que tampoco desaparecerán las injusticias económicas y sociales que acarrean. La pregunta que surge entonces es que hará falta para acabar con estas jurisdicciones si la mayor crisis mundial desde el Crack del 29 no lo ha hecho.

Irrevocablemente, la evasión de capitales permite que las crisis sean diferidas temporalmente y desplazadas espacialmente a través de un mercado financiero dinámico (Roberts, 1995) [132], mientras que la disponibilidad de canales para realizarla permite su existencia. Esta combinación constituye una seria amenaza para la estabilidad financiera mundial.

5.6. Dependencia del sistema financiero

Como ya se ha mencionado anteriormente, gracias a la comercialización de su soberanía fiscal, los paraísos fiscales llegan a cotas de desarrollo inalcanzables si se tienen en cuenta los limitados recursos con los que cuentan. Sin embargo, a veces el precio pagado por este desarrollo es muy caro para los paraísos fiscales, que se vuelven dependientes de su sistema financiero.

Muchos gobiernos han hecho grandes esfuerzos para promover el crecimiento de las finanzas offshore, a menudo sin considerar las consecuencias adversas que esto desencadena (Hampton [133] & Christensen, 2002).

[131] G20 (2009): Declaration on strengthening the financial system. London, 2 April. Disponible en http://www.g20.org/Documents/Fin_Deps_Fin_Reg_Annex_020409__1615_final.pdf. Último acceso: 20 de julio del 2009.

[132] Roberts, S.M. (1995): Small Place, Big Money: The Cayman Islands and the International Financial System. Economic Geography. 71 (3): July, 237-256.

[133] Hampton, M.P. and Christensen, J. (2002): Offshore Pariahs? Small Island Economies, Tax Havens, and the Re-configuration of Global Finance. World Development. 30 (9), 1657-1673.

Para empezar, las jurisdicciones que escogen ser un paraíso fiscal se vuelven dependientes monetariamente. Como indican Hampton & Christensen (2002) [134], en ausencia de la dependencia monetaria de una moneda fuerte, una moneda independiente se apreciaría en términos nominales y reales en relación a las monedas de sus socios comerciales.

Por otra parte, los paraísos fiscales pobremente regulados permiten a los participantes del mercado financiero recurrir al arbitraje regulatorio, constituyéndose nulos o escasos vínculos con la supervisión de un cada vez más integrado mercado financiero (Hampton & Christensen, 2002) [135]. Este arbitraje es descrito por Hernández (2009b) [136] como la posibilidad de optar o de combinar diferencias entre las diversas legislaciones nacionales o jurisdiccionales, tanto en fiscalidad como en la regulación y el grado de control y supervisión financiera.

Estas son solo algunas de las consecuencias del colapso económico a largo plazo que experimentan las jurisdicciones que se transforman en un paraíso fiscal y que surge a raíz del gran desarrollo del sector financiero en economías con recursos limitados, lo que inevitablemente desemboca en una situación de sobre-dependencia tanto del sector financiero como del exterior (Hampton & Christensen, 2002) [137]. Este colapso se manifiesta de muchas maneras: grandes cifras de inflación, altos salarios, especulación inmobiliaria, etc... y suele desembocar en la externalización de casi toda actividad no relacionada con las finanzas.

La inconfortable situación en la que se encuentra actualmente muchos microestados es descrita por Hampton & Christensen (2002) [138] como una mal gestionada dependencia en la media en que sus destinos están inexorablemente unidos al futuro de las finanzas internacionales. Por ello, estos autores han calificado a los paraísos fiscales como los parias del sistema financiero actual.

VI. CONCLUSIONES

Ha quedado clara la falta de consenso a la hora de determinar es un paraíso fiscal, dada la multitud de definiciones existentes. Aún así, la mayoría de ellas comparten atributos tales como la existencia de una baja o nula carga im-

---

[134] Hampton, M.P. and Christensen, J. (2002): Offshore Pariahs? Small Island Economies, Tax Havens, and the Re-configuration of Global Finance. World Development. 30 (9), 1657-1673.

[135] Hampton, M.P. and Christensen, J. (2002): Offshore Pariahs? Small Island Economies, Tax Havens, and the Re-configuration of Global Finance. World Development. 30 (9), 1657-1673.

[136] Hernández, J. (2009b): ¿Cerrarán los paraísos fiscales? Público, 10 de Marzo.

[137] Hampton, M.P. and Christensen, J. (2002): Offshore Pariahs? Small Island Economies, Tax Havens, and the Re-configuration of Global Finance. World Development. 30 (9), 1657-1673.

[138] Hampton, M.P. and Christensen, J. (2002): Offshore Pariahs? Small Island Economies, Tax Havens, and the Re-configuration of Global Finance. World Development. 30 (9), 1657-1673.

positiva, la confidencialidad garantizada a través de la ley o el protagonismo de los no residentes en la actividad financiera.

Al principio de este artículo se demostró que los paraísos fiscales no surgen de manera premeditada, sino que su origen y cualidades han venido marcados a lo largo de la historia por las exigencias de las grandes economía internacionales, las cuales a su vez han visto en estos territorios una vía de escape a las presiones que la globalización ejerce sobre ellos.

También quedó en evidencia la manipulación de la soberanía que realizan, renunciando a su soberanía fiscal a través de un marco jurídico que permite el nacimiento de una auténtica ingeniería financiera que se refleja en las numerosas sociedades y actividades típicas de los paraísos fiscales.

Las repercusiones de los paraísos fiscales solo son beneficiosas para las personas físicas o jurídicas establecidas en ellos, siendo nefastas para no sólo para los países en desarrollo, sino para los países desarrollados y su sociedad.

Ante esta situación, las iniciativas internacionales se han mostrado ineficaces a la hora de atajar la situación, marcándose objetivos más bien poco ambiciosos.

Organizaciones como el Observatorio de la Responsabilidad Social Corporativa ayudan a evaluar del alcance del impacto de los paraísos fiscales gracias a la información que recopilan, evidenciando que la problemática que estas jurisdicciones ocasionan va in crescendo.

La situación económica actual se debe en parte a los paraísos fiscales, a las operaciones que se realizan en ellos y al anonimato y marco jurídico que las ha permitido. Sin embargo, parece ser que las potencias económicas no ven en ellos una de las razones de la crisis, no adoptando medidas drásticas al respecto. Por tanto, los problemas suscitados por los paraísos fiscales seguirán existiendo.

Incidencia de la reforma del código penal por la Ley Orgánica 1/2015, de 30 de marzo en los delitos contra el medio ambiente, urbanismo y patrimonio histórico

ANTONI PELEGRÍN LÓPEZ

Fiscal Delegado de Medio Ambiente y Urbanismo
Fiscalía Provincial de Barcelona

Sumario: *I.- En los delitos sobre la Ordenación del Territorio. II.- En los delitos sobre el Patrimonio Histórico III.- En los delitos contra los Recursos naturales y el Medio Ambiente. IV.- En los delitos Relativos a la Protección de la Flora y la Fauna. V.- En los delitos de Incendios Forestales*

La reforma del Código Penal operada a través de la Ley Orgánica 1/2.015 ha supuesto una ampliación de los tipos penales relativos a los delitos contra los recursos naturales y el medio ambiente así como los relativos a la protección de la flora, fauna y animales domésticos, siendo poco destacables las modificaciones producidas tanto en los delitos contra el patrimonio histórico como en los delitos sobre la ordenación del territorio, como se expondrá. Esa modificación no ha ido acompañada de ningún comentario en el preámbulo de dicha Ley a los efectos de conocer las razones que han llevado al legislador a realizar tal reforma. Únicamente hallamos allí una referencia a la modificación en materia de delitos forestales en su apartado XX, aunque tales delitos se hallan en un título del Libro II del Código penal, el XVII° que lleva por título "*De los delitos contra la seguridad colectiva*", mientras que los antes referidos se hallan en el Título XVIª de ese mismo Libro. Sin embargo, la incidencia medioambiental de tales delitos de incendio forestal es innegable, de modo que las modificaciones de esa reforma en los mismos también serán objeto de referencia.

A continuación pasan a exponerse sucintamente los cambios según el delito correspondiente.

I. EN LOS DELITOS SOBRE LA ORDENACIÓN DEL TERRITORIO

Únicamente se modifica el apartado 3 del art. 319 del Código penal que hace referencia a la demolición de la obra constitutiva del delito sobre la ordenación del territorio.

La modificación consiste en que si los jueces o tribunales acuerdan la demolición a cargo del autor, sin perjuicio de las indemnizaciones a terceros de buena fe, se introduce ahora que "*valorando las circunstancias, y oída la Administración competente, condicionarán temporalmente la demolición a la constitución de garantías que aseguren el pago de aquéllas.*"

II. EN LOS DELITOS SOBRE EL PATRIMONIO HISTÓRICO

Se modifica el art. 323 del Código penal que hace referencia a la causación de daños en bienes de valor histórico.

La pena de prisión parte ahora de los seis meses en lugar del año.

Debido a la reforma no se hace ya referencia en ese precepto a los daños en archivo, registro, museo, biblioteca, centro docente, gabinete científico o institución análoga, limitándose el objeto del delito a los bienes de valor histórico, artístico, científico, cultural o monumental, o a yacimientos arqueológicos, terrestres o subacuáticos. Se declara expresamente el expolio de estos yacimientos como delito a sancionar con las mismas penas.

Se puede imponer la pena superior en grado en caso de que los daños causados fueran de especial gravedad o hubieren afectado a bienes cuyo valor fuera especialmente relevante.

III. EN LOS DELITOS CONTRA LOS RECURSOS NATURALES Y EL MEDIO AMBIENTE

Se modifica el art. 325 del Código penal que regula el delito clásico de contaminación ambiental.

Se fija en su número 1 una pena de Seis Meses a Dos Años de Prisión, Multa de 10 a 14 meses e inhabilitación especial para profesión u oficio para los actos previstos en la redacción anterior de ese precepto consistentes en provocar o realizar directa o indirectamente emisiones, vertidos, radiaciones, extracciones o excavaciones, aterramientos, ruidos, vibraciones, inyecciones o depósitos, en la atmosfera, el suelo, el subsuelo, o las aguas terrestres, subterráneas o marítimas, incluida el alta mar, con incidencia incluso en los espacios transfronterizos, así como las captaciones de agua, contraviniendo siempre las leyes u otras disposiciones de carácter general protectoras del medio ambiente cuando, " *por sí mismos o conjuntamente con otros, cause o pueda causar daños sustanciales a la calidad del aire, del suelo o de las aguas, o a animales o plantas.* "

En su número 2 se establece ahora que si esas conductas " *por sí mismas o conjuntamente con otras, pudieran perjudicar gravemente el equilibrio de los sistemas naturales* " se impondrá una pena de Prisión de Dos a Cinco Años, Multa de 8 a 24 meses e inhabilitación especial para profesión u oficio.

Se contempla a continuación, en un último párrafo de ese artículo sin numerar, que si se hubiere creado un riesgo de grave perjuicio para la salud de las personas, se impondrá la pena en su mitad superior, añadiéndose también con la reforma "*pudiéndose llegar hasta la superior en grado*".

Antes de la reforma nos hallábamos en ese precepto con un único resultado, el consistente en que esas acciones contrarias a la normativa administrativa ambiental pudieran perjudicar gravemente el equilibrio de los sistemas naturales, coincidente éste con el resultado grave actual previsto ahora en ese art. 325 núm. 2. Como vemos la reforma introduce un tipo que podemos denominar atenuado, pues contempla una pena sensiblemente inferior no solamente para las acciones que puedan crear un daño sustancial sobre la calidad del aire, del suelo, o de las aguas, o sobre animales o plantas, sino incluso si se produce un daño relevante sobre tales bienes protegidos. Por consiguiente, ahora en ese tipo atenuado del número 1 se contemplan supuestos de riesgo o daño ambiental que antes de la reforma se solían considerar, individualmente considerados, como la grave puesta en riesgo del equilibrio de los sistemas naturales. Ciertamente la introducción de este nuevo tipo atenuado, con toda seguridad, va a necesitar de un importante esfuerzo interpretativo a los efectos de determinar cuándo será de aplicación uno u otro supuesto y máxime teniendo en cuenta la diferencia de penas previstas para cada supuesto. Llama la atención que en el supuesto atenuado del número 1 se contempla tanto la posibilidad de causar el daño sustancial sobre el bien jurídico protegido como la producción del mismo, mientras que en el supuesto más gravemente sancionado del número 2 se mantiene la regulación clásica como simple y clásico delito de peligro grave. Posiblemente la solución para determinar con la nueva redacción el supuesto aplicable habrá de pasar necesariamente por una valoración del alcance del riesgo o daño generado en cada caso, cuestión ésta que no es nada fácil, pues la práctica judicial nos ha enseñado de modo reiterado que ante supuestos de similar riesgo ambiental sometidos al enjuiciamiento de los Tribunales éstos no siempre han apreciado del mismo modo la existencia del riesgo penalmente exigido. Por consiguiente la modificación ha introducido una redacción que ha de considerarse perturbadora e innecesaria.

Por otro lado, la agravación de la pena de prisión a imponer debido a la producción de un riesgo de grave perjuicio para la salud de las personas se mantiene en un último párrafo y, aparentemente, únicamente sería de aplicación para agravar la pena de prisión en el supuesto del riesgo más grave del apartado 2. Sin embargo, no puede pasar por alto que en el tipo que denominamos atenuado es posible también la causación de ese grave riesgo a la salud de las personas al tiempo de generar el daño o riesgo típicamente exigido para ese supuesto. Por tanto debería considerarse de aplicación esta figura agravada también en estos casos menos graves, a pesar de que la nueva redacción del precepto deja mucho que desear.

Un aspecto positivo de la reforma es la eliminación del anterior art. 328 número 1 del Código penal que sancionaba con penas notablemente más bajas que las previstas en el anterior art. 325 a quien estableciera depósitos o vertederos de desechos o residuos tóxicos o peligrosos y pudiera con ello perjudicar gravemente el equilibrio de los sistemas naturales o la salud de las personas. Dicho precepto era considerado como un supuesto privilegiado al estar esa acción ya contemplada en el art. 325, que siempre ha hecho referencia expresa, entre otras, a la acción de hacer vertidos o depósitos, siendo el resultado de peligro idéntico, tanto en el anterior 328 como en el 325, no habiendo razón alguna para esa sanción tan dispar de conductas delictivas aparentemente idénticas.

Se modifica el art. 326 que sanciona ahora en el número 1 con las penas previstas en el artículo anterior, en sus respectivos supuestos, quienes, "*contraviniendo las leyes u otras disposiciones de carácter general, recojan, transporten, valoricen, transformen, eliminen o aprovechen residuos, o no controlen o vigilen adecuadamente tales actividades, de modo que causen o puedan causar daños sustanciales a la calidad del aire, del suelo o de las aguas, o a animales o plantas, muerte o lesiones graves a personas, o puedan perjudicar gravemente el equilibrio de los sistemas naturales.*" Esta conducta estaba antes recogida en el art. 328 núm. 3 del Código penal y ahora la determinación de la pena a aplicar se realiza por la remisión directa a "*los respectivos supuestos*" del art. 325 del Código penal, de modo que la problemática antes referida sobre la aplicación o no de los distintos supuestos, atenuado o no, se trasladará también a este precepto. Lo mismo sucederá con el art. 326 bis, que sigue la misma fórmula de determinación de pena por remisión a tales "*supuestos*" del art. 325 del Código penal. Sin embargo, obsérvese que sorprendentemente a pesar de esa referencia a ese precepto, tanto el art. 326 como el art. 326 bis en su nueva redacción contemplan unos resultados que no son del todo idénticos a los del artículo 325 al que se refieren, como son los consistentes en que con la acción se cause o se pueda causar muerte o lesiones graves a las personas. Esta diferencia de redacción no tiene justificación y demuestra otro nuevo error o incongruencia del legislador. Sin embargo, en caso de producirse en estos delitos ese resultado de lesión o riesgo sobre las personas es evidente que la remisión será a la creación de un grave riesgo para la salud humana prevista en el último párrafo del art. 325 del Código penal.

En el número 2 de ese art. 326 aparece la conducta que antes se hallaba en el núm. 4 del art. 328 del Código penal, que ahora se regula del siguiente modo: "*Quien fuera del supuesto a que se refiere el apartado anterior, traslade una cantidad no desdeñable de residuos, tanto en el caso de uno como en el de varios traslados que aparezcan vinculados, en alguno de los supuestos a que se refiere el derecho de la Unión Europea relativo a los traslados de residuos*". Se rebaja la pena de Prisión antes prevista, que ahora se establece en la pena de tres meses a un año y aparece la posibilidad de imponer alternativamente la pena de multa de seis a dieciocho meses. Se contempla la pena de inhabilitación especial para profesión u oficio. En la redacción anterior de ese delito, que se introdujo por la reforma del Código penal por la L.O. 5/2.010, de 22 de junio, se hacía referencia al traslado de "*una cantidad importante de residuos*", mientras que ahora el adjetivo utilizado es el de una cantidad "*no desdeñable*". Ciertamente ni con la anterior ni con la nueva redacción se soluciona la cuestión de cuándo deberá aplicarse ese tipo penal relativo al traslado ilegal de residuos.

En el **nuevo art. 326 bis** se incorpora las acciones delictivas antes previstas en el art. 328 número 2 del Código penal relativas a las instalaciones en que se realice alguna actividad peligrosa o en que se almacene o utilicen sustancias o preparados peligrosos, contraviniendo las leyes u otras disposiciones de carácter general, de modo que causen o puedan causar daños sustanciales a la calidad del aire, del suelo o de las aguas, a animales o plantas, muerte o lesiones graves a las personas o puedan perjudicar gravemente el equilibrio de los sistemas naturales que se castigarán ahora con las penas del mencionado art. 325 en sus supuestos respectivos.

A todos los delitos anteriores sobre los recursos naturales y el medio ambiente les será de aplicación el tipo agravado del **art. 327 del Código penal,** que incorpora los mismos supuestos que el anterior art. 326 derogado por la reforma y que supone la imposición de las penas superiores en grado a las previstas para esas infracciones en los respectivos casos. Como muestra de la improvisación y de la defectuosa redacción de esta reforma conviene reproducir aquí este precepto, destacando en negrita la clara incongruencia interna de su redacción:

> *"Los hechos a los que se refieren* ***los tres artículos anteriores*** *serán castigados con la pena superior en grado, sin perjuicio de las que se puedan corresponder con arreglo a otros preceptos de este Código,* ***cuando en la comisión de cualquiera de los hechos descritos en el artículo anterior****, concurra alguna de las circunstancias siguientes:*
>
> *a).- Que la industria o actividad funcione clandestinamente, sin haber obtenido la preceptiva autorización o aprobación administrativa de sus instalaciones.*
>
> *b).- Que se hayan desobedecido las órdenes expresas de la autoridad administrativa de corrección o suspensión de las* ***actividades tipificadas en el artículo anterior.***
>
> *c).- Que se haya falseado u ocultado información sobre los aspectos ambientales de la misma.*
>
> *d).- Que se haya producido un riesgo de deterioro irreversible o catastrófico.*
>
> *f).- Que se produzca una extracción ilegal de aguas en período de restricciones".*

En la reforma de 2.015 el legislador ha copiado los supuestos agravados previstos en el anterior art. 326 del Código penal, que antes eran de aplicación exclusiva al delito de contaminación ambiental del art. 325 del mismo cuerpo legal y ahora se han extendido a los tipos del art. 326 y 326 bis. Sin embargo en ese afán de conservación del texto anterior ha incurrido en esos manifiestos errores de redacción.

En el **art. 328** se contempla la previsión de la responsabilidad criminal de las personas jurídicas del art. 31 bis, cuando éstas cometan los delitos previstos en ese Capítulo relativo a los delitos sobre los recursos naturales y el medio ambiente, que fue introducida por la reforma del Código penal por la L.O. 5/2.010, de 22 de junio. La extensión de la multa a imponer ahora se reduce, pero se sancionará con multa proporcional del doble al cuádruple del perjuicio causado cuando la cantidad resultante sea más elevada.

IV. EN LOS DELITOS RELATIVOS A LA PROTECCIÓN DE LA FLORA Y LA FAUNA

En el art. 332 del Código penal se introduce en el número 1 una nueva redacción. Se exige que la acción de corte, tala, arranque, recolección, adquisición, posesión o destrucción de especies protegidas de flora silvestre, de su tráfico, sus partes o propágulos, se realice contraviniendo las leyes u otras disposiciones de carácter general.

No obstante, no será objeto de sanción penal cuando "*la conducta afecte a una cantidad insignificante de ejemplares y no tenga consecuencias relevantes para el estado de conservación de la especie*". Se trata nuevamente de una cuestión valorativa que deberá ser estudiada caso por caso.

La misma pena se impondrá a quien de ese modo contrario a la normativa ambiental destruya o altere gravemente el hábitat de esas especies. Es evidente que si esa acción de destrucción o alteración supone al mismo tiempo la causación en un espacio natural protegido de un daño grave a un elemento que haya servido para calificarlo como tal, prevista en el art. 330 del Código penal, nos hallaremos ante un concurso de delitos.

Se introduce en el número 2 un tipo agravado específico "*si se trata de especies o subespecies catalogadas en peligro de extinción*", por lo que en ese caso las penas se impondrán en su mitad superior.

En el número 3 se contempla ahora expresamente la sanción penal de la realización de los anteriores hechos por imprudencia grave con imposición de la pena alternativa de prisión de tres meses a un año o multa de cuatro a ocho meses e inhabilitación especial para profesión u oficio.

Se produce, pues, una clara ampliación de la protección penal de la flora protegida con la reforma. Por un lado cabe destacar que ahora el tipo penal no protege únicamente de esas acciones a las especies o subespecies de la flora amenazada, como sucedía en la redacción derogada, sino que va mucho más allá y ahora se tutelan todas las especies protegidas de la flora silvestre, lo cual supone extender la protección penal a un mayor número de especies, pues no todas las protegidas se consideran amenazadas según la normativa administrativa. Por otro lado, antes de la reforma esas acciones delictivas solamente se podían cometer de modo doloso, mientras que ahora se contempla de modo expreso la posibilidad de la comisión por imprudencia grave.

En el art. 334 del Código penal la reforma del Código penal de 2.015 realiza también en relación con la fauna una ampliación del objeto de protección y de las conductas punibles, manteniéndose prácticamente las penas anteriores de prisión o multa e inhabilitación especial para profesión u oficio e inhabilitación especial para caza o pesca. Así, se otorga protección penal a las "*especies protegidas de fauna silvestre*", en lugar de la anterior regulación que sólo consideraba afectadas por el delito previsto en ese precepto a las "*especies amenazadas*", que son solamente una parte de las protegidas por la ley. En este sentido puede ser muy ilustrativo observar el Listado de Especies de Protección Especial y Catálogo español de Especies Amenazadas, que se hallan en el Real Decreto 139/2.011, de 4 de febrer, y que relacionan las especies de flora y fauna silvestre protegidas.

En cuanto a las conductas se exige como antes de la reforma que se realicen los actos contraviniendo las leyes u otras disposiciones de carácter general, añadiéndose nuevas acciones como delictivas que afecten a esas especies protegidas. Así, no solamente se mantienen la caza, la pesca, las actividades que impidan o dificulten su reproducción o migración, su tráfico, el de sus partes o derivados y la destrucción o alteración grave de su hábitat, como sucedía en el régimen anterior, sino que se añade ahora con la reforma que comete también este delito quien "*adquiera, posea o destruya especies protegidas de fauna silvestre*". Por tanto, estamos ante una ampliación muy considerable del tipo delictivo.

Se mantiene en el número 2 el supuesto agravado cuando la acción afecte a especies o subespecies catalogadas en peligro de extinción, de modo que en este caso se impondrá la pena en la mitad superior.

Igual que sucede con el art. 332 relativo a la flora, la reforma incorpora igualmente en el número 3 del nuevo art. 334 como delito la realización de los anteriores actos mediante imprudencia grave, con imposición de pena de prisión de tres meses a un año o multa de cuatro a ocho meses e inhabilitación especial para caza o pesca.

En el art. 335 del Código penal destaca la modificación de la redacción del su apartado número 2 que sanciona a quien "*cace o pesque o realice actividades de marisqueo relevantes sobre especies distintas de las indicadas en el artículo anterior en terrenos públicos o privados ajenos, sometido a régimen cinegético especial, sin el debido permiso de su titular o sometidos a concesión o autorización marisquera o acuícola sin el debido título habilitante*".

Se **modifica completamente el art. 337 del Código penal** que regula el delito de maltrato animal. Se sanciona con pena de prisión tres meses y un día a un año e inhabilitación especial para el ejercicio de profesión, oficio o comercio que tenga relación con los animales y se añade la inhabilitación para la "*tenencia de animales*". Se sanciona en el apartado número 1 a quien

> "*por cualquier medio o procedimiento maltrate injustificadamente, causándoles lesiones que menoscaben gravemente su salud o sometiéndole a explotación sexual, a*
>
> *a) un animal doméstico o amansado,*
>
> *b) un animal de los que habitualmente están domesticados,*
>
> *c) un animal que temporal o permanentemente vive bajo control humano, o*
>
> *d) cualquier animal que no viva en estado salvaje.*"

Llama la atención que el Código penal, como sucedía en la redacción anterior, aún admite que pueda ser posible un maltrato "justificado" de un animal y que no sea delictivo, seguramente para evitar la persecución penal de determinadas fiestas llamadas "*tradicionales*", en las que el animal es sometido por las personas a un auténtico procedimiento martirizador que suele acabar con su muerte o con gravísimas lesiones.

Se añaden en el número 2 distintos comportamientos que implican la posibilidad de imponer las penas en su mitad superior, cuando en la acción de maltrato referida concurra alguna de estas circunstancias.

> *"a) Se hubieran utilizado armas, instrumentos, objetos, medios, métodos o formas concretamente peligrosa para la vida del animal.*
>
> *b) Hubiera mediado ensañamiento*
>
> *c) Se hubiera causado al animal la pérdida o la inutilidad de un sentido, órgano o miembro principal.*
>
> *d) Los hechos se hubieran ejecutado en presencia de un menor de edad."*

En el número 3 de ese artículo se agravan las penas si "*se hubiera causado la muerte del animal*". En este caso la pena de prisión será entonces de seis meses a dieciocho meses e inhabilitación especial de dos a cuatro años para ejercicio de profesión u oficio que tenga relación con los animales y para la tenencia de animales.

En el número 4 del referido precepto se recoge ahora en la reforma como delito la anterior falta del número 2 del art. 632 del Código penal relativa al maltrato cruel de animales domesticados o a cualesquiera otros en espectáculos no autorizados legalmente, contemplando la pena de multa de uno a seis meses, con posibilidad de imposición de inhabilitación especial para ejercicio de profesión u oficio que tenga relación con los animales y para la tenencia de animales en atención de la gravedad del hecho. Lógicamente de nuevo el legislador está pensando en determinadas fiestas, que califica de espectáculos autorizados legalmente, en las que el maltrato del animal es evidente y que quiere dejar claramente fuera de la persecución penal.

Se **añade el art. 337 bis** que incorpora la anterior falta de abandono de animales del art. 631 número 2. El comportamiento típico será el abandono de un animal de los referidos en el apartado 1 del art. 336 en condiciones en que pueda peligrar su vida o integridad, que se sancionará con multa de uno a seis meses, con posibilidad de imposición de la pena de inhabilitación especial para el ejercicio de profesión, oficio o comercio que tenga relación con los animales y para la tenencia de animales.

V. EN LOS DELITOS DE INCENDIOS FORESTALES

Se modifica el **art. 353 del Código penal,** que regula los supuestos agravados del tipo básico del incendio forestal intencionado previsto en el art. 352

y cuya redacción se mantiene. No obstante, ahora se sancionan con una pena específica y no se tratará de una agravación de la pena por remisión.

La redacción es ahora la siguiente:

"1.- *Los hechos a que se refiere el artículo anterior serán castigados con una pena de prisión de tres a seis años y multa de 18 a 24 meses, cuando el incendio alcance especial gravedad, atendida la concurrencia de alguna de las circunstancias siguientes:*

1ª.- Que afecte a una superficie de considerable importancia.

2.ª.- Que se deriven grandes o graves efectos erosivos en los suelos.

3ª.- Que altere significativamente las condiciones de vida animal o vegetal, o afecte a algún espacio natural protegido.

4ª.- Que el incendio afecte a zonas próximas a núcleos de población o a lugares habitados.

5ª.- Que el incendio sea provocado en un momento en el que las condiciones climatológicas o del terreno incrementan el riesgo de propagación del mismo."

Con la misma pena se sancionará, conforme al número 2 de ese precepto, si el autor actúa para obtener beneficio económico con los efectos derivados del incendio, tipo agravado que se contempla también en la redacción actual.

En la práctica en el régimen anterior a la reforma en caso de incendio forestal intencionado básico (sin riesgo para la vida o integridad física de las personas) del art. 352 del Código penal en que concurría alguna de las circunstancias del art. 353 del mismo, la pena de prisión a imponer era de cinco años y un día a siete años y medio, pena sensiblemente superior a la prevista en el nuevo art. 353 según la reforma de 2.015 que, como vemos es de tres a seis años de prisión. Es por ello que sorprende que en el apartado XX del preámbulo de la Ley Orgánica 1/2.015 se diga que en los delitos de incendio forestal "*Se mantiene el tipo básico, pero en los supuestos agravados del art. 353 se prevé una sanción autónoma y desvinculada del concepto de pena en su mitad superior, elevándose hasta los seis años de prisión*" cuando de hecho se ha producido con la reforma una rebaja en la sanción penal de estos delitos respecto de los cuales el legislador afirma al inicio de ese apartado del referido preámbulo de esa Ley Orgánica que "*Los incendios forestales siguen siendo uno de los problemas más importantes que afectan a nuestros montes. Según los datos del Ministerio de Agricultura, Alimentación y Medio Ambiente, los incendios forestales de mayor gravedad tienen una causa intencionada...convirtiéndose en delitos de suma gravedad.*", añadiéndose después allí que "*en septiembre de 2.009 el Parlamento Europeo elaboró una resolución en la que pide a los Estados miembros que endurezcan y apliquen sanciones penales a los actos delictivos que dañen el medio ambiente y las impongan, en particular, a quienes provoquen incendios forestales*".

La 4º y 5º son circunstancias nuevas introducidas en la reforma, habiéndose eliminado la anterior circunstancia 4º que hacía referencia a que el incendio forestal ocasionara un grave deterioro de los recursos afectados, consecuencia ésta lógica en cualquier incendio forestal donde el fuego consume la vegetación y todo lo que encuentra a su paso.

Como se hace constar en ese preámbulo de esa Ley Orgánica 1/2.015 se ha estimado conveniente con esta reforma que la instrucción y el enjuiciamiento de los incendios forestales se encomiende a los tribunales profesionales, dejando sin efecto la competencia del Tribunal del Jurado para conocer de los incendios forestales intencionados según la Ley Orgánica 5/ 1.995, de 22 de mayo. Esta modificación se considera muy positiva, ya que el procedimiento de jurado no era suficientemente ágil para la instrucción de esos delitos, especialmente en caso de incendios graves, y por otro lado podía implicar un gran derroche de recursos para el enjuiciamiento de esos delitos.

La protección penal dispensada por el artículo 323 del código penal, en especial a los museos

Encarnación Martínez Rodríguez

Fiscal

Sumario: *I.- Consideraciones previas: regulación y bien jurídico protegido. II.- El delito de daños sobre bienes de valor historico, artículo 323 del C.P. (daños dolosos): penalidad, delito específico de daños, sujeto activo, conductas criminalizadas, objeto material de la acción, cuantía de los daños causados. III.- Breve referencia a los daños por imprudencia grave al patrimonio histórico, art. 324 del C.P.. IV.- El delito de daños sobre bienes de valor historico, artículo 323 del C.P. (daños dolosos) tras la reforma operada por la ley orgánica 1/2015, de 30 de marzo: a) Penalidad; b) Objeto material de la acción; c) Castigo del expolio de yacimientos arqueológicos; d) Incidencia en la materia de la supresión de las faltas; e) Introducción de supuestos de agravación de la pena; f) Reparación de los daños causados. V.- Conclusiones sobre la reforma*

I. CONSIDERACIONES PREVIAS

El artículo 46 de la Constitución Española[1] legitima en su segundo inciso la intervención penal para la tutela de nuestro Patrimonio Histórico, Cultural y Artístico, más esa protección es evidente pues si el legislador penal tutela los bienes patrimoniales desde una óptica individual, mayor razón para la tutela de los bienes patrimoniales cuando trasciende de la titularidad particular para pasar a ser un valor colectivo o social; la importancia social de este Patrimonio es indudable, y como afirma González Rus[2] " *en él se materializan las señas de identidad de culturas y civilizaciones en las que los pueblos se reconocen …Los elementos que lo integran constituyen un extraordinario legado de la historia que tenemos el derecho de disfrutar y la obligación de preservar y transmitir, cuidado y enriquecido, a generaciones futuras*". Es este valor social del Patrimonio histórico, cultural y

[1] Los poderes públicos garantizaran la conservación y promoverán el enriquecimiento del patrimonio histórico, cultural y artístico de los pueblos de España y de los bienes que lo integran, cualquiera que sea su régimen jurídico y su titularidad. La Ley penal sancionará los atentados contra este patrimonio.

[2] González Rus, J.J.: Puntos de partida de la protección penal del patrimonio histórico, cultural y artístico, ADPCP, 1.995, I, págs. 33 y ss.

artístico, así como el hecho de que se trata de bienes materiales que pueden ser lesionados y ser objeto de atentados (robos, hurtos, daños, incendios, expoliaciones, falsificaciones, receptación, contrabando, ...), sufriendo un daño material objetivo, el que ha hecho que deje fuera de toda duda el que dicho patrimonio sea objeto de protección penal.

Ahora bien, como antes hemos indicado, la protección penal del Patrimonio Histórico debe ser entendida como una protección residual del mismo, pues el Derecho Penal debe ser la última ratio en la tutela de los bienes jurídicos, acudiéndose a ella cuando no sea posible la protección del Patrimonio Histórico a través del Derecho Administrativo sancionador (previsto éste en la Ley 16/1.985, de 25 de junio, sobre Patrimonio Histórico, o en las que en el ejercicio de sus facultades haya dictado cada Comunidad Autónoma), o en su caso, a través de las normas de responsabilidad extracontractual de los artículos 1.902 y siguientes del Código Civil Este tipo de protección tiene su fundamento en el principio de intervención mínima que rige en la esfera del Derecho Penal.

Bajo la rúbrica "De los delitos relativos a la ordenación del territorio y el urbanismo, la protección del patrimonio histórico y el medio ambiente" el Título XVI del Libro II del actual Código Penal de 1.995 **regula**, en su Capítulo II, "los delitos sobre el Patrimonio Histórico", que comprende los artículos 321 a 324. Estos preceptos junto con el art. 340 y el art. 625.2º del Código Penal, tratan de proteger el Patrimonio Histórico. Además en el Código Penal se contienen agravaciones específicas en relación a diversos tipos básicos comunes de los delitos contra el patrimonio, como son el hurto, el robo, la apropiación indebida, la estafa. Como vemos, la protección penal del Patrimonio Histórico la dispensa fundamentalmente el Código Penal, a la que hay que añadir la que dispensa la legislación especial de contrabando, especialmente la dirigida a la lucha contra las exportaciones ilegales de bienes culturales.

De este modo se aprecia que, aunque el legislador con la regulación de los delitos sobre el patrimonio histórico del Capítulo II que se compone de cuatro preceptos, los arts. 321 a 324, pretendía una visión y regulación unitaria de los mismos, lo cierto es que ha fracasó en su intento al no otorgar protección frente a cualquier atentado o agresión posible que sufra el patrimonio histórico, encontrando la protección necesitada fuera del citado capítulo, así:

- El hurto de cosas de valor artístico, histórico, cultural o científico, art. 235.1 del Código Penal.
- Robo de bienes de valor artístico, cultural o científico, art. 241.1 del Código Penal.

— Defraudaciones de bienes de valor artístico, cultural o científico; estafa y apropiación indebida de los arts. 250.1.3º del Código Penal.

— Malversación de bienes declarados de valor histórico o artístico, art. 432.2 del Código Penal. ...

Además se echa en falta en la regulación penal un específico delito de receptación del patrimonio histórico.

Los atentados al patrimonio histórico que recoge el Capitulo II son los siguientes:

— El derribo o alteración grave de edificios singularmente protegidos por su interés histórico, artístico, cultural o monumental, art. 321 C.P.

— Prevaricación para el derribo o alteración de los edificios singularmente protegidos, art. 322 C.P.

— Los daños dolosos al patrimonio histórico, art. 323 C.P.

— Los daños por imprudencia grave al patrimonio histórico, art. 324 C.P.

El **bien jurídico protegido** en los delitos relativos al Patrimonio Histórico está constituido por "el valor que para la historia, la cultura y la ciencia, representan determinados elementos patrimoniales (bienes muebles o inmuebles) para un pueblo o nación"[3]. O en otras palabras, el bien jurídico protegido es la cultura y tradición de un pueblo.

II. EL DELITO DE DAÑOS SOBRE BIENES DE VALOR HISTORICO, ARTÍCULO 323 DEL C.P. (DAÑOS DOLOSOS)

Actualmente, el artículo 323 del Código Penal dispone:

> *" Será castigado con la pena de prisión de uno a tres años y multa de doce a veinticuatro meses el que cause daños en un archivo, registro, museo, biblioteca, centro docente, gabinete científico, institución análoga o bienes de valor histórico, artístico, científico, cultural o monumental, así como en yacimientos arqueológicos.*
>
> *En este caso, los Jueces o Tribunales podrán ordenar, a cargo del autor del daño, la adopción de medidas encaminadas a restaurar, en lo posible, el bien dañado".*

Lo primero que llama la atención del precepto transcrito es que la **pena** mínima de prisión a la que castiga es de un año, pena mayor que la estable-

[3] Morillas Cuevas, L. y otros: Sistema de Derecho Penal Español. Parte Especial. E. DYKINSON, S.L. Madrid 2.011. Pags. 717-718.

cida por el artículo 321 del código penal en su límite inferior que es de seis meses, a pesar de que la conducta que castiga es "grave".

Este precepto, art. 323 C.P., recoge un **delito específico de daños** de preferente aplicación por razón de especialidad (la materia sobre la que recae el delito) frente al tipo genérico de daños del art. 263 del C.P. Y como se señala en la Sentencia de la Audiencia Provincial de Cuenca de 10 de diciembre de 2.001 "*... constituyendo el comportamiento típico en causar daños en alguno de los lugares o bienes referenciados, y correspondiéndose la acción punible de dañar, según reiterado criterio jurisprudencial, con los verbos destruir como pérdida total, inutilizar como pérdida de su eficacia, productividad o rentabilidad, y deteriorar como pérdida parcial del quantum, ..., bajo la causalidad de un único "animus damnandi"* ".

Sujeto activo del delito puede ser cualquier persona.

Las **conductas criminalizadas** por el delito cualificado de daños del artículo 323 se dividen en dos:

a) Los daños en un archivo, registro, museo, biblioteca, centro docente, gabinete científico, institución análoga.

b) Los daños en bienes de valor histórico, artístico, científico, cultural o monumental, así como en yacimientos arqueológicos.

En cuanto a la definición del **objeto material de la acción,** en estos dos puntos, se plantean dificultades.

En primer lugar, es discutible el hecho de que se hayan incorporado al Capítulo II de los delitos sobre el patrimonio histórico "daños en bibliotecas y centros docentes" otorgándoles una protección privilegiada distinta de la otorgada a través de los artículos 263 y ss. del C.P. (daños), salvo para los casos en que concurriera una agravación específica (no es lo mismo la biblioteca de una escuela, que la Biblioteca Nacional donde se encuentran depositados libros de incalculable valor). Ahora bien, se admite que los daños causados en "museos, archivos o gabinetes científicos", recaen sobre bienes de valor histórico, cultural, artístico o científico, salvo que recaigan sobre elementos de los mismos carentes de dicho valor; de este modo se pone de manifiesto que no era necesaria esa protección privilegiada, quedando debidamente protegidos dichos bienes a través del segundo inciso del párrafo primero del precepto que estudiamos.

En segundo lugar, el art. 323 del C.P. castiga los daños causados en "bienes de valor histórico, artístico, científico, cultural o monumental, así como en yacimientos arqueológicos", y aunque en principio algunos hayan considerado que el objeto protegido son sólo bienes muebles, la referencia a bienes de valor monumental (que la LPHE reserva a bienes inmuebles) nos permite concluir que la acción de dañar, y por tanto la protección penal dispensada por el art. 323 y también por el art. 324 ambos del C.P., puede recaer tanto sobre bienes muebles como sobre bienes inmuebles. Quedando excluidos del ámbito de esta protección los bienes inmuebles que constituyan "edificios singularmente protegidos", cuya protección les viene dispensada por el art. 321 del C.P. en caso de derribo o alteración grave de los mismos. Pero en el caso de que la alteración a que se refiere el art. 321 C.P. no sea grave, se plantea la duda de si estamos ante el tipo de daños del art. 323 (o en su caso del 324 del C.P.), o ante infracciones administrativas conforme al art. 76 de la LPHE[4]. Este último precepto al describir las infracciones es consciente de que las mismas pueden ser constitutivas de delito, así comienza diciendo el art. 76.1 LPHE: "Salvo que sean constitutivos de delito, los hechos que a continuación se mencionan constituyen infracciones administrativas...". Llegados a este punto, la determinación de la gravedad de la infracción que nos permita dilucidar si estamos ante un ilícito penal o un ilícito administrativo, tiene carácter subjetivo pues será valorada por el Juez o Tribunal libremente (con fundamento y motivación) teniendo en cuenta la valoración económica del menoscabo ocasionado que nos permita entrar en los daños del art. 323 C.P., tomando básicamente como referencia la prueba pericial.

Una cuestión fundamental es si el objeto material del delito del art. 323 del C.P., los bienes de valor histórico, artístico, científico, cultural o monumental, así como los yacimientos arqueológicos, sobre los que recae la acción punitiva y por tanto que han de ser objeto de protección, han de formar parte del patrimonio histórico real o sólo del patrimonio histórico formalmente declarado. Evidentemente el patrimonio histórico real es mucho más amplio, integrado al menos por el patrimonio formalmente declarado[5]. Así un indi-

---

[4] Ley 16/1985, de 25 de junio, del Patrimonio Histórico Español, artículo 76.1.g): "El derribo, desplazamiento o remoción ilegales de cualquier inmueble afectado por un expediente de declaración de Bien de Interés Cultural".

[5] Forman parte, entre otros, del patrimonio histórico:

Los bienes declarados Bienes de Interés Cultural (arts. 9 y ss. LPHE), que se inscriben en el "Registro de Bines de interés cultural".

Los bienes no declarados BIC que tengan una singular relevancia por su notable valor histórico, artístico, científico, técnico o cultural, y arqueológico, que han de ser incluidos en el Inventario General a que se refiere el art. 26 LPHE (arts. 26 y ss. LPHE y arts. 24 y ss. R.D. 111/1986).

Los que tengan más de cien años de antigüedad o hayan sido declarados expresamente inexportables (art. 5 LPHE y 45 R.D. 111/1986).

Los enumerados en los Planes Nacionales de Información sobre el Patrimonio Histórico Español (art. 35 LPHE).

Los susceptibles de inclusión en los conceptos legales de Patrimonio Arqueológico (arts. 40 y ss. LPHE), Patrimonio Etnográfico (arts. 46 y 47 LPHE), Patrimonio Documental y Bibliográfico (arts. 48 y ss. LPHE).

Los que estén custodiados en los archivos, bibliotecas y museos de titularidad estatal y demás bienes a que se refiere el art. 60 LPHE (arts. 60 y ss. LPHE).

cativo para la determinación del ámbito de aplicación del delito de daños del art. 323 C.P. puede ser el Registro de Bienes de Interés Cultural o el Inventario General de Bienes Muebles, pues los bienes incorporados al Registro y al Inventario indicados han sido incorporados al patrimonio histórico de manera expresa por una declaración administrativa tras la tramitación del correspondiente expediente. Ahora bien, existen bienes de valor histórico que no están incorporados al patrimonio histórico de manera expresa por una declaración administrativa, lo cual no desmerece su valor respecto de aquellos otros que si lo están, simplemente que aún no se han incorporado de manera formal, a través de la correspondiente declaración al Registro, Inventario o Catálogo correspondiente, pudiendo formar parte del patrimonio histórico declarado en el futuro, y a pesar de todo forman parte del patrimonio histórico, artístico y cultural español.

A favor de la tesis que mantiene que el patrimonio histórico protegido por los arts. 323 y 324 del C.P. es el real (el que tiene un valor histórico intrínseco con independencia de una declaración formal de la administración en ese sentido, el que recae sobre bienes muebles e inmuebles que conforme a circunstancias objetivas resulte innegable su valor histórico, cultural o artístico, estén o no declarados de interés cultural o inventariados), y no sólo el formalmente declarado, se manifiesta la Sentencia del Tribunal Supremo de 12 de febrero de 2.003: " viene a resolver la cuestión de si tal protección penal exige una previa declaración administrativa que resuelva la integración de los bienes del patrimonio histórico, cultural o artístico. ... Y este es el criterio que se ha impuesto en la doctrina científica en tanto que el precepto constitucional no exige la previa declaración administrativa y permite que se actúe la protección penal cualquiera que sea el régimen jurídico de los bienes y su titularidad. Así lo entiende también la Jurisprudencia de esta Sala ..., no obstante la aparición de la Ley 16/1.985, de 25 de junio, sobre Regulación del Patrimonio Histórico, de carácter administrativo".

En todo caso, el objeto de protección en los arts. 323 y 324 del C.P., es el Patrimonio Histórico en general, tanto el formalmente declarado o en vías de declaración como el que no se encuentra en estas situaciones. Esto es conforme con el mandato constitucional de tutela cualquiera que sea el régimen jurídico y titularidad de los bienes integrantes del Patrimonio Histórico Español (art. 46 de la C.E.), y además, refleja el concepto que de Patrimonio Histórico Español de deduce de la LPHE[6]. Lo cierto es que no hay razón alguna para

---

[6] En el Preámbulo de la LPHE, en su párrafo quinto establece que el Patrimonio Histórico Español está constituido por: *"todos aquellos bienes de valor histórico, artístico, científico o técnico que conforman la aportación de España a la cultura universal"*; el art. 1.2 de la LPHE establece que: *"Integran el Patrimonio Histórico Español los inmuebles y objetos muebles de interés artístico, histórico, paleontológico, arqueológico, etnográfico, científico o técnico. También forman parte del mismo el patrimonio documental y bibliográfico, los yacimientos y zonas arqueológicas,*

dejar sin protección penal a una gran parte del PHE. Si sólo se diera protección a los bienes inventariados o declarados de interés cultural se reduciría ampliamente el ámbito y eficacia de las disposiciones penales, otorgándose una protección insuficiente y desigual, en función de la mayor o menor actividad en las declaraciones administrativas, y máxime cuando en la práctica la mayoría de los delitos de daños de los preceptos estudiados recaen sobre bienes muebles generalmente no registrados.

Así, **para poder acusar y juzgar,** primero habrá que acudir: a la normativa administrativa, LPHE y las leyes que dentro de cada Comunidad Autónoma se haya dictado en la materia; al régimen de publicidad del carácter de los bienes establecido en la LPHE o en las Leyes de Patrimonio Histórico de las Comunidades Autónomas (inscripción en el Registro de BIC, en el Inventario General de bienes de singular relevancia del PHE o en los catálogos generales del PH de las Comunidades Autónomas, en los Censos de Bienes integrantes del patrimonio documental, en los catálogos colectivos de Bienes integrantes del Patrimonio Bibliográfico, etc. ...); y a los informes periciales cualificados, fundamentalmente los elaborados por técnicos de organismos oficiales expertos en materia de protección del Patrimonio histórico-artístico.

El tipo específico del art. 323 del C.P. no establece cuantía alguna del **daño causado** para su aplicación, omisión quizás por olvido, lo cierto es que en la modalidad dolosa de estos daños es necesario que la **cuantía** de los mismos supere los 400 euros (en los daños imprudentes del art. siguiente si aparece expresamente dicha cuantía), lo que se deduce del artículo 625 del C.P. Así, en el ámbito de las faltas, el art. 625.1 del C.P. establece que *"serán castigados con la pena de localización permanente de dos a 12 días o multa de 10 a 20 días los que intencionadamente causaran daños cuyo importe no exceda de 400 euros"*; y en su apartado segundo establece que *"se impondrá la pena en su mitad superior si los daños se causaren en los lugares o bienes a que se refiere el artículo 323 de este Código"*. De este modo castiga como falta los daños dolosos en cuantía que no exceda de 400 euros causados en los lugares o bienes a que se refiere el artículo 323 del C.P.

Por ello, para poder condenar por el delito del art. 323 del C.P. se necesita, como regla general, acreditar en juicio mediante tasación pericial que los daños producidos superan los 400 euros, pues en caso contrario procedería la absolución del acusado por el delito al no constar fehacientemente en el procedimiento penal el alcance y valoración de los daños. En este sentido

así como los sitios naturales, jardines y parques, que tengan valor artístico, histórico o antropológico"; y del conjunto de disposiciones de la LPHE se deduce que no sólo integran al PHE los BIC o los inventariados o los que superen los cien años de antigüedad, sin perjuicio de que dentro de aquellos se otorgue a éstos una protección administrativa especial.

podemos señalar la Sentencia de la Audiencia Provincial de Murcia de 24 de abril de 2007[7]. Excepcionalmente, en alguna resolución se ha entendido que este requisito procesal no es condición *sine qua non* para la condena si tal circunstancia puede calificarse de hecho notorio (o sea, que los daños sean notoriamente superiores a 400 euros). Y así lo señala la Sentencia de la Audiencia Provincial de Huelva de 18 de febrero de 2005[8].

En cuanto a la **penalidad,** además de lo dicho anteriormente en relación a la pena mínima de prisión de un año a la que castiga el art. 323 del C.P., se critica que el precepto no haya incorporado la pena de inhabilitación especial para los casos en que en la perpetración de los hechos punibles hayan intervenido profesionales de la construcción (arquitectos, peritos, ...).

La penalidad establecida ha determinado que el Tribunal Supremo no haya podido generar jurisprudencia a aplicar y que sean las resoluciones de los Juzgados de lo Penal y de las Audiencias Provinciales las que nos sirvan de base para determinar la tendencia judicial en la materia.

Finalmente, en cuanto a las consecuencias del delito, el párrafo segundo del art. 323 del C.P. prevé la posibilidad de que los Jueces o Tribunales ordenen, a cargo del autor del daño, la adopción de medidas encaminadas a restaurar, en lo posible, el bien dañado. El precepto habla sólo de "restaurar" y no de "reconstruir" y ello dada la naturaleza del objeto material contenido en el art. 323.

III. BREVE REFERENCIA A LOS DAÑOS POR IMPRUDENCIA GRAVE AL PATRIMONIO HISTÓRICO, ART. 324 DEL C.P.

El artículo 324 del C.P. dispone: "El que por imprudencia grave cause daños en cuantía superior a 400 euros, en un archivo, registro, museo, biblioteca, centro docente, gabinete científico, institución análoga o en bienes de valor artístico, histórico, cultural, científico o monumental, así como en yaci-

---

[7] Sentencia de la Audiencia Provincial de Murcia, de 24 de abril de 2007: "*... no se ha practicado una valoración de los supuestos daños, sin que, por otro lado, quepa considerar evidente o notorio que tal cuantía supere esa cantidad, salvo activación del "in dubio pro reo" en sentido al que efectivamente propulsa dicho inveterado principio*".

[8] Sentencia de la Audiencia Provincial de Huelva de 18 de febrero de 2005: "*los daños y desperfectos producidos en el solar arqueológico, aun no tasados de forma expresa ni por la Junta de Andalucía ni por los técnicos de la Universidad de Huelva que realizaron un informe describiendo y sistematizando los mismos, están constituidos por una serie de intervenciones que supusieron la remoción de restos arqueológicos de su emplazamiento original. Por ello, incluso sin presuponer la destrucción de parte de tales restos, hecho que casi con total seguridad también se produjo, únicamente su recuperación y vuelta a la localización primitiva implicaría un importante desembolso económico,* ***hecho notorio éste que queda por lo tanto relevado de otra prueba expresa.*** *Además los daños causados en la muralla del recinto palacial, principalmente la desaparición del sedimento arqueológico con las estructuras en él contenidas, supone un perjuicio notablemente superior a los 400 euros*".

mientos arqueológicos, será castigado con la pena de multa de tres a 18 meses, atendiendo a la importancia de los mismos".

Según el art. 12 del C.P. "Las acciones u omisiones imprudentes sólo se castigarán cuando expresamente lo disponga la ley", y expresamente se castigan los daños por imprudencia en los bienes del Patrimonio Histórico en el art. antes citado.

Esta modalidad imprudente abarca tanto el tipo objetivo de las conductas tipificadas en el tipo doloso del artículo 323 del C.P. (coincide el objeto material de ambos preceptos) como las conductas castigadas en el art. 321 del C.P. (derribo o alteración grave de edificios singularmente protegidos), pues el derribo o alteración sustancial de un edificio cometidos por imprudencia son daños irrogados a bienes de valor histórico. En este sentido para el tipo imprudente es irrelevante si el bien inmueble era objeto de una protección singular[9].

A diferencia del tipo doloso del art. 323 del C.P. el tipo imprudente del art. 324 del C.P. menciona expresamente que la cuantía de los daños causados deben ser superiores a 400 euros, pero a diferencia del tipo doloso si los daños no superan la cuantía de 400 euros la conducta no es constitutiva de falta, ya que la falta de daños del art. 625.2 del C.P. está prevista solamente para el caso de daños dolosos, pudiendo ser sancionada la conducta en esos casos como infracción administrativa.

La conducta imprudente exige el art. 324 C.P. que sea "grave", lo que supone que el sujeto activo debe haber infringido los deberes mínimos de cautela que le eran exigibles según su posición jurídica y conocimientos (la falta de adopción de las precauciones más elementales). La sentencia de la AP de Pontevedra de 25 de noviembre de 2.008 contiene una descripción de este tipo de imprudencia aplicada al caso que estudia[10].

Sujeto activo de este delito puede serlo cualquiera. Y, dada la posición de garante respecto de la conservación del patrimonio histórico que ostenta la Administración y la regulación que contiene la LPH, es factible la comisión por omisión negligente (imprudente) de los propios funcionarios de la Administración encargada de la protección del PH. También es criticable, al igual que en el tipo doloso del art. 323 C.P., que el tipo imprudente (estamos

---

[9] Morillas Cueva, Lorenzo (Coordinador) y otros: Sistema de Derecho Penal Español. Parte Especial. Editorial Dykinson, S.L. Pág. 726.

[10] Sentencia de la Audiencia Provincial de Pontevedra de 25 de noviembre de 2.008, que considera que *"constituye un elemento clave para la apreciación de esta clase de negligencia, la circunstancia de que el acusado ni siquiera se preocupara de esperar a solicitar la preceptiva licencia municipal para la ejecución de las obras, pues de haber sido así, habría necesitado la correspondiente autorización previa para el inicio de aquéllas al tratarse de una zona en la que existían diferentes yacimientos arqueológicos catalogados".*

ante una imprudencia grave) no haya incorporado la pena de inhabilitación especial para los casos en que en la perpetración de los hechos punibles hayan intervenido profesionales de la construcción (arquitectos, peritos, arqueólogos, ...); pena ésta de inhabilitación especial que si aparece recogida en el delito del art. 321 del C.P.

Por último, conforme establece el párrafo final de art. 324 C.P., la graduación de la pena se ha de realizar atendiendo a "la importancia de los mismos", lo que plantea la duda de si se refiere a la importancia de los daños o de los bienes culturales que los sufren, siendo defendibles ambas posturas, en la doctrina se suceden posturas encontradas, aunque con mayor inclinación hacia la que defiende la "importancia de los daños causados". Quizá hubiera sido una solución distinguir en función de que los bienes estén o no declarados BIC o inventariados. Así, entra en juego la discrecionalidad del Juez o Tribunal para la fijación de la pena, que para los delitos imprudentes se regula en el art. 66.2 del C.P.

Añadir que, conforme al art. 340 del C.P. - **disposición común** a todos los delitos del Título XVI, del Libro II del C.P, y por tanto aplicable a los tipos delictivos aquí estudiados de los arts. 323 y 324 del C.P. - si el culpable hubiere procedido voluntariamente a reparar el daño causado, los Jueces y Tribunales le impondrán la pena inferior en grado a las respectivamente previstas.

IV. EL DELITO DE DAÑOS SOBRE BIENES DE VALOR HISTORICO, ARTÍCULO 323 DEL C.P. (DAÑOS DOLOSOS) TRAS LA REFORMA OPERADA POR LA LEY ORGÁNICA 1/2015, DE 30 DE MARZO

La Ley Orgánica 1/2015, de 30 de marzo, por la que se modifica la Ley Orgánica 10/1995, de 23 de noviembre, del Código Penal modifica el artículo 323 del C.P. quedando redactado así:

> *"1. Será castigado con la pena de prisión de seis meses a tres años o multa de doce a veinticuatro meses el que cause daños en bienes de valor histórico, artístico, científico, cultural o monumental, o en yacimientos arqueológicos, terrestres o subacuáticos. Con la misma pena se castigarán los actos de expolio en éstos últimos.*
>
> *2. Si se hubieren causado daños de especial gravedad o que hubieran afectado a bienes cuyo valor histórico, artístico, científico, cultural o monumental fuera especialmente relevante, podrá imponerse la pena superior en grado a la señalada en el apartado anterior.*
>
> *3. En todos estos casos, los jueces o tribunales podrán ordenar, a cargo del autor del daño, la adopción de medidas encaminadas a restaurar en lo posible, el bien dañado."*

Antes de adentrarnos en el análisis de este precepto tras la reforma operada por la Ley Orgánica 1/2015, de 30 de marzo, hemos de decir que conforme a la Disposición final octava de la misma, esta L.O. entra en vigor el 1 de julio de 2.015, y por tanto, también en esa fecha entra en vigor el precepto que estudiamos.

Dicho esto ¿en qué consiste la reforma operada sobre el artículo 323 del C.P.? Es claro que estamos ante un delito especial de daños por razón de la materia sobre la que recae el delito (bienes de valor histórico,...) frente al tipo genérico de daños del art. 263 C.P., pero ¿qué modificación sobre el mismo opera la reforma?, y por tanto,¿ cuál va a ser el régimen que se aplique desde el día 1 de julio de 2015?, pues bien éste régimen será el que exponemos a continuación:

a) El número 1 del art. 323 C.P. castiga los daños que regula con la "**pena** de prisión de seis meses a tres años", de este modo se reduce la pena mínima de prisión de un año (que es la establecida antes de la reforma) a seis meses, lo que supone una penalidad acorde con la establecida en el art. 321 del C.P. que establece la pena de prisión de seis meses a tres años para los casos en los que se produzcan las conductas que tipifica, o sea, el derribo o alteración de "grave" de edificios singularmente protegidos. Hasta la reforma que aquí estudiamos, no se entendía la menor penalidad establecida en el art. 321 C.P. y menos aún al especificar el precepto que el derribo o alteración debía ser grave, por lo que entendemos que ha sido un acierto del legislador el establecimiento de la igualdad de la pena en este caso. Además esta reducción de la pena mínima es consecuencia de la desaparición de las faltas como consecuencia de reforma que estudiamos y poder así aplicar una penalidad acorde a los delitos leves. Y siguiendo con el análisis del número 1 del artículo 323 del C.P. tras la reforma, vemos cómo en el mismo se castigan los daños en los bienes que indica con "la pena de prisión de seis meses a tres años **o** multa de doce a veinticuatro meses" cuando hasta la Ley Orgánica 1/2015, de 30 de marzo, se castigan esos daños con "la pena de prisión de uno a tres años **y** multa de doce a veinticuatro meses", siendo que este cambio de la "y" por la "o" es sumamente importante, pues se ha efectuado para poder aplicar una pena adecuada y acorde con los delitos leves, y ello al desaparecer las faltas, como consecuencia de la reforma indicada, de nuestro código penal, y concretamente la falta del art. 625.2 del C.P. que castiga los daños dolosos del art. 323 del C.P. cuando la cuantía de los mismos no supera los 400 euros, daños que ahora tras la reforma pasan a ser constitutivos de delito leve; de este modo se establece la posibilidad de castigar los delitos leves en la materia con pena de multa (lo cual es lógico y razonable), y no necesariamente con la pena de prisión lo que ocurriría en caso de no haberse introducido el cambio indicado. Castigar el delito leve de daños del art. 323 C.P. con pena de prisión sería excesivo, y máxime cuando la pena mínima de prisión establecida por el precepto es de seis meses. Es por todo ello que, se considera muy acertado que el legislador haya introducido el cambio de letras antes indicado ("y" por "o").

b) El actual art. 323 del C.P. en la regulación que el mismo contiene especifica que castiga los daños causados en "un archivo, registro, museo, biblioteca, centro docente, gabinete científico, institución análoga o en bienes de valor histórico, artístico, científico, cultural o monumental, así como en yacimientos arqueológicos", mientras que la reforma operada por la Ley Orgánica 1/2015 ha suprimido toda referencia expresa al **objeto material de la acción** que recae sobre "un archivo, registro, *museo*, biblioteca, centro docente, gabinete científico, institución análoga" acabándose de esto modo con la dualidad de las conductas criminalizadas en el art. 323 C.P. (daños en un archivo, ... y daños en bienes de valor histórico, ...), lo que supone un gran acierto del legislador, puesto que hasta ahora no se entendía la razón por la que se les otorgaba una protección privilegiada, pues de tratarse de un archivo, museo, biblioteca, ... con valor histórico, artístico, científico o cultural, ya estaban debidamente protegidos por el art. 323 C.P. con la expresión "bienes de valor histórico, artístico, científico, cultural o monumental, así como en yacimientos arqueológicos"; y de este modo, tras la reforma, los daños causados, por ejemplo, sobre una biblioteca carente del valor anterior, o sea, no se trate de bien de valor histórico, ..., la protección de tales daños se otorga a través de los art. 263 y ss. C.P. Además, aunque no hay duda del valor de bien histórico, artístico, científico o cultural, de *un "museo"*, difícilmente un centro docente puede tener el mismo, por lo que es de alabar la supresión del citado privilegio.

Centrándonos en los "museos", la desaparición de esta palabra del art. 323 C.P. no supone en modo alguno una merma en su protección, la protección que se le dispensa tras la reforma es la misma, aplicándose los mismos razonamientos apuntados en el apartado anterior.

El objeto material protegido a partir del día 1 de julio de 2.015 es el mismo, pues nada obsta a seguir manteniendo la tesis que mantiene que el patrimonio histórico protegido por el art. 323 del C.P. (y el 324) es el real[11], y no sólo el formalmente declarado.

[11] El que tiene un valor histórico intrínseco con independencia de una declaración formal de la administración en ese sentido, el que recae sobre bienes muebles e inmuebles que conforme a circunstancias objetivas resulte innegable su valor histórico, cultural o artístico, estén o no declarados de interés cultural o inventariados.

Siguiendo con el **objeto material de la acción,** se especifica y añade, en el punto 1 del art. 323 C.P. al castigar los daños causados en yacimientos arqueológicos, las palabras "terrestres o subacuáticos". Esta especificación tiene su razón de ser en el hecho de que con la reforma se ha querido dejar fuera de toda duda que, al existir yacimientos arqueológicos subacuáticos (recordemos el caso Odyssey, del barco español hundido frente a la costa del Algarve), estos también integran nuestro patrimonio histórico, y han de ser objeto de la misma protección que los terrestres. Los bienes del patrimonio arqueológico subacuáticos son también bienes de dominio público, integrantes del Patrimonio Histórico Español.

c) Se **castiga**, expresamente a partir del 1 de julio de 2015, como consecuencia de la reforma que estudiamos (en el nº 1 del art. 323 C.P.) el **expolio de yacimientos arqueológicos**, terrestres y subacuáticos, al decir, *"Con la misma pena se castigarán los actos de expolio en estos últimos"*. El expolio supone incautar (con ánimo de lucro) bienes del patrimonio arqueológico, terrestre o subacuático, que dan lugar a la pérdida o destrucción de todos o algunos de los bienes que integran el mismo, lo que, en definitiva, supone la causación de daños al patrimonio arqueológico. Estamos ante bienes de dominio público, no susceptibles de comercio ni de apropiación privada, con un destino público (ser disfrutados por todos) y con una protección eficaz.

d) Se castiga con la misma pena los daños causados en yacimientos arqueológicos y los actos de expolio de que son objeto los mismos.

La desaparición o **supresión de las faltas** de nuestro Código Penal llevada a cabo por la Ley Orgánica 1/2015, también **incide sobre** la materia que estudiamos, **los daños al patrimonio histórico**. Como ya expusimos anteriormente para poder condenar por el delito del art. 323 del C.P. se necesita, como regla general, acreditar en juicio mediante tasación pericial que los daños producidos superan los 400 euros, pues en caso contrario procedería la absolución del acusado por el delito (no por falta) al no constar fehacientemente en el procedimiento penal el alcance y valoración de los daños. A esta conclusión se llegó tras un estudio interpretativo de los arts. 323 y 324 del C.P., seguida por la doctrina y aplicada por la jurisprudencia, pero lo cierto es que ni antes ni después de la reforma mencionada el art. 323 establece que la cuantía de los daños supere los 400 euros. Dicho lo anterior y al haber desaparecido tras la reforma del C.P. indicada las faltas, y por tanto, la falta del art. 625.2 del C.P., que estaba prevista para los daños dolosos del art. 323 C.P. cuando la cuantía de los mismos no superaba los 400 euros, ha de entenderse que los daños dolosos del art. 323 del C.P. cualquiera que sea su cuantía son constitutivos de delito (delito leve en caso de no superar la cuantía de 400 euros).

Hoy día en muchas ciudades, como Granada, es común ver edificios históricos que han sufrido daños como consecuencia de haber sido objeto de pintadas, y en muchos casos esos daños han sido valorados en cantidad inferior a los 400 euros y han sido constitutivos de falta, pero ahora tras la reforma indicada en el párrafo anterior los "artistas" autores de dichas pintadas se pueden ver sorprendidos si proceden a la reiteración de idénticas conductas a partir del día 1 de julio de 2015, pues pueden ser condenados, ya no por una simple falta sino por un delito del art. 323 C.P. con la correspondiente creación, en su caso, de antecedentes penales.

e) Se introduce (es una novedad) una **agravación de la pena**, para los daños de especial gravedad o que afecte a bienes especialmente relevantes, en el punto 2 del art. 323 C.P. que establece *"Si se hubieran causado daños de especial gravedad o que hubieran afectado a bienes cuyo valor histórico, artístico, científico, cultural o monumental fuera especialmente relevante, podrá imponerse la pena superior en grado a la señalada en el apartado anterior".*

No es lo mismo los daños causados en el Palacio de Carlos V integrado en el recinto de la Alhambra de Granada que los producidos en otro edificio histórico que no tenga tal relevancia, pues en el primer caso entraría en juego la agravación del punto 2 del art. 323 C.P., lo que ha de ser tenido en cuenta, entre otros, por los amantes de las pinturas en edificios protegidos, sobre todo en ciudades como Granada donde hay un elevado número de "pintores de ese tipo de lienzos".

f) Se mantiene la **reparación de los daños** causados, dejando claro que "para todos los casos" a que se refiere el precepto, como así lo establece el art. 323.3 C.P. que dice *"En todos estos casos, los jueces o tribunales podrán ordenar, a cargo del autor del daño, la adopción de medidas encaminadas a restaurar, en lo posible, el bien dañado".*

V. CONCLUSIONES SOBRE LA REFORMA

En términos generales, en cuanto a la reforma operada por la Ley Orgánica 1/2015, de 30 de marzo en el art. 323 del C.P., esta parte considera la reforma positiva, un acierto del legislador, con una salvedad en torno a la penalidad que indicaremos posteriormente.

Así, se considera positiva: en tanto que modifica la pena mínima de prisión que establece, la rebaja, la pone en consonancia con el art. 321 C.P. y la hace acorde con la penalidad para los casos de delito leve (como consecuencia de la desaparición de las faltas), lo que también se hace al sustituir en la condena por la comisión de estos delitos la "y" (prisión y multa) por la "o" (prisión o multa), haciendo posible de este modo la condena de los delitos leves sólo con multa; hace una delimitación del objeto material del delito (bienes de valor histórico, artístico, científico, cultural o monumental, o en yacimientos arqueológicos, terrestres o subacuáticos) más correcta, que engloba a todos los bienes del patrimonio histórico objeto de protección; suprime los privilegios innecesarios que sobre archivos, registros, museos, bibliotecas, centros docentes, gabinetes científicos o institución análoga se mantienen actualmente, pero no suprime la protección dispensada (lo que se hace extensivo a los museos); especifica la protección de los yacimientos arqueológicos "subacuáticos" por las razones ya indicadas; introduce el castigo a los actos de expolio sobre yacimientos arqueológicos, terrestres y subacuáticos; e incorpora una agravación para los casos de daños, en cualquiera de los bienes que son objeto material del delito, cuando los daños son de especial gravedad o cuando éstos afecten a bienes especialmente relevantes, y ello para una mayor protección de los mismos.

La salvedad indicada antes, en torno a la penalidad, se refiere al hecho de que el legislador ha dejado pasar la oportunidad de incorporar al tipo la pena de inhabilitación especial (que había sido demandada) para los casos en los que en la perpetración de los hechos punibles hayan intervenido profesionales de la construcción u de otro tipo (arquitectos, peritos, arqueólogos, ...).

En cualquier caso, una efectiva protección de los bienes a que se refiere el artículo 323 del C.P. debe ser coordinada y complementada con medidas económicas (que desincentiven la realización de los daños) y muy especialmente con la educación y sensibilización de los ciudadanos en el respeto a tales bienes, como un valor que pertenece a toda la sociedad.

El delito de cohecho tras la reforma del código penal de 2015

Abdeslam Jesús Aoulad Ben Salem Lucena

Abogado. Procesor de Derecho Procesal.
Universidad de Málaga

I. PLANTEAMIENTO GENERAL

Con el boom inmobiliario que hemos vivido desde los inicios del año 2000, han venido proliferando numerosos casos de corrupción que de forma considerable han repercutido en la opinión pública teniendo especial importancia por la mediatización periodística de la que muchos de ellos han sido objeto, como consecuencia de que en la mayoría de los supuestos se trataba de políticos o funcionarios públicos y empresarios en ocasiones de bastante grado de conocimiento, por su constante exposición pública y relevancia en cuanto al cargo público que ocupaban.

La corrupción en el ámbito de las funciones públicas presenta un alto grado de impacto, no sólo porque conduce a una frustración de las expectativas de los ciudadanos, quienes esperan que los funcionarios públicos se desempeñen con probidad en el ejercicio de sus cargos, sino también porque posee una gran capacidad para socavar las bases del sistema político imperante, se enmarca en el intercambio de favores entre funcionarios y particulares[1].

[1] COBO DEL ROSAL, M. "Revista de derecho público. Comentarios a la Legislación Penal" Ed. Revista de derecho penal. Madrid 1994, pág. 176.

Sin embargo, no debe creerse que se trate de un fenómeno presente sólo en el ámbito público. También en el sector privado existe corrupción, atendido el hecho de que ésta conduce a infringir deberes que pueden tener su fuente, tanto en disposiciones legales, como contractuales[2].

El fenómeno de la corrupción, puede referirse tanto a la acción pública como a la actividad privada. Tan corrupto es un cohecho activo o pasivo, en provecho propio o ajeno, como la apropiación indebida de recursos privados en las sociedades anónimas mediante operaciones de ingeniería financiera. También se define a la corrupción como el uso indebido de una posición oficial pública para obtener fines y ventajas privados[3].

La corrupción pública empieza cuando el poder que ha sido entregado por el Estado a una persona a título de administrador público, para gestionarlo de acuerdo a los intereses generales, no es utilizado correctamente sino que el gestor, defraudando la confianza de sus mandantes, desvía su ejercicio para obtener un enriquecimiento personal[4].

Con todo, no es difícil constatar que la corrupción en el ámbito privado no provoca tanta alarma como en el sector público, pero es cada vez más frecuente en ámbitos privados y entre particulares, más en estas últimas fechas donde nos bombardean desde los diferentes medios de comunicación con casos judiciales, como el CASO RATO, y las presuntas dádivas entre el Presidente de Bankia y ex vicepresidente del Gobierno de España y empresas vinculadas al propio Rodrigo Rato por contratos de publicidad entre otros. Si bien es cierto, es quizás esa la razón por la cual el legislador se ha preocupado más de la corrupción en el ámbito público, máxime porque hasta la reforma del Código Penal de 2010 el cohecho entre particulares era atípico, una de novedades más significativas de la LO 5/2010 de reforma del Código Penal fue la introducción del artículo 286 bis, dicho precepto da cobijo a la corrupción entre particulares, que en resumidas cuentas se manifiesta a través de actuaciones tanto de agentes económicos que soborna o intentan sobornar a los responsables en entidades privadas de la contratación de bienes o servicios profesionales para establecer vínculos o relaciones comerciales privilegiadas,

---

[2] SABÁN GODOY, A. *El marco jurídico de la corrupción,* Ed. Civitas, Madrid, 1991, pág. 15. *"Esto nos llevaría sin más a una conclusión incontestable que, sin embargo, en pocas ocasiones se liga al concepto de corrupción. Nos referimos a su existencia en el ámbito privado. El empleado que monta negocios paralelos a aquéllos en que trabaja por cuenta ajena, desviando así la potencial clientela de éste, es un empleado corrupto. Igual sucede con quien facilita información a la competencia y obtiene por ello un beneficio personal.*

[3] OLAIZOLA NOGALES, I. "Aplicación del delito de cohecho en asuntos relacionados con la corrupción urbanística", en "corrupción y urbanismo, cuadernos penales José María Lidón, nº 5, Bilbao 2008, pág.123.

[4] NIETO MARTÍN, A. *Corrupción en la España Democrática.* Barcelona, 1997, pág.7.

como de aquellos encargados que, a su vez, por el mismo motivo, se dejan corromper y se muestran dispuestos a ser corrompidos [5].

La corrupción atenta contra las bases del Estado democrático, vulnera el principio de igualdad constitucional y puede lesionar el orden socioeconómico cuando su magnitud es tal que altera la libre competencia del mercado[6].

Tanto es así que, incluso, en el Código Penal español de 1995, la única disposición que alude a la idea de corrupción salvo la que se refiere a la corrupción de menores e incapaces es el art. 423.1, que, precisamente, tipifica una figura de cohecho[7].

El diccionario de la Real Academia Española, define a la corrupción, como la "acción y efecto de corromper o corromperse. Alteración, soborno o vicio en las cosas materiales". De éste concepto, sobre todo respecto a la primera parte ha surgido la frase sumamente común de "tan corrupto es el que da como el que recibe" y que incluso haciéndose eco de ello la ley sanciona con dureza a ambas partes[8]. Jurídicamente, podemos decir que la corrupción puede presentarse sin distinción, en todas las ramas de derecho; sin embargo éstos actos recaen en el ámbito penal, puesto que los tratadistas del derecho la han asimilado con los delitos contra la administración pública, dentro de los cuales se encuentra el cohecho, delito que está estrechamente ligado a la corrupción, ya que viene a ser una de sus representaciones, y del cual nos encargaremos en el desarrollo de esta propuesta tesis doctoral. Incluso el mismo diccionario de la Real Academia Española, establece como una de las definiciones del término "corromper", el hecho de sobornar o cohechar al juez o a cualquier persona, con dádivas o de otra manera.

Por otra parte, la corrupción como fenómeno existente en la sociedad, siempre ha sido objeto de preocupación, puesto que más que afectar a bienes jurídicos individuales, ataca a intereses colectivos y el sujeto pasivo es el Estado. La Corrupción es tan antigua como la vida en comunidad que ha llegado a ser consustancial al ser humano[9].

---

5 BOIX REIG, J. *Derecho Penal, parte especial, volumen II*. Ed. Iustel. Madrid 2012, pág.545.

6 CASTRO MORENO, A y OTERO GONZÁLEZ, P. *Prevención y tratamiento punitivo de la corrupción en la contratación pública y privada*. Ed. Dykinson. Madrid 2016, pág.10.

7 Ley Orgánica 10/1995, de 23 de noviembre, del Código Penal. Consultado en: https://www.boe.es/buscar/act.php?id=BOE-A-1995-25444.

8 Real Academia de la Lengua Española. Consultado en: http://dle.rae.es/?id=B0dY4l3.

9 FABIÁN CAPARRÓS. E.A. *La corrupción: aspectos jurídicos y económicos*. Ed. Ratio Legis. Salamanca 2000, pág. 20.

II. EL DELITO DE COHECHO COMO UNO DE LOS PRINCIPALES PROBLEMAS PARA LOS CIUDADANOS SEGÚN EL CENTRO DE INVESTIGACIONES SOCIOLÓGICAS

Los Casos Púnica, Gürtel, ERE, Pujol, Nóos, Malaya, Millet, Madeja, Enredadera, Brugal, Pokemon, Palau, ITV, Cursos de Formación, Campeón, Malaya, Guateque, Pallerols, todos ellos de corrupción que asolan España, tramas que llenan los periódicos y gracias a las cuales sus responsables han conseguido de manera ilícita cientos de millones de euros. La corrupción no entiende ni de regiones ni de siglas políticas, el fenómeno de la corrupción, conforme al uso dado socialmente al término, puede referirse tanto a la acción pública como a la actividad privada[10].

Los escándalos se han producido en todas las comunidades y en todos los partidos. Donde ha habido poder ha habido corrupción. Los últimos y graves escándalos han calado como nunca en la ciudadanía y han colocado a la corrupción de manera destacada como la segunda preocupación de los españoles tan sólo por detrás del paro, tal y como refleja el último barómetro del Centro de Investigaciones Sociológicas (CIS)[11].

La preocupación por la corrupción sigue siendo el segundo problema del país según los resultados del barómetro de noviembre de 2016, que el Centro de Investigaciones Sociológicas ha publicado, en este sentido la corrupción, paradójicamente, sigue siendo el segundo gran problema de los españoles, tal como lo indica un 37,6%, solo superada por el paro (71,3%). Los políticos, los partidos y la política son el tercero de los problemas que identifica la ciudadanía en un 29,3%[12]. Datos cuanto menos significativos.

III. BIEN JURÍDICO PROTEGIDO

El bien jurídico protegido en todos los delitos de cohecho es el mismo, el interés de que los funcionarios públicos no incurran en corrupción, es decir, evitar que ejerciten sus funciones en atención a las recompensas solicitadas,

---

[10] ZARZALEJOS, J.A. "Descripción del fenómeno de la corrupción", VV.AA. "Corrupción y ética". Cuadernos de Teología Deusto, número 9, 1996, pág. 11.

[11] Centro de Investigaciones Sociológicas. Barómetro septiembre 2016.Consultado en: http://www.cis.es/cis/export/sites/default/

"El Centro de Investigaciones Sociológicas es un Organismo autónomo de carácter administrativo, con personalidad jurídica y patrimonio propios, adscrito al Ministerio de la Presidencia, que tiene por finalidad el estudio científico de la sociedad española".

[12] *Ibídem.*

entregadas u ofrecidas, debe identificarse con la honradez e integridad de la condición de partícipe en el ejercicio de funciones públicas[13].

«En el delito de cohecho el interés tutelado se delimita desde el genérico del correcto funcionamiento de la Administración Pública para la prestación de servicios a los ciudadanos y la protección de los principios de objetividad e imparcialidad»[14], según la STS de 11 de julio de 2002[15] (Rec. 4008/2000).

Se trata de evitar que los funcionarios públicos realicen actos de su competencia que sean constitutivos de delito o sean injustos, la referencia a dádivas, favores, retribuciones de cualquier clase, en supuestos en los que el Ordenamiento Jurídico no ha condicionado la actuación de la Administración a la presencia de tales contraprestaciones, genera el peligro de que la actuación del funcionario venga determinada por intereses particulares y no por el interés general definido por el Ordenamiento Jurídico[16].

IV. NATURALEZA DEL DELITO

El delito de cohecho es un delito de consumación anticipada, unilateral, aunque haya formas bilaterales (como acontece en el delito de cohecho pasivo con las conductas de «admitir» y «recibir» del funcionario, que se corresponden con la conducta del particular de «ofrecer» y «entregar» y en el delito de cohecho activo con las conductas de «ofrecer y entregar» y «aceptar la solicitud» del particular que se corresponden, con el «recibir» o «aceptar» o el «solicitar» del funcionario, en cuyos casos estamos ante un delito pluripersonal o de encuentro). Pero, incluso cuando haya formas bilaterales, la existencia de dos personas en la realización del acto de corrupción es irrelevante; de hecho, si se descubre la existencia del pacto, dará lugar a dos tipificaciones distintas, la del particular y la del funcionario. Tanto la doctrina como la Jurisprudencia coinciden en señalar que los delitos del funcionario y del particular son autónomos[17] y responden a intereses distintos[18].

---

[13] ROMERO CASANOVA, C.M. *Derecho penal. Parte Especial.* Ed. Comares. Granada 2016, pág. 698.

[14] MORILLAS CUEVAS, L. *Sistema de Derecho Penal. Parte Especial.* 2ª Ed. Dykinson. Madrid. 2016, pág. 1148.

[15] Sentencia Tribunal Supremo de 11 de julio de 2002 (Rec. 4008/2000).

[16] CORCOY BIDASOLO, M. *Derecho Penal parte especial. Doctrina y Jurisprudencia con casos solucionados.* Ed. Tirant lo Blanch. Valencia 2011, pág. 721.

[17] Sentencia del Tribunal Supremo de 12 de junio de 2000.

[18] Sentencia del Tribunal Supremo de 3 de febrero de 2009.

V. TIPOS DE COHECHOS

Ya la regulación de los delitos de cohecho operada en la reforma del Código Penal de 2010 simplificó la regulación anterior. Manteniendo la distinción, introducida por el Código Penal de 1944, entre el cohecho pasivo y el activo, así pues la reforma introducida por la Ley Orgánica 1/2015 y publicada en el BOE de 31 de marzo del presente año, conserva en grandes líneas las reformas introducidas en 2010 y modifica algunas cuestiones que pasamos a analizar[19]:

1.- Los delitos de **cohecho pasivo** (arts. 419 a 423) comprenden, a su vez, cuatro tipos de cohecho[20]:

— el que tiene por objeto un acto contrario a los deberes inherentes al cargo (art. 419 o cohecho propio);

— el que tiene por objeto un acto propio del cargo (art. 420 o cohecho impropio);

— el que persigue la gratificación de un acto ya realizado (art. 421 o cohecho subsiguiente o de recompensa);

— la admisión de ventajas en consideración al cargo o función sin vinculación con el acto del cargo determinado o determinable (art. 422 o cohecho de facilitación).

5.1. Clases de Cohecho Pasivo

5.1.1. Cohecho Pasivo Propio

El art. 419 regula una modalidad de cohecho pasivo propio que, de algún modo, viene a agrupar los anteriores arts. 419, 420 y 421 CP 1995, aunque con matizaciones o diferencias importantes. El tipo objetivo es la conducta de cohecho más grave cometida por funcionario público, exige que el sujeto que solicite o reciba una dádiva, favor o retribución de cualquier clase, o acepte ofrecimiento o promesa de otra persona para realizar en el ejercicio de su cargo un acto contrario a los deberes inherentes al mismo o para no realizar o retrasar injustificadamente el que debiera practicar, sea una autoridad o un funcionario público «a efectos penales» (art. 24 CP), por lo que se trata de

---

[19] Ley Orgánica 1/2015 publicada en el BOE de 31 de marzo del presente año, que modifica la ley 1/ 2010 del Código Penal. Consultado en: http://boe.es/boe/dias/2015/03/31/.

[20] VALEIJE ALVAREZ.I: *El tratamiento penal de la corrupción del funcionario: el delito de cohecho*. Ed. Ederesa, Madrid 1996, pág. 51.

un delito especial propio, al no tener correspondencia con un tipo común subyacente[21].

El tipo puede ser realizado «por sí o por persona interpuesta». Cabe la participación de un *extraneus* así, el inductor, el intermediario o persona interpuesta, y quienes realizan toda clase de actos de participación en el delito de cohecho en cuyo caso es de aplicación el art. 65.3 CP y podrán los jueces imponer la pena inferior en grado STS de 10 de junio de 2005 (Rec. 2535/2003)][22]. Pero no son partícipes de este delito ni de los de los arts. 420 a 422, los particulares a los que se refieren los arts. 424 y 425, pues en ellos ya se tipifica su conducta como autores (cohecho activo).

Son conductas típicas. «solicitar» o «recibir» dádiva, favor o retribución de cualquier clase, así como «aceptar» ofrecimiento o promesa[23] «en provecho propio o de un tercero», por un acto a realizar o ya realizado[24].

No tiene por qué coincidir el receptor con el beneficiario, normalmente persona del entorno del funcionario o con la que éste mantenga determinada relación de tipo particular, aunque no puede descartarse un tercero que no pertenezca a su entorno, la solicitud puede ir referida también a un ofrecimiento o a la promesa de una recompensa futura[25].

Asimismo, se exige en dicha conducta típica, que el instrumento del delito sea para realizar un acto propio del ejercicio de su cargo[26], es decir, un acto contrario a los deberes inherentes al mismo, para no realizar o retrasar injustificadamente el que debiera practicar.

El acto u omisión o retraso injustificado deben ser determinados o determinables. La dádiva, favor, retribución o promesa, no se ofrece para comprar el favor general del funcionario, sino por un acto concreto.

Pero el presente delito de cohecho se consuma por solicitar, recibir o aceptar, se trata de un delito de mera actividad, aunque el acto, omisión o retraso injustificado por cuya ejecución se lleve a cabo dicha conducta no se cometa finalmente; de cometerse, se castigará como un concurso de delitos, por así establecerlo expresamente el precepto *in fine* al decir, «Sin perjuicio de la pena correspondiente al acto realizado, omitido o retrasado en razón de la

---

[21] MORILLAS CUEVAS, L. "*Sistema de Derecho Penal parte especial*". 2ª Edición. Ed. Dykinson. Madrid. 2016, pág. 1152.

[22] Sentencia del Tribunal Supremo de 10 de junio de 2005 (Rec. 2535/2003).

[23] Sentencia del Tribunal Supremo de 23 de marzo de 2009, caso Urquía.

[24] Sentencia del Tribunal Supremo de 7 de mayo de 2014, caso Cardona.

[25] SUÁREZ-MIRA RODRÍGUEZ, C. *La Corrupción a Examen*. Ed. Aranzadi. Navarra. 2012. Pág. 229.

[26] QUERALT JIMÉNEZ, J.J. *Derecho Penal Español. Parte Especial*. Ed. Tirant lo Blanch. Valencia 2015, pág. 1212.

retribución o promesa, si fuera constitutivo de delito». De ello deriva la naturaleza «unilateral» del delito de cohecho.

Es irrelevante si se cumple o no el ofrecimiento o promesa. Como se ha dicho, la finalidad del instrumento es la comisión de un acto contrario a los deberes del cargo, u omisión o retraso injustificado (cohecho antecedente), pues si se solicita o recibe la dádiva como recompensa por el acto delictivo ya realizado es de aplicación el art. 421 (cohecho subsiguiente).

La conducta típica de recibir o solicitar dádiva, favor o retribución de cualquier clase o aceptar ofrecimiento o promesa es triple:

-Para realizar en el ejercicio de su cargo un acto contrario a los deberes inherentes al mismo, sin que se exija ahora que sea delictivo ni injusto, por lo que parece que existen argumentos a favor de la incriminación en este precepto de las decisiones de naturaleza política o «transfuguismo» (así, votar a favor o en contra de una moción de censura, cambiar de partido político, a cambio de una ventaja).

-Para no realizar el que debiera practicar en el ejercicio de su cargo, que es la modalidad omisiva, que se tipificaba en el anterior art. 421 CP, aunque con pena solo de multa e inhabilitación especial para empleo o cargo público por tiempo de uno a tres años.

Y para retrasar injustificadamente el que debería practicar, que constituye una modalidad típica *ex novo* en el actual art. 419, de modo que se amplían los comportamientos típicos.

Respecto del tipo subjetivo, el presente delito de cohecho solo puede cometerse dolosamente, por dolo directo o dolo eventual. El sujeto debe conocer todos los elementos integrantes del tipo. El funcionario debe ser consciente del carácter y finalidad de la solicitud, aceptación o recepción de la dádiva o promesa y querer actuar a pesar de ello[27].

Penalidad

Las penas de prisión son las mismas para las tres modalidades típicas recogidas en el precepto e introducidas con la reforma del Código Penal de 2010, que incrementó el límite mínimo de la pena de privación de libertad, pasando de tres a seis años, en el anterior art. 419 ese preceptuaba dos años, con lo que se impide, en principio, la suspensión de la ejecución de la pena

[27] MUÑOZ CONDE, F. *Derecho Penal. Parte Especial, 20 edición*. Ed.Tirant lo Blanch. Valencia 2015, pág. 876.

o la sustitución de la pena de prisión contemplada en art. 88 CP. La multa se establece en 12 a 24 meses, con lo que deja de ser proporcional al valor de la dádiva. La pena de inhabilitación especial para empleo o cargo público con la Reforma de 2015 se aumenta la mínima que pasa de 9 a 12 años, en el 2010 era 7 a 12 y además introduce una modificación importante en cuanto incluye como pena unido a la suspensión de empleo y sueldo, **la inhabilitación especial para el derecho de sufragio pasivo de 9 a 12 años**[28].

5.1.2. Cohecho Pasivo Impropio

El art. 420 regula un delito de cohecho pasivo impropio y cohecho antecedente, según la doctrina mayoritaria, pues se pacta una dádiva con la finalidad de realizar el funcionario en el futuro un acto propio del cargo, siendo indiferente si la dádiva, favor o retribución de cualquier clase se efectúa antes o después de dicho acto, pero no un cohecho subsiguiente, consistente en que la dádiva se dé como recompensa de un acto injusto ya realizado sin previo pacto, lo que se castiga ahora en el art. 421 en relación con el art. 420.

Es de menor gravedad que el art. 419, pero guarda similitud con éste por contener elementos comunes, como las modalidades típicas de solicitar y recibir dádiva, favor o retribución de cualquier clase, o de aceptar ofrecimiento o promesa, y el elemento subjetivo del injusto de «en provecho propio o de un tercero», así como que el sujeto debe ser un funcionario público o autoridad, que puede actuar, igualmente, por sí o por persona interpuesta, dicha persona interpuesta cuando actúa con pleno conocimiento y voluntad de cooperar en la acción delictiva es partícipe en el delito de cohecho. En este, la pretensión de la autoridad o funcionario es para cumplir con su obligación, que el particular puede pensar que es eludible o dilatable mediante injustificadas trabas administrativas o alegación de exceso de trabajo[29].

Es el delito más conocido por la gran cantidad de casos de corrupción que azotan a este país y sobre todo tratarse de casos muy mediáticos por ser sujetos muchos de ellos importantes cargos públicos de este país.

En la reforma de 2010 se suprimió toda referencia al «acto no prohibido legalmente» que se contenía en el anterior art. 426 y había obligado a la doctrina, ante la menor pena del anterior art. 426 respecto del anterior art. 425, a efectuar una distinción conceptual entre «acto propio del cargo». Así, se entendía que por «acto propio del cargo» es un acto para el que el emplea-

[28] Ley Orgánica 1/2015 publicada en el BOE de 31 de marzo del presente año, que modifica la ley 1/ 2010 del Código Penal. Consultado en: http://boe.es/boe/dias/2015/03/31/.

[29] LUZÓN CUESTA, J.M. *Compendio de derecho penal. Parte Especial.* Ed. Dykinson, Madrid 2011, pág. 319-320.

do público es generalmente competente[30], el Tribunal Supremo no demanda que el funcionario sea específicamente competente para realizar el acto objeto del soborno, sino únicamente que esté facilitado por su adscripción[31], por ejemplo al servicio u organismo competente para ello[32].

Y por «acto no prohibido legalmente», los actos reglados mantenía que tan grave o más puede ser la infracción de un acto discrecional que la de un acto reglado, proponiendo que «acto propio del cargo» es cualquier acto que pertenezca al ámbito de sus funciones del funcionario y que «acto no prohibido legalmente» es todo acto que lleve a cabo el funcionario sin pertenecer al ámbito de sus funciones[33].

La STS de 7 de diciembre de 2005 (Rec. 1869/2004[34]) mantuvo la condena por el anterior art. 425.1 CP efectuada a un concejal por solicitar una dádiva a cambio de hacer efectiva su renuncia. Asimismo, la STS de 8 de junio de 2006 (Rec. 1312/2005[35]) condenó a un oficial de la Administración de Justicia que solicitó a determinados procuradores la entrega de dinero si les llevaba formalmente el exhorto a su domicilio o despacho, al encuadrarse la tramitación de exhortos dentro de las funciones de su cargo de oficial.

Penalidad

Con la Reforma operada en 2015, las penas de prisión y multa se mantienen pero se amplía la inhabilitación especial para empleo o cargo público aumentando la mínima que pasa de 5 a 9 años y se introduce a su vez también la inhabilitación especial para el derecho de sufragio pasivo por el tiempo de 5 a 9 años. Cuestión que será tratada posteriormente dado las incidencias que tiene dicha penalidad a tenor de la Reforma de la Ley de Régimen Electoral General y sus incidencias en el delito de cohecho[36]

5.1.3. Cohecho Pasivo Subsiguiente o de Recompensa

El art. 421 castiga de manera autónoma los cohechos pasivos subsiguientes o de recompensa relativos al art. 419 y al art. 420, imponiendo las mismas

---

30 QUINTERO OLIVARES, G. *Comentarios a la Parte Especial del Derecho Penal.* 10ª edición. Ed. Aranzadi. Navarra 2016, pág. 1728.

31 Sentencia del Tribunal Supremo de 19 de mayo de 2011.

32 Sentencia del Tribunal Supremo de 14 de marzo de 2012.

33 **Ibídem.**

34 Sentencia Tribunal Supremo de 7 de diciembre de 2005 (Rec. 1869/2004.

35 Sentencia Tribunal Supremo de 8 de junio de 2006 (Rec. 1312/2005).

36 Ley Orgánica 1/2015, de 30 de marzo, por la que se modifica la Ley Orgánica 10/1995, de 23 de noviembre, del Código Penal. Consultado en: http://boe.es/boe/dias/2015/03/31/.

penas establecidas respectivamente en los mismos para los cohechos pasivos antecedentes.

Así, recibir el funcionario público dádiva, favor o retribución de cualquier clase tras haber efectuado un acto contrario a los deberes inherentes a su cargo, o haber omitido o retrasado el que debía practicar.

El cohecho subsiguiente se caracteriza por que existe una desvinculación entre la recepción de la dádiva, favor o retribución al funcionario y el acto oficial efectuado por el mismo, con anterioridad a dicha recepción, sin que la misma haya sido acordada de antemano por un acuerdo previo. La conducta típica consiste en recibir una ventaja con posterioridad a la toma de decisión, es decir, una vez adoptado el acto del cargo. Se recompensa al funcionario sin que haya mediado una solicitud o acuerdo previo. Dicho precepto es de difícil justificación, por cuanto la objetividad e imparcialidad en la actuación administrativa en el momento en que se realizó el acto no quedan materialmente afectadas.

Un sector de la doctrina entiende que debería destipificarse el cohecho subsiguiente, por no afectar el bien jurídico protegido. No obstante, lo que parece haber querido evitar el legislador al mantener el cohecho subsiguiente es la impunidad, o la imposición de una sanción poco grave, en aquellos casos en los que no logra probarse que hubo un acuerdo previo, pero sí que el funcionario recibió una ventaja después de la efectiva adopción del acto(RODRÍGUEZ PUERTA[37]). El mencionado Informe de evaluación de GRECO[38], señala que en la tipificación de los cohechos subsiguientes «el Código penal español va más allá de lo exigido por el Convenio».

El precepto es, además, de redacción imperfecta según el Consejo Fiscal en su Informe al Anteproyecto de 2008, pero la remisión a los arts. 419 y 420 (en sus respectivos casos) deben entenderse en el sentido de que deben darse los demás elementos típicos, respectivamente, de dichos preceptos. Así, «por sí o por persona interpuesta», «en provecho propio o de tercero», etc.

Penalidad

Se castiga con las penas de tres años a seis años, multa de 12 a 24 meses e inhabilitación especial para empleo o cargo público por tiempo de 7 a 12

[37] RODRÍGUEZ PUERTA, M.J: *El delito de cohecho: problemática jurídico penal del soborno de funcionarios,* Ed. Aranzadi, Pamplona, 1999. La misma, "La responsabilidad del particular en el delito de cohecho" (Comentarios a la sentencia del Tribunal Supremo de 29 de abril de 1998), en Revista de Derecho y Proceso Penal, año 1999, N° 1, pág. 183-207.

[38] INFORME GRECO. Organismo creado en 1998 en el seno del Consejo de Europa para la implantación del Convenio Penal sobre la Corrupción, ratificado por España el 28 de abril de 2010. Consultado en: http://transparencia.gob.es/transparencia/transparencia_Home/index/Sobre-el-Portal/Novedades-de-transparencia/Informe-GRECO-2016.html.

años; en cambio, recibir dádiva, favor o retribución tras haber efectuado un acto propio del cargo, se castiga con las penas de dos a cuatro años, multa de 12 a 24 meses e inhabilitación especial para empleo o cargo público.

5.1.4. Cohecho de facilitación

El art. 422, regulador del llamado cohecho de facilitación, sustituye al anterior art. 426, salvo en la redacción del inciso segundo, «para la consecución de un acto no prohibido legalmente», que desaparece. Ahora el precepto castiga al funcionario con las penas de prisión de seis meses a un año y suspensión de empleo y cargo público por tiempo de uno a tres años, a diferencia del anterior art. 426, que castigaba el mismo comportamiento típico con la pena de multa de tres a seis meses. Es evidente el **incremento punitivo** que supuso la reforma de 2010, recomendado en el Informe de evaluación de GRECO. Pero debe recordarse que el art. 390 CP 1973 ya castigaba dicho comportamiento típico con las penas de arresto mayor y multa del tanto al triplo del valor de la dádiva o regalo, sin que pudiera ser inferior a 100.000 pesetas.

El comportamiento típico hace referencia a la admisión de **dádiva o regalo por parte del funcionario público a efectos penales que le sean ofrecidos en consideración a su cargo o función, es decir, en atención no a un acto concreto de su cargo, sino a la generalidad de actos propios de su función.** No tienen, pues, contrapartida en la realización de un acto concreto. La expresa utilización del término «dádiva», añadido al vocablo «regalo», es bien elocuente del deseo legislativo de despejar cualquier duda acerca de la innecesariedad de un significado retributivo, por actos concretos, que inspire la entrega del presente con el que se quiere obsequiar al funcionario receptor. De ahí que no falten voces en la doctrina que adjudican al anterior art. 426 (hoy art. 422) la naturaleza de delito de peligro abstracto, idea presente en algunos de los pronunciamientos del Supremo, como la **STS de 13 de junio de 2008** (Rec. 2162/2007), en la que se afirma que, mediante la incriminación de esa conducta, se «protege la imagen del Estado de Derecho en el sentido de preservar la confianza pública en que los funcionarios ejercen sus funciones sometidos al imperio de la Ley».

A través de este precepto se pretende reprimir los obsequios hechos al funcionario público, no como premio explícito a un acto anterior al cargo, sino en general como forma de captar su favor o para predisponer su ánimo a favor del donante en el ejercicio futuro de su profesión. Se requiere la existencia de una conexión causal entre el cargo o función que se desempeña y la admisión del regalo. Así, la **STS de 3 de febrero de 1994** (Rec. 657/1993), en que se condena al administrador de un centro penitenciario por admitir comisiones en consideración a su función, o la **STS de 21 de enero de 1994** (Rec. 2581/1992), que dice que el término «en consideración a su función» debe interpretarse en el sentido de que la razón o motivo del regalo ofrecido y aceptado sea la condición de funcionario, esto es, que solo por la especial posición y poder que el cargo público desempeñado le otorga le ha sido ofrecida la dádiva objeto del delito.

La **STS de 13 de junio de 2008** (Rec. 2162/2007), además de exigir la concurrencia de tres elementos: el ejercicio de funciones públicas por parte del sujeto activo; la aceptación por éste de dádivas o regalos, y una conexión causal entre la entrega de la dádiva o regalo y el oficio público del funcionario, mantiene la condena por este precepto a dos guardias civiles que no abonaban las consumiciones ni los servicios sexuales de las mujeres que trabajaban en un club en atención a su condición de guardia civiles. En el mismo sentido se pronunció la **STS de 17 de mayo de 2010** (Rec. 2172/2009), que revocó el Auto del Tribunal Superior de Justicia de la Comunidad Valenciana de 1 de agosto de 2009 (caso *trajes de Camps).* Si la dádiva o regalo es de entidad menor, cabe afirmar la atipicidad por los principios de insignificancia o de adecuación social. Ello sucede cuando la dádiva es de un valor tal que en modo alguno está en situación de influir en el ejercicio de la función pública y constituye un mero regalo de cortesía.

En el presente precepto se añade «en provecho propio o de un tercero», así como «por sí o por persona interpuesta». Dichos elementos ya eran exigidos por doctrina y jurisprudencia respecto del anterior art. 426, pero se mejoró la anterior redacción. No se utilizan en el presente art. 422 los términos «favor o retribución de cualquier clase», sino que se mantienen los mismos términos del anterior art. 426.

Cargos asimilados

El art. 423 reproduce el anterior, pero debe resaltarse que introduce, además, expresamente a los administradores e interventores designados judicialmente entre las personas asimiladas legalmente a los funcionarios públicos, por lo que se amplía el círculo de sujetos responsables, aunque se mantiene el último inciso abierto extensible a «cualesquiera personas que participen en el ejercicio de la función pública», que amplía el concepto penal de funcionario público del art. 24 CP.

Asimismo, sistemáticamente se sitúa *ex novo* detrás de todos los artículos referidos a los cohechos pasivos, incluido el cohecho subsiguiente. En la regulación hasta ahora vigente, el art. 422 se situaba delante del anterior art. 425.1

y podía interpretarse que se excluía de su ámbito de aplicación el cohecho pasivo de recompensa del anterior art. 425.1 CP. Al expresar, además, «lo dispuesto en los artículos precedentes (...)», se mejora la seguridad jurídica y la técnica legislativa, tal como recomendó el equipo de evaluación de GRECO en su Informe.

En el Protocolo Adicional (STE núm.191) al Convenio Penal sobre la Corrupción del Consejo de Europa se pueden encontrar definiciones auténticas tanto de árbitro (persona, que en razón a un acuerdo de arbitraje, está llamada a pronunciar una decisión jurídica vinculante sobre un litigio que le es sometido por las partes de dicho acuerdo), como de jurado (miembro no profesional de un órgano colegiado encargado de pronunciarse en el curso de un proceso penal sobre la culpabilidad de un acusado).

Debe tenerse presente que los miembros de un jurado penal tienen la consideración de funcionario público a efectos penales, incluso de autoridad, al ejercer jurisdicción de conformidad con lo establecido en el art. 24.1 CP y ser nombrados por autoridad competente [art. 2 Jurado LO 5/1995, de 22 de mayo, del Jurado (en adelante LOJ) y art. 24.2 CP]. Igualmente, conforme al art. 24.1 CP, tienen jurisdicción los jurados de la Ley de Arbitraje (**Ley 36/1998, de 5 de diciembre**), al decidir asuntos sometidos a su enjuiciamiento, por lo que parece que el precepto se refiere a otro tipo de árbitros en el ámbito administrativo. «Peritos» son los establecidos en las leyes procesales, particularmente en la Ley de Enjuiciamiento Civil y en la Ley de Enjuiciamiento Criminal.

5.2. Nuevos sujetos en el Delito de Cohecho tras la Reforma de 2015

El art. 423 reproduce el anterior, pero debe resaltarse que introduce, además, expresamente a los administradores e interventores designados judicialmente entre las personas asimiladas legalmente a los funcionarios públicos, por lo que se amplía el círculo de sujetos responsables, aunque se mantiene el último inciso abierto extensible a «cualesquiera personas que participen en el ejercicio de la función pública», que amplía el concepto penal de funcionario público del art. 24 CP. Asimismo, sistemáticamente se sitúa *ex novo* detrás de todos los artículos referidos a los cohechos pasivos, incluido el cohecho subsiguiente[39]. En la regulación hasta ahora vigente, el art. 422 se situaba delante del anterior art. 425.1 y podía interpretarse que se excluía de su ámbito de aplicación el cohecho pasivo de recompensa del anterior art. 425.1 CP. Al

---

[39] Ley Orgánica 1/2015, de 30 de marzo, por la que se modifica la Ley Orgánica 10/1995, de 23 de noviembre, del Código Penal. Consultado en: http://boe.es/boe/dias/2015/03/31/.

expresar, además, «lo dispuesto en los artículos precedentes (...)», se mejora la seguridad jurídica y la técnica legislativa, tal como recomendó el equipo de evaluación de GRECO en su Informe[40].

Por «jurados» debe entenderse los existentes en el ámbito laboral y administrativo (así, los «jurados de empresa» o los miembros de los «jurados de expropiación» o los jurados previstos en la legislación de contratos del Estado, etc.). Debe tenerse presente que los miembros de un jurado penal tienen la consideración de funcionario público a efectos penales, incluso de autoridad, al ejercer jurisdicción de conformidad con lo establecido en el art. 24.1 CP y ser nombrados por autoridad competente art. 2 Jurado LO 5/1995, de 22 de mayo[41], del Jurado (en adelante LOJ) y art. 24.2 CP[42]. Igualmente, conforme al art. 24.1 CP, tienen jurisdicción los jurados de la Ley de Arbitraje (Ley 336/1988, de 5 de diciembre[43]), al decidir asuntos sometidos a su enjuiciamiento, por lo que parece que el precepto se refiere a otro tipo de árbitros en el ámbito administrativo. «Peritos» son los establecidos en las leyes procesales, particularmente en la Ley de Enjuiciamiento Civil y en la Ley de Enjuiciamiento Criminal.

La Reforma de 2015, incluye dos figuras nuevas y de reciente protagonismo jurídico como son los mediadores y los administradores concursales.

---

[40] INFORME GRECO. Organismo creado en 1998 en el seno del Consejo de Europa para la implantación del Convenio Penal sobre la Corrupción, ratificado por España el 28 de abril de 2010. Consultado en: http://transparencia.gob.es/transparencia/transparencia_Home/index/Sobre-el-Portal/Novedades-de-transparencia/Informe-GRECO-2016.html.

[41] LO 5/1995, de 22 de mayo del Tribunal del Jurado. Consultado en: https://www.boe.es/buscar/act.php?id=BOE-A-1995-12095.

Principio del formulario

Final del formulario

"Artículo 2. Composición del Tribunal del Jurado.

1. El Tribunal del Jurado se compone de nueve jurados y un Magistrado integrante de la Audiencia Provincial, que lo presidirá.

Si, por razón del aforamiento del acusado, el juicio del Jurado debe celebrarse en el ámbito del Tribunal Supremo o de un Tribunal Superior de Justicia, el Magistrado-Presidente del Tribunal del Jurado será un Magistrado de la Sala de lo Penal del Tribunal Supremo o de la Sala de lo Civil y Penal del Tribunal Superior de Justicia, respectivamente.

2. Al juicio del Jurado asistirán, además, dos jurados suplentes, a los que les será aplicable lo previsto en los artículos 6 y 7."

[42] Ley Orgánica 10/1995, de 23 de noviembre, del Código Penal. Consultado en: https://www.boe.es/buscar/act.php?id=BOE-A-1995-25444.

"Artículo 24.

1. A los efectos penales se reputará autoridad al que por sí solo o como miembro de alguna corporación, tribunal u órgano colegiado tenga mando o ejerza jurisdicción propia. En todo caso, tendrán la consideración de autoridad los miembros del Congreso de los Diputados, del Senado, de las Asambleas Legislativas de las Comunidades Autónomas y del Parlamento Europeo. Se reputará también autoridad a los funcionarios del Ministerio Fiscal.

2. Se considerará funcionario público todo el que por disposición inmediata de la Ley o por elección o por nombramiento de autoridad competente participe en el ejercicio de funciones públicas."

[43] Ley 36/1988, de 5 de diciembre, de Arbitraje. Consultado en: https://www.boe.es/buscar/doc.php?id=BOE-A-1988-28027

Los mediadores con la entrada en vigor de la Ley 5/12 de 6 de julio de mediación en asuntos civiles y mercantiles[44], se establece a esta figura la finalidad de ayudar a encontrar una solución dialogada y voluntaria entre dos partes objeto de conflicto, esta intervención no puede estar exenta de ser merecedora de reproche penal en caso de que una de las partes pueda intentar por ejemplo mediante dádiva algún beneficio de la función de éste en provecho propio, algo similar ocurre con *los administradores concursales*[45], cuyo margen de maniobra ante un concurso de acreedores o la liquidación de una sociedad bajo su administración es muy discrecional y puede ser objeto de tentativa de dádiva de terceros para acordar decisiones beneficiosas, destacamos como ejemplo la disputa mediática y judicial que han tenido los Administradores concursales de la promotora **AIFOS,** la mayor promotora inmobiliaria de Andalucía hasta el año 2007 y una de las más importantes de España en su época, en la liquidación de los activos, prueba manifiesta es la conflictiva venta de uno de los mayores exponentes de la corrupción en la Costa del Sol, como ha sido el Hotel Guadalpín Banús, epicentro de la mayor trama de corrupción en España, conocida como CASO MALAYA y de reciente pronunciamiento judicial por parte del Tribunal Supremo, con su anterior propietario, lo que ha provocado la decisión por parte de los Administradores Concursales de apartar a este, de la gestión de la sociedad[46].

5.3. Cohecho Funcionarios de la Unión Europea

Característica esencial del proceso globalizador es la intensificación de la dependencia mutua de los Estados más allá de sus fronteras nacionales. En este modelo de interdependencia desaparecen las fronteras físicas entre los países, e incluso las políticas, dicha apertura de las fronteras también afecta a la corrupción que adquiere en esta nueva era el calificativo de transnacional[47]. El artículo 427 con la Reforma de 2015[48], *cambian los apartados 1, 2, y 3, del artículo*

---

[44] Real Decreto 980/2013, de 13 de diciembre, por el que se desarrollan determinados aspectos de la Ley 5/2012, de 6 de julio, de mediación en asuntos civiles y mercantiles. Consultado en: http://www.boe.es/diario_boe/txt.php?id=BOE-A-2013-13647.

[45] Real Decreto-ley 11/2014, de 5 de septiembre, de medidas urgentes en materia concursal. Consultado en: www.bing.com/search?q=Reforma+ley+concursal&form=IE10TR&src=IE10TR&pc=MAARJS.

[46] Noticia publicada el 6 de marzo de 2014 en el periódico la opinión de Málaga. *"El juez aparta a Ruiz Casado de Aifos por su ingobernable situación. Asegura que el dueño "hace y deshace" sin tener en cuenta a los administradores concursales."* Consultado en: http://www.laopiniondemalaga.es/malaga/2014/03/06/juez-aparta-ruiz-casado-aifos/658859.html

[47] BENITO SÁNCHEZ, D. *El delito de corrupción en las transacciones comerciales internacionales.* Ed. Iustel. Madrid 2012, pág.32.

[48] Ley Orgánica 1/2015, de 30 de marzo, por la que se modifica la Ley Orgánica 10/1995, de 23 de noviembre, del Código Penal. Consultado en: http://boe.es/boe/dias/2015/03/31/.

"ARTÍCULO 427

«Lo dispuesto en los artículos precedentes será también aplicable cuando los hechos sean imputados o afecten a:

que se convierten en apartado a), b) y c), con respecto a la anterior reforma de 2010 con el siguiente tenor literal:

Apartado a) Cualquier persona que ostente un cargo o empleo legislativo, administrativo o judicial de un país de la Unión Europea o de cualquier otro país extranjero, tanto por nombramiento como por elección.

Apartado b) Cualquier persona que ejerza una función pública para un país de la Unión Europea o cualquier otro país extranjero, incluido un organismo público o una empresa pública, para la Unión Europea o para otra organización internacional pública.

Apartado c) Cualquier funcionario o agente de la Unión Europea o de una Organización Internacional Pública.

A tales efectos, se considerarán como funcionarios de la Unión Europea:

— toda persona que tenga la condición de funcionario o de agente contratado en el sentido del Estatuto de los funcionarios de las Comunidades Europeas o del régimen aplicable a otros agentes de la Unión Europea;

— toda persona puesta a disposición de la Unión Europea por los Estados miembros o por cualquier organismo público o privado que ejerza en ella funciones equivalentes a las que ejercen los funcionarios u otros agentes de la Unión Europea.

5.4. Cohecho Activo

Como el cohecho pasivo, el delito de cohecho activo propio (arts. 424 y 425) busca evitar la ilegalidad o parcialidad venal del funcionario, mediante

---

a) Cualquier persona que ostente un cargo o empleo legislativo, administrativo o judicial de un país de la Unión Europea o de cualquier otro país extranjero, tanto por nombramiento como por elección.

b) Cualquier persona que ejerza una función pública para un país de la Unión Europea o cualquier otro país extranjero, incluido un organismo público o una empresa pública, para la Unión Europea o para otra organización internacional pública.

c) Cualquier funcionario o agente de la Unión Europea o de una organización internacional pública.»

Doscientos catorce. Se introduce un nuevo artículo 427 bis, con la siguiente redacción:

«Cuando de acuerdo con lo establecido en el artículo 31 bis una persona jurídica sea responsable de los delitos recogidos en este Capítulo, se le impondrán las siguientes penas:

a) Multa de dos a cinco años, o del triple al quíntuple del beneficio obtenido cuando la cantidad resultante fuese más elevada, si el delito cometido por la persona física tiene prevista una pena de prisión de más de cinco años.

b) Multa de uno a tres años, o del doble al cuádruple del beneficio obtenido cuando la cantidad resultante fuese más elevada, si el delito cometido por la persona física tiene prevista una pena de más de dos años de privación de libertad no incluida en el anterior inciso.

c) Multa de seis meses a dos años, o del doble al triple del beneficio obtenido si la cantidad resultante fuese más elevada, en el resto de los casos.

Atendidas las reglas establecidas en el artículo 66 bis, los jueces y tribunales podrán asimismo imponer las penas recogidas en las letras b) a g) del apartado 7 del artículo 33.»

el respeto que debe el particular al normal y correcto funcionamiento de la función pública. Para describir el cohecho activo se utiliza específicamente la expresión "corromper o intentar corromper"[49].

En el cohecho activo propio se castigan aquellas conductas del particular que constituyen una amenaza no irrelevante para la confianza de los ciudadanos en un ejercicio no venal de la función pública, STS de 11 de mayo de 1994 (Rec. 1327/1993)[50].

El art. 424 CP acoge el llamado cohecho activo, porque castiga al particular no funcionario en el ejercicio de sus funciones que atenta contra el bien jurídico protegido en los delitos contra la Administración pública, la legalidad o imparcialidad venal del funcionario, describe las acciones típicas con los verbos ofrecer o entregar dádiva o retribución de cualquier clase[51].

Todo ello sin perjuicio de la eximente del art. 426 actual, en caso de haber accedido ocasionalmente el particular a la solicitud de dádiva por el funcionario, para el caso de denunciar el particular al funcionario antes de la apertura del procedimiento y siempre que no hayan transcurrido más de dos meses desde la fecha de los hechos.

La participación en los delitos especiales propios

Los delitos de **cohecho activo** (arts. 424 y 425) tipifican la conducta del particular que ofrece o entrega dádiva o retribución de cualquier clase al funcionario para que realice un acto contrario a los deberes inherentes a su cargo o un acto propio de su cargo, para que no realice o retrase el que debiera practicar, o en consideración a su cargo o función, o acepta la solicitud del funcionario; se incluye el cohecho en causa criminal a favor de reo efectuado por parte de su cónyuge u otra persona a la que se halle ligado de forma estable, por análoga relación de afectividad o de algún ascendiente, descendiente o hermano.

Basta que el particular ofrezca la dádiva o acepte la solicitud del funcionario, y que el funcionario la acepte o la solicite, para que cada uno de ellos responda por su respectiva tipicidad. Consecuencia de esta construcción es que el delito de cohecho no requiere la existencia de un pacto; basta, para la tipicidad, el acto unilateral de cada uno de los hipotéticos sujetos activos de las respectivas incriminaciones contenidas en el delito de cohecho.

---

[49] DE LA MATA BARRANCO, N.J. *La respuesta a la Corrupción Pública.* Ed. Comares. Granada. 2004, pág. 53.

[50] Sentencia Tribunal Supremo de 11 de mayo de 1994 (Rec. 1327/1993).

[51] ROMEO CASANOVA, C.M. *Derecho Penal. Parte Especial.* Ed. Comares. Granada. 2016, pág. 705.

Con la reforma de 2010, las distintas modalidades de **cohecho pasivo propio** se reunieron en una única forma delictiva en el art. 419. Estableciendo el castigo con la misma pena todos aquellos comportamientos que materialmente presentan un injusto similar en los que la ventaja solicitada, recibida u ofrecida resulta ser la contrapartida de un acto ilícito, contrario a los deberes inherentes al cargo, con independencia de que la situación ilícita sea consecuencia de una acción o una abstención del funcionario. Se preserva, no obstante, la legalidad e imparcialidad de los actos administrativos que no tengan por causa la venalidad del funcionario.

5.4.1. Cohecho activo más benigno

El tipo regulado en el Art. 425 es el llamado por la doctrina cohecho activo más benigno. Se trata de un **tipo privilegiado** porque se castiga menos a su autor que en las modalidades de cohecho activo del precepto anterior. Sin embargo, el círculo de posibles autores queda restringido al cónyuge del reo, u otra persona a la que se halle ligado de forma estable por análoga relación de afectividad, ascendientes, descendientes y hermanos por naturaleza, adopción o afines, siempre que exista una causa criminal y el soborno se efectúe «en favor del reo». En realidad, se trata de un **delito especial.** La razón de dicha atenuación radica en una menor culpabilidad del autor por una menor exigibilidad de la conducta debida o conforme a Derecho, o a una excusa parcial absolutoria. Impone al sobornador una pena de prisión de 6 meses a un año, una pena sensiblemente atenuada en atención a la situación de no exigibilidad de otra conducta distinta en las que se encuentran las personas que si actúan[52].

Penalidad

Con la Reforma del Código Penal de 2015, el artículo 424, en su apartado 3, modifica la penalidad prevista indicando que "*si la actuación conseguida o pretendida de la autoridad o funcionario tuviere relación con un procedimiento de contratación, de subvenciones o de subastas convocados por la Administraciones o entes públicos, se impondrá al particular y, en su caso, a la sociedad, asociación u organización a que represente la pena de inhabilitación para obtener subvenciones y ayudas públicas, para contratar con entes, organismos o entidades que formen parte del sector público y para gozar beneficios o incentivos fiscales y de la Seguridad Social por un tiempo de* cinco a diez años", con esta reciente reforma aumentan la mínima prevista en

[52] MUÑOZ CONDE, F. *Derecho Penal. Parte Especial.* 20 edición. Ed. Tirant lo Blanch. Valencia. 2015. Pág. 881.

la anterior reforma de 2010 que pasa de 3 años a 5 años y la máxima de 7 años a 10 años[53].

A modo de ejemplo, resaltar la STS de 4 de febrero de 2003 (Rec. 2664/2001)[54] mantuvo la condena del Tribunal del jurado a quien remuneraba mensualmente a un guardia civil para que le diera informaciones sobre denuncias relativas a la propiedad intelectual, lo que constituye un acto injusto al ser secretas las informaciones que conozca por razón u ocasión de su cargo, conforme al art. 5.5 LO 2/1986, de 13 de marzo, de Fuerzas y Cuerpos de Seguridad.

Tras el acuerdo del Tribunal Supremo de 10 de mayo de 1994[55] en que se modificó la línea jurisprudencial anterior, la STS de 11 de mayo de 1994 (Rec. 1327/1993)[56].

En la doctrina no existía acuerdo al respecto. FEIJOO SÁNCHEZ[57], entre otros, se pronuncia a favor de la aplicación del art. 423 CP 1995 (cohecho activo) a las modalidades de cohecho impropio de los arts. 425 Y 426 CP 1995, en una interpretación teleológica con relación al bien jurídico protegido, mientras que otro sector doctrinal se opone (MORALES PRATS[58] y RODRÍGUEZ PUERTA[59],) utilizando el argumento literal y sistemático de que el art. 423.1 CP 1995 castiga con las mismas penas de prisión y multa que a los funcionarios, lo que lógicamente debe referirse a los preceptos anteriores: arts. 419, 420 y 421 CP 1995, pero no a los posteriores como son los arts. 425 y 426 CP 1995.

Asimismo, debe destacarse que tras la Reforma LO 5/2010 ya no figuraba el inciso final del art. 424.1 al que se refería el Proyecto de reforma del Código Penal de 2009 estableciendo que «sin perjuicio de la pena que, en su caso, le pudiera corresponder (al particular) como inductor al delito eventualmente cometido por éstos (los funcionarios)». La razón puede ser que bastan las

---

53 Ley Orgánica 1/2015, de 30 de marzo, por la que se modifica la Ley Orgánica 10/1995, de 23 de noviembre, del Código Penal. Consultado en: http://boe.es/boe/dias/2015/03/31/.

54 Sentencia Tribunal Supremo de 4 de febrero de 2003 (Rec. 2664/2001).

55 Sentencia Tribunal Supremo de 10 de mayo de 1994. "*SSTS de 31 de mayo de 1991 y de 22 de diciembre de 1989, p. Montero Fernández-Cid).*"

56 Sentencia Tribunal Supremo de 11 de mayo de 1994 (Rec. 1327/1993). "*Confirmó la SAP Palma de Mallorca, Secc. 1. ª, de 19 de febrero de 1993, en que se condenó (por el art. 391 en relación con el art. 390 CP 1973, actualmente art. 424 CP, a unos particulares que ofrecieron 100 millones de pesetas a un concejal del Ayuntamiento de Calviá (Mallorca) para que cambiara de un grupo político a otro (caso conocido de transfuguismo político), a lo que no accedió dicho concejal, quien denunció dichos hechos. En estos casos estamos ante una amenaza no irrelevante para la confianza de los ciudadanos en un ejercicio no venal de la función pública.*"

57 FEIJOO SÁNCHEZ, B.J. *Memento práctico Francis Lefebvre Penal.* Madrid: Francis Lefebvre, 2015. ISBN 978-84-16268-56-6.

58 MORALES PRATS, F. *En Quintero Olivares. (Dir.) Comentarios a la parte Especial de Derecho Penal.*10ª Edición. Ed. Aranzadi. Navarra 2016, pág.1744.

59 RODRÍGUEZ PUERTA, M.J. *Ibídem.*

reglas generales de la participación y del concurso, por lo que es redundante dicho inciso. El cohecho activo regulado en el art. 424 CP es un delito de mera actividad, de consumación anticipada, STS de 19 de julio de 2001 (Rec. 1052/2000)[60], y es independiente respecto a la consumación o no del delito de cohecho pasivo y viceversa que pueda cometer el funcionario; es decir, puede consumarse el delito de cohecho pasivo sin consumarse el activo.

Así, se consuma solo el delito de cohecho pasivo del funcionario por el mero solicitar una dádiva a un particular, si éste no admite la solicitud. Y se consuma solo el cohecho activo del particular cuando éste ofrece una dádiva o retribución de cualquier clase sin que el funcionario la acepte.

Tampoco es necesario para la consumación que se realice la entrega de la dádiva o retribución de cualquier clase, basta su ofrecimiento. Para la consumación del delito de cohecho activo la oferta debe llegar al funcionario y, además, ha de ser comprensible desde un punto de vista objetivo. Por ello, cabrá apreciar tentativa en aquellos casos en los que la oferta no llega al funcionario o no es objetivamente comprensible.

5.4.3. Cohecho activo en relación con las personas jurídicas

La legislación vigente ha introducido la responsabilidad de las personas jurídicas por los delitos cometidos en su nombre o por cuenta de las mismas, y en su provecho, por parte de sus representantes legales y administradores de hecho o de Derecho (CP art.31 bis). Esta responsabilidad se plantea también en relación con el delito de cohecho, razón por la cual, se establecen las sanciones correspondientes a estas infracciones cuando la responsable sea una persona jurídica (CP art.427.2)[61]:

También se prevé, dentro del catálogo general de penas aplicables a las personas jurídicas (CP art.33.7[62]), y para todas las modalidades del delito de cohecho[63], la aplicación de algunas de ellas en función de la concurrencia de los requisitos establecidos en CP art.66 bis:

- Necesidad de prevenir la continuidad de la actividad delictiva o de sus efectos.

---

[60] Sentencia Tribunal Supremo de 19 de julio de 2001 (Rec. 1052/2000).

[61] Ley Orgánica 1/2015, de 30 de marzo, por la que se modifica la Ley Orgánica 10/1995, de 23 de noviembre, del Código Penal. Consultado en: http://boe.es/boe/dias/2015/03/31/.

[62] Ley Orgánica 10/1995, de 23 de noviembre, del Código Penal. Consultado en: https://www.boe.es/buscar/act.php?id=BOE-A-1995-25444.

La clausura temporal de los locales o establecimientos, la suspensión de las actividades sociales y la intervención judicial podrán ser acordadas también por el Juez Instructor como medida cautelar durante la instrucción de la causa."

[63] QUINTERO OLIVARES, G. *Compendio de la parte especial del derecho penal.* Ed Aranzadi. Navarra 2016, pág 415.

- Las consecuencias económicas y sociales y, especialmente, los efectos para los trabajadores.
- El puesto que la persona física u órgano que incumplió el deber de control ocupaba en la estructura de la persona jurídica.

En la medida en la que concurran estos requisitos, las penas que podrán imponerse son (CP art.33.7 b a g):

a) Disolución de la persona jurídica, lo que implica la pérdida definitiva de su personalidad jurídica y la capacidad de actuar de cualquier modo en el tráfico jurídico, o de llevar a cabo cualquier clase de actividad, aunque sea lícita.

b) Suspensión de sus actividades por un plazo que no podrá exceder de 5 años.

c) Clausura de sus locales y establecimientos por un plazo que no podrá exceder de 5 años.

d) Prohibición de realizar en el futuro las actividades en cuyo ejercicio se haya cometido, favorecido o encubierto el delito. Esta prohibición podrá ser temporal o definitiva; en el caso de que sea temporal el plazo no podrá exceder de 15 años.

e) Inhabilitación para obtener subvenciones y ayudas públicas, para contratar con el sector público y para gozar de beneficios e incentivos fiscales o de la Seguridad Social, por un plazo que no podrá exceder de 15 años.

f) Intervención judicial para salvaguardar los derechos de los trabajadores o de los acreedores por el tiempo que se estime necesario, que no podrá exceder de 5 años.

5.5. Causas de justificación cambios penalidad en el Delito de Cohecho tras la Reforma de 2015

Dicha modificación tiene su justificación en el hecho de que el delito no resulte provechoso, ya la Fiscalía General del Estado redactó una circular la número 4/2010, de 23 de diciembre[64], la investigación patrimonial en el proceso penal, tiene especial importancia, porque se hace necesaria para

[64] Circular 4/2010, de 23 de diciembre, sobre las funciones del Fiscal en la investigación patrimonial en el ámbito del proceso penal. Consultado en: https://www.fiscal.es/fiscal/publico/ciudadano/documentos/circulares_consultas_instrucciones/!ut/p/a0/04_Sj9CPykssy0xPLMnMz0vMAfGjzOI9HT0cDT2DDbzcfSzcDBzdPYOdTD08jIMtjPULsh0VAce5-oI!/?numElementosPorPagina=20&paginaDestino=3.

asegurar el pago de las responsabilidades pecuniarias, que incluyen la responsabilidad civil- *ex delito*- derivada de la infracción penal, las multas y costas procesales, y por otra parte, se pueden localizar movimientos patrimoniales, que pueden aportar elementos probatorios de la realización de infracciones, así como localizar bienes relacionados con la actividad delictiva, con la finalidad de proceder a su incautación.

La Directiva 2014/42/UE[65], de 3 de abril, sobre el embargo y el decomiso de los instrumentos y del producto del delito en la unión europea, fue objeto de adaptación a nuestra normativa a través de la Ley Orgánica 1/2015, de 30 de marzo que modifica el Código Penal, en la Ley 41/2015, de 5 de octubre que modifica la Ley de Enjuiciamiento Criminal para la agilización de la Justicia penal y el fortalecimiento de las garantías procesales, y el Real Decreto 948/2015, de 23 de octubre, por el que se regula la Oficina de Recuperación y Gestión de Activos.

Así pues, en la Ley 1/2015, de 30 de marzo, se realiza una nueva regulación del decomiso, justificado en la modificación del artículo 127 del Código Penal[66], tras la adaptación del artículo 6 de la directiva europea mencionada, en el modificado y mencionado anteriormente artículo 127 del Código Penal. También la Ley 41/2015, de 5 octubre de modificación de la Ley de Enjuiciamiento Criminal[67], hemos de indicar que el artículo 8 de la Directiva Europea, tuvo reflejo en nuestra Ley de Enjuiciamiento Criminal, con l incorporación en el libro IV, de un nuevo Título III ter, con la rúbrica "de la intervención de terceros afectados por el decomiso y del procedimiento de decomiso autónomo", creando dos capítulos, el capítulo I "de la intervención en el proceso penal de los terceros que puedan resultar afectados por el decomiso", artículos 803. a) y d) y el capítulo II "del procedimiento de decomiso autónomo", artículos 803.Ter.e) y u).

La Directiva 2014/42/UE, de 3 de abril, sobre el embargo y el decomiso de los instrumentos y del producto del delito en la unión europea, contem-

---

65 Directiva 2014/42/UE del Parlamento Europeo y del Consejo de 3 de abril de 2014 sobre el embargo y el decomiso de los instrumentos y del producto del delito en la Unión Europea.Consultado en: *https://www.boe.es/doue/2014/127/L00039-00050.pdf*

66 Ley Orgánica 1/2015, de 30 de marzo, por la que se modifica la Ley Orgánica 10/1995, de 23 de noviembre, del Código Penal. Consultado en: http://boe.es/boe/dias/2015/03/31/.

"Artículo 127 bis.

1. El juez o tribunal ordenará también el decomiso de los bienes, efectos y ganancias pertenecientes a una persona condenada por alguno de los siguientes delitos cuando resuelva, a partir de indicios objetivos fundados, que los bienes o efectos provienen de una actividad delictiva, y no se acredite su origen lícito:

a) Delitos de trata de seres humanos.

67 Ley 41/2015, de 5 de octubre, de modificación de la Ley de Enjuiciamiento Criminal para la agilización de la justicia penal y el fortalecimiento de las garantías procesales. Consultado en: https://www.boe.es/diario_boe/txt.php?id=BOE-A-2015-10726.

plaba en su artículo 10 que los Estados miembros adoptarán las medidas necesarias, con objeto de garantizar la administración adecuada de los bienes embargados previamente con el objetivo de un futuro decomiso, es por ello que el Gobierno de España creó mediante el Real Decreto 948/2015, de 23 de octubre la oficina de Gestión y recuperación activos[68], La nueva regulación del decomiso y la puesta en marcha de la Oficina de Recuperación y Gestión de Activos facilitarán en cierta medida una mayor eficacia en la lucha contra la delincuencia económica, normalmente una criminalidad de delincuentes poderosos, que aparece especialmente organizada y que tanto daño ocasiona al Estado democrático de derecho y debe destacarse la función de asesoramiento técnico a los juzgados, tribunales y fiscalías que lo soliciten en materia de ejecución de embargos y decomisos[69].

El alargamiento de los plazos de inhabilitación puede contribuir también a una ampliación de los plazos de prescripción de todas las modalidades de cohecho pasivo propio antecedente y subsiguiente, debemos destacar que el artículo 131 del Código Penal[70], preceptúa que cuando la pena máxima señalada sea por la ley sea de inhabilitación por más de diez años el delito prescribe a los quince años (supuesto del artículo 419 C.P.) Y a los diez, cuando la pena máxima señalada por la ley sea de prisión o inhabilitación por más de cinco años y no exceda de diez.

Con la imposición de esta modalidad de inhabilitación especial para sufragio pasivo, estaríamos por tanto alargando los plazos de prescripción y salvaguardando que una presunta actuación perseguible por cometer alguno de las modalidades delictivas previstas en el cohecho quedara impune por la prescripción de la acción.

---

[68] Real Decreto 948/2015, de 23 de octubre, por el que se regula la Oficina de Recuperación y Gestión de Activos. Consultado en: http://www.boe.es/diario_boe/txt.php?id=BOE-A-2015-11427.

"Artículo 1. Objeto y naturaleza.

Este real decreto tiene por objeto regular el régimen de funcionamiento de la Oficina de Recuperación y Gestión de Activos, que se configura como un órgano de la Administración General del Estado y auxiliar de la Administración de Justicia, al que corresponden las competencias de localización, recuperación, conservación, administración y realización de los efectos, bienes, instrumentos y ganancias procedentes de actividades delictivas cometidas en el marco de una organización criminal y de cualesquiera otras que se le atribuyan, en los términos previstos en la legislación penal y procesal.

La Oficina de Recuperación y Gestión de Activos actuará cuando se lo encomiende el juez o tribunal competente, de oficio o a instancia del Ministerio Fiscal o de la propia Oficina.

La Oficina de Recuperación y Gestión de Activos procederá, igualmente, a la localización de activos a instancia del Ministerio Fiscal en el ejercicio de sus competencias en el ámbito de las diligencias de investigación, de la cooperación jurídica internacional, del procedimiento de decomiso autónomo o en cualesquiera otras actuaciones en los términos previstos en las leyes penales o procesales."

[69] JAEN VALLEJO, M. Y PERRINO PÉREZ, A.L. *La recuperación de activos frente a la corrupción.* Ed. Dykinson. Madrid 2016, pág. 163.

[70] Ley Orgánica 1/2015, de 30 de marzo, por la que se modifica la Ley Orgánica 10/1995, de 23 de noviembre, del Código Penal. Consultado en: http://boe.es/boe/dias/2015/03/31/.

5.6. Excusa absolutoria específica en el delito de cohecho

El artículo 426 se mantiene igual en la reforma de 2015 que en la anterior de 2010, contiene una excusa absolutoria que tiende a ofrecer la impunidad al corruptor obligado, no a quien corrompe de modo ocasional[71], así pues "*quedará exento por el delito de cohecho el particular que, habiendo accedido ocasionalmente a la solicitud de dádiva u otra retribución realizada por autoridad o funcionario público, denunciare el hecho a la autoridad que tenga el deber de proceder a su averiguación antes de la apertura del procedimiento siempre que no haya transcurrido más de dos meses desde la fecha de los hechos*[72]".

Dicha excusa absolutoria, tendrá eficacia como consecuencia jurídica en la no imposición de la pena del delito de cohecho cometido por un particular cuando éste haya accedido ocasionalmente a la solicitud de dádiva o presente por parte de un funcionario y denuncie los hechos en un plazo determinado[73].

2 meses desde la fecha de la solicitud de la dádiva y antes de que se produzca la apertura del procedimiento penal, es el plazo estipulado para poder actuar al respecto.

El requisito de la ocasionalidad supone que el implicado no había participado con anterioridad de la dinámica delictiva de cohecho; no se da, por ejemplo, este requisito si el sujeto había recibido un pago periódico de dinero en concepto de dádiva y sólo a partir de un determinado momento decide denunciar[74]. (AP Burgos 11-3-04, EDJ 202223).

Por lo que se refiere a la denuncia, no se exige que sea formalizada, sino que basta con la puesta en conocimiento de los hechos ante la autoridad que tenga el deber de su averiguación. En la medida en la que no se exige a todo ciudadano que sepa qué es o quién es una autoridad, basta con que se trate de una persona que ostente poder o mando, lo que incluye, por ejemplo, al jefe de una oficina municipal[75]. (AP Madrid 2-3-06, EDJ 57210).

---

[71] QUERALT JIMÉNEZ, J.J. *Derecho Penal Español. Parte Especial.* Ed. Tirant lo Blanch. Valencia 2015, pág. 1224.

[72] Ley Orgánica 1/2015, de 30 de marzo, por la que se modifica la Ley Orgánica 10/1995, de 23 de noviembre, del Código Penal. Consultado en: http://boe.es/boe/dias/2015/03/31/.

[73] Ley Orgánica 1/2015, de 30 de marzo, por la que se modifica la Ley Orgánica 10/1995, de 23 de noviembre, del Código Penal. Consultado en: http://boe.es/boe/dias/2015/03/31/.

[74] Sentencia de la Audiencia Provincial de Burgos de 11 de marzo de 2004.

[75] Sentencia de la Audiencia Provincial de Madrid de 2 de marzo de 2006.

VI. INCIDENCIAS DE LA LEY ORGÁNICA DE RÉGIMEN ELECTORAL GENERAL EN EL DELITO DE COHECHO

Una de las aportaciones de la Reforma del Código Penal de 2015 en la penalidad del Delito de Cohecho, ha sido la inclusión de la inhabilitación para el derecho de sufragio pasivo, y sus incidencias, para analizar dicha afección, debo remitirme a la Ley Orgánica 5/1985, de 19 de junio del Régimen Electoral General modificada por la Ley Orgánica 2/2011, de 28 de enero[76], en esta normativa se establece que en su artículo 3 que carecen de derecho de sufragio:

"*Los condenados por sentencia judicial firme a la pena principal o accesoria de privación del derecho de sufragio durante el tiempo de su cumplimiento.*"

El artículo 6.2 de la mencionada ley preceptúa que son Inelegibles:

a) Los condenados por sentencia firme, a pena privativa de libertad, en el periodo que dure la pena.

b) Los condenados por sentencia, aunque no sea firme, por delitos de rebelión, de terrorismo, contra la Administración Pública o contra las Instituciones del Estado cuando la misma haya establecido la pena de inhabilitación para el ejercicio del derecho de sufragio pasivo o la de inhabilitación absoluta o especial o de suspensión para empleo o cargo público en los términos previstos en la legislación penal.

La reforma que operó en el 2011 en la citada Ley de Régimen Electoral introdujo un nuevo apartado **4 dentro del artículo 6 que establece lo siguiente**[77]:

"*Las causas de inelegibilidad lo son también de incompatibilidad. Las causas de incompatibilidad se regirán por lo dispuesto para cada tipo de proceso electoral.*"

Es causa de inelegibilidad la condena por sentencia aunque no sea firme en los delitos contra la Administración Pública (**artículos 404 a 445 del Código Penal)**, entre los que se encuentra el delito de Cohecho, los condenados a suspensión para el empleo o cargo público, pero también a pena de inhabilitación para el ejercicio del derecho de sufragio pasivo, es por lo que, es lógico que una hipotética condena por un delito de cohecho del **artículo 419 o 420 del Código Penal** lleve inmersa tanto la inhabilitación para el derecho de sufragio pasivo como la suspensión de empleo y sueldo, de lo contrario no podríamos encontrar con circunstancias como las acaecidas en el municipio de Alhaurín el Grande en Málaga, donde su Alcalde y el Concejal

[76] Ley Orgánica 5/1985, de 19 de junio del Régimen Electoral General modificada por la Ley Orgánica 2/2011, de 28 de enero. Consultado en: https://www.boe.es/diario_boe/txt.php?id=BOE-A-2011-1639.

[77] Ibídem Artículo 6.4.

de Urbanismo fueron condenados por la Audiencia Provincial de Málaga y ratificado por el Tribunal Supremo Sentencia 684/2013 de 3 septiembre de 2013[78], donde cumplida la suspensión de empleo y sueldo por el tiempo de la condena, que fue diez meses, el Alcalde y el Concejal de Urbanismo, se incorporaron a su cargo, y a los pocos meses, el Alcalde fue candidato a las elecciones municipales de 2015, ganando las mismas y siendo elegido nuevamente Alcalde. Presidente.

Esta previsión es una excepción a lo previsto en el artículo 988 de la Ley de Enjuiciamiento Criminal[79] y en el artículo 3.1 del Código Penal[80], según los cuales solo se pueden ejecutar las sentencias condenatorias firmes. Esto como hemos indicado choca de forma clara con lo previsto en el artículo 62 de la Loreg, ya que no hay que esperar la firmeza de la sentencia para empezar a ejecutarla pena impuesta. Es evidente la incompatibilidad entre el delito de cohecho y el desempeño de un cargo público, es significativo destacar que el endurecimiento de la respuesta penal frente a la conductas más graves de cohecho pasivo cometidas por un funcionario o persona asimilada se complementa con la previsión especial en materia de libertad condicional, así pues el artículo 90.4 del Código Penal, podrá denegarse aquella cuando el penado hubiere eludido el cumplimiento de las responsabilidades pecuniarias o la reparación del daño económico causado a la Administración.

CONCLUSIONES

Hemos de destacar, que la **Reforma del Código Penal de 2015** no ha sido muy considerable, ya que la anterior **Reforma de 2010,** fue de profundo calado, incrementó notablemente las penas, simplificó su regulación y el cohecho pasivo propio se agrupó con sus distintas modalidades en un solo artículo, introdujo modalidades como el retraso malicioso de los actos administrativos, y nuevas figuras como el cohecho entre particulares. Es por ello que la modi-

---

[78] Tribunal Supremo Sentencia 684/2013 de 3 septiembre de 2013.

"En un asunto de corrupción denominado Caso Troya por un delito de cohecho a la pena de multa de 200.000 euros y suspensión de empleo y sueldo por 1 año, esta condena fue penada según lo preceptuado en el Código Penal de 1995, por ser los hechos anteriores a la reforma de incompatibilidad, de ahí que un condenado a suspensión de empleo y sueldo y a inhabilitación para derecho de sufragio pasivo si es inelegible para cargo público también será incompatible con su puesto, evitando el ejemplo anteriormente descrito y que permanezca en su puesto hasta que la sentencia sea firme."

[79] Real decreto de 14 de Septiembre de 1882 por el que se aprueba la Ley de Enjuiciamiento Criminal. Consultado en: https://boe.es/buscar/act.php?id=BOE-A-1882-6036.

"Artículo 988.

podrán el Ministerio Fiscal y el condenado interponer recurso de casación por infracción de Ley."

[80] Ley Orgánica 1/2015, de 30 de marzo, por la que se modifica la Ley Orgánica 10/1995, de 23 de noviembre, del Código Penal. Consultado en: http://boe.es/boe/dias/2015/03/31/.

ficación reciente como hemos destacado en este capítulo mantiene esos cambios normativos y sólo en algunos artículos aumenta las penas de suspensión de empleo y sueldo, acrecentando la mínima y a tenor de la modificación de la Ley de Régimen Electoral General de 2011 introduce como pena también la inhabilitación para el derecho de sufragio pasivo.

Ello tiene su explicación, motivada según mi humilde punto de vista en el hecho de evitar que una persona condenada en el ejercicio de funciones públicas pueda ser de nuevo elegida, paso a detallarlo.

Puede ocurrir que un cargo público, sea condenado por cohecho a inhabilitación especial para empleo o cargo público, y si como sucede en la mayoría de los casos, la sentencia no establece que tipo de empleo o cargo público afecta a la persona condenada, la falta de concreción de la pena, y una aplicación estricta del artículo 18.2 de la Ley Orgánica del Poder Judicial, que establece que las sentencias deben interpretarse en su sentido término, unido a la numerosa Jurisprudencia del Tribunal Supremo y del Tribunal Constitucional destacada en este capítulo, provocaría que dicha condena sea inejecutable, es más, el afectado en cuestión podría volver a presentarse a unos comicios, bien sean locales, autonómicos o generales, cito nuevamente el ejemplo del diputado de EH Bildu, Iker Casanova, que en la actualidad es diputado en el Parlamento Vasco, por no concretar la sentencia que lo condenaba a suspensión de empleo o cargo público, el cargo qué afectaba, pero a mayor abundamiento, puede ocurrir que la sentencia establezca inhabilitación para el cargo de concejal de un ayuntamiento y no por ejemplo, para ser elegido diputado autonómico, senador, diputado nacional, de ahí que, un condenado en sentencia firme como concejal puede seguir desempeñando cargos públicos, muy acertado me parece la inclusión en el delito del cohecho, de aplicar la pena de inhabilitación para sufragio pasivo, la cual viene a solventar la casuística anteriormente descrita, ya que ante una falta de concreción de pena o una inhabilitación para un cargo completo, la nueva inhabilitación introducida en la reforma del Código Penal de 2015 para sufragio pasivo, cierra las puertas a que pueda un condenado por cohecho presentarte a cualquier cargo público de carácter político.

Indicar particularmente y de modo muy personal, que algunos parámetros incluidos en la Ley de Régimen Electoral General, concretamente en su artículo 6.2 y 6.4, pueden ser objeto vulneración de derechos fundamentales, ya que la sentencia en primera instancia no firme por un delito contra la Administración Pública, como por ejemplo el cohecho, es causa para perder automáticamente el cargo. Varias preguntas me hago, ¿qué pasa si en segunda instancia es absuelto?, ¿quién repara el perjuicio causado? Pienso que tal y como están estipulados, los citados artículos de la Loreg vulneran flagrantemente el artículo 24 de la Constitución.

1.- "Todas las personas tienen derecho a obtener la tutela efectiva de los jueces tribunales en el ejercicio de sus derechos e intereses legítimos, sin que, en ningún caso, pueda producirse indefensión."

2.- "Asimismo, todos tienen derecho al juez ordinario predeterminado por ley, a la defensa y a la asistencia de letrado, a ser informado de la acusación formulada contra ellos, a un proceso público sin dilaciones indebidas y con todas las garantías, a utilizar los medios de prueba pertinentes para su defensa, a no declarar contra sí mismos, a no confesarse culpables y a la presunción de inocencia." La Ley regulará los casos en que, por razón de parentesco o de secreto profesional, no estará obligado a declarar sobre hechos presuntamente delictivos.

Pero también el artículo 9.3 de la Constitución Española, en tanto en cuanto, preceptúa que la Constitución garantiza el principio de legalidad, la jerarquía normativa, la publicidad de las normas, *la irretroactividad de las disposiciones sancionadoras no favorables o restrictivas de derechos individuales*, la seguridad jurídica, la responsabilidad y la interdicción de la arbitrariedad de los poderes públicos. La propia literalidad del mencionado artículo a tenor de la aplicación de la irretroactividad de las disposiciones restrictivas de derechos, colisiona con la aplicación propia de la Loreg, ya que pueden darse varia casuísticas.

Que un condenado por un delito de cohecho en primera instancia, pierda de forma automática su cargo y posteriormente se resuelva a su favor el recurso de apelación, acordando la absolución al respecto, de ahí que el perjuicio es irreparable y choca frontalmente con el principio de presunción de inocencia hasta que haya una sentencia firme, y con los artículos 3.1 del Código Penal y el artículo 988 de la Ley de Enjuiciamiento Criminal.

En otro orden, nos podemos encontrar con instrucciones judiciales muy complejas y lentas, empezadas con anterioridad al año 2011, que fue cuando la Ley Orgánica de Régimen Electoral General, introdujo el cambio que estamos criticando y analizando, que por lo tanto, la normativa de aplicación sería en virtud del artículo 9.3 de la Constitución Española, la más favorable, es decir la no inclusión de la pérdida inmediata del cargo por sentencia por delito de cohecho entre otros, por una sentencia no firme, y que se juzgará con posterioridad al año 2011, y que por lo tanto fue objeto de aplicación de esta reforma, vulnerando lo dispuesto en el artículo 9.3 de la Constitución Española.

Debo también destacar la aparición de nuevas figuras en el tráfico jurídico como los administradores concursales y los mediadores, como sujetos responsables del delito de cohecho, que hasta la reforma del Código Penal del año 2015, su conducta era atípica dentro de esta modalidad delictiva, pero su implicación en asuntos públicos en los últimos años no es ajena a tentativas de cohecho, de ahí su inclusión como responsables por un anormal funcionamiento en el desempeño de sus funciones dentro de su papel en la vida jurídica.

Y es muy acertada su inclusión, porque a nadie se le escapa dada la gran cantidad de concursos de acreedores que viene sufriendo nuestro país desde el año 2007 hasta la actualidad, con empresas muy importantes en cuanto a activos de bienes en circunstancias de insolvencia, con administradores concursales designados de forma un poco ortodoxa por los Magistrados, en tanto en cuanto, que existe mucha discrecionalidad en los nombramientos, pero especialmente con una gran libertad a la hora de tasar inmuebles y proceder posteriormente a la venta, de ahí que muchos empresarios con empresas concursadas hayan denunciado a los administradores por vender presuntamente muy por debajo de mercado, significativos bienes a otras empresas y ello da lugar a especulaciones en cuanto a los motivos de vender a tan bajo precio, con la excusa de la necesaria liquidez para la empresa.

En términos parecidos ocurre con los mediadores, procedimiento por el cual de una forma sencilla y sin formalismos, las partes implicadas buscan una solución a un conflicto a través de un mediador imparcial y sin capacidad para tomar decisiones, pero cuando el asunto es de gran calado y se ha aceptado la mediación, el margen de maniobra de este último es muy importante, de ahí que surjan inquietudes en cuanto a si puede ser objeto de tentativa de soborno, es por ello su inclusión, la cual me parece bastante justificada.

Por último, ante la indefinición y falta de concreción de las circunstancias concretas, podría y tendría sentido, excusarse el funcionario ante la recepción de un regalo, en que estaba actuando dentro de los parámetros del ejercicio legítimo de su cargo previsto en el artículo 20.7 del Código Penal, a mayor abundamiento, nos podemos encontrar que un responsable público reciba una dádiva y crea que su actuación es correcta, justificada en virtud del artículo 14 del Código penal, ya que piense que se encuentra ante un error de prohibición, *ignorantia legis neminen excusat.*

El terrorismo biológico como delito, tras la reforma penal de 2015

Mª Ángeles Cuadrado Ruiz

Prof. Titular de Derecho Penal. Universidad de Granada

Sumario: *I. Introducción. II. Bioterrorismo y Bioseguridad. 1. Concepto de Terrorismo biológico. 2. Concepto de Bioseguridad. III. Armas Biológicas. 1. Clasificación. 2. Características. IV. La Convención de Armas Biológicas. V. Implementación en el Código penal español. 1. El delito de producción de armas biológicas. 2. Los delitos de tenencia, tráfico y depósito de armas biológicas. VI. La reforma penal de 2015 en materia de terrorismo y armas biológicas. 1. Artículo 574.2 y 3 Cp. 2. Artículo 575 Cp. VII. Conclusiones*

I. INTRODUCCIÓN

Tras los atentados de París del 13 de noviembre de 2015, (como en 2001 ocurrió tras los atentados a las torres gemelas, enviando cartas contaminadas con esporas de ántrax[1]) la amenaza de infectar alimentos, bebidas o conductos de aire y la posibilidad de que se produjera un atentado con agentes biológicos estuvo presente. Cada vez resulta más inquietante[2], no sólo para los responsables de la sanidad pública de todo el mundo, sino también para los cuerpos y fuerzas de seguridad y para la población, en general, que un acto terrorista se provoque por la utilización de virus, bacterias o toxinas que infecten a las personas animales o plantas o se propaguen a través del aire o a través de comestibles o bebidas.

> *«Francia alertó del riesgo de que los terroristas usen armas químicas o bacteriológicas. Las segundas resultan baratas y difíciles de detectar, pero se requieren medios sofisticados para producirlas y los países cuentan con sistemas de respuesta».*

[1] Cfr. CUADRADO RUIZ, Mª A., "El delito de producción de armas biológicas", en Revista General de Derecho IUSTEL, mayo 2007; CUADRADO RUIZ, *Las armas biológicas. Aspectos legales,* Granada 2011; CUADRADO RUIZ, "Armas biológicas: nuevas amenazas a la Bioseguridad", en CUADRADO RUIZ/PEÑA FREIRE, *Bioseguridad, Derecho y Defensa,* Granada, 2013, págs, 103 y ss.

[2] En 2013, fueron interceptadas cartas con ricino dirigidas al Presidente Obama, al alcalde de Nueva York, Michael Bloomberg, a un senador y a una juez, cfr., *Europapress,* 18 abril 2013, 30 mayo 2013.

Ésta es una de las noticias que más impactaron a la Comunidad Internacional, que al igual que la República Francesa, era consciente de que nuevos ataques terroristas podrían sucederse de manera más o menos inminente, lo que hizo que Francia elevara su nivel de alerta tras el 13-N. En ese momento, el Primer Ministro de Francia, Manuel Valls, advirtió del riesgo de que se utilizaran armas químicas y bacteriológicas en futuros ataques terroristas.

> «***Actualmente, no hay que excluir nada. Lo digo con todas las precauciones que se imponen, pero lo sabemos y lo tenemos en cuenta: puede haber riesgo de armas químicas y bacteriológicas***», dijo el Primer Ministro.

Las últimas tendencias del terrorismo apuntan a un mayor interés por el uso de este tipo de armas biológicas (y químicas[3]) como medio para infundir un miedo generalizado entre los ciudadanos. Según Interpol, hay pruebas evidentes de que ciertas personas y organizaciones terroristas han realizado investigaciones sobre toxinas y agentes biológicos, o han intentado adquirir este material.

II. BIOTERRORISMO Y BIOSEGURIDAD

Comúnmente por terrorismo pueden entenderse los actos de violencia que se perpetren por motivos políticos[4] o ideológicos[5]. Aunque jurídicamente ha sido difícil consensuar una definición de terrorismo a nivel internacional, y no hay una definición general de terrorismo en las resoluciones de diversos órganos de Naciones Unidas, el Consejo de Seguridad de Naciones Unidas, en su resolución 1566 (2004) hizo un llamamiento a todos los Estados para que cooperasen en su lucha contra el terrorismo y para que previnieran y castigaran los "actos criminales, inclusive contra civiles, cometidos con la intención de causar la muerte o lesiones corporales graves o de tomar rehenes, con el propósito de provocar un estado de terror en la población en general, en un grupo de personas o determinada persona, intimidar a una población u obligar a un gobierno o a una organización internacional a realizar un acto, o a abstenerse de realizarlo" y que constituyan delitos definidos en los convenios, las convenciones y los protocolos internacionales relativos al terrorismo.

El Código penal español recoge dentro de los delitos contra el Orden Público, en el Título XXII y tras la reforma llevada a cabo por la LO/2010, de

---

[3] Cfr. PITA, R., *Guerra química: preguntas y respuestas*, 2012.

[4] BINGSONG HE, "Basic Situation of International Terrorism and Counter-Terrorism strategies", VIII IFCCLGE, Beijing, 2016.

[5] Que pueden entenderse incluidos ahora en el art. 573.1.1º Cp.

22 de junio, ahora en el Capítulo VII, Sección 2ª, arts. 572 a 580, los delitos de terrorismo. La Reforma penal de 2015 ha vuelto a reformar estos delitos y ha introducido una definición de terrorismo en el art. 573.1 Cp., cuyo núcleo se centra en las "*finalidades*", en el tipo subjetivo (doloso):

> *1ª - Subvertir el orden constitucional,*
>
> *O suprimir o desestabilizar gravemente el funcionamiento de las instituciones políticas o de las estructuras económicas del Estado,*
>
> U obligar a los poderes públicos a realizar un acto o a abstenerse de hacerlo.
>
> *2ª Alterar gravemente la paz pública.*
>
> *3ª Desestabilizar gravemente el funcionamiento de una organización internacional.*
>
> *4ª Provocar un estado de terror en la población o en una parte de ella.*

con el que se llevan a cabo los delitos[6] que expresamente se incluyen en dicho artículo[7].

Además el art. 573.2 Cp considera

> *igualmente delitos de terrorismo los delitos tipificados en los arts 197 bis y 197 ter y 264 a 264 quáter cuando los hechos se comentan con alguna de las finalidades* que acabamos de enumerar.

Y asimismo el art. 573.3 Cp establece que

> *tendrán la consideración de delitos de terrorismo el resto de los delitos tipificados en este Capítulo.*

Esto es, los arts. 571 y 572 Cp que constituyen la Sección primera *De las organizaciones y grupos terroristas* del Capítulo VII del Título XXII *Delitos contra el orden público* y el resto de los arts. De la Sección Segunda *De los delitos de terrorismo* de dicho Capítulo, arts. 573 bis, 574, 575, 576, 577, 578, 579, 579bis y 580 Cp.

En mis primeras publicaciones relacionadas con este tema "El delito de producción de armas biológicas"[8] ya apuntaba esta ubicación -junto a los delitos de terrorismo- como una de las posibles. En este sentido el legislador de 2015 se ha decantado por considerar delitos de terrorismo y no delitos contra la Comunidad internacional o delitos contra la Salud pública los hechos delictivos en los que intervienen armas biológicas.

---

[6] Art. 573.1 se refiere expresamente como terrorismo a: *cualquier delito grave llevado a cabo contra la vida o la integridad física, la libertad, la integridad moral, la libertad e indemnidad sexuales, el patrimonio, los recursos naturales o el medioambiente, la salud pública, de riesgo catastrófico, incendio, contra la Corona, de atentado y tenencia y tráfico depósito de armas municiones o explosivos presentes en el Código y también el apoderamiento de aeronaves, buques u otros medios de transporte colectivo o de mercancías cuando se llevasen a cabo con las finalidades* que a continuación se enumeran.

[7] MUÑOZ CONDE, *DP PE*, págs. 789-791, 20 ed., Valencia 2015.

[8] Cfr. CUADRADO RUIZ, "El delito de producción de armas biológicas", en Revista General de Derecho IUSTEL, mayo 2007; CUADRADO RUIZ, *Las armas biológicas. Aspectos legales,* Granada, 2011.

Si bien la expresión Bioterrorismo no aparece expresamente recogida en nuestro Código penal, ni en este Capítulo ni en ningún otro, la Reforma penal de 2015, como analizaré más adelante ha introducido expresamente dentro de los delitos de terrorismo conductas llevadas a cabo con "armas biológicas" en varios de los artículo de este Capítulo VII. Estas alusiones a las armas biológicas se suman a las ya recogidas en los arts. 566 y 567, del Capítulo V *De la tenencia, tráfico y depósito de armas, municiones o explosivos* y al pionero art. 160.1 Cp, que desde su aprobación introdujo el Código penal en 1995.

¿Es el Bioterrorismo un subtipo o una modalidad de terrorismo? Tras la Reforma penal de 2015 sí podemos contestar afirmativamente a esta pregunta. ¿A qué nos referimos cuando se habla de Bioterrorismo? ¿En qué consiste, pues, el Bioterrorismo o terrorismo biológico?

1. Concepto de terrorismo biológico

Si hasta ahora podía entenderse como Bioterrorismo[9]:

> *"La diseminación (intencionada o no) de agentes biológicos o de toxinas para hacer daño y causar la muerte, lesiones o daños a civiles, animales o plantas, con la intención de intimidar o coaccionar a un gobierno o a la población civil, para conseguir objetivos políticos, ideológicos o sociales".*

con las precisiones que a esta definición ya había hecho en el artículo contenido en el libro coordinado por el Prof. Romeo Casabona *Bioterrorismo y Bioseguridad* (2015).

Primero: que en esta definición se hace alusión a las lesiones corporales, puesto que mediante la diseminación de agentes biológicos se pueden provocar no sólo la muerte o enfermedades físicas, pero también enfermedades psíquicas. De ellas serán responsables las armas biológicas no letales.

Segundo: Esta diseminación puede afectar no sólo a las personas (a su vida, salud física o psíquica o patrimonio) sino también a los animales, plantas y al medioambiente, e incluso a la economía de una zona o país.

Tercero: Si bien los delitos de terrorismo son delitos dolosos y en los que en la tipificación española no cabe la comisión por imprudencia y asimismo en la definición que se ha propuesto de Bioterrorismo se alude a una diseminación intencionada, no obstante, hay que considerar que en la manipulación de agentes biológicos bien podría producirse una diseminación por accidente

---

[9] Definición propuesta en CUADRADO RUIZ, Mª Á, "Bioterrorismo, una visión desde la teoría del Derecho penal", en ROMEO CASABONA (Ed.) *Bioterrorismo y Bioseguridad*, Bilbao 2015. http://hdl.handle.net/10481/38849.

o no intencionada. Por ello, me parece que podría ser objeto de discusión, la inclusión de la comisión por imprudencia.

Y Cuarto: la dispersión o diseminación intencionada o accidental de agentes biológicos, al igual que puede ocurrir con las contaminaciones medioambientales, no conoce fronteras y, por tanto, puede afectar a varios países y jurisdicciones. Asimismo, las enfermedades o epidemias pueden aparecer en distintos momentos, por lo que desde el punto de vista penal habría también que plantear las cuestiones relativas a la aplicación de la ley penal en el tiempo y en el espacio.

No obstante ahora, tras la Reforma de 2015 son delitos terroristas cualquier delito grave contra la *vida o la integridad física, la libertad, la integridad moral, la libertad e indemnidad sexuales, el patrimonio, los recursos naturales o el medioambiente, la salud pública, de riesgo catastrófico, incendio, contra la Corona, de atentado y tenencia y tráfico depósito de armas municiones o explosivos presentes en el Código y también el apoderamiento de aeronaves, buques u otros medios de transporte colectivo o de mercancías cuando se llevasen a cabo con las finalidades* que enumera el art. 573.1Cp y en concreto para *provocar un estado de terror en la población o en una parte de ella*; pero también para *alterar gravemente la paz pública o desestabilizar gravemente el funcionamiento de una organización internacional* o incluso *subvertir el orden constitucional, o suprimir o desestabilizar gravemente el funcionamiento de las instituciones políticas o de las estructuras económicas del Estado, u obligar a los poderes públicos a realizar un acto o a abstenerse de hacerlo;* si cualquiera de aquéllos graves delitos se lleva a cabo mediante armas biológicas estaremos hablando de terrorismo biológico o bioterrorismo.

Pero también y en virtud del apartado segundo del art. 573 son delitos terroristas el art. 574 Cp, que si se lleva a cabo mediante armas biológica, también podremos hablar de terrorismo biológico o bioterrorismo, al igual que si nos referimos a la capacitación en técnicas de desarrollo de armas biológicas, del art. 575 o a cualquier otro delito terrorista en el que se utilicen agentes biológicos o toxinas con aquellas finalidades.

Entiendo de igual manera que también podríamos englobar dentro del terrorismo biológico al art. 160.1 Cp. y a los arts. 566 y 567 Cp.

En general, hay que subrayar que aunque con las mismas finalidades que recoge el art. 573.1Cp, no obstante los actos bioterroristas difieren de otros delitos terroristas como los atentados con bombas, los secuestros o el tiro en la nuca. Entre otras razones porque precisamente la utilización de agentes biológicos pueden hacer pasar más desapercibidos el hecho terrorista. El tratar de hacer pasar como "natural" una epidemia que se desarrolla y transmite con alguna de las finalidades antes descritas puede hacer pensar que quizás no estemos ante un hecho terrorista. Por tanto, este terrorismo que no es tan manifiesto, que incluso no suele ser detectable por los sentidos, podríamos decir que es casi "invisible" y sus efectos pueden tardar en aparecer días o semanas, es a su vez, más difícil de perseguir. Y ello también facilitaría la huída de los autores. Por consiguiente, la cooperación médico-sanitaria, policial e internacional será, en muchos casos, crucial.

2. Concepto de Bioseguridad

La Bioseguridad[10] es el conjunto de medidas que pretenden mitigar o reducir los riesgos de exposición a un peligro biológico. Es importante garantizar que se apliquen las medidas y los protocolos tanto para mantener la seguridad física y los controles de acceso, la seguridad individual y colectiva, la seguridad en el transporte, la seguridad de la información, mantener el control de los materiales, investigar las posibles amenazas así como evaluar los riesgos y peligros delictivos y terroristas tanto a nivel regional como local.

III. ARMAS BIOLÓGICAS

Esas armas bacteriológicas a las que se refería el Primer Ministro francés Manuel Valls tras los atentados de París en 2015 son un tipo de arma biológica que, efectivamente, constituye una de las amenazas más temibles.

Las armas biológicas[11] son, de todas las armas de destrucción masiva (nucleares, radiológicas, químicas y biológicas), las más difíciles de controlar y eliminar, porque también son las más difíciles de detectar.

¿Qué son las armas biológicas? ¿Cuáles son? ¿Cómo se producen? ¿Cómo actúan?

Un arma es un instrumento destinado a atacar o defenderse[12]. En el contexto que estudiamos un arma es un medio de destrucción. Según Miguel Vicente[13], un arma biológica idónea sería la que, además de provocar una

[10] Vid. CUADRADO RUIZ/ PEÑA FREIRE, *Bioseguridad, Derecho y Defensa,* Granada, 2013; ROMEO CASABONA (Ed.) *Bioterrorismo y Bioseguridad,* Bilbao 2015; CUADRADO RUIZ, Mª Á, "Ciberespacio y Bioseguridad "en SEGURA, A/ GORDO, F.*Ciberseguridad global. Oportunidades y compromisos en el uso del cibesespacio,* Granada, 2013. Colección Conde de Tendillas.

[11] Cfr. CUADRADO RUIZ, Mª A., "El delito de producción de armas biológicas ", en Revista General de Derecho IUSTEL, mayo 2007; CUADRADO RUIZ, *Las armas biológicas. Aspectos legales,* Granada 2011; CUADRADO RUIZ, "Armas biológicas: nuevas amenazas a la Bioseguridad", en CUADRADO RUIZ/PEÑA FREIRE, *Bioseguridad, Derecho y Defensa,* Granada, 2013, págs, 103 y ss.

[12] Según el diccionario de la Real Academia de la Lengua española, 23ª edición.

[13] Profesor de investigación del Centro Nacional de Biotecnología (CNB).

enfermedad grave, fuera muy contagiosa. Cuando hablamos de armas biológicas nos referimos a bacterias, virus, toxinas o cualquier otro agente vivo (natural o sintético[14]), que por su capacidad de infección o por las toxinas que producen y que usados con fines hostiles, con las finalidades terroristas recogidas en el art. 573.1Cp o en conflictos armados, pueden representar un grave peligro para la vida, la integridad o salud de las personas, los animales o el medio ambiente, su patrimonio o incluso las estructuras o la economía de una región o país. Los agentes de armas biológicas actúan mediante sus efectos patógenos sobre los organismos vivos desarrollando enfermedades que se transmiten muy rápidamente, y normalmente pueden ocasionar contagio, es decir, pueden diseminar enfermedades de un organismo contaminado a otro generando incluso epidemias.

Los agentes de armas biológicas son también organismos vivos que pueden reproducirse y multiplicarse, una vez dispersos. Esta característica les permite incrementar sus efectos a través del tiempo. Las bacterias y los virus al ser organismos vivos tienen ADN, que puede modificarse, mutar y ser objeto de manipulación genética, por ejemplo, para hacerlos más virulentos o para insensibilizarlos a las vacunas hasta entonces aplicadas. Podrían también dañar equipos provocando corrosión o degradación de sus componentes plásticos o de caucho.

Las armas biológicas son agentes biológicos y toxinas, pero también se incluyen como tales a las municiones, equipos o medios empleados para su distribución o diseminación[15].

Los agentes biológicos (bacterias, virus y hongos, por ejemplo) son mucho más fáciles de producir, manipular y transportar que las armas nucleares o convencionales, y resultan mucho más baratos. El motivo es que las armas biológicas son fáciles de desarrollar, son más letales y más baratas que las químicas y más difíciles de detectar que las nucleares. Además, se pueden dispersar a través del aire, de vectores o insectos u otros medios de diseminación mediante gran variedad de explosivos, vaporizadores o municiones vectores. Una diseminación exitosa desempeña un papel clave en la efectividad de las armas biológicas, puesto que el número de infectados sería muy elevado. Es más, la capacidad de estos agentes para diseminar una epidemia dependerá, a menudo, del nivel general de condiciones sanitarias que caracterizan el objetivo. Lo que podría « aparentemente » ser una enfermedad natural y no provocada. De ahí que se trate de una cuestión íntimamente relacionada no solo

---

[14] La biología sintética puede asimismo crear o modificar agentes biológicos. Vid.

[15] Art. 1 Convención de Armas Biológicas. Vid. CUADRADO RUIZ, Mª A., "*La Convención de armas biológicas frente a nuevas amenazas*" *en* DE CUETO NOGUERAS/CALATRAVA GARCÍA, *Globalización y Defensa*, Granada, 2012, págs. 283-302.

con la Salud pública y el medio ambiente, sino que sus dimensiones pueden ser globales debido a la alta movilidad entre unos países y otros y, por lo tanto, también podría verse comprometida la economía de una zona o país o incluso la seguridad internacional.

1. Clasificación

Los agentes biológicos susceptibles de ser utilizados en armas se clasifican normalmente en cinco categorías: bacterias, virus, rickettsiae, hongos y toxinas.

Las bacterias son organismos unicelulares compuestos por núcleo, citoplasma y membrana celular. En general se desarrollan en medios artificiales, ya sea sólidos o líquidos, y se replican por división lineal. Algunas bacterias son patógenas y a pesar de que la mayoría puede sercontrarrestada con antibióticos, se pueden seleccionar variedades resistentes a los tratamientos conocidos. *Bacillus antracis* es el nombre de la bacteria causante del ántrax, una de las cinco principales armas biológicas.

Los virus son microorganismos compuestos de moléculas de ácido nucleico revestidas de proteína. Son significativamente más pequeños en tamaño que las bacterias y sólo pueden cultivarse dentro de células vivas. Los virus son abundantes en la naturaleza. Son capaces de mutar por sí mismos o pueden ser alterados genéticamente para aumentar su efectividad. El virus de la viruela puede ser una eficaz arma biológica aunque no tan mortal como el ántrax. Qué decir del virus hemorrágico del ébola, que con tan sólo tres casos que tuvimos en España, se destaron toda tipo de alarmas y medidas preventivas para evitar una epidemia.

Los rickettsiae son microorganismos con una estructura similar a las bacterias, pero la mayoría crece en organismos vivos, como los virus. De manera similar a las bacterias, los rickettsiae son tratables con antibióticos.

Los hongos son microorganismos productores de esporas que se alimentan de materia orgánica. Generalmente no son dañinos para hombres o animales, pero pueden dañar a las plantas. Las micosis son, en general, tratables con agentes antimicrobianos.

A diferencia de los otros tipos de agentes biológicos, las toxinas no son organismos vivos y, por lo tanto, son incapaces de reproducirse. Las toxinas son sustancias venenosas producidas o derivadas de animales, plantas o microorganismos. Algunas toxinas pueden ser producidas artificialmente. Las toxinas venenosas pueden ser sensibles al tratamiento farmacológico. Podemos citar como una de las cinco principales armas biológicas a la toxina botulínica producida por el bacilo *Clostridium botulinium* que provoca el botulismo, una intoxicación a menudo mortal y puede manifestarse hasta una semana después de que se haya ingerido comida contaminada.

Todos los demás son organismos vivos, que tienen ADN, y por tanto, pueden manipularse genéticamente para hacerlos más resistentes, más virulentos. Pueden reproducirse y mutar, etc.

Constantemente se están redefiniendo y mejorando las listas de posibles patógenos a nivel mundial. Entre otras cuestiones, porque a través de la Biología sintética[16] podrían rediseñarse nuevos patógenos o hacerlos más virulentos.

2. Características

Desde el punto de vista del terrorismo, estos agentes biológicos usados como armas son evidentemente más valiosos, porque tienen el potencial de infligir el mayor daño. Entre las características inherentes que influyen en la idoneidad de los agentes biológicos para finalidades terroristas, hostiles o no pacíficos se incluyen: infección, virulencia, toxicidad, período de incubación, letalidad y estabilidad »[17].

IV. LA CONVENCIÓN DE ARMAS BIOLÓGICAS[18]

Desde el punto de vista legal, el Tratado internacional que prohíbe la producción, desarrollo, almacenamiento, adquisición o depósito de estos agentes así como de los equipos, armas o vectores diseñados para utilizarlos, es la Convención de 10 de abril de 1972, Convenio sobre la prohibición del desarrollo, la producción y el almacenamiento de armas bacteriológicas (biológicas) y toxínicas y sobre su destrucción, conocida como la Convención de Armas biológicas. Entró en vigor el 26 de marzo de 1975 y tras su firma España la ratificó 1979. Nuestro país es, por tanto, Estado parte en dicha Convención, incluyéndose en nuestro ordenamiento interno. Sin embargo, nunca se ha

---

[16] Vid. CUADRADO RUIZ, Mª Á., "Armas biológicas: nuevas amenazas a la Bioseguridad", en CUADRADO RUIZ/ PEÑA FREIRE (Eds.), *Bioseguridad, Derecho y Defensa,* Granada, 2013, págs, 114-120; *Ethics of synthetic biology*, Bruselas, 2009.

[17] TULLIN, S./ SCHMALBERGER, T., *Lexicon for Arms Control, Disarmament and Confidence-Building,* UNIDIR, Ginebra, 2003, pg. 44 y ss.

[18] Cfr. CUADRADO RUIZ, Mª A., "*La Convención de armas biológicas frente a nuevas amenazas*" *en* DE CUETO NOGUERAS/CALATRAVA GARCÍA, *Globalización y Defensa,* Granada, 2012, págs. 283-302.

realizado una trasposición completa del contenido de la Convención a nuestra legislación. Se han ido incorporando las alusiones a las armas biológicas en las sucesivas reformas jurídicas y penales, como ha ocurrido nuevamente en la Reforma penal de 2015, pero sin sistematización alguna, ni de manera completa.

Esta Convención es la más corta, la menos detallada y ambigua de todos los documentos legales relativos a las armas de destrucción masiva y, además, carece de mecanismos de verificación y control. Esta ambigüedad, quizás debida a que se gestó durante los años de la Guerra fría, se constata desde su artículo primero. Pero a pesar de estas deficiencias, es mucho más completa y apremiante que el Protocolo de Ginebra.

La Convención de Armas Biológicas prohíbe de manera tajante, en cualquier circunstancia, **el desarrollo, la producción, la adquisición, el almacenamiento, la transferencia, el depósito, el almacenamiento o el empleo de agentes biológicos o toxinas así como de los equipos o vectores que los utilicen.** El art. 1 dice expresamente:

> *Cada Estado parte en la presente Convención se compromete a no desarrollar, producir, almacenar o de otra forma adquirir o retener nunca y en ninguna circunstancia:*
>
> 1. *Agentes microbianos u otros agentes biológicos o toxinas, sea cual fuere su origen o modo de producción, detipos o en cantidades que no esténjustificados para fines profilácticos, de protección u otros fines pacíficos.*
> 2. *Armas, equipos o vectores diseñados para utilizar esos agentes con fines hostiles o en conflictos armados.*

Respecto a los medios de diseminación tampoco existe ninguna clasificación, por lo que un simple aerosol utilizado por terroristas para expandir virus que ocasionen una epidemia, podría considerarse como un medio prohibido por la Convención[19].

La Convención no prohíbe la investigación[20], y serán las declaraciones de intenciones de los Estados las que establezcan la frontera del cumplimiento o no del contenido de la Convención. Ésta es una de sus debilidades.

La Convención de Armas Biológicas[21] durante la Sexta Conferencia de Examen de los Estados parte exhortó "a los Estados Partes a adoptar, en conformidad con sus procedimientos constitucionales, medidas legislativas, administrativas, judiciales y de otra índole, comprendidas **disposiciones penales**, destinadas a garantizar la seguridad y protección de los agentes microbianos u otros agentes biológicos o toxinas en los laboratorios e instalaciones y durante

---

19 MAHLEY, D.A., "Controlling the BW genie ", en *The CBW Conventions Bulletin*, oct. 2009, nº 85, p. 1.

20 Vid. más abajo art. 567 Cp en cuanto al concepto de *desarrollo de armas biológicas*

21 Idem n. 27.

el transporte, para impedir el acceso no autorizado y la sustracción de dichos agentes o toxinas"[22].

V. IMPLEMENTACIÓN EN EL CÓDIGO PENAL ESPAÑOL[23]

Hasta la Reforma penal de 2015 el Código penal español no había establecido una tipificación específica relacionada con el terrorismo biológico o con el bioterrorismo como tal. Los expertos habíamos ido interpretando determinados tipos penales para entender cubiertas penalmente algunas de las prohibiciones recogidas en la Convención de Armas Biológicas.

Si en mis publicaciones anteriores he venido denunciando que nuestra legislación penal adolecía de un Título o un Capítulo o Sección dedicada expresamente al terrorismo biológico o a los Biodelitos[24]. Tras la Reforma penal de 2015 se ha introducido a las armas biológicas expresamente en los delitos de terrorismo, a los que a continuación me referiré. Por lo que ahora sí hay una Sección, en concreto la Segunda referida a los Delitos de Terrorismo donde se recogen junto con las armas biológicas otras modalidades de armas de destrucción masiva, con las que también pueden cometerse delitos terroristas.

El Código penal de 1995 las mencionó las armas biológicas tan sólo en el art. 160.1 Cp., delito de producción de armas biológicas. Posteriormente en la Reforma penal de 2003 se incluyeron también a las armas biológicas en los arts. 566 y 567Cp, delitos de tráfico y depósitos de armas. Y en la Reforma de 2015 se han introducido en los delitos de terrorismo.

Teniendo en cuenta la naturaleza singular de las armas biológicas sí querría plantear algunas cuestiones relativas a la Parte General del Derecho penal.

En primer lugar: la prescripción, en relación con los delitos relacionados con el Bioterrorismo. El art. 131.4 Cp último párrafo establece que los delitos de terrorismo, si hubieren causado la muerte de alguna persona no prescribirán. Asimismo, el art. 133.2 Cp párrafo último establece que "tampoco prescribirán las penas impuestas por delitos de terrorismo, si éstos hubieren causado la muerte de una persona". En ambos supuestos estimo que la imprescriptibilidad debería también aplicarse a los supuestos de terrorismo biológico, cuando se produzcan muertes de personas.

---

[22] Documento Final de la Sexta Conferencia de Examen, BWC/CONF.VI/6, art. IV, párr. 11.

[23] CUADRADO RUIZ, Mª Á., "Legal Aspects of Biosecurity and Practice Standars in Europe", pg. 1-27, en www.eubarnet.eu/category/libraries, 6 de nov. 2012; la misma, "Bioterrorism in the Global Era", en VIII IFCCLGE, Beijing, 2016.

[24] *De lege ferenda* en mis publicaciones anteriores referidas a las Armas biológicas había hecho propuestas de tipificación al respecto.

En segundo lugar: me parece que habría que discutir, y en su caso plantear la decisión de establecer o no, en virtud del art. 12 del Código penal, la responsabilidad penal por imprudencia en relación con el Bioterrorismo. Ya que en un futuro no muy lejano las probabilidades de accidentes y de negligencias por la manipulación de los agentes biológicos en laboratorios civiles, militares o universitarios o las faltas de cuidado debido del personal facultativo o investigador que pudieran ocasionar víctimas de exposiciones a agentes biológicos deberían, tal vez, ser sancionadas penalmente por imprudencia. Además tal y como se define el terrorismo en el art. 573.1 en el que se mencionan una serie de delitos que admiten la modalidad imprudente (desde los delitos contra la vida, lesiones o delitos ambientales por citar sólo algunos), por lo que tampoco sería tan descabellado plantear un delito de terrorismo biológico por imprudencia.

Y en tercer lugar, en relación con los delitos de terrorismo que en virtud del art. 573 bis 1. 1º la pena a aplicar es la de Prisión Perpetua Revisable[25], de manera que la causación de la muerte de una persona se castigará con la pena indicada, tendría también que aplicarse a los supuestos de Bioterrorismo.

A continuación, sin pretender realizar un examen exhaustivo de la regulación penal española relativa a las prohibiciones de la Convención de Armas Biológicas, señalaré tan sólo aquellos delitos que expresamente recogen en su enunciado conductas que se castigan en relación con las armas biológicas. Y ello, sin perjuicio de que otros preceptos del Código penal español puedan también aplicarse a otras prohibiciones recogidas en la Convención. No obstante, son sólo los preceptos que a continuación señalamos los que se refieren expresamente a las armas biológicas.

1. El delito de producción de armas biológicas[26]

Como ya se ha indicado el legislador del 95, aunque de manera precipitada, previó la utilización de este tipo de armas y de comportamientos destructivos mediante la manipulación genética, sancionándolos penalmente. Con escasos precedentes en el Derecho comparado se introdujo un Título en la Parte Especial, en el que los distintos tipos penales tienen en común el referirse a distintas técnicas de manipulación genética[27]. Cierto es que la realidad

[25] El legislador evita citar esta pena y se refiere a "la de prisión por el tiempo máximo previsto en este Código". Vid al respecto CUADRADO RUIZ, Mª Á., "¿Cadena perpetua revisable?", en todos los diarios del Grupo JOLY. Tribuna de opinión. 20 de marzo de 2009.

[26] Cfr. CUADRADO RUIZ, Mª Á., *Armas biológicas. Aspectos legales,* 2011; la misma, "El delito de producción de armas biológicas", 2007.

[27] Cfr. ROMEO CASABONA, C. M.«Límites penales de las manipulaciones genéticas», en El Derecho ante el Proyecto Genoma Humano, vol. III, Fundación BBV, Madrid, 1994, pág. 191.

supera en muchas ocasiones la ficción y los casos de ántrax en Estados Unidos hicieron más que oportuna la tipificación de la producción de armas bacteriológicas de destrucción masiva. No obstante, otra cosa es cómo se ha procedido técnicamente a tal tipificación y si su contenido y otros aspectos como su ubicación en el Código, entre otros, pudieran ser susceptibles de modificaciones en un futuro.

El delito de producción de armas biológicas lo encontramos en el Título V del Código penal, *Delitos relativos a la manipulación genética,* arts. 159 a 162, en concreto en el art. 160.1Cp. En él se tipifican una serie de conductas relacionadas con las técnicas de manipulación genética. No es que se traten de criminalizar las técnicas genéticas o los avances en Biomedicina o Biotecnología sino que, precisamente, el progreso de las ciencias obliga a resolver un innegable conflicto entre diversos y múltiples intereses en juego. La cobertura normativa de las técnicas de genética humana en nuestro ordenamiento están delimitadas por el art. 20 de la Constitución en el que se declara el derecho fundamental a la creación y producción científica, con lo que no existe obstáculo para enmarcar así el desarrollo de la Biogenética.

Aunque la Ley Orgánica 15/2003 modificó este artículo en otros apartados, la redacción del delito de producción de armas biológicas, del apartado primero, ha permanecido sin variación alguna, desde su introducción en 1995.

Este delito del art. 160.1 Cp, sin embargo, tan sólo castiga la producción de armas biológicas mediante manipulación genética[28]. Queda al margen de la regulación penal en este precepto, la producción de armas biológicas de cualquier otro modo. Y nada se dice del almacenamiento, posesión, tráfico o distribución, que entiendo son, éstas últimas, las verdaderas amenazas en cuanto a su utilización con fines terroristas, que hasta años más tarde y ahora de nuevo con la Reforma de 2015, sí han sido objeto de atención por el legislador.

Con prisión de tres a siete años e inhabilitación especial para empleo o cargo público, profesión u oficio por tiempo de siete a diez años es la pena establecida en este delito para quien utilice la ingeniería genética para producir armas biológicas.

2. Los delitos de tenencia, tráfico y depósito de armas biológicas

La tenencia, el tráfico y el depósito de armas biológicas pueden ser castigados por la aplicación de los arts. 566 y 567 Cp., que a continuación se analizan

[28] Vid. CUADRADO RUIZ, Mª Á., "Armas biológicas: nuevas amenazas a la Bioseguridad", en CUADRADO RUIZ/ PEÑA FREIRE (Eds.), *Bioseguridad, Derecho y Defensa,* Granada, 2013, págs, 103 y ss., la misma, "*El delito de producción de armas biológicas*", 2007.

Dejamos atrás el Título V, del Libro II del Cp. En otro lugar del Código, en el Título XXII se tipifican los *Delitos contra el orden público.* Y en su Capítulo V los delitos relativos *a De la tenencia, tráfico y depósito de armas, municiones o explosivos,* tras la reforma llevada a cabo por la LO 5/2010, de 22 de junio, que entró en vigor el 23 de diciembre de 2010.

En el art 566. 1 Cp. se castiga *a*

> *1º los que fabriquen, comercialicen o establezcan depósitos de armas o municiones no autorizados por las leyes o por la autoridad competente.*
>
> *2º al tráfico de armas.*

Con estos tipos penales podemos abarcar penalmente la persecución y el castigo del almacenamiento, la posesión y el tráfico de armas, en general, con penas de cinco a diez años de prisión, para los promotores y organizadores, y de tres a cinco años para los que hayan cooperado a su formación.

Sin embargo, no fue hasta el año 2000 cuando se introdujo, específicamente, la alusión en estos delitos, arts. 566 y 567 Cp., a las armas químicas. La LO 2/2000, de 7 de enero, modificó precisamente, estos artículos para adecuarlos a la Convención sobre la prohibición del desarrollo, la producción, el almacenamiento y el empleo de armas químicas y sobre su destrucción, de 13 de enero de 1993, ratificada por España el 22 de julio de 1994.

Desde entonces, el art. 566, 1.1º castiga, si se trata de armas o municiones de guerra o de *armas químicas.*

No fue hasta el año 2003, mediante la LO 15/2003, de 25 de noviembre, cuando se introdujo en el Código penal la alusión expresa a las *armas biológicas.* Y ello aunque los compromisos internacionales se habían adquirido muchos años atrás, en concreto, el 1 de junio de 1979, con la ratificación por parte de España de la Convención de Armas biológicas, que como se ha dicho entró en vigor en 1975.

La reforma penal de 2010, que entró en vigor el 23 de diciembre de 2010 introdujo mediante la LO 5/2010, de 22 de junio, la mención expresa a *las minas antipersonas y las municiones de racimo,* en estos preceptos.

La Reforma del 2015, mediante las LO 1 y 2/2015 de 30 de marzo a introducido la alusión a las armas *nucleares o radiológicas* en este apartado del art. 566.1, quedando actualmente redactado como sigue:

> *1º Si se trata de armas o municiones de guerra o de armas químicas, biológicas, nucleares o radiológicas o de minas antipersonas o municiones en racimo (…)*
>
> *3º Con las mismas penas será castigado, en sus respectivos casos, el tráfico de armas o municiones de guerra o de armas químicas, biológicas, nucleares o radiológicas o de minas antipersonas o municiones en racimo.*

En el art. 566.2 Cp se establece que se impondrán las penas del punto 1° del apartado anterior a los que lleven a cabo alguna de estas conductas:

* *desarrollen*

* *o empleen* armas químicas o biológicas nucleares o radiológicas o minas antipersonas o municiones de racimo

* *o inicien preparativos militares para su empleo*

* *o no las destruyan* con infracción de los Tratados o Convenios internacionales en los que España sea parte.

Se describen tanto conductas activas: desarrollar, emplear, iniciar preparativos militares, así como conductas omisivas: no destruir las armas, según lo previsto en los Tratados o Convenios en los que España sea parte.

Por lo que a la vista de esta enumeración, se observa que se elevan a la categoría de delito actos preparatorios, al asimilar el *inicio de preparativos militares para su empleo* al empleo mismo, castigándose con la misma pena, la prevista en el apartado primero del art. 566. Además esta asimilación de los actos preparatorios a su empleo mismo sólo podrá castigarse con la misma pena cuando los preparativos que se inicien sean *militares* y no civiles o terroristas. Si el inicio de preparativos para el empleo de estas armas no es militar, y las armas no se llegan a emplear, en ese caso, entiendo que no podría aplicarse el art. 566.2 Cp.

Personalmente creo que no se entiende muy bien la razón de la agravación de la pena que establece el Código cuando los preparativos sean militares y no, por ejemplo, terroristas.

Por otra parte, en el caso de preparativos militares para el empleo de armas químicas o biológicas, por ejemplo, también pudiera darse el caso de que quienes inicien tales preparativos no sea personal militar, sino científicos civiles que trabajen o colaboren en instalaciones o proyectos militares. En tales supuestos entiendo que puesto que los preparativos son militares, sí debería aplicarse la misma pena.

En el art. 567 Cp. el legislador penal interpreta auténticamente los conceptos utilizados en el artículo anterior. Es uno de los pocos preceptos de la Parte Especial en que se establecen definiciones a efectos penales. En mi opinión, mejor que no se hubieran hecho porque lejos de aclarar, enmarañan y dificultan la interpretación de los mismos. La Reforma de 2015 tampoco los ha corregido y se ha limitado a introducir la categoría de las armas nucleares y radiológicas junto al resto de armas de destrucción masiva en este precepto de pésima redacción.

Comienza el art. 567.1 Cp[29] distinguiendo entre depósito de armas de guerra y depósito de otras armas especiales como son las de destrucción masiva, minas antipersona o municiones en racimo. Considera:

— *depósito de armas* biológicas, (químicas, nucleares o radiológicas minas antipersonas o municiones de racimo) y lo hace entendiendo como tal

 * *la fabricación*

 * *la comercialización, tanto la adquisición como la enajenación, o*

 * *la tenencia de las mismas.*

Es decir, identifica y equipara todos estos conceptos sin dar ninguna definición de ellos. Por tanto, fabricar armas biológicas de cualquier modo y no sólo mediante manipulación genética es depósito; la comercialización que estaría más cercana al tráfico también es depósito y tener o poseer armas biológicas es también depósito.

De esta forma aumenta la confusión en cuanto a los distintos conceptos que se enumeran en este número.

En el 567.2 Cp. se establece por un lado la definición de arma biológica (y del resto de armas allí enumeradas) ¿Qué se considera un arma biológica? Dicho precepto remite a lo que los Tratados y Convenios internacionales en los que España sea parte establezca. Pero el Convenio sobre la prohibición del desarrollo, la producción y el almacenamiento de armas bacteriológicas (biológicas y toxínicas y sobre su destrucción[30] (Convención de Armas biológicas) no establece cuáles son las armas biológicas, qué debe entenderse por "agentes biológicos" o "toxinas". Han sido las Conferencias de examen de la Convención dónde se han aclarado estos términos, y por tanto, a ellas habrá que acudir para completar este precepto. La Convención tan sólo equipara a las armas, los vectores u otros medios que puedan ser utilizados para su diseminación, que asimismo prohibe[31].

La segunda parte del art. 567.2 Cp se refiere al concepto de *desarrollo de armas (...) biológicas.* Nuevamente el apartado segundo del art. 567 realiza una interpretación auténtica de estos términos estableciendo que ha de entenderse por desarrollo de armas biológicas (o químicas, etc.). Lo define como:

---

[29] En el 567.3 Cp se refiere al depósito de armas de fuego reglamentadas.

[30] Vid. CUADRADO RUIZ, Mª A., *"La Convención de armas biológicas frente a nuevas amenazas" en* DE CUETO NOGUERAS/CALATRAVA GARCÍA, *Globalización y Defensa,* Granada, 2012 pp. 283 y ss

[31] Vid. supra art. 1 de la Convención de armas biológicas en IV. La Convención de Armas Biológicas.

> **cualquier actividad consistente en la investigación o estudio de carácter científico o técnico encaminada a la creación de una nueva arma química o biológica o a la modificación de una preexistente.*

Por todo ello, pudiera ocurrir que en el supuesto de manipulación genética para fabricar un arma biológica, el contenido del art. 160.1 quedaría incluido en esta definición. Siendo la pena más grave en el art. 566 y 567 Cp que en el art. 160.1, si bien los bienes jurídicos en uno y otro son distintos, por lo que estaríamos ante un concurso ideal entre ambos preceptos.

El estudio o la investigación para crear o modificar un arma biológica también podría considerarse como una forma de capacitación o adiestramiento en este tipo de armas y más, si a través de nuevas técnicas como la Biología sintética se crean estas armas biológicas. Por lo que el concepto de *desarrollo de armas pu*diera también integrarse en los nuevos tipos de delitos de terrorismo que la Reforma del 2015 ha introducido en el Capítulo VII del Título XXII.

Pues bien, realizando una interpretación literal de la definición del artículo 567, lo que nos está diciendo el Código es que se criminaliza la investigación o el estudio científico, ciertamente, cuando estén encaminados a la creación de estas armas.

Sin embargo, en muchos casos se trata de material de doble uso o uso dual[32]., esto es, que puede usarse para fines pacíficos o para fines hostiles. Se incluye el soporte lógico (software) y la tecnología, que puedan destinarse a usos tanto civiles como militares. En realidad los productos, el software o la tecnología son en sí mismos, si se puede decir así, neutros. Es el uso que de ellos haga el ser humano lo que los hace perversos y que provoquen dolor o incluso muerte Piénsese en determinados virus que se utilicen para la investigación de futuras vacunas, por ejemplo, pero que también puedan ser utilizados como arma biológica. Tal y cómo se define en el art. 567.2 *el desarrollo de armas,* creo que pudiera dar lugar a subsumir dentro de dicho artículo las actividades científicas llevadas a cabo, entre otros, en laboratorios farmacéuticos, universitarios o militares, lo que pudiera dar lugar a contradicciones ya que la investigación para usos profilácticos o nuevas vacunas queda fuera del ámbito de la Convención de armas biológicas, siendo una actividad lícita. Y en otras ocasiones se puede estar investigando sin conocer a priori que el resultado final sea la creación de una nueva arma biológica. Esta sería una de las razones para -quizás- tipificar la comisión por imprudencia es este tipo de conductas.

En realidad, el alcance de la Convención de Armas biológicas se especifica según un criterio de fines generales. Y se hizo así para no obstaculizar las

---

[32] CUADRADO RUIZ, Mª A., "Tecnología y material biológico de doble uso: regulación española y europea ", en CUADRADO RUIZ, Mª A, *Armas biológicas. Aspectos legales,* Granada, 2011 págs. 77 y ss.

muchas aplicaciones biomédicas y con fines no hostiles de agentes y toxinas microbianas o de otros agentes. Pero esta prohibición también tiene importantes lagunas. Y en fin, salvo casos extremos de almacenamiento de armas biológicas, es difícil distinguir usos defensivos de usos ofensivos, a menos que se realice un análisis de las intenciones de unos y de otros[33].

Por ello, aunque no comparto tal y como aparece redactada la definición de *desarrollo de armas biológicas* del 567.2 Cp puedo comprender el exceso de celo del legislador para abarcar estos supuestos, en la línea de la Resolución del Parlamento europeo de 16 de marzo de 1989[34] que hizo un llamamiento para que el Convenio del 72 se ampliara a los posibles ámbitos de aplicación de la ingeniería genética. Y asimismo, solicitaba que se prohibiera legalmente la investigación de armas biológicas y que se suprimiera la diferencia, entre investigación ofensiva y defensiva. Ésta es la línea que entiendo se desprende de nuestro Código penal.

Tipo Subjetivo. En estos delitos tan sólo es posible la persecución de la comisión dolosa, por lo que cuando en los laboratorios farmacéuticos, universitarios o militares se *desarrollen* agentes biológicos (uso dual), que por accidente originen enfermedades mortales, que se propagasen muy rápidamente y ocasionasen un gran pánico en la población, no podrían ser perseguidos en base a estos preceptos, ya que no se castiga la comisión imprudente. Es por lo que he sugerido la posibilidad de persecución penal de comportamientos imprudentes en este ámbito.

VI. LA REFORMA PENAL DE 2015 EN MATERIA DE TERRORISMO Y ARMAS BIOLÓGICAS

La Exposición de Motivos de la Ley 2/2015 menciona como antecedente necesario de la nueva regulación de los delitos de terrorismo la Resolución 2178, del Consejo de Seguridad de las Naciones Unidas, aprobada bajo el Capítulo VII de la Carta de las Naciones Unidas. Dicha Resolución tiene por objetivo reforzar la lucha contra el terrorismo por parte de la Comunidad Internacional y amplía las previsiones de Resoluciones precedentes como la 1373, por la que se creó el Comité Contra el Terrorismo (CTC) de Naciones

33 WRIGHT, S., *Preventing a Biological Arms Race*, MIT Press, Cambridge, (EEUU), 1990; "Les États-Unis refusent les mesures de contrôle. Double language et guerre biologique", en *Le Monde diplomatique*, nov. 2001.

34 Resolución del Parlamento europeo de 16 de marzo de 1989, sobre los problemas éticos y jurídicos de la manipulación genética, doc. A2-327/88, Diario de las Comunidades europeas nº C96/165.

Unidas, y la 1267, por la que se establecieron medidas contra la organización terrorista Al Qaeda.

La Resolución 2178 exhorta a los Estados Miembros a adoptar todas las medidas legales necesarias para impedir la circulación de terroristas o de grupos terroristas, mediante controles fronterizos eficaces de la emisión de documentos de identidad y de viaje; controles para evitar la falsificación, alteración ilegal o utilización fraudulenta de los mismos, y la utilización de procedimientos de evaluación del riesgo y control de pasajeros con base empírica (sin estereotipos que impliquen discriminación); agilizar el intercambio de información operativa; *prevenir la radicalización y reclutamiento de combatientes terroristas extranjeros; la financiación del terrorismo y el adiestramiento en técnicas de terrorismo*[35].

Especial consideración merece el apartado 6 de esta Resolución, en la que exige a los Estados miembros que creen los instrumentos legislativos necesarios para:

- Enjuiciar y sancionar a los nacionales que se desplacen con el propósito de cometer, planificar o preparar actos terroristas o participar en ellos, o proporcionar o recibir adiestramiento con fines terroristas.
- Enjuiciar y sancionar a los que provea o recauden fondos, o coadyuven de alguna forma, para financiar viajes y desplazamientos a otros países para cometer actos terroristas o proporcionar o recibir adiestramiento.

La Reforma de 2015 ha modificado el Capítulo VII del Título XXII, del Libro II Cp.La Sección Segunda de dicho Título lleva por rúbrica "De los delitos de terrorismo" y comienza, como ya se ha visto, con una nueva definición de terrorismo en el art. 573 Cp., inspirada en la Decisión Marco 2002/475/JAI del Consejo de la Unión Europea, de 13 de junio de 2002 sobre la *Lucha contra el terrorismo* y que fue modificada por la Decisión Maro 2008/919/JAI, de 28 de noviembre de 2008.

Como ya se ha visto se amplía el catálogo de las "finalidades" terroristas, comprendiendo como tales no sólo subvertir el orden constitucional, sino además suprimir o desestabilizar el funcionamiento de instituciones políticas o estructuras económicas o sociales del Estado; obligar a los poderes públicos a realizar un acto o a abstenerse de hacerlo; desestabilidad el funcionamiento de una organización internacional o provocar estado de terror en población. Pero esta definición del terrorismo no ha sido la única novedad**[36]**. Citamos lo más sobresaliente :

---

[35] El subrayado es nuestro. Los nuevos delitos de terrorismo acogen estas recomendaciones.

[36] PONTE, M., "Las reformas de los delitos de terrorismo mediante la Ley Orgánica 2/2015",15 abril 2015.

— Los delitos informáticos se configuran como delitos de terrorismo cuando se cometan con las finalidades terroristas descritas anteriormente;

— Los delitos de desórdenes públicos, sedición y de rebelión como se tipifican como delitos de terrorismo si se cometen por organización o grupo terrorista o por persona o personas que los cometan individualmente pero amparados por organización o grupo terrorista;

— Se establece como delito de terrorismo el adoctrinamiento o adiestramiento en técnicas militares, de combate, de preparación o de desarrollo de armas, explosivos, armas químicas o biológicas, o sustancias inflamables, incendiarias, explosivas, etc. Esta conducta se castiga bien al recibir adiestramiento de terceros o bien "capacitándose" a sí mismo, es decir, el autodidacta[37].

— También se tipifica como delito terrorista el que, con esta finalidad de adiestrarse, tenga en su poder documentos, archivos, o acceda de forma habitual a servicios de comunicación vía internet o electrónica cuyos contenidos sean idóneos para incitar a la incorporación a organizaciones o grupos terroristas o a colaborar con cualquiera de ellos.

— Asimismo se establece como delito de terrorismo el desplazamiento o establecimiento a un territorio extranjero controlado por un grupo u organización terrorista para recibir adiestramiento o para colaborar con ellos.

— En cuanto al delito de colaboración, las conductas sancionadas se amplían y se considera colaboración la ayuda tanto a una organización o grupo terrorista como a grupos o a individuos cuyas acciones tengan finalidad terrorista.

— En relación a los delitos de enaltecimiento o actos de humillación, descrédito o menosprecio a las víctimas del terrorismo, cabe la adopción judicial de medidas cautelares en el caso de que dichos delitos se cometan mediante servicios o contenidos accesible a través de internet o de servicios de comunicaciones electrónicas. Se podrá ordenar la retirada de los contenidos, la supresión de los enlaces y la prohibición de acceso a dichos contenidos ilícitos.

---

[37] Lo que ya hemos indicado puede llevarse a cabo mediante la investigación y el desarrollo de determinadas técnicas.

En relación a las armas biológicas, su mención expresa se ha hecho en los siguientes preceptos, que son también delitos de terrorismo en virtud del art. 573.3 Cp.:

> *"Asimismo tendrán la consideración de delitos de terrorismo el resto de los delitos tipificados en este Capítulo".*

1. Artículo 574.2 y 3 Cp.

> *"se impondrá la pena de 10 a 20 años de prisión cuando se trate de armas, sustancias o aparatos (…) biológicos o cualesquiera otros de similar potencia destructiva*

en relación al depósito de armas o municiones, la tenencia o depósito de aparatos (…) o de sus componentes, así como su fabricación, tráfico transporte o suministro de cualquier forma, y la mera colocación o empleo de tales sustancias o de los medios o artificios adecuados (…). según el art. 574.1 Cp., *cuando los hechos se cometan con cualquiera de las finalidades expresadas en el apartado 1 del art. 573.*

Ya hemos visto como en los arts. 566 y 567 Cp. se habían incluido la alusión a las armas biológicas en Reformas anteriores para abarcar la tenencia, el tráfico y el depósito. Ahora el 574.2 Cp. considera estas conductas como constitutivas de delitos de terrorismo *cuando los hechos se cometan con cualquiera de las finalidades expresadas en el apartado 1 del art. 573.* Pero no hacía falta este precepto específico. Es una reiteración inútil, ya que el propio artículo 573.1 menciona a los delitos de tenencia, tráfico y depósito de armas previsto en el Código, arts. 566 y 567 cp., como delitos de terrorismo *cuando se llevaran a cabo con cualquiera de las siguientes finalidades* que se mencionan de 1ª a 4ª en el apartado 1 del art. 573.Cp. Y tampoco tiene sentido alguno que se establezca en el art. 574. 3 Cp. la mención específica al *desarrollo de las armas biológicas,* para también considerarlo delito de terrorismo, cuando precisamente uno de los contenidos del art. 567 Cp. es, precisamente, el definir el *desarrollo de las armas biológicas,* y como tal delito de tráfico tenencia y depósito de armas ya está incluido dentro de los delitos graves del art. 573.1para constituir delito de terrorismo, si se lleva a cabo con alguna de las finalidades allí citadas. Por lo tanto, es una duplicidad debida a una deficiente técnica legislativa. Ahora bien, lo que hace el art. 574.2 y 3 Cp. es establecer una pena única para estos supuestos de delitos de terrorismo: Prisión de diez a veinte años en los casos del art. 574.2 y 3 Cp., y, por lo tanto, diferente de la penalidad que el art. 573 bis dispone para los delitos de terrorismo a los que se refiere el art. 573.1 Cp. Si lo que se pretendía era tan solo una penalidad específica para los art. 566 y 567 Cp. cuando son delitos terroristas también podían haberse incluido en el art. 573 bis con un apartado propio para ellos.

2. Artículo 575 Cp.

> "*Será castigado con la pena de prisión de dos a cinco años quien, con la finalidad de capacitarse para llevar a cabo cualquiera de los delitos tipificados en este Capítulo, reciba adoctrinamiento o adiestramiento militar o de combate, o en técnicas de desarrollo de armas químicas o biológicas, de elaboración o preparación de sustancias o aparatos explosivos, inflamables, incendiarios o asfixiantes, o específicamente destinados a facilitar la comisión de alguna de tales infracciones*".

Se tipifica este delito terrorista con una *finalidad* diferente a las que se enumeran en el art. 573.1, que singulariza el tipo subjetivo de este delito: capacitarse para la comisión de delitos de terrorismo. Se numeran las siguientes conductas

1.- Recibir adoctrinamiento o adiestramiento

- Militar o de combate
- Técnicas de desarrollo de armas químicas o biológicas
- Técnicas de elaboración o preparación de sustancias o aparatos explosivos, inflamables, incendiarios o asfixiantes
- Facilitar la comisión de tales infracciones

"*Quien lleve a cabo por sí mismo cualquiera de las actividades previstas en el apartado anterior*", esto es,

2.- Aprender por sí mismo cualquiera de las anteriores actividades autodidacta).

3.- "*Acceder de manera habitual a uno o varios servicios de comunicación accesibles al público en línea o contenidos a través de internet o de un servicio de comunicaciones electrónicas cuyos contenidos estén dirigidos o resulten idóneos para incitar a la incorporación a una organización o grupo terrorista, o a colaborar con cualquiera de ellos o en sus fines. Los hechos se entenderán cometidos en el territorio español cuando se acceda a los contenidos desde el territorio español*".

4.- "*Adquirir o tener en su poder documentos que estén dirigidos o resulten idóneos por su contenido para incitar a la incorporación a una organización o grupo terrorista o a colaborar con ellos o en sus fines*".

5.- Traslado o establecimiento en un territorio extranjero controlado por grupo u organización terrorista para colaborar con ellos o para cometer cualquier delito de terrorismo. (art. 575.3 Cp.)

El artículo 575 tipifica el adoctrinamiento y el adiestramiento militar o de combate o en el manejo de toda clase de armas y explosivos, incluyendo expresamente el adoctrinamiento y adiestramiento pasivo, con especial mención al que se realiza a través de internet o de servicios de comunicación accesibles al público, que exige, para ser considerado delito, una nota de habitualidad y un elemento finalista que no es otro que estar dirigido a incorporarse a una organización terrorista, colaborar con ella o perseguir sus fines. También se tipifica en este precepto el fenómeno de los combatientes terroristas extranjeros, esto es, quienes para integrarse o colaborar con una organización terrorista o para cometer un delito de terrorismo se desplacen al extranjero.

En el apartado 1 del artículo 575 CP se castiga la conducta de recibir de terceros adoctrinamiento o adiestramiento en diferentes técnicas con la finalidad de capacitarse para llevar a cabo cualquiera de los delitos tipificados en este Capítulo.

El adiestramiento pasivo, o la recepción de formación en determinadas técnicas militares o de combate, únicamente deberá castigarse cuando dicha formación tenga sentido para posibilitar la realización de los delitos (normalmente contra la vida o de tenencia de explosivos) que se pretenden cometer. Por otro lado, si el castigo del adoctrinamiento activo ya había sido severamente criticado por permitir la incriminación de meras manifestaciones de opinión, la tipificación del adoctrinamiento pasivo, que consiste simplemente en recibir determinado tipo de formación religiosa o ideológica, puede resultar especialmente problemática. Al igual que en relación con la investigación y el estudio que son consustanciales al concepto de *desarrollo de armas biológicas,* tal y como me he referido en el análisis del art. 567 Cp.

De nuevo, deberá reservarse la sanción penal de estas conductas a los supuestos en los que el adoctrinamiento sea idóneo para posibilitar la realización de ciertos delitos de terrorismo, normalmente relacionados con la captación de nuevos militantes y la propaganda del terrorismo, que de lo contrario no podrían cometerse. No se castiga al que simplemente recibe adoctrinamiento desconociendo si ello finalmente le conducirá a emprender acciones terroristas, sino al que recibe adoctrinamiento precisamente con la finalidad de capacitarse para realizar dichas acciones. La intención de cometer delitos de terrorismo debe ser previa al adoctrinamiento, y no el resultado de éste.

Debido a la lejanía entre estos actos y los delitos cuya comisión se persigue, la prueba de que el sujeto realmente realiza los comportamientos previstos en este artículo con dicha intención resultará especialmente compleja[38].

En todos estos supuestos la pena es de prisión de 2 a 5 años.

---

[38] VVAA, *Comentarios al Código Penal,* Valencia, 2015 Ed. Tirant lo Blanch.

VII. CONCLUSIONES

Las armas biológicas han sido utilizadas desde los comienzos de la Humanidad. Por su eficiencia, fácil ocultación y efectividad son una opción atractiva para mentes perversas y deseosas de aterrorizar a la población, una de las nuevas *finalidades* que tras la Reforma de 2015 caracterizan a los delitos terrorista. Debido a los avances científicos y tecnológicos en la Biotecnología y Ciencias médicas, Bioinformática, Biología sintética etc, debemos ser conscientes del riesgo que existe si se realiza un uso hostil y perverso de los agentes biológicos susceptibles de ser manipulados y convertidos en armas biológicas, hoy en día incluso más infecciosas y virulentas.

Creo que una forma de combatir al terror es con información. Para contrarrestar las consecuencias en el desconocimiento acerca de las armas biológicas, desde 2009 vengo organizando y dirigiendo en la Universidad de Granada un Seminario Internacional sobre Bioterrorismo y Bioseguridad, precisamente para dar a conocer a los estudiantes, científicos, militares y otros profesionales así como a la población en general, qué son las armas biológicas, los agentes que las originan y los riesgos que pueden desarrollarse. Hasta hace poco tiempo hablar de armas de destrucción masiva era identificarlas con las armas nucleares. Pero el poder devastador de las armas biológicas puede ser tan masivo o incluso mayor.

La reforma penal de 2015 ha supuesto un pasito más en la implementación de los compromisos internacionales en materia de armas biológicas. Incluso se ha penado tanto la difusión de ideas incitadoras como el adiestramiento en técnicas de desarrollo de armas biológicas, para la comisión de cualquier delito de terrorismo. También supone un importante apoyo legislativo la penalización de los desplazamientos a territorios controlados por organizaciones o grupos terroristas, para recibir adiestramiento o adoctrinamiento en estas técnicas, tipificándolos como delito.

Ante los nuevos riesgos y amenazas se hace absolutamente necesario luchar contra el terrorismo, en general y el biológico en particular, no sólo para castigar los comportamientos (activos u omisivos) que puedan subvertir el orden constitucional o alterar gravemente la paz pública, sino a los que pretenden provocar un estado de terror, alterar la paz pública o desestabilizar un país o región mediante epidemias o enfermedades que afecten a las personas, a los animales o al medioambinete, a la agricultura y en definitiva a la economía.

Pero también el legislador de 2015 ha adelantado las barreas de protección al criminalizar a todos los que se preparan para cometer actos de terrorismo, sea biológico de otra naturaleza, criminalizando incluso el desplazamiento a lugares controlados por una organización de esa naturaleza. Estas decisiones de política criminal ponen de manifiesto que en un mundo globalizado como en el que vivimos en el siglo XXI, la Seguridad “cede” espacio ante la Libertad.

Bibliografía

ABEL SOUTO, M, "Inutilización de dispositivos de control de cumplimiento de penas y medidas (art. 468) ", **en** *Comentarios a la Reforma del Código Penal de 2015,* Coordinadores: Ángela Matallín Evangelio, Elena Górriz Royo, José L. González Cussac, Ed. Tirant lo Blanch, 2015.

ABEL SOUTO, M., "La expansión penal del blanqueo de dinero operada por la Ley orgánica 5/2010, de 22 de junio", en *La Ley Penal. Revista de Derecho Penal, Procesal y Penitenciario,* nº 79, febrero de 2011, pp. 5-32.

ABEL SOUTO, M., *Normativa internacional sobre el blanqueo de dinero y su recepción en el Ordenamiento penal español,* Tesis doctoral, Universidad de Santiago de Compostela, enero de 2001, en www.cervantesvirtual.com.

ACALE SÁNCHEZ, *La discriminación de la mujer por razón de género en el Código Penal,* Ed. Reus, Madrid, 2006.

ALMIRÓN, N. (2008): Paraísos fiscales y medios de comunicación: todo es negociable menos los negocios. Temas para el debate. 158, 25-28.

ALONSO ÁLAMO/ALONSO DE ESCAMILLA/LA MARCA PÉREZ, "Reflexiones sobre medidas penales para la protección contra la violencia de género", en *Estudios penales en homenaje a Enrique Gimbernat*, T II, Madrid, 2008.

ALONSO, J.M., "Las insolvencias punibles", en *Delitos y cuestiones penales en el ámbito empresarial,* nº III, Expansión, Madrid 1999, pp. 307 y 309.

AMNISTÍA INTERNACIONAL, SECCIÓN ESPAÑOLA, Más derechos, los mismos obstáculos. La protección efectiva de los derechos humanos de las mujeres un año después de la plena entrada en vigor de la Ley de Medidas de Protección Integral contra la Violencia de Género, en htt://www.es.amnesty.org/nomasviolencia/sabermas, 2006.

ANDERSON, M., "*International money laundering: the need for ICC investigative and adjudicative jurisdiction*", en *Virginia Journal of International Law,* vol. 53, nº 3, 2013, pp. 763-786.

ARIAS MERLANO, J.C., El bien jurídico protegido por el delito de blanqueo de dinero. (El caso colombiano 1982-2002), Tesis doctoral, Universidad de Alcalá de Henares, diciembre de 2014.

ARRABAL, P. (1992): Comercio internacional y los paraísos fiscales. Madrid: Pirámide.

ARROYO ZAPATERO, "Legitimidad constitucional y convivencia político-criminal de la Ley contra la violencia de género", en *Problemas actuales del Derecho penal y la Criminología. Estudios penales en memoria de la Dra. María del Mar Díaz Pita,* Muñoz Conde (direct), Valencia, 2008.

ARZT, G./WEBER, U./HEINRICH, B./HILGENDORF, E., *Strafrecht, Besonderer Teil: Lehrbuch, 3. Auflage, Gieseking, Bielefeld,* 2014, §29, "*Geldwäsche, §261*", marginal 6.

ASÚA BATARRITA, "Los nuevos delitos de "violencia doméstica" tras la reforma de la LO 11/2003, de 23 de septiembre", en Cuadernos Penales José María Lidón, nº 1, 2004.

AUTEN, M.R., "*Money spending or money laundering: the fine line between legal and illegal financial transactions*", en *Pace Law Review,* vol. 33, nº 3, 2013, p. 23.

BARRERO RODRÍGUEZ, Concepción: "La ordenación jurídica del Patrimonio Histórico". Primera edición. Editorial Civitas. Madrid 1.990.

BECCARIA, C. *De los Delitos y las Penas,* Alianza Editorial, 1998.

BENNET, C.M./TURNER, C.D. (*eds.*), *Money laundering. An analysis for federal law,* Novinka, New York, 2013, p. VII; DOYLE, C., "*Money laundering: an overview of 18 U.S.C. 1956 and related federal criminal law*", en BENNET, C.M./TURNER, C.D., *op. cit.,* p. 1, que recoge un listado de las penas máximas imponibles por blanqueo según los casos en pp. 34-39.

BERMEJO, M.G./AGUSTINA SANLLEHÍ, J.R., "El delito de blanqueo de capitales", en SILVA SÁNCHEZ, J.-M. (dir.), El nuevo Código penal. Comentarios a la reforma, La Ley, Madrid, 2012, p. 441.

BIRINDELLI, G./FERRETTI, P./TORRE, M.LA, "*Anti-money laundering in italian banks*", en *British Journal of Economics, Management & Trade,* vol. 4, nº 6, 2014, p. 842.

BINGSONG HE, "Basic Situation of International Terrorism and Counter-Terrorism strategies", VIII IFCCLGE, Beijing, 2016.

BOLDOVA PASAMAR, RUEDA MARTÍN, "Consideraciones político-criminales en torno a los delitos de violencia de género", en *La reforma penal en torno a la violencia doméstica y de género,* Boldova Pasamar/Rueda Martín (Coords), Barcelona, 2006.

BRUNNQUELL, F., 2009. Paraísos fiscales: la gran evasión. Documentos TV, La 2 de TVE. Producción CAPA con la participación de FRANCE 2, Francia. 31 de Marzo del 2009.

BUISMAN, S., "*The influence of the european legislator on the national criminal law of member states: it is all in the combination chosen*", en *Utrecht Law Review,* vol. 7, nº 2, 2011, pp. 137-155.

CA (2009): False profits: robbing the poor to keep the rich tax-free. Christian Aid Report, March.

CARPIO DELGADO, J. DEL, "Principales aspectos de la reforma del delito de blanqueo. Especial referencia a la reforma del art. 301.1 del Código penal", en *Revista Penal,* nº 28, julio de 2011, p. 16.

CASTRO MORENO, A., "Consideraciones críticas sobre la aplicación e interpretación del tipo subjetivo de los delitos de blanqueo de capitales", en ÁLVAREZ GARCÍA, F.J./COBOS GÓMEZ DE LINARES, M.A./GÓMEZ PAVÓN, P./ MANJÓN-CABEZA OLMEDA, A./MARTÍNEZ GUERRA, A. (coords.), Libro homenaje al Profesor Luis Rodríguez Ramos, Tirant lo Blanch, Valencia, 2013, p. 447.

CASTRO MORENO, A., "Consideraciones críticas...", *cit.,* p. 447.

CASTRO MORENO, A., "Reflexiones críticas sobre las nuevas conductas de posesión y utilización en el delito de blanqueo de capitales en la reforma del Anteproyecto de 2008", en *Diario La Ley,* nº 7277, 5 de noviembre de 2009, p. 4.

CESONI, M.L. *(sous la direction de), La lutte contre le blanchiment en droit belge, suisse, français, italien et international. Incrimination et confiscation, prévention, entraide judiciaire, Bruylant, Bruxelles,* 2013.

CHAMBOST, E. (1982): Los paraísos fiscales. Madrid: Pirámide.

CHRISTENSEN, J.: (2008). Paraísos fiscales y pobreza: la gran cuestión. Temas para el debate. 158, 35-38.

CONDE-PUMPIDO FERREIRO, C./SÁNCHEZ-JUNCO MANS, J., en CONDE-PUMPIDO FERREIRO, C. (dir.), Código penal comentado, 3ª ed., con concordancias y jurisprudencia. Actualizado a la LO 5/2010 de 23 de junio de 2010, tomo I, Bosch, Barcelona, 2012, p. 1089.

CORCOY BIDASOLO, M., "Crisis de las garantías constitucionales a partir de las reformas penales y de su interpretación por los tribunales", en MIR PUIG, S./ CORCOY BIDASOLO, M. (dirs.), Constitución y sistema penal, Marcial Pons, Madrid/Barcelona/Buenos Aires/São Paulo, 2012, p. 161.

CUADRADO RUIZ, Mª A., "Bioterrorism in the Global Era", en VIII IFCCLGE, Beijing, 2016.

CUADRADO RUIZ, Mª A., "El delito de matrimonio forzado", en PÉREZ ALONSO, E., *El Derecho ante las formas contemporáneas de esclavitud,* Ed. Tirant lo Blanch, Valencia, 2016.

CUADRADO RUIZ, Mª A.,"Violence against women. Forced marriages". The seventh session of the International Forum on Crime and Criminal Law in the Global Era. Paper Collection. Beijing, China, 2015.

CUADRADO RUIZ, Mª Á, "La responsabilidad de las empresas frente al medio ambiente, en Derecho penal español", en GARROS MARTÍNEZ Y BORLA (Coord.s),*Ambiente y Pobreza. Una mirada interdisciplinaria.* EUCASA, Salta, (Argentina), 2015. http://hdl.handle.net/10481/38634.

CUADRADO RUIZ, Mª Á, "Bioterrorismo, una visión desde la teoría del Derecho penal", en ROMEO CASABONA (Ed.) *Bioterrorismo y Bioseguridad,* Bilbao 2015. http://hdl.handle.net/10481/38849.

CUADRADO RUIZ/ PEÑA FREIRE, *Bioseguridad, Derecho y Defensa,* Granada, 2013.

CUADRADO RUIZ, "Armas biológicas: nuevas amenazas a la Bioseguridad", en CUADRADO RUIZ/PEÑA FREIRE, *Bioseguridad, Derecho y Defensa,* Granada, 2013, pp. 103 y ss.

CUADRADO RUIZ, Mª Á, "Ciberespacio y Bioseguridad" en SEGURA, A/ GORDO, F. *Ciberseguridad global. Oportunidades y compromisos en el uso del cibersespacio,* Granada, 2013. Ed. Univ. Granada. Colección Conde de Tendilla.

CUADRADO RUIZ, Mª A., "*La Convención de armas biológicas frente a nuevas amenazas*" *en* DE CUETO NOGUERAS/CALATRAVA GARCÍA, *Globalización y Defensa*, Granada, 2012 pp. 283-302.

CUADRADO RUIZ, Mª Á., "Protección jurídica del medioambiente (internacional, europea, constitucional y penal)" en PÉREZ ALONSO, E./ y otros, *Derecho, Globalización, Riesgo y Medio Ambiente.* Ed. Tirant lo Blanch, Valencia 2012.

CUADRADO RUIZ, *Las armas biológicas. Aspectos legales,* Granada 2011.

CUADRADO RUIZ, Mª A., "Tecnología y material biológico de doble uso: regulación española y europea", en CUADRADO RUIZ, Mª A, *Armas biológicas. Aspectos legales,* Granada, 2011, págs. 77 y ss.

CUADRADO RUIZ, Mª A., "¿Hacia la erradicación del principio *societas delinquere non potest?*", en MUÑOZ CONDE, F., *Problemas actuales del Derecho penal y la Criminología,* pp-537-562. Editorial Tirant lo Blanch, Valencia, 2008.

CUADRADO RUIZ, Mª A., "El delito de producción de armas biológicas", en Revista General de Derecho IUSTEL, mayo 2007.

CUADRADO RUIZ, Mª A, "La mutilación genital femenina ¿violencia de género?" Conferencia pronunciada en las II Jornadas sobre la MGF, en la Fundación Euroárabe, Granada, el 3 febrero 2015 (en prensa).

CUADRADO RUIZ/REQUEJO CONDE, "El delito de malos tratos en el ámbito familiar: art. 153 Cp" en La Ley. Revista jurídica española de doctrina, jurisprudencia y bibliografía. Nº 5072, 9 junio de 2000.

DARBAR, S.M., Johnston, R.B. and Zephirin, M.G. (2003): Assessing Offshore.

DEL ROSAL BLASCO, B., "Las insolvencias punibles a través del análisis del delito de alzamiento de bienes en el Código penal", *ADPCP* 1994, Fasc. II, p. 25.

DELSTON, R.S./WALLS, S.C., "*Strengthening our security: a new international standard on trade-based money laundering is needed now*", en *Case Western Reserve Journal of International Law,* vol. 44, nº 3, 2012, pp. 737-746.

DÍAZ Y GARCÍA CONLLEDO, M., "El castigo del autoblanqueo en la reforma penal de 2010. La autoría y la participación en el delito de blanqueo de capitales", en ABEL SOUTO, M./SÁNCHEZ STEWART, N., III congreso..., *cit.,* p. 299.

DÍAZ-MAROTO Y VILLAREJO, J., en MOLINA FERNÁNDEZ, F. (coord.), Memento práctico Francis Lefebvre, Penal 2011, Ediciones Francis Lefebvre, Madrid, 2010, p. 1131, marginal 12400; DEL MISMO AUTOR, Estudios..., *cit.,* pp. 455, 456, 469 y 470.

DÍAZ-MAROTO Y VILLAREJO, J., Estudios sobre las reformas del Código penal. (Operadas por las LO 5/2010, de 22 de junio, y 3/2011, de 28 de enero), Civitas/Thomson Reuters/Aranzadi, Cizur Menor, 2011, p. 466.

DICKINSON, L.A., "*Revisiting the «merger problem» in money laundering prosecutions post-Santos and the Fraud Enforcement and Recovery Act of 2009*", en *Notre Dame Journal of Law,* nº 28, 2014, pp. 579-604.

DIONIS, G. (2009): La Mirada Indiscreta: Los paraísos fiscales. Programa de radio realizado por el Observatorio de Responsabilidad Social Corporativa en coproducción con la UNED. Emisión a través de la plataforma digital de Canal UNED. 1 de Abril.

ESPAÑA ALBA, V.M., *El agente urbanizador como sujeto activo del delito urbanístico.MEC. 2013.*

ESPAÑA ALBA, V.M., "Blanqueo de capitales y Secreto Bancario". Tesis Doctoral. Granada. 2016.

ESPAÑA ALBA, V.M., "Bitcoin; Un antes y un después en el Blanqueo de Capitales". Diario La Ley.2016.

ESPAÑA ALBA, V.M., "Criptodivisas; Bitcoin y blanqueo de capitales." Revista Lefebvre-Derecho. 2016.

ERRICO, L.. & MUSALEM, A. (1999): Offshore Banking: An Analysis of Micro and Macro Prudential Issues. IMF WP/99/5.

FARALDO CABANA, P. "Vuelta a los hechos de bancarrota: el delito de insolvencia fraudulenta tras la reforma de 2015" en *Revista de Derecho Concursal y Paraconcursal,* Nº 23. La Ley, 2015 LA LEY 4406/2015

FARALDO CABANA, P., "El blanqueo de capitales tras la reforma de 2010", en *Revista de Inteligencia,* nº 0, 1er trimestre de 2012, p. 31.

FARALDO CABANA, P., "La prevención del blanqueo de capitales y de la financiación del terrorismo: ¿un tratamiento similar para dos fenómenos distintos?", en NEVES CRUZ, J./CARDOSO, C./LAMAS LEITE, A./FARIA, R. (coords.), *Infrações económicas e financeiras,* Coimbra editora, 2014, p. 429.

FARALDO CABANA. P. "Los delitos contra el patrimonio tras la reforma de 2010" en: *Diario La Ley,* [en línea] Nº 81, 2011, p.2.

FERNÁNDEZ TERUELO, J.G., "El nuevo modelo de reacción penal frente al blanqueo de capitales. Los nuevos tipos de blanqueo, la ampliación del comiso y la integración del blanqueo en el modelo de responsabilidad penal de las empresas", en *Diario La Ley,* nº 7657, 22 de junio de 2011, p. 6.

FERNÁNDEZ, A. (2009): La Mirada Indiscreta: Los paraísos fiscales. Programa de radio realizado por el Observatorio de Responsabilidad Social Corporativa en coproducción con la UNED. Emisión a través de la plataforma digital de Canal UNED. 1 de Abril.

FERNÁNDEZ, L./HEINRICH, B., "*Die Strafbarkeit des Strafverteidiges wegen Geldwäsche durch Annahme des Honorars nach südafrikanischem und deutschen Recht",* en *Zeitschrift für die Gesamte Strafrechtswissenschaft,* 126, nº 2, 2014, p. 394.

FIJNAUT, C., "*The european parliament and organised crime: the impeding failure of the Alfano committee*", en *European Journal of Crime, Criminal Law and Criminal Justice,* vol. 21, nº 10, 2013, pp. 1-7; Filling a gap in global surveillance. Finance & Development. September, 32-35.

FLORES MENDOZA, F., "La responsabilidad penal del denominado mulero o *phisher-mule* en los fraudes de banca electrónica", en *Cuadernos de Política Criminal*, nº 2, 2013, pp. 180 y 181;

FSF (2000): Report of the Working Group on Offshore Centres. FSF, 5 April 2000.

G20 (2009): Declaration on strengthening the financial system. London, 2 April. Disponible en http://www.g20.org/Documents/Fin_Deps_Fin_Reg_Annex_020409__1615_final.pdf. Último acceso: 20 de julio del 2009.

GALÁN MUÑOZ, A, "De la violencia doméstica a la violencia de género: ¿un paso fallido hacia el derecho penal del enemigo?", en *Estudios sobre la tutela penal de la violencia de género,* coordinado por NUÑEZ CASTRO, E, Ed. Tirant, 2010.

GARCÍA CALDERÓN, J.Mª.: Protección Penal del Patrimonio Histórico, Estudios Jurídicos del Ministerio Fiscal, IV, Madrid 1.997, Págs. 403-435.

GARCÍA NORIEGA, A., Blanqueo y antiblanqueo de capitales. Cómo se lava el dinero. Cómo se combate el lavado, Difusión jurídica, Madrid, 2010, pp. 321, 371 y 372.

GARCÍA SÁNCHEZ, A., *La función social de la propiedad en el delito de alzamiento de bienes,* Granada: Comares, 2003 p. 296.

GARCÍA, R. (2008): La utilización de centros offshore por la banca y los grupos empresariales españoles. Temas para el debate. 158, 39-41.

GÓMEZ RIVERO, M.C., Nociones fundamentales de Derecho penal. Parte especial. (Adaptado al EEES), Tecnos, Madrid, 2010, p. 540

GONZÁLEZ CUSSAC, J.L./VIDALES RODRÍGUEZ, C., "El nuevo delito de financiación del terrorismo: consideraciones acerca de su necesidad y conveniencia", en GONZÁLEZ CUSSAC, J.L. (dir.), Financiación del terrorismo, blanqueo de capitales y secreto bancario: un análisis crítico, Tirant lo Blanch, Valencia, 2009, p. 195, nota 22.

GONZÁLEZ RUS, J.J.: Puntos de partida de la protección penal del patrimonio histórico, cultural y artístico, ADPCP, 1.995, I, págs. 33 y ss.

GUISASOLA LERMA, C.: Delitos contra el patrimonio cultural: artículos 321 a 324 del Código Penal. Valencia: Tirant lo Blanch, 2001.

GURMENSIDO GUINARTE, C, "El nuevo delito de matrimonio forzado (artículo 172 bis del CP), en *Comentarios a la reforma del Código Penal de 2015.* Coordinadores: José L. González Cussac, Ángela Matallín Evangelio, Elena Górriz Royo, Ed. Tirant lo Blanch, 2015.

HAMPTON, M.P. and Christensen, J. (2002): Offshore Pariahs? Small Island Economies, Tax Havens, and the Re-configuration of Global Finance. World Development. 30 (9), 1657-1673.

HERNÁNDEZ, J. (2008a): La ventaja competitiva de la opacidad offshore. Temas para el debate. 158, 32-42.

HERNÁNDEZ, J. (2008b): Crisis financiera y paraísos fiscales: datos significativos para un debate político. TJN, 4 de noviembre. Disponible en: http://www.redjusticiafiscal.org/portada/crisis-financiera-y-paraisosfiscales- datos-significativos-para-un-debate-politico.html (Último acceso: 17 de julio del 2009).

HERNÁNDEZ, J. (2009a): Crisis financiera, rescates bancarios y paraísos fiscales.

HERNÁNDEZ, J. (2009b): ¿Cerrarán los paraísos fiscales? Público, 10 de Marzo.

HUDSON, A. (2000): Globalization and Sovereignty: A Postmodern Geo-Political Economy? Transactions of the Institute of British Geographers, New Series. 25 (3), 269-283.

HURTADO ADRIÁN, A., "Blanqueo de capitales. (Art. 301.1)", en JUANES PECES, A. (dir.), Reforma del Código penal. Perspectiva económica tras la entrada en vigor de la Ley orgánica 5/2010 de 22 de junio. Situación jurídico-penal del empresario, El Derecho, Madrid, 2010, p. 253.

IMF (2000): Offshore Financial Centers. The Role of the IMF. Monetary and Exchange Affairs Department. 23 June.

IMF (2003): External Debt Statistics: Guide for Compilers and Users – Appendix III, Glossary. Washington DC.

Internacional. 825 (Septiembre-Octubre), 147-160.

JOYCE, E., "*Expanding the international regime on money laundering in response to transnational organized crime, terrorism, and corruption*", en REICHEL, P. (ed.), *Handbook of transnational crime & justice,* Sage publications, Thousand Oaks/London/ New Delhi, 2005, pp. 81-97.

LEVIN, D./STEWART, N., "*Whither the rule of lenity*", en *The Journal of the Federalist Society's Practice Groups*, vol. 10, 2009, pp. 42-47.

LOCKE, Destaquemos sobre sus obras su Ensayo y sus tres cartas sobre la Tolerancia, publicados en Londres en 1667, 1689, 1690 y 1692.

LOMBARDERO EXPÓSITO, L.M., Blanqueo de capitales. Prevención y represión del fenómeno desde la perspectiva penal, mercantil, administrativa y tributaria, Bosch, Barcelona, 2009, pp. 30 y 31.

LÓPEZ PEREGÍN, C, "Amenazas, coacciones y violencia de género"; en *Estudios sobre la tutela penal de la violencia de género,* coordinado por NUÑEZ CASTRO, E, Ed. Tirant, 2010.

LORENZO SALGADO, J.M., "El tipo agravado de blanqueo cuando los bienes tengan su origen en el delito de tráfico de drogas", en ABEL SOUTO, M./SÁNCHEZ STEWART, N. (coords.), III congreso sobre prevención y represión del blanqueo de dinero, Tirant lo Blanch, Valencia, 2013, p. 226; también en FERNÁNDEZ TERUELO, J.G. (dir.), Estudios penales en homenaje al Profesor Rodrigo Fabio Suárez Montes, Constitutio Criminalis Carolina, Oviedo, 2013, p. 358.

MAGRO SERVET, V, "Reforma del Código Penal afectante a la violencia de género", Diario La Ley, Nº 8539, Sección Tribuna, 14 de Mayo de 2015, Ref. D-189.

MAGRO SERVET, V. "Incidencia de la próxima reforma del código penal en el mundo de la empresa". La Ley Penal, Nº 113, Sección Práctica penal, Marzo-Abril 2015, Editorial LA LEY LA LEY 3399/2015 pp. 6-9.

MAGRO SERVET, V. *Delitos Socioeconómicos*. Madrid: El Derecho, 2010. pp. 184-186.

MAGRO SERVET, V. *Delitos socioeconómicos*. Madrid: El derecho, 2011 pp. 178 y ss.

MAINGOT, A.P. (1995): Offshore secrecy Centers and the Necessary Role of States: Bucking the Trend. Journal of Interamerican Studies of World Affairs. 37 (4): Winter, 1-24.

MALDONADO, A. (2001): Nueva posición de la OCDE en materia de paraísos fiscales. Instituto de Estudios Fiscales, Madrid.

MANJÓN-CABEZA OLMEDA, A., "Ganancias criminales y ganancias no declaradas. (El desbordamiento del delito fiscal y del blanqueo)", en ÁLVAREZ GARCÍA, F.J./COBOS GÓMEZ DE LINARES, M.A./GÓMEZ PAVÓN, P./MANJÓN-CABEZA OLMEDA, A./MARTÍNEZ GUERRA, A., *op. cit.*, pp. 656, 657 y 665; DE LA MISMA AUTORA, "Prevención y sanción del blanqueo de capitales", en FERNÁNDEZ STEINKO, A. (ed.), Delincuencia, finanzas y globalización, Centro de Investigaciones Sociológicas, Madrid, 2013, p. 375.

MANJÓN-CABEZA OLMEDA, A., "Receptación y blanqueo de capitales (arts. 301 y 302)", en ÁLVAREZ GARCÍA, F.J./GONZÁLEZ CUSSAC, J.L. (dirs.), Comentarios a la reforma penal de 2010, Tirant lo Blanch, Valencia, 2010, p. 340.

MAQUEDA ABREU, Ma. L., «El nuevo delito de matrimonio forzado: Art. 172 bis CP», en ÁLVAREZ GARCÍA, F.J. (Dir.), *Estudio crítico sobre el anteproyecto de reforma penal de 2012,* Ed. Tirant lo Blanch, Valencia, 2013.

MAQUEDA ABREU, Ma. L., «El hábito de legislar sin ton ni son. Una lectura feminista de la Reforma penal de 2015", en CPC, nº 118, mayo 2016, pp. 5-42.

MARTÍNEZ DERQUI, J., *Encuentro taller sobre conclusiones extraídas de los últimos informes elaborados por el observatorio contra la violencia doméstica y de género. Buenas prácticas judiciales*, 30 de enero de 2013, en www.poderjudicial.es

MASCIANDARO, D. (2005): False and Reluctant Friends? National Money Laundering Regulation. International Compliance and Non-Cooperative Countries. European Journal of Law and Economics. 20, 17-30.

MATALLÍN EVANGELIO, A., "El «autoblanqueo» de capitales", en *Revista General de Derecho Penal,* nº 20, noviembre de 2013, en www.iustel.com, p. 40.

MATALLÍN EVANGELIO, A., "El blanqueo de capitales en la normativa internacional: obligaciones derivadas en el Ordenamiento jurídico español", en VIDALES RODRÍGUEZ, C. (coord.), Tráfico de drogas y delincuencia conexa, Tirant lo Blanch, Valencia, 2014, pp. 275-293.

MAZA MARTIN, J.M. "Las insolvencias punibles", Cuadernos de derecho judicial, CGPJ: 1998, Empresa y derecho penal (I) pp.269 y ss. "Las insolvencias punibles". En *Empresa y Derecho I,* Consejo General del Poder judicial, Madrid 1999.

MAZA MARTIN, J.M. *Las insolvencias punibles, cuadernos de derecho judicial,* CGPJ: 1998, Empresa y derecho penal (I) pp.269 y ss.

MEDINA, M. (2008): La transparencia fiscal en la Unión Europea. Temas para el debate. 159, 45-47.

MENDOZA CALDERÓN. S. "El delito de stalking: análisis del art. 172 ter del proyecto de reforma del Código Penal de 2013", en *Análisis de las reformas penales, presente y futuro,* Francisco Muñoz Conde, Juana del Carpio Delgado, Alfonso Galán Muñoz, Ed. Tirant lo Blanch, 2015. Epígrafe 5.

MESTRE DELGADO, E., en LAMARCA PÉREZ, C. (coord.), Delitos y faltas. La parte especial del Derecho penal, Colex, Madrid, 2012, p. 477; DEL MISMO AUTOR, en LAMARCA PÉREZ, C. (coord.), Delitos y faltas. La parte especial del Derecho penal, 2ª ed., Colex, Madrid, 2013, p. 447.

MORENO ALCÁZAR, M.A., "Receptación y blanqueo de capitales", en BOIX REIG, J. (dir.), Derecho penal. Parte especial. Volumen II. Delitos contra las relaciones familiares, contra el patrimonio y el orden socioeconómico, Iustel, Madrid, 2012, p. 689.

MORILLAS CUEVA, L. "Aspectos dogmáticos y político-criminales del delito de blanqueo de capitales", en *Revista Foro FICP,* nº 2, septiembre de 2013, p. 69.

MORILLAS CUEVAS, L. y otros: Sistema de Derecho Penal Español. Parte Especial. E. DYKINSON, S.L. Madrid 2.011. pp. 717-718.

MUÑOZ CONDE, F, "Violencia familiar y de género en la ley Orgánica 2/2004", en *Estudios sobre la tutela penal de la violencia de género,* coordinado por NUÑEZ CASTRO, E, Ed. Tirant, 2010.

MUÑOZ CONDE, F. *El delito de alzamiento de bienes.* Barcelona: Bosch, 1999.

MUÑOZ CONDE, F., "El delito de blanqueo de capitales y el Derecho penal del enemigo", en ABEL SOUTO, M./SÁNCHEZ STEWART, N., III congreso...", *cit.,* p. 376.

MUÑOZ CONDE, F./ GARCÍA ARÁN, M., *Derecho penal, Parte general,* Tirant lo Blanch, Valencia 2015.

MUÑOZ CONDE, F., *Derecho penal. Parte especial,* 20ª ed., Tirant lo Blanch, Valencia, 2015.

NDIKUMANA, L. and BOYCE, J.K. (2008): New Estimates of Capital Flight from Sub-Saharan African Countries: Linkages with External Borrowing and Policy Options. Political Economy Research Institute, Working Paper Series 166 (April).

NUÑEZ CASTRO, E, "Algunas consideraciones sobre el art. 173.2 del Código Penal: el maltrato habitual", en *Estudios sobre la tutela penal de la violencia de género,* coordinado por NUÑEZ CASTRO, E, Ed. Tirant, 2010.

OECD (1998): Harmful tax competition. An emerging global issue. OECD, Paris.

OROZCO PARDO, G. y PÉREZ ALONSO, E.J.: La tutela civil y penal del patrimonio histórico, cultural o artístico. Mc Graw-Hill Interamericana de España, S.L., Madrid, 1.996.

OXFAM (2000): Tax Havens: Releasing the Hidden Billions for Poverty Erradication. Oxfam Great Britain Policy Papers, June.

PALAN, R. (1998): Trying to Have Your Cake and Eating It: How and Why the State Has Created Offshore. International Studies Quarterly. 42, 625-644.

PALAN, R. (2002): Tax Havens and the Commercialization of the State Sovereignty. International Organization. 56 (1): Winter, 151-176.

PELÁEZ MARTOS, J.M., Blanqueo de capitales. Obligaciones de empresas y profesionales en la nueva Ley, Wolters Kluwer, Madrid, 2010, p. 29.

PELÁEZ, J. (2008): La evasión fiscal en España y el intercambio de información con los paraísos fiscales. Temas para el debate. 158, 29-31.

PÉREZ ALONSO, E.J.: Los delitos contra el patrimonio histórico en el Código Penal de 1995. Actualidad Penal. Nº 33. Madrid, 1.998.

POPA, G.D., "*International cooperation in the struggle against trans-border organized crime and money laundering*", en *Contemporary Readings in Law and Social Justice,* vol. 4, nº 2, 2012, pp. 575-578;

QUERALT JIMENEZ, J. J. *Derecho penal español. Parte* especial Barcelona Atelier, 2010 6ª ed., rev. y act.

QUERALT JIMÉNEZ, J.J., Derecho penal español. Parte especial, 6ª ed. revisada y actualizada, Atelier, Barcelona, 2010, p. 1295.

QUINTERO OLIVARES, G (Director) y otros: Comentarios a la Parte Especial del Derecho Penal. Aranzadi. Navarra 2011.

QUINTERO OLIVARES, G. *El alzamiento de bienes.* Barcelona: Praxis, 1973 p. 110.

QUINTERO OLIVARES, G., «Insolvencias punibles», en ÁLVAREZ GARCÍA, F. J. (Dir.), *Estudio crítico sobre el Anteproyecto de Reformapenal de 2012,* Tirant lo Blanch, Valencia, 2013, pág. 735

REBOLLO VARGAS, R., "La deslegitimación de la prevención del blanqueo de capitales en España. Análisis crítico de algunos aspectos de la Ley 10/2010, de 28 de abril, de prevención del blanqueo de capitales y de la financiación del terrorismo", en *Revista de Derecho Penal y Criminología,* nº 10, 2013, p. 202.

REBOLLO VARGAS, R., "Limitaciones del Derecho penal en la prevención del blanqueo de capitales", en GARCÍA ARÁN, M. (dir.), La delincuencia económica. Prevenir y sancionar, Tirant lo Blanch, Valencia, 2014, p. 140.

REBOLLO VARGAS, R., en ÁLVAREZ GARCÍA, F.J. (dir.), Derecho penal español. Parte especial (II), Tirant lo Blanch, Valencia, 2011, p. 773.

REIDER-GORDON, M./BUTLER, T.K., "*Anti-money laundering*", en *International Lawyer,* vol. 47, nº 1, 2013, pp. 387-405.

REIDY, J., "*The problem of «proceeds» in the era of FERA*", en *American Journal of Criminal Law,* vol. 37, nº 3, 2010, pp. 317-329.

RENART GARCÍA, F.: El delito de daños al patrimonio histórico español. Granada, 2002.

ROBERTS, S.M. (1995): Small Place, Big Money: The Cayman Islands and the International Financial System. Economic Geography. 71 (3): July, 237-256.

RODRÍGUEZ MOURULLO, G., "*Acerca de las insolvencias punibles*", En *Dogmática y Derecho penal, Tomo II, Libro Homenaje a Enrique Bacigalupo,* ZUGALDÍA ESPINAR, J-M. / LÓPEZ BARJA DE QUIROGA, J., (Coord.), Madrid-Barcelona: Marcial Pons, 2004. p. 1160.

ROSE, A.K. and SPIEGEL, M. (2007): Offshore Financial Centres: Parasites or Symbionts? The Economic Journal. 117 (October), 1310-1335.

SAINT-AMANS, P. (2009): Paraísos fiscales. Entre la imaginación y la realidad. Política Exterior. 127 (Enero-Febrero), 23-29.

SANZ DIAZ-PALACIOS, J.A.: "El derecho de los contribuyentes a no autoinculparse en el asunto Chambaz contra Suiza" (Comentario de la STEDH de 5 de abril de 2012) En: *Tribuna Fiscal: Revista Tributaria y Financiera,* Nº. 263, 2012, pp. 25-30.

SERRANO GÓMEZ, A./SERRANO MAÍLLO, A., Derecho penal. Parte especial, 16ª ed., Dykinson, Madrid, 2011, p. 562; SILVENTE ORTEGA, J., *op. cit.,* pp. 114 y 449.

SILVENTE ORTEGA, J., Críticas a la prevención y represión del blanqueo de capitales en España desde la jurisprudencia y el Derecho comparado con los países de la Unión Europea, Diego Marín, Librero-Editor, Murcia, 2014, p. 347.

SOTO NIETO, F. Alzamiento de bienes, aspectos varios de su dinámica delictiva. Diario La Ley nº 5555. Año XXIII, 30 de Mayo de 2002.

SOUTO GARCÍA, E.M.: *"La incidencia de la Reforma Penal de la Ley 5/2010, de 22 de junio sobre los delitos de alzamiento de bienes"* [en línea] p. 5.

SOUTO GARCÍA, E.M.: *Los delitos de alzamiento de bienes en el Código Penal de 1995.* Valencia: Tirant lo Blanch, 2009 p. 367.

STRADER, J.K., *Understandig white collar crime,* 3ª ed., Lexis Nexis, New Providence/ San Francisco, 2011, p. 293.

SUÁREZ GONZÁLEZ, C.J., "Título XIII. Delitos contra el patrimonio y contra el orden socioeconómico". En *Rodríguez Mourullo, G.* (Dir.), *Comentarios al Código Penal,* Civitas, Madrid, 1997, pág. 732.

TAMARIT SUMALLA, J.M, *Comentarios al nuevo Código Penal,* Ed. Aranzadi, Navarra, 2005.

TERRADILLOS BASOCO, J.M., "El Derecho penal económico español: de la pujanza económica a la depresión", en VELÁSQUEZ VELÁSQUEZ, E./POSADA MAYA, R., /CADAVID QUINTERO, A./MOLINA LÓPEZ, R./SOTOMAYOR ACOSTA, J.O. (coords.), Derecho penal y crítica al poder punitivo del Estado. Libro homenaje al profesor Nodier Agudelo Betancur, tomo I, Ibáñez, Bogotá, 2013, p. 320.

TERRADILLOS BASOCO, J.M., Lecciones y materiales para el estudio del Derecho penal. Tomo IV. Derecho penal. Parte especial (Derecho penal económico), Iustel, Madrid, 2012, p. 163.

TIEDEMANN, K., "*Cesare Beccaria e i reati economici*", en *Rivista Italiana di Diritto e Procedura Penale,* nº 3, 2013, pp. 1383 y 1384.

TJN (2005): Hacednos pagar impuestos si podéis. La verdadera historia de un fracaso global. Tax Justice Network International Secretariat, London.

TJN, 3 de marzo. Disponible en: http://www.redjusticiafiscal.org/portada/crisis-financiera-rescatesbancarios–paraisos-fiscales.html Último acceso: 17 de julio del 2009.

TORRES, J. (2008): Los paraísos fiscales en la economía global. Temas para el debate. 159, 21-24.

TRILLO NAVARRO, J.P., (Julio 2008) "Criminalidad de bagatela: descriminalización garantista" En: *Diario La Ley,* [en línea] Nº 51, Sección Estudios.

USS (2006): Tax havens abuses: the enablers, the tools and secrecy.

VALLEJO, J.M. (2005): La competencia fiscal perniciosa en el seno de la OCDE y la Unión Europea. Nuevas Tendencias en Economía y Fiscalidad.

VARELA CASTRO, L., "Últimas líneas jurisprudenciales en sede de blanqueo", en ABEL SOUTO, M./SÁNCHEZ STEWART, N., III congreso..., *cit.,* p. 387.

VIDALES RODRÍGUEZ, C., "Blanqueo, ¿qué es blanqueo? (Estudio del artículo 301.1 del Código penal español tras la reforma de la L.O. 5/2010)" en *Revista General de Derecho Penal,* nº 8, 2012, p. 2.

VIDALES RODRÍGUEZ, C., "La posesión y utilización de bienes como actos de blanqueo en la legislación penal española", en *Revista Direito e Desenvolvimento, João Pessoa,* nº 6, *jul/dez.* 2012, p. 48; DE LA MISMA AUTORA, "Blanqueo...", *cit.,* p. 5.

VIDALES RODRÍGUEZ, C., El delito de legitimación de capitales: su tratamiento en el marco normativo internacional y en la legislación comparada, *Center for the Administration of Justice, Florida International University,* Miami, 1998.

VILLACAMPA ESTIARTE, C, *El delito de online chid, groomind o propuesta sexual telemática a menores,* Ed, Tirant lo Blanch, 2015.

VIVES ANTÓN, T.S./GONZÁLEZ CUSSAC, J.L., en ORTS BERENGUER, E./ CARBONELL MATEU, J.C./GONZÁLEZ CUSSAC, J.L./MARTÍNEZ-BUJÁN PÉREZ, C., Derecho penal. Parte especial, 3ª ed., Tirant lo Blanch, Valencia, 2010, CD, 6.5.1.1.

VIVES ANTON, T.S/ G. CUSSAC, J.L. *Los delitos de alzamiento de bienes.* Valencia: Tirant lo Blanch, 1998 pp. 30 y ss.

VOGEL, J., "*Geldwäsche – eine europaweit harmonisierter Straftatbestand?*", en *Zeitschrift für die Gesamte Strafrechtswissenschaft,* nº 2, 1997, p. 340.

ZOROMÉ, A. (2007): Concept of Offshore Financial Centers: In Search of an Operational Definition. IMF WP/07/87.

Made in United States
Orlando, FL
05 November 2026

90231082R00144